« L'État chez lui, l'Église chez elle »

Du même auteur

Le Nazisme des origines à 1945
(en coll. avec Enrique León)
Armand Colin, 1997

La Russie de Pierre le Grand à nos jours.
Quelques paradoxes de l'histoire russe
Armand Colin, 2000

Un poète en politique.
Les combats de Victor Hugo
(en coll. avec Henri Pena-Ruiz)
Flammarion, 2002

Jean-Paul Scot

« L'État chez lui, l'Église chez elle »

Comprendre la loi de 1905

Éditions du Seuil

COLLECTION « POINTS HISTOIRE »
FONDÉE PAR MICHEL WINOCK
DIRIGÉE PAR MARTINE ALLAIRE

À la mémoire de ma mère,
catholique, œcuménique et laïque.
À la mémoire de mon père,
anticlérical, antifasciste, laïque
qui choisit la France républicaine.

ISBN : 2-02-068917-0

www.seuil.com

Introduction

Titre premier

Principes

Article premier

La République assure la liberté de conscience. Elle garantit le libre exercice des cultes sous les seules restrictions édictées ci-après dans l'intérêt de l'ordre public.

Article 2

La République ne reconnaît, ne salarie ni ne subventionne aucun culte. En conséquence, à partir du 1er janvier qui suivra la promulgation de la présente loi, seront supprimées des budgets de l'État, des départements et des communes, toutes dépenses relatives à l'exercice des cultes.

[…]

Ainsi sont énoncés avec solennité, au fronton des 44 articles, les principes qui ont dirigé les législateurs dans l'élaboration de la loi du 9 décembre 1905 promulguant la séparation des Églises et de l'État. Le rapporteur, le député socialiste Aristide Briand, était conscient de l'impérieuse nécessité de rassurer les « fidèles » catholiques en proclamant que la République s'engageait à respecter et à faire respecter la liberté de conscience et donc la liberté des cultes. « Au moment où il pénètre dans le domaine sacré de la conscience, où il pose et résout un problème aussi complexe que celui de l'organisation des cultes et se prépare à régler les manifestations collectives de sentiments aussi intimes que les croyances religieuses, le législateur a pour premier devoir d'indiquer les principes qui l'ont inspiré et qu'il a voulu appliquer[1]. »

Les principes de la République laïque

Briand se félicite de retrouver ainsi la tradition de la Révolution et de la Ire République qui avaient commencé par proclamer, dans les deux Déclarations solennelles des droits de l'homme et du citoyen de 1789 et de 1793, les principes généraux sur lesquels se fondaient leurs réformes. Une simple comparaison de textes suffit à révéler le grand pas en avant accompli entre 1789 et 1905 dans la confirmation de la liberté de conscience comme droit inaliénable des hommes. L'article 10 de la déclaration du 26 août 1789 affirmait seulement : « Nul ne doit être inquiété pour ses opinions, mêmes religieuses, pourvu que leur manifestation ne trouble pas l'ordre public établi par la loi. » Cette tournure négative et restrictive résultait des réticences de beaucoup de représentants de la nation à admettre la pleine liberté des consciences et des croyances, et même du refus de nombreux membres du clergé de tolérer la simple tolérance[2]. Un siècle plus tard, la IIIe République garantit pleinement la liberté de conscience et de cultes au moment où la loi de 1905 réalise un des objectifs fondamentaux du programme républicain. Jean Jaurès affirme alors que « la grande réforme de la Séparation [était] la plus grande qui ait été tentée dans notre pays depuis la Révolution française[3] ».

La loi de 1905 a été en effet le fruit d'un long combat et d'un très riche débat. Le 21 février 1795, la République proclamait qu'elle ne reconnaissait et ne salariait aucun culte, sans pouvoir résoudre pour autant la crise religieuse de la Révolution. Tout au long du XIXe siècle, l'objectif de la séparation des Églises et de l'État fut opposé au régime du Concordat napoléonien et inscrit, dès 1869, dans tous les programmes républicains. Pourtant, il fallut encore attendre trente-cinq ans avant que la IIIe République mette en chantier cette réforme. Rarement l'élaboration d'une loi fut aussi longue et la discussion aussi large. Dès juin 1903 et pendant plus de dix-huit mois, à partir de plusieurs propositions de loi, une commission parlementaire élabora un avant-projet, puis examina un contre-projet gouvernemental, puis un second, pour enfin déposer devant la Chambre le 4 mars 1905 un projet de loi commun. Entre-temps, le débat avait été porté par la presse devant l'opinion publique, qui se passionna et se mobilisa. La « question religieuse » occulta pour un temps la « question sociale » et la « question nationale ». Les députés discutèrent avec acharnement pendant trois mois avant de voter la loi le 3 juillet 1905. Les sénateurs la confirmèrent, dans les mêmes termes, après un mois encore de discussions, le 6 décembre. La loi de Séparation put ainsi être promulguée dès le 9 décembre afin d'être appliquée dès le 1er janvier 1906. Mais l'Église catholique se refusa à la reconnaître, et la République la modifia partiellement par les lois du 2 janvier 1907 et du 13 avril 1908, qui rendirent possible l'arrangement de 1923-1924, sans remise en cause véritable des acquis de 1905.

Briand pouvait se féliciter d'avoir fait triompher les principes de liberté de conscience et de liberté des cultes sans la moindre réserve et sans la moindre concession. En effet, les termes des articles 1er et 2 (premier alinéa), cités en épigraphe, étaient inscrits à l'identique dans le premier avant-projet qu'il avait rédigé et présenté en octobre 1903 devant la commission parlementaire, comme dans les deux propositions de loi élaborées par celle-ci, en juillet 1904, puis en mars 1905. Ce n'était pas le cas pour d'autres projets, en particulier celui d'Émile Combes, le très anticlérical président du Conseil. La loi finalement votée, après de longs détours, reprend la plupart des solutions préconisées à l'origine par Briand[4]. Les modifications imposées par la Chambre n'ont concerné que les mesures transitoires et les modalités d'application de la loi, et ont été inspirées par le même esprit de justice et de liberté[5]. La loi définit ainsi la laïcité de l'État, neutre en matière de religion et de croyance, et garant de la liberté de conscience. Désormais, il n'y a plus de religion « reconnue » officiellement et les croyances relèvent de la sphère privée des consciences. « *La République ne reconnaît, ne salarie ni ne subventionne aucun culte.* » Tel est le corollaire de la proclamation de la liberté et de l'égalité des cultes.

En ce sens, la loi de 1905 est bien une des « colonnes » de la République, un des « piliers » de l'État laïque, une de ces grandes lois fondamentales qui structurent de manière durable la société civile, les mœurs et les mentalités et qui doivent permettre la vie en commun et l'intégration civique de tous les résidents en France. La Constitution de la IVe République adoptée par référendum le 27 octobre 1946, puis celle de la

Ve République adoptée le 4 octobre 1958 par plus de 80 % des suffrages exprimés reproduisent toutes deux la même définition dans leurs premiers articles : « La France est une république indivisible, laïque, démocratique et sociale[6]. »

Quelques interprétations historiques contradictoires

Comment interpréter la loi de 1905 ? Est-elle seulement le simple fruit des circonstances, d'une conjoncture fortuite de crise politique et d'un compromis temporaire qui serait sans cesse révisable ? Elle peut en effet apparaître comme une séquelle de l'affaire Dreyfus, comme la résultante de l'offensive anticléricale du gouvernement Combes et de l'intransigeance théocratique du pape Pie X, et comme une conséquence directe de la rupture des relations entre le Vatican et la République[7]. Mais ne marque-t-elle pas plutôt la fin des rapports séculaires d'Ancien Régime entre l'Église de France et l'État confessionnel ? Ses origines remontent, semble-t-il, aux échecs des politiques religieuses de la Révolution et au rejet progressif du Concordat napoléonien, dont elle consacre la fin[8]. La Séparation ne serait-elle pas plus encore la consécration institutionnelle du long processus de laïcisation de l'État et de la société française depuis les Lumières, voire la fin du Moyen Âge ? Ne serait-elle pas l'accomplissement du vœu de Victor Hugo invoquant à l'Assemblée nationale le 15 janvier 1850 « cette antique et salutaire séparation de l'Église et de l'État qui était l'utopie de nos pères, et cela dans l'intérêt de l'Église comme dans l'intérêt de l'État. [...] En un mot, je veux, je le répète, ce que voulaient nos pères, l'Église chez elle et l'État chez lui[9] » ?

Ces trois analyses historiques peuvent se compléter, mais leurs interprétations risquent d'être contradictoires. Si la loi de 1905 n'est que le produit d'une certaine conjoncture conflictuelle, elle serait révisable à la suite du recul de l'anticléricalisme militant et de l'*aggiornamento* du catholicisme par rapport au monde moderne. Mais si la loi de 1905 consacre la [...]n fondamentale des mœurs et des mentalités, son éventuelle révision au nom d'un certain « retour du religieux » signifierait une remise en cause de la laïcité et de la neutralité de l'État face à de nouvelles exigences des confessions. Toute modification de l'esprit de la loi n'aboutirait-elle pas à des formes implicites ou explicites de financement et de reconnaissance des religions comme des institutions d'utilité publique, remettant en cause le principe de laïcité inscrit dans la Constitution ?

Les historiens et les sociologues du fait religieux nous ont permis de mieux comprendre les processus de sécularisation et de laïcisation de la société française. René Rémond note avec pertinence que « contrairement à une représentation réductrice, la relation entre religion et société ne tient pas toute dans le face-à-face entre le politique et le religieux. La relation est triangulaire : à côté de l'État et de la religion, il y a la société qui s'appelle aujourd'hui civile [10] ». Mais la priorité donnée à l'étude du peuple chrétien a souvent conduit à sous-estimer le rôle politique et social des Églises. Dans la plupart des ouvrages récents traitant des rapports entre religion et société, la politique des Églises n'est plus traitée. Comment peut-on penser les rapports entre l'État et la religion sans étudier leurs interventions dans les domaines temporel et spirituel ? Comment peut-on étudier le fait religieux dans sa globalité et sa place dans les sociétés sans tenir compte des positions dogmatiques et politiques d'une Église aussi centralisée et hiérarchisée que la catholique ? René Rémond affirme pourtant que les parlementaires de 1905 n'ont eu que la « volonté illusoire » de trancher les derniers liens unissant les Églises et l'État car, même les plus attachés au libéralisme et au principe de la Séparation n'auraient pas renoncé à intervenir dans les affaires religieuses. Pourquoi alors ne pas poser en retour la question des interventions répétées au XIXe siècle des Églises pour retrouver dans l'État et la société civile leurs positions perdues à la suite de la Révolution ? La relation entre le politique et le religieux n'est-elle pas quadrangulaire puisque les liaisons entre religion et société sont médiatisées par ceux qui régissent les États et les Églises ?

Les caractères d'une « séparation libérale » à la française

La Séparation vient de loin, et les promoteurs de la loi le savent. Inspirés pour la plupart par le positivisme d'Auguste Comte, ils voient en elle le parachèvement de la distinction des pouvoirs spirituel et temporel et de l'affirmation, par-delà la tolérance, de la liberté de conscience. Tirant les leçons des conflits entre l'État français et le Saint-Siège, les républicains de 1905 se veulent les héritiers des parlementaires gallicans de l'Ancien Régime et les descendants des révolutionnaires de 1789. Mais font-ils tous les mêmes analyses des crises religieuses de la période révolutionnaire et du régime concordataire que Napoléon instaura pour plus d'un siècle ? Comment réagissent-ils par rapport à la renaissance du catholicisme et à la poussée du cléricalisme ultramontain au XIXe siècle ? En étudiant la genèse de la loi, nous pourrons comprendre les antagonismes idéologiques et politiques qui ont rendu inévitable la Séparation. Nous tenterons de le faire en présentant l'ensemble des protagonistes, les gouvernements de la France, la papauté et la hiérarchie catholique, mais aussi les partis politiques et les forces religieuses, les groupes de pression, francs-maçons comme libres penseurs, mais aussi militants des ligues catholiques, nationalistes ou anticléricales.

Mais que dit vraiment la loi ? L'étude de sa longue élaboration nous permet de préciser le type de séparation qui a été adopté en France. Plusieurs formules séparatistes ont été confrontées publiquement. Au lendemain de la révolution parisienne de juillet 1830 et de la création de la Belgique, Lamennais avait lancé la formule : « L'Église libre dans l'État libre » qui fut reprise par nombre de libéraux et aussi par Cavour en Italie. Mais elle fut rejetée dès 1850 aussi bien par Victor Hugo que par Michelet et Quinet car l'Église et l'État ne pouvaient coexister comme deux puissances souveraines dans la même nation. Gambetta et les radicaux n'y verront qu'une fausse séparation, une « bêtise ». En 1872, le synode général des Églises réformées de France reprit les anciennes positions du pasteur Alexandre Vinet, et réclama « l'indépendance réciproque des Églises et de l'État ». En 1905, le catholique libéral et républicain Georges Noblemaire estime qu'une séparation à l'américaine est la solution idéale et lance la formule « l'Église libre dans l'État neutre ». Mais Ferdinand Buisson, l'ancien collaborateur de Jules Ferry, le directeur de l'enseignement primaire de 1879 à 1896, le philosophe laïque, le champion de la libre pensée et le mentor du parti radical, préfère réclamer « l'Église libre dans l'État souverain ». L'État est certes neutre et indifférent en matière spirituelle puisque « la religion est affaire privée », mais il est souverain et ne reconnaît pas de pouvoir capable de restreindre la volonté du peuple. Quel sens exact faut-il donc attribuer à l'objectif sans cesse affirmé par Briand d'une « séparation libérale » ?

Quel est l'esprit de la loi et quelle sera sa pérennité ? Si l'on replace la loi de 1905 dans le contexte international des rapports entre les États et les religions, la Séparation française nous apparaît comme radicale, certes, mais non comme un modèle unique, en dépit de sa définition d'une laïcité de portée universelle. Elle inspirera en effet un certain nombre d'expériences laïques, plus ou moins avancées et réussies.

Cet ouvrage n'a pas la prétention de dresser un tableau complet des rapports historiques entre les Églises et l'État en France, ni surtout de présenter l'évolution des relations entre les croyances, la religion, la foi, les institutions religieuses et la société française. Son but est essentiellement de présenter les origines, l'élaboration et la mise en œuvre de la loi de 1905 à travers un commentaire approfondi du très gros rapport que Briand présenta à la Chambre des députés le 4 mars 1905 et des délibérations parlementaires justifiant la loi, ses principes et ses articles d'application. Un commentaire méthodique autant que possible nourri des résultats des recherches historiques les plus récentes. Comprendre la loi de 1905 suppose l'analyse préalable des mentalités de ses protagonistes, de leurs représentations historiques des rapports entre Églises et État et de leurs conceptions de la séparation. Nous expliquerons ensuite, à partir des débats publics et des délibérations de la commission et de la Chambre des députés, comment a été élaborée et négociée la loi. Ainsi, pensons-nous pouvoir expliquer sa pérennité. L'étude de la loi de 1905 doit dépasser l'histoire politico-religieuse et s'inscrire dans une histoire intellectuelle et culturelle à approfondir.

PREMIÈRE PARTIE

La séparation : une idée qui vient de loin

Commençons par nous entendre sur les mots, par définir les concepts utilisés. Faut-il parler de « séparation » ou de « désétablissement » des Églises, comme le fait Charles Péguy ? L'usage du terme « désétablissement » est d'origine anglaise et signifie le retrait à une confession de son statut de religion officielle, « établie » et de composante de l'État comme service public. Seul le statut privilégié de l'Église change, celui de l'État n'est pas modifié et son intime liaison avec la religion subsiste et continue à inspirer la législation et les mœurs, comme ce fut le cas en Angleterre. L'emploi du concept de « séparation[1] » signifie au contraire que l'État et l'Église ne peuvent plus s'immiscer réciproquement dans leurs affaires spécifiques. L'État souverain au plan politique est proclamé laïque, neutre et indifférent en matière de religion, et l'Église libre en matière religieuse s'abstient de tout rôle politique. En ce sens, la loi de 1905 parachève la laïcisation de l'État en France.

Faut-il employer le terme de « laïcisation » ou celui de « sécularisation » ? Les deux termes sont-ils synonymes et peut-on les employer indifféremment, comme il est encore d'usage au temps de Jules Ferry, mais plus en 1905 ? Nous ne le pensons pas. L'étymologie des termes et l'évolution de leur sens permettent quelques clarifications[2]. À l'origine, le mot « sécularisation » désigne le passage des membres d'une communauté religieuse soumise à une règle monastique à la vie séculière, comme prêtres séculiers par exemple. Le terme oppose le « siècle », le monde des hommes et du peuple chrétien, au « retrait du siècle » des moines ayant fait vœu de réclusion. Le deuxième sens du mot « sécularisation » caractérise le passage d'un bien ecclésiastique dans le domaine public ou civil, par exemple lors de la saisie et de la vente de biens de l'Église par les rois d'Angleterre. Plus largement, le terme de « sécularisation » désigne le passage sans réel conflit d'un état ecclésiastique à un état civil, d'un statut religieux à un état laïque. Ainsi, peut-on parler de sécularisation d'écoles religieuses ou des cimetières, de sécularisation du mariage ou des funérailles. On ne peut parler de sécularisation du pouvoir d'État car seuls les États théocratiques pouvaient être totalement religieux. La « sécularisation » en Angleterre ou aux États-Unis ne signifie pas la séparation de l'État et de la religion. Donc, recommander l'emploi de ce terme en France plutôt que celui de laïcisation de l'État et de la société, sous prétexte qu'il est d'usage dans les pays anglo-saxons, c'est commettre non seulement un faux-sens, mais encore une erreur historique, car la notion et le terme même de « laïcité » n'existent pas dans la langue anglaise.

Les termes « laïc », « laïque », « laïcité » et « laïcisation » sont employés en France certes, mais aussi dans les pays latins, et sans ambiguïté. Dès l'origine, le vocabulaire chrétien distingue l'ordre des clercs, des « pasteurs », par opposition au « troupeau », aux gens du peuple en masse, le *laös* en grec, à la société des gens ordinaires, les *laici* en latin. Sont « laïcs » tous ceux qui, parmi les chrétiens, ne sont pas du clergé, ne partagent pas ses privilèges et sont totalement soumis à son autorité. Le premier sens du mot « laïcisation » traduit donc la contestation par les laïcs de leur absence de droits dans l'Église. Le terme désigne ensuite la transformation du régime du droit et des normes sociales par exclusion des référents religieux et affirmation de l'autonomie des nouveaux fondements du droit et de la société. Par extension, le « laïc » qui s'émancipe de l'emprise religieuse s'affirme comme un « laïque » se définissant exclusivement de façon civile. En ce sens, la « laïcisation » est une sécularisation radicale souvent conflictuelle. Elle désigne l'action des laïques pour aboutir à la laïcité de l'État et de la société. Ernest Renan la définissait comme le « progrès continu de la laïcité, c'est-à-dire de l'État neutre entre les religions, tolérant pour tous les cultes et forçant l'Église à lui obéir en ce point capital[3] ». La laïcité est ainsi conçue à la veille de 1905 comme la séparation de la société civile et de la société religieuse, l'État n'exerçant aucun pouvoir religieux et les Églises n'ayant aucun pouvoir politique.

CHAPITRE 1

Le rapport Briand et l'histoire

Cette étude de la séparation de l'Église et de l'État en France s'appuie en partie sur les matériaux rassemblés pour l'élaboration de la loi et sur les débats parlementaires. Pour présenter à la Chambre des députés le projet adopté par la commission parlementaire élue dans ce but et dont il fut le rapporteur, Aristide Briand a composé un très long rapport de 268 pages en sollicitant des collaborateurs. D'après l'un deux, Louis Méjean, il n'en aurait établi que le plan en six chapitres[1]. S'il faut écorner la légende pieuse qui veut que Briand ait rédigé lui-même ce rapport sur une « simple table de bois blanc[2] », il faut rejeter de façon catégorique les calomnies largement répandues au sujet de ses incapacités intellectuelles par tant d'ennemis politiques qui l'ont poursuivi sans cesse de leur haine.

Briand n'a pas été ce « cancre grandi sur les genoux des prostituées de Saint-Nazaire[3] » qu'a voulu salir Léon Daudet de l'Action française. Ce fils d'un cabaretier et d'une lingère est né le 28 mars 1862 à Nantes, et a grandi à Saint-Nazaire, près des chantiers navals en pleine expansion, où son père tenait le Café de France, fréquenté par les marins et les dockers. Il a été un brillant élève de collège, puis un boursier, interne au lycée de Nantes. Adolescent, il se lie d'amitié avec le fils de l'écrivain Jules Verne, qui dresse de lui, avec vraisemblance, un portrait flatteur : « [...] peu travailleur, quoique très intelligent, [...] audacieux, entreprenant, vif de répartie, [...] avec sa facilité d'assimilation, sa remarquable mémoire[4] ». Étudiant pauvre, il travaille tout en faisant son droit à Paris pour devenir avocat. Ami de Fernand Pelloutier, l'apôtre nantais du syndicalisme révolutionnaire, il s'initie au journalisme politique tout en défendant des militants syndicaux. Champion de la grève générale, directeur un temps du journal anticlérical *La Lanterne*, il se lie pendant dix ans aux espoirs, aux luttes, aux progrès et aux crises des divers groupes socialistes français, avant de se placer dans le sillage de Jaurès, avec qui il signe en février 1898 l'appel des « intellectuels » pour la révision du procès du capitaine Dreyfus. Élu député socialiste de Saint-Étienne en 1902, il s'est imposé comme un remarquable orateur à la « voix enchanteresse ». Rien ne prédisposait ce Breton de parents catholiques mais indifférents à faire adopter la loi de 1905. Cependant il réclame la séparation de l'Église et de l'État depuis sa première candidature en 1889. Jaurès le pousse à se présenter comme membre de la commission parlementaire élue en 1903 et l'historien et député socialiste Gabriel Deville le propose comme rapporteur. Il est vrai que Jaurès portait ce jugement sur ce jeune espoir socialiste : « Il est maintenant en pleine possession de sa force et peut rendre d'emblée au prolétariat des services à la mesure de son destin[5]. »

1. Un préambule historique très important

Quand bien même Briand n'aurait conçu que le plan de son rapport, celui-ci est particulièrement original car les trois premiers chapitres, soit la moitié du texte, constituent un avant-propos historique décrivant l'évolution des rapports entre les trois « cultes reconnus » et l'État.

Un très long premier chapitre analyse de façon très narrative l'histoire du « culte catholique », en quatre parties, « De Clovis à Mirabeau », « De la Révolution au Concordat », « Du Concordat au *Syllabus* », et enfin « De 1870 à 1905 ». L'accent est mis fortement sur les conflits entre le Saint-Siège et l'État français. Aucune présentation par contre n'est faite de l'organisation et du fonctionnement de l'Église catholique, et cela peut révéler une sous-estimation des futures difficultés d'adaptation des anciennes institutions canoniques au droit public républicain.

Le chapitre II expose l'histoire, mais aussi l'organisation et l'implantation, du « culte protestant », et plus précisément des diverses Églises réformées reconnues ou indépendantes de l'État.

Le chapitre III fait l'historique de l'émancipation des juifs de France sous la Révolution et de l'organisation du « culte israélite » depuis Napoléon.

Sources et valeur historique du rapport Briand

Quelle valeur accorder à ce préambule long de plus de 120 pages ? En quoi cette analyse cursive des rapports entre les Églises et l'État est-elle révélatrice des représentations historiques et des idéologies culturelles de ses rédacteurs ? Le député monarchiste du 7e arrondissement de Paris, Denys Cochin, féru d'histoire, interpella ironiquement Briand sur quelques « fautes d'impression malheureuses [6] » ; Léon Daudet l'accabla pour une « coquille typographique [7] ». Ce procès est bien trop facile et ne dispense pas d'une réflexion approfondie sur le rapport à l'histoire des pères de la Séparation.

On attribue souvent la rédaction du chapitre sur le culte catholique au journaliste Léon Parsons, ami de Briand, anticlérical et libre penseur, mais homme pondéré. Une lecture attentive des 98 pages incriminées confirme l'hypothèse que plusieurs personnes ont fourni à Briand des notes de qualité très inégale selon les périodes, et surtout d'inspiration et de conception différentes. Parsons et Briand ont dû coordonner trop vite un ensemble disparate, parfois contradictoire, et de forme négligée.

La première partie, inspirée pour l'essentiel de l'*Histoire générale de France* de Lavisse, entend démontrer la légitimité de l'affirmation précoce de l'indépendance du pouvoir temporel des rois de France face à la domination théocratique des papes, et illustrer la pertinence positive des « libertés gallicanes » de l'Église et de l'État. Les deuxième et troisième parties, de bien meilleure qualité, sont partiellement inspirées par la synthèse de l'historien Antonin Debidour sur l'*Histoire des rapports de l'Église et de l'État de 1789 à 1870*, parue en 1898 et couronnée par l'Académie des sciences morales et politiques. Mais le rapporteur n'a pas perçu que le rédacteur de ces pages [8] contredit le précédent en condamnant à plusieurs reprises « l'erreur du gallicanisme » commise par les Constituants en 1791 et par Bonaparte en 1802, et en faisant curieusement l'apologie du catholicisme libéral de Lamennais. La dernière partie est bien plus anticléricale de ton car elle est en partie inspirée d'une brochure militante de deux journalistes libres penseurs, Yves Guyot, l'ancien directeur du journal *Le Siècle*, et Sigismond Lacroix[9] qui préconisent de « rejeter les prêtres dans leurs églises pour que soit affranchie la société laïque ». Néanmoins, Briand en a conclu que les défauts du régime concordataire et les conflits qui se sont aggravés depuis la proclamation de l'infaillibilité pontificale sont jugés « aussi intolérables pour les catholiques sincères que pour les libres penseurs[10] », et rendent la Séparation nécessaire par mesure d'apaisement.

Les protestants et les israélites face à la Séparation

Les pages du chapitre II concernant le culte protestant ont été remises à Briand par le pasteur Lacheret, président de la commission permanente des Églises réformées évangéliques de France, mais elles ont été composées par l'agent général de ces Églises, le pasteur François Méjean, et son jeune frère, Louis Méjean, que Lacheret recommande alors à Briand[11]. Le docteur en droit Louis Méjean avait été engagé comme chargé d'études sur la loi des associations de 1901 par Ernest Monis, le ministre de la Justice du gouvernement Waldeck-Rousseau. Protestant militant, rédacteur de la proposition de loi de séparation du député Réveillaud, animateur de la campagne contre le projet Combes, il se flattera d'avoir inscrit, en préambule de ce chapitre II, une déclaration de principe à laquelle se ralliera Briand. « Une loi de séparation des Églises et de l'État ne peut être vraiment équitable qu'à la condition de respecter la constitution intime de toutes les Églises... [...] Briser leurs cadres ecclésiastiques, les forcer à adopter un régime contraire à leurs traditions et à leurs besoins serait une mesure d'oppression[12]. »

Il présente les Églises réformées comme les anciennes victimes de l'intolérance religieuse et comme les championnes de la Séparation puisque le Concordat napoléonien leur a fait perdre « le privilège d'être une Église libre ». Par leur constitution démocratique, par leur fonctionnement parlementaire, par le rôle majeur des laïcs dans leurs communautés, les Églises réformées se flattent d'avoir été l'anticipation de « l'Église libre dans l'État souverain ». Plus particulièrement, les Églises évangéliques libres, séparées et indépendantes de l'État, sont présentées comme l'exemple même de la réalisation complète du « principe de la séparation de l'Église et de l'État ». On comprend mieux pourquoi, au début du mois de février 1905 [13], Briand choisit de recruter Louis Méjean pour rédiger les chapitres V et VI de son rapport, et commenter les articles du dernier projet de loi proposé à la discussion de la Chambre, plutôt que de confier cette tâche au socialiste Paul Grunebaum-Ballin, un jeune et brillant auditeur au Conseil d'État, ami de Léon Blum et proche d'Anatole France. Briand est désormais convaincu qu'il doit s'appuyer plus sur les protestants libéraux que sur les socialistes libres penseurs pour faire adopter son projet de loi. Méjean deviendra vite son principal conseiller.

Nous ne savons pas avec précision qui a rédigé le chapitre III consacré au « culte israélite ». Mais il se peut que Léon Parsons ait fait une synthèse de la lettre que lui avait adressée pour son enquête dans *La Grande Revue* le grand rabbin Zadoc Khan. La qualité de l'information historique et juridique, la grande précision sur l'administration des consistoires et l'organisation de leurs circonscriptions semblent valider cette interprétation. Ce rapport met l'accent sur deux idées : 1) C'est l'État qui a donné aux israélites la charte constitutive de leur culte. Après l'émancipation de tous les juifs de France reconnus comme citoyens le 27 septembre 1791, les communautés juives restaient sans groupement officiel, et ce fut l'œuvre de Napoléon, « notre Pape » dit Zadoc Khan, de fonder l'organisation du culte israélite, dont le règlement organique fut adopté le 10 décembre 1806, et complété en 1808, 1831 et 1844, donc en dehors du Concordat. 2) L'ordonnance de 1844 aurait concilié le respect de la liberté de conscience, la non-ingérence de l'État dans les questions dogmatiques, le nécessaire resserrement de la discipline et de la hiérarchie, la définition des droits et devoirs des consistoires et l'indispensable surveillance de l'ordre public par le pouvoir. Ainsi, l'unité et la concorde, si nécessaires aux minorités, ont été maintenues et le culte israélite s'est renforcé. Les juifs ne sont donc pas demandeurs de la Séparation, mais les rapports qu'ils entretiennent avec l'État peuvent servir de modèle de non-ingérence et de respect des règles communautaires d'organisation par l'État souverain. Cette remarque a pu inspirer Briand.

L'« atelier » de Briand

Nous savons, en revanche, de façon certaine que Paul Grunebaum-Ballin a rédigé le quatrième chapitre, présentant une étude comparative des « législations étrangères » à propos des rapports entre les religions et les États en Europe, mais aussi en Amérique du Nord et du Sud. Jaurès félicita publiquement l'auteur de ce chapitre si richement documenté et si pertinent[14]. Ses connaissances historiques remarquables et sa compétence juridique avaient été fort utiles au rapporteur lors de la discussion du premier projet de loi adopté par la commission le 6 juillet 1904. Grunebaum-Ballin rédige aussitôt un commentaire juridique de ce premier projet dans lequel il replace la Séparation dans la marche de l'humanité vers la modernité, la laïcité et la liberté de conscience. « C'est une œuvre délicate que d'achever la sécularisation de la société moderne, de dégager les derniers traits de la figure de la Nation laïque en rendant aux diverses Églises l'indépendance et l'égalité ; il serait vain, il serait criminel, il serait absurde d'accomplir cette œuvre dans un esprit d'hostilité à l'égard des religions[15]. » Telles sont les positions de ce militant socialiste et laïque proche de Francis de Pressensé et de Jaurès.

Cet avant-propos historique semble témoigner de la coexistence de plusieurs conceptions de la Séparation parmi les collaborateurs du rapporteur : la première, héritière du gallicanisme et proche des positions étatistes du président du Conseil Émile Combes et du directeur des cultes depuis 1887 Charles Dumay ; la deuxième, très antireligieuse, reflète les positions extrêmes de la libre pensée ; et une troisième, laïque et respectueuse de la liberté des croyances et des cultes, celle de l'ancien président du Conseil Henri Brisson, de Ferdinand Buisson et de Jean Jaurès, les mentors encore très proches de Briand. Cependant, la monumentale *Histoire socialiste de la Révolution française*[16], composée par Jaurès, et publiée tout d'abord en fascicules de février 1900 à décembre 1903, semble ignorée des auteurs de cet exposé, d'inspiration très radicale-socialiste.

L'« atelier » de Briand a été composé d'abord de radicaux et de socialistes anticléricaux, très hostiles à la papauté certes, mais pas antireligieux ; puis il fut ouvert à des protestants libéraux. Les contacts avec quelques personnalités catholiques furent plus tardifs et toujours indirects ou secrets, en particulier les relations avec l'archevêque de Rouen Mgr Fuzet et l'évêque de Tarentaise Mgr Lacroix [17]. Le projet Briand s'est voulu de plus en plus un projet libéral et acceptable par les croyants, mais le contentieux entre l'Église catholique et la République était trop enraciné dans l'histoire pour être facile à résorber. L'analyse des représentations historiques du rapport Briand, quelles qu'en soient les qualités et les défauts, paraît un préalable éclairant à l'étude de l'élaboration de la loi de 1905. Tous ses collaborateurs pensent que la longue marche de la théocratie à l'État laïque et la Séparation passe par une série d'étapes.

2. Pouvoir spirituel et pouvoir temporel

La première étape sur la voie de la laïcisation de l'État et de la société est pour tous les positivistes la distinction entre le pouvoir spirituel et le pouvoir temporel. Les 32 premières pages du chapitre sur le « culte catholique » sont parmi les plus erronées de tout le rapport [18], mais elles affichent, avec une grande clarté, quelques thèses chères aux concepteurs de la loi : 1) Le Christ aurait invité à séparer le domaine spirituel de la religion et celui temporel de l'État politique en spécifiant que son royaume n'était pas de ce monde. 2) Le césaropapisme impérial et la théocratie pontificale seraient donc en contradiction avec le message du Christ. 3) La théocratie a été mise en échec par l'affirmation de l'État national légitimée par l'autonomie du pouvoir temporel. 4) Les antiques « libertés gallicanes » ont contribué positivement à l'émancipation de la monarchie française à l'égard du Saint-Siège. La République serait donc l'héritière du gallicanisme parlementaire dans l'affirmation de la souveraineté nationale.

« Rendez à César ce qui est à César, et à Dieu ce qui est à Dieu » (Matthieu, 22.15-21)

Dès le premier paragraphe du chapitre I, et plusieurs fois ensuite, le rapport cite la fameuse formule attribuée à Jésus et rapportée par les trois évangélistes synoptiques. Pour un lecteur de *La Vie de Jésus* d'Ernest Renan[19], le sens de la formule est clair : au plan politique, Jésus invite les juifs et les chrétiens à reconnaître le pouvoir de César comme l'autorité politique constituée, bien qu'il soit une puissance occupante et le représentant de cultes étrangers ; les Romains respectant leur religion, les juifs ne peuvent invoquer sa défense pour lutter contre Rome ; cette situation nouvelle ruine cependant la vieille conception théocratique d'Israël où les rois-prêtres cumulaient les pouvoirs religieux, civils et militaires. Le judaïsme de l'Ancien Testament était une théocratie, car la loi étatique n'était autre que la loi divine et les autorités religieuses n'étaient pas nettement séparées des autorités politiques, la réforme religieuse introduite par Jésus remet donc en cause la théocratie traditionnelle des juifs.

La formule de Jésus fonde l'autonomie réciproque du temporel et du spirituel, car son « royaume n'est pas de ce monde » (Jean, 18, 36). Le règne de Dieu est d'ordre spirituel, et d'ailleurs les premières Églises ont recommandé aux chrétiens de suivre les lois politiques en vigueur (Épître de Paul aux Romains, 13.1-7). Auguste Comte disait que le christianisme primitif avait joué un rôle positif dans la critique de la théocratie, tant qu'il était resté un mouvement spirituel désintéressé du pouvoir temporel et avait ainsi contribué à l'émancipation des hommes, avant de se transformer lui-même en pouvoir théocratique. Dans une démocratie moderne, les domaines du politique et du religieux doivent donc être strictement séparés ; les affaires temporelles doivent être du ressort des seuls citoyens, les questions religieuses relevant des croyances des individus ; les fidèles d'une religion doivent exercer librement leur culte sans que les Églises soient une puissance politique. La séparation des Églises et de l'État ne serait donc que l'application tardive du précepte de Jésus-Christ.

La « théocratie pontificale universelle »

Le rapport Briand continue en affirmant qu'« une confusion s'établit entre le spirituel et le temporel » dès le concile de Nicée de 325, présidé par Constantin (306-337), qui s'est proclamé « empereur et docteur, roi et prêtre ». La religion chrétienne devient le seul culte officiel dans l'empire après que l'empereur chrétien Théodose (379-395) a fait interdire les dernières manifestations païennes. Si le césaropapisme, cette confusion des pouvoirs religieux et politique sous l'autorité suprême de l'empereur, ne se maintint pas en Occident à cause de la désagrégation de l'empire sous les coups des peuples barbares et du schisme arien, le rapport développe la thèse selon laquelle l'Église romaine, pour se développer, a emprunté les concepts et les cadres administratifs de l'Empire romain, avant de s'ériger elle-même en théocratie.

Le rapport expose longuement la théorie de la « théocratie romaine » telle que le pape Grégoire VII (1073-1085) l'aurait formulée dans le « monument juridique » des *Dictatus papae* de 1075 et illustrée dans la querelle des Investitures lors de son conflit violent avec l'empereur germanique Henri IV, qui fut excommunié, déposé et dut aller à Canossa, le 20 janvier 1077, pour tenter de se faire absoudre par le pape. Infaillibilité de l'Église, volonté de domination universelle du Saint-Siège, suprématie du pape sur l'Église et sur les princes, organisation des sociétés selon les préceptes chrétiens, telles sont les formules utilisées dans le texte pour définir la théocratie. Pour illustrer cette conception, le rapport évoque « la comparaison, chère à la papauté, entre le soleil et la lune ; entre l'Église romaine qui éclaire le monde et la royauté qui en reçoit les rayons ». Il cite une autre figure du pape Gélase Ier pour illustrer les théories théocratiques :

> « Il y a deux glaives, le glaive spirituel et le glaive temporel ; *tous les deux appartiennent à l'Église* ; l'un est tenu par *elle* par la main du pape ; l'autre est tenu par *elle* par la main des rois, *tant que le pape le veut et le souffre*. En outre, l'un des glaives doit être subordonné à l'autre, le temporel au spirituel [souligné dans le texte original]. »

La théocratie pontificale légitimerait tout pape à brandir son glaive spirituel, mais aussi à orienter le bras des princes tenant le glaive temporel et à inspirer la politique des souverains au nom des droits inaliénables de Dieu. Le rapport voit ces thèses se prolonger bien après Grégoire VII, chez le pape Boniface VIII (1294-1303), et jusqu'à Pie IX (1846-1878) et Pie X (1903-1914). Après 1815, de telles théories théocratiques revinrent en force, dans le contexte de la Contre-Révolution et de la Sainte-Alliance avec les empereurs d'Autriche et de Russie, même si les situations et les régimes politiques étaient bien différents. Le rédacteur en conclut que la papauté a toujours été théocratique car elle n'a jamais admis « l'égalité des droits entre les deux pouvoirs ».

Cette définition de la théocratie nous semble imprécise et elle fait débat vers 1905. En effet, les deux pouvoirs ne sont pas de même nature et ne peuvent être égaux. De plus, bien que l'Église affirme de façon constante l'éminence et la transcendance de l'autorité spirituelle sur le pouvoir temporel, la papauté ne s'arroge plus la souveraineté directe et absolue sur les réalités temporelles, comme c'était le cas dans les États théocratiques de l'Antiquité. Dès le XIIIe siècle, des théologiens comme Thomas d'Aquin (1225-1274) ont distingué, dans la *plenitudo potestatis* revendiquée par les papes sur toute la *res publica christiana*, la *potestas directa*, le pouvoir direct sur le temporel que la papauté renonce à détenir, et l'*auctoritas mediata*, l'autorité indirecte et médiatisée. Cette distinction sera réaffirmée avec force par le jésuite Bellarmin au début du XVIIe siècle.

Le rapport Briand n'établit pas ces distinctions théologiques et raisonne comme si les deux pouvoirs exerçaient plus ou moins de domination l'un sur l'autre. Les républicains anticléricaux du début du XXe siècle assimilent sans nuance la théocratie pontificale à la volonté de domination temporelle de l'Église et y voient un synonyme du « cléricalisme » défini comme l'immixtion directe ou indirecte dans la vie publique de l'Église constituée en « faction politique ». Auguste Comte, pour qui l'évolution de l'humanité passe par trois âges, théologique, métaphysique, et enfin positif, estime que l'Église n'est qu'une survivance dépassée de l'âge théologique car, dès la fin du Moyen Âge, une première séparation du pouvoir temporel et du pouvoir spirituel se serait opérée dès le moment où l'Église inspire les gouvernements mais ne gouverne pas. Toute la génération positiviste des Gambetta, Ferry, Pelletan, Combes pense comme Georges Clemenceau que l'histoire de l'Europe se ramène à « la lutte séculaire entre l'autorité théocratique de l'Église romaine et la résistance des sociétés civiles pour la liberté », et que l'indépendance des royaumes nationaux est un progrès immense vers la liberté, voire la laïcité.

L'État souverain contre la théocratie pontificale

Le rapport Briand développe ensuite la résistance à l'hégémonie pontificale des rois capétiens. Le texte affirme qu'Hugues Capet (987-996) défendit le premier l'indépendance de ses églises contre les prétentions de Rome. Philippe Auguste (1180-1223) est félicité pour avoir préparé « la naissance d'un esprit laïque et national, en opposition avec les prétentions de la théocratie romaine. Saint Louis (1226-1270) continue son œuvre et ce monarque très chrétien fut un des plus fameux défenseurs de la société laïque[20] ». L'adjectif « laïque », bien ambigu ici, devrait être remplacé par « séculier » ou « temporel » car il est à prendre au sens premier d'affirmation de l'autonomie du pouvoir politique par rapport à l'autorité cléricale. Certes des historiens ont perçu les prémices d'un « processus par lequel un ordre laïc de la vie sociale tendait à prendre consistance[21] » dès le Moyen Âge, mais Jacques Le Goff estime qu'il est bien trop tôt pour parler de « laïcisation », car, si le roi de France s'oppose au pape, il s'affirme comme un roi sacré, élu de Dieu dans son royaume, et ne conçoit qu'un État confessionnel voué à Dieu. Il se réclame indépendant du pape en matière de pouvoir temporel, de la même manière qu'il entend être « empereur en son royaume, libre de toute tutelle de l'empereur du Saint-Empire. Il faut y voir plutôt un « transfert de sacralité qui s'opère de l'Église à l'État et une appropriation par l'État monarchique d'une partie du pouvoir temporel de l'Église au nom du ministère royal[22] ». Il serait donc plus juste de parler de gallicanisme que de laïcité, et cela d'autant plus que le rapport voit naître ces « idées gallicanes » sous… Pépin le Bref (751-768).

Le rapport Briand consacre ensuite de longues pages aux « différends célèbres » entre Philippe le Bel (1285-1314) et

Boniface VIII. Le rapport souligne que « Philippe le Bel déclarait net, dès 1297, *qu'il ne tenait sa royauté que de Dieu seul* » alors que le pape rappelait au roi sa position d'infériorité à l'égard du chef de l'Église qui a été élevé par l'élection divine « au-dessus des rois et des royaumes » et qui jouit d'une primauté aussi bien au temporel qu'au spirituel car « toute créature humaine est soumise au pontife romain ». Le rapport développe comment Philippe le Bel répliqua au pape par l'appel à la nation pour affirmer « la doctrine de l'indépendance absolue du pouvoir royal[23] ». Excommunié par Boniface VIII, Philippe le Bel trouve la parade en faisant affirmer par ses légistes qu'il est une autorité supérieure à celle du pape, celle de l'Église universelle réunie en concile général. Il convoque même un concile à Lyon pour mettre en accusation le pape. Le légiste Guillaume de Nogaret est chargé de lui notifier l'acte d'accusation et de l'arrêter. D'où le célèbre « attentat d'Anagni », dont le coup moral plutôt que physique fut tel que le pape en mourut quelques jours après. Ses successeurs, Benoît XI, puis Clément V qui établit la papauté en Avignon, annuleront les condamnations du roi de France. La défaite de la théocratie pontificale est totale alors que triomphe « l'indépendance du pouvoir temporel[24] ».

Le rapport en conclut que les idées gallicanes « vont prendre corps, s'organiser en système, grâce au patriotisme des légistes[25] ». C'est oublier qu'ils restent sous l'influence indirecte du théologien, très discrédité à la fin du XIXe siècle, Thomas d'Aquin, qui avait enseigné à Paris. À partir de la *Politique* d'Aristote que l'on venait de traduire de l'arabe, il affirmait que l'ordre social et politique était autonome, antérieur et indépendant de l'ordre religieux. L'homme, païen ou chrétien, est d'abord un « animal politique », un « animal social », et la cité, la société politique, lui est naturelle. L'État se développe selon ses lois propres en assurant l'ordre et la sécurité par des règles reposant sur le droit public. Ainsi se forme une communauté politique qui ne procède pas nécessairement d'une volonté extérieure ni de Dieu. Le droit naturel de l'État ne peut être le droit canon de l'Église.

L'affirmation des « libertés gallicanes »

Le rapport Briand consacre 10 pages capitales, inspirées par Lavisse, au gallicanisme. Celui-ci est certes associé au progrès de l'absolutisme royal, mais est très peu critiqué dans cette partie du rapport, comme si les républicains anticléricaux en étaient les héritiers. Il est même présenté comme l'antidote au concordat de Bologne convenu en 1516 entre François Ier et Léon X, cette anticipation malheureuse du Concordat de 1801.

Le gallicanisme est défini par quelques thèses : supériorité du concile sur le pape, union étroite entre le roi et le clergé national, indépendance du roi au temporel par rapport au pape, limitation de l'autorité du pape sur le clergé français, droit reconnu au roi d'examiner la législation pontificale avant qu'elle ne soit appliquée en France et droit du roi de légiférer en matière d'organisation et de discipline ecclésiastique. En accroissant son autorité sur l'Église gallicane, dont il s'est proclamé le protecteur, le roi de France n'a fait que renforcer son autorité sur le royaume. Le gallicanisme a peut être été une voie française de la Réforme, comparable à l'anglicanisme, mais sans rupture de la monarchie avec Rome.

Le rapport Briand souligne de façon très téléologique la persistance du gallicanisme des parlementaires qui auraient préparé à terme la Séparation. Le Parlement de Paris, très attaché à la pragmatique sanction de Bourges de 1438 qui faisait élire les évêques et les abbés par les chapitres des cathédrales et des abbayes, a tenté en vain de s'opposer au concordat de 1516 par lequel le roi nomme les évêques et les abbés que le pape investit ensuite. D'après le rapport, le Parlement de Paris aurait incarné un véritable « pouvoir laïque et national » lors des guerres de Religion. « Parallèlement à ce mouvement ascendant de l'idée protestante, se produit, au sein du Parlement, un mouvements d'idées qu'il est nécessaire de signaler, car il révèle une nouvelle conception du droit et prépare les vues juridiques d'après lesquelles nous envisageons aujourd'hui le problème des rapports de l'Église et de l'État, du spirituel et du temporel[26]. » À partir de 1561, les parlementaires gallicans formulent, avec les *Politiques* du tiers parti de

Catherine de Médicis et de Michel de l'Hospital[27], l'idée que l'État doit rester neutre en matière de religion et au-dessus des partis, affirme le rapport, qui considère l'édit de Nantes de 1598 comme « une victoire de l'esprit laïque ». Le rapport souligne également avec intérêt l'hostilité des parlements aux ordres religieux échappant au contrôle des évêques et du roi ; leur hostilité aux jésuites, dépendants directement du pape, aboutit à leur procès et à l'expulsion de la Compagnie de Jésus en 1762-1764, ce que signale en bonne place le rapporteur.

Un certain gallicanisme ecclésiastique subsista, quoique rallié à l'absolutisme. Premier ordre du royaume, le clergé de France fut le seul corps politique à pouvoir tenir des assemblées régulières à partir de 1567. Le haut clergé, choisi par le roi, fut une force assez puissante pour résister à Rome. Le bas clergé se rallia à un gallicanisme populaire, ignoré d'ailleurs du rapport, le richérisme. Le théologien Edmond Richer (1559-1631) fut le champion d'une Église démocratique où l'autorité appartiendrait à l'ensemble des fidèles, élisant leurs ministres du culte. Il niait l'origine divine du pouvoir du pape, simple « évêque de Rome », et récusait jusqu'à la théorie de l'autorité spirituelle indirecte sur le temporel du cardinal jésuite Bellarmin. Son *Libellus,* condamné par Rome, a eu une très grande influence dans le bas clergé, jusqu'à la Révolution.

Les trois gallicanismes – ecclésiastique, parlementaire et royal – conjuguèrent leurs efforts pour renforcer l'indépendance de l'État monarchique face au Saint-Siège, en particulier sous le règne de Louis XIV dans l'affaire de la Régale. L'assemblée du clergé de 1682 dénonça « l'ingérence » du pape dans les affaires de l'Église de France, en violation du concordat de 1516, et renouvela solennellement les « libertés gallicanes » sous la forme de la Déclaration des Quatre Articles[28], rédigée par Bossuet, l'évêque de Meaux. Les papes n'ont reçu de Dieu qu'un pouvoir spirituel. Les rois et les princes ne sont soumis dans les choses temporelles à aucune puissance ecclésiastique ; leurs sujets ne peuvent pas être déliés de leur serment de fidélité. La plénitude de puissance du souverain pontife est limitée par les décrets des conciles. Innocent XI les déclare nuls, mais ne peut les condamner comme hérétiques, car une sécession de l'Église gallicane aurait été catastrophique pour l'Église romaine. En dépit d'un compromis intervenu entre le roi et le pape, les parlements maintinrent les Quatre Articles, qui feront jurisprudence. Ils seront repris par Napoléon dans les Articles organiques annexés de sa seule initiative au Concordat de 1801.

Le rapport Briand affirme que le conflit des deux pouvoirs de l'Église et du Royaume a permis une laïcisation de l'État et une sécularisation du droit et de la justice. Mais l'analyse inspirée d'Auguste Comte ne satisfait pas pleinement tous les historiens et hommes politiques de l'époque : la séparation des deux pouvoirs ne suffit pas pour créer un « État laïque », car l'État de Louis XIV reste un État confessionnel. Même si la théorie de la monarchie absolue de droit divin distingue et hiérarchise les deux pouvoirs, elle tend à les confondre par interpénétration. Même si Bossuet, son grand apologiste, reconnaît que le roi n'est que le « ministre de Dieu sur terre », il affirme que « le service de Dieu et le respect pour les rois sont choses unies ». Le pouvoir temporel du roi très chrétien a une finalité religieuse : assurer le salut des sujets du roi. Il se proclame protecteur de l'Église et reconnaît sa responsabilité devant Dieu dans la conduite des affaires terrestres. Les conflits entre la théocratie pontificale et l'absolutisme politique des rois de France ont entretenu les illusions positivistes des rédacteurs du rapport Briand sur la laïcité intrinsèque de la séparation entre le temporel et le spirituel.

Mais Jean Jaurès récuse cette vision simplificatrice. « Cette thèse des deux pouvoirs est historiquement fausse et socialement absurde. Il est faux qu'un commencement de séparation du pouvoir temporel et du pouvoir spirituel ait été réalisé, au Moyen Âge, par la société chrétienne et féodale. [...] en fait, l'Église était entrée à fond dans le mécanisme de la société et de la propriété féodale. [...] En fait, l'Église intervenait sans cesse dans le gouvernement des choses temporelles[29]. » Pour Jaurès, le christianisme et la féodalité sont intrinsèquement liés à la monarchie absolue jusqu'à la Révolution. L'idéologie religieuse investit toute la pensée et la société, même si l'État a affirmé sa propre idéologie politique. Ce débat sur la nature de la théocratie et la séparation des pouvoirs aura d'importantes conséquences sur les conceptions de la séparation de l'Église et de l'État.

CHAPITRE 2

La Révolution française et la fin de l'État confessionnel

Le principe de la séparation de l'Église et de l'État a été pour la première fois proclamé par le décret du 3 ventôse an III (21 février 1795) et confirmé par la constitution du 1er vendémiaire an IV (23 septembre 1795). Le rapport Briand consacre 21 pages de son prologue historique à la politique religieuse de la Révolution. Après avoir décrit le « désétablissement » de l'Église d'Ancien Régime et l'échec de la Constitution civile du clergé, il analyse les origines de cet épisode précurseur en cinq pages fort intéressantes. La finalité de ces rappels historiques est claire : les rédacteurs veulent fournir des arguments historiques aux députés de 1905 pour leur prouver la nécessité et la légitimité de la séparation de l'Église et de l'État.

La première thèse avancée, avec de longues citations de Talleyrand, de Barnave, et surtout de Mirabeau, est que « la nation *est seule propriétaire des biens de son clergé*[1] », afin de légitimer de nouvelles nationalisations éventuelles, la location des églises et cathédrales et la suppression des traitements des prêtres.

La deuxième thèse des conseillers de Briand est que la Constitution civile du clergé, adoptée le 12 juillet 1790, a renouvelé « l'erreur du gallicanisme » en voulant soumettre l'Église à l'État, à la manière d'un « service public », avec l'illusion de « doter la nation d'un clergé patriote et libéral ». Cette solution étatiste a entraîné un schisme et une guerre civile religieuse.

Le rapport Briand avance enfin une troisième thèse, très discutable : « À cette époque de la Révolution, la paix et la liberté religieuses eussent pu être réalisées, si des esprits avisés avaient su reconnaître, dans le principe de la séparation de l'Église et de l'État, la solution de bon sens, la solution logique[2]. »

Cette affirmation si péremptoire et cette supputation si peu historique visent à démontrer la logique de la solution trouvée en 1795 par les conventionnels, après l'échec de la création d'une Église gallicane et celui des cultes révolutionnaires conçus par des esprits religieux comme Robespierre. L'analogie savamment entretenue entre 1795 et 1905 repose sur une curieuse interprétation de l'histoire. Le décret de l'an III n'est pas, à nos yeux, le résultat logique d'une politique religieuse volontaire, mais la conséquence fortuite d'une série d'échecs, et l'ultime tentative pour restaurer la paix religieuse par la garantie de la liberté des cultes[3]. Cette solution ne fut pas viable car les troubles religieux qui divisaient la France depuis 1791 se prolongèrent, scellant l'échec de toutes les assemblées révolutionnaires dans la recherche de nouveaux rapports entre l'Église et l'État.

Les pages du rapport traitant de la politique religieuse de la Révolution croisent deux ou trois interprétations historiques fort différentes. La trame principale est inspirée par le disciple d'Auguste Comte, le positiviste Robinet[4], qui avait reproché avec véhémence à la Constituante d'avoir « asservi l'Église à l'État » et de ne pas avoir proclamé d'emblée leur séparation. L'Église libre dans l'État libre aurait été une solution pacifique. La condamnation des illusions d'une nouvelle Église gallicane et de l'utopie du culte de l'Être suprême est également le fait du professeur Aulard aux analyses très anticléricales. À rompre avec l'Église, il aurait fallu se donner les moyens d'éviter le schisme et la guerre de religion par la séparation de l'Église et de l'État souverain. Cependant, Jean Jaurès s'était élevé contre ces deux thèses en affirmant haut et fort que la séparation était une « solution prématurée » et que l'idée en est surgie de l'expérience révolutionnaire. « *La question à cette date n'était même pas posée :* elle n'existait pas. Personne parmi les légistes, personne parmi les publicistes, personne parmi les penseurs et les philosophes ne suggéra à la Constituante l'idée de séparer l'Église et l'État[5]. »

C'est dire qu'en 1905 l'interprétation de la politique religieuse de 1789 à 1799 faisait encore problème, même si tous les historiens étaient d'accord pour voir dans la Révolution la fin de la monarchie de droit divin, le début de la laïcisation de l'État et de la sécularisation de la société. S'ouvre ainsi une nouvelle étape, après l'indépendance du pouvoir temporel et l'affirmation de la liberté de conscience, dans la longue marche vers la Séparation.

1. La fin du pouvoir temporel de l'Église

« En moins d'un an, l'Église catholique avait perdu tous ses privilèges ; son pouvoir temporel, assise inébranlable de sa domination spirituelle, lui fut ravi par l'État, maître de ses propres destinées[6]. » Ainsi est présenté par le rapport Briand ce que nous appellerons le « désétablissement » de l'Église. Pour apprécier le bouleversement provoqué par la Révolution, il faut réaliser ce qu'était encore la position de l'Église dans le royaume et la place du clergé dans la société. Avant 1789, l'ordre des choses reposait sur l'union dogmatique, juridique et politique de la religion catholique et de la monarchie absolue, l'État reconnaissant l'origine divine de l'Église et celle-ci légitimant l'origine divine de la monarchie. L'alliance du trône et de l'autel rendait impossible toute liberté de conscience, de pensée et de religion. Le roi de France s'engageait à assumer ses devoirs envers Dieu en assurant la défense de l'Église et l'unité de foi. Toute la vie collective, les jours de fête et les temps de l'année étaient déterminés par le catholicisme. C'est ce théocentrisme, cette antique alliance du trône et de l'autel, que la Révolution ruina par la simple affirmation de la liberté de conscience et la proclamation des Droits de l'homme et du citoyen que met bien en évidence le rapport. Dès les journées de juin 1789, en proclamant la souveraineté de la nation, l'Assemblée niait l'origine divine de la monarchie et commençait à laïciser l'État.

La fin de la religion d'État et la reconnaissance de la liberté de culte

L'ordre séculaire est bouleversé dès « la fameuse nuit du 4 août qui inaugure, pour le clergé, un ordre social nouveau » avec la suppression de la dîme prélevée par l'Église sur les récoltes depuis Pépin le Bref, un impôt qui « appartenait, en toute légitimité, à l'État », comme Sieyès l'avait fait admettre[7].

La Constituante aborda la question de la liberté religieuse, dès la Déclaration des droits de l'homme et du citoyen adoptée le 26 août 1789[8], dans un climat déjà passionné car, aux partisans d'une simple tolérance concédée, s'opposaient les champions de la pleine liberté de conscience qui rejetaient le terme trop équivoque de « tolérance ». L'article 10 de la Déclaration est encore défini de manière négative : « *Nul ne doit être inquiété pour ses opinions, même religieuses, pourvu que leurs manifestations ne troublent pas l'ordre public établi par la loi.* » Le texte de la Constitution adoptée le 3 septembre 1791 aura une tournure plus positive en reconnaissant à tout homme « *la liberté d'exercer le culte religieux auquel il est attaché*[9] ». Ainsi les protestants, puis les juifs par le décret du 27 septembre 1791, obtiennent la pleine égalité des droits et sont reconnus comme des citoyens à part entière grâce à l'active campagne de l'abbé Grégoire, le libérateur des juifs[10].

Déistes, voltairiens ou incrédules, les constituants refusent par trois fois à la majorité le maintien du catholicisme comme religion d'État, mais ils ne conçoivent pas encore un État totalement laïque, ce dont s'étonne le rapport. Le 28 août 1789, l'Assemblée rejette la reconnaissance du catholicisme comme religion d'État, puis comme religion de la nation en février 1790. Quand le chartreux dom Gerle propose à nouveau, en avril 1790, que le catholicisme soit la seule religion bénéficiant d'un culte reconnu, public et salarié, une nette majorité de députés refuse cette remise en cause de la liberté et de l'égalité des cultes. Cependant, la plupart ont le souci utilitariste de rénover la religion traditionnelle pour le peuple afin de maintenir la cohésion sociale. Le rapport n'envisage pas cette nécessité faute d'avoir étudié les positions des philosophes des Lumières.

Convaincus de l'oisiveté, voire de l'immoralité des clercs réguliers, assurés de l'inutilité de la vie contemplative, tolérant seulement les ordres utiles, enseignants et hospitaliers, les constituants n'ont cessé de faire le procès des moines et des religieuses. Au nom du principe de la liberté individuelle comme droit inaliénable, les constituants suspendirent les vœux perpétuels dès le 28 octobre 1789, puis mirent fin à la clôture des couvents et supprimèrent les ordres religieux relevant de tels vœux, le 13 février 1790. Plus tard, les congrégations religieuses dont « l'inutilité était évidente » furent supprimées et interdites à l'avenir en France, par un décret de l'Assemblée législative du 18 août 1792. Les établissements de charité et d'éducation furent cependant maintenus provisoirement, tant que l'État ne pouvait « assumer toutes les charges qui pouvaient le rendre tout-puissant », reconnaît le rapport. Cette question sera au cœur des conflits entre 1901 et 1904.

Dès la nuit du 4 août 1789, l'Assemblée a donc aboli tous les privilèges, les droits seigneuriaux comme les dîmes ecclésiastiques et les annates pontificales, et le clergé disparaît en tant qu'ordre tout comme la noblesse. « Le régime féodal était à tout jamais aboli », conclut le rapport. Mais, pour éviter la banqueroute de l'État en proie à la crise financière, les constituants ne voient comme solution que l'aliénation des « ressources extraordinaires » du clergé, sur proposition de l'évêque d'Autun Talleyrand. Les arguments échangés en 1789, longuement rapportés par les collaborateurs de Briand, ont été souvent repris lors des débats parlementaires de 1905.

La nationalisation des biens du clergé

Pour les défenseurs du clergé comme l'intransigeant abbé Maury, les biens du clergé sont inaliénables car ils sont le fruit de donations pieuses et la « propriété corporative » de l'Église qui les a fait valoir pour assurer les fonctions ecclésiastiques. Toute nationalisation serait une « spoliation », une « expropriation ». Pour les légistes du Tiers État, au contraire, l'Église n'est que dépositaire de biens destinés à certaines fonctions de l'État, elles-mêmes révocables par la nation souveraine. Les membres du clergé ne sont pas des propriétaires mais des usufruitiers, car la propriété éminente de ces biens, autrefois détenue par le roi, revient à la nation. Libre à celle-ci de les reprendre sous condition de prendre en charge les fonctions qui incombaient à l'Église (culte, assistance, enseignement) et de subvenir aux besoins des prêtres.

Le rapport cite Dupont de Nemours, qui déclarait fermement : « Le clergé n'a pas propriété ni sur la dîme, ni sur ses biens fonds. Le clergé ne peut pas être propriétaire de la dîme parce qu'on ne peut pas être propriétaire d'un impôt ; le clergé ne peut être propriété des biens fonds parce qu'il n'est qu'usufruitier. » Le 12 octobre, Mirabeau avait demandé avec force le « retour à la nation des biens du clergé ». Les arguments de son discours du 30 octobre sont rapportés sur trois pages du rapport. Il termine en accusant le clergé d'avoir détourné les biens d'Église de leur véritable affectation, de les accaparer et de les gaspiller. Le 2 novembre 1789, l'Assemblée constituante décide par 568 voix contre 346 de « mettre les biens du clergé à la disposition de la nation sauf à pourvoir d'une manière convenable à la décence du culte et à l'entretien des autels ». Les bourgeois de la Constituante décideront de nationaliser les biens du clergé comme gage des dettes de l'État, puis de les vendre par tranches (décrets des 14 et 20 avril 1790). Cette « sécularisation des biens du clergé » n'a rien d'inédit en Europe, cela est souligné, car le roi Henri VIII d'Angleterre, les princes allemands et l'empereur Joseph II d'Autriche, beau-frère de Louis XVI, y ont eu recours. Le rapport Briand félicite Mirabeau et les constituants d'avoir détruit le clergé en tant que corps privilégié : « L'Église temporelle n'existait plus. »

2. L'« erreur gallicane » de la Constitution civile du clergé

Pourtant, alors que l'œuvre législatrice distendait les liens juridiques entre l'Église et l'État, les constituants ont réorganisé une Église gallicane, poussés à la fois par les difficultés financières de l'État et par leurs convictions religieuses en mal de revanche sur l'ultramontanisme romain. Le rapport

Briand voit là une contradiction de « cette Assemblée, qui se révoltait quand on lui proposait de décréter le catholicisme *religion nationale*, [mais qui] s'asservit à une collectivité d'hommes vivant du commerce de leurs croyances, tout en prétendant les soumettre à son despotisme, elle qui proclamait la liberté[11] ».

Réformer l'Église de France au « temporel »

La sécularisation des biens d'Église bouleverse de fond en comble la place du clergé dans la nation. L'Assemblée doit salarier les prêtres. La commission ecclésiastique élabore un projet de Constitution civile du clergé qui est discuté à l'Assemblée de la fin mai au début juillet 1790 dans un climat passionné[12]. Le rapport analyse très longuement « le débat très laborieux » et les quatre titres de la nouvelle structure de l'Église de France.

Le porte-parole des évêques, Mgr Boisgelin, refuse catégoriquement que les constituants modifient la Constitution de l'Église, car seul un concile national pouvait modifier le droit canon en accord avec le Saint-Siège. D'autres, plus hostiles, condamnent la réforme comme schismatique, hérétique et fortement inspirée par les protestants. La majorité gallicane des membres du Conseil ecclésiastique récuse ces objections par des arguments sur l'autonomie de l'Église de France. Les jansénistes espèrent de leur côté que l'Église, privée de ses privilèges, retourne à la pureté morale de l'Église primitive. Une forte majorité de députés entraînés par des abbés patriotes, tels Camus, Grégoire, Lanjuinais, et des laïcs juristes, tel le rapporteur, l'avocat canoniste Martineau, reconnut à l'Assemblée le droit de réorganiser l'Église de France puisqu'elle ne touchait pas au dogme. « La soumission à l'autorité souveraine de la nation n'est pas seulement une obligation de nécessité ; c'est un devoir de charité », déclare l'abbé Camus. Le 12 juillet 1790, le projet de loi est adopté sans difficultés.

Le rapport Briand prend acte de la volonté de l'Assemblée de « se tenir en dehors des matières religieuses » et de légiférer dans l'unique domaine de la « *temporalité* ». Mais, curieusement, le rédacteur pose une question, inspirée par Robinet, qui met en garde les législateurs de 1905 : « Dès l'instant où l'État fait intervenir son autorité dans les matières de juridiction ecclésiastique, n'est-il pas fatal de le voir aux prises avec des questions de droit canon ? On croirait vraiment que nos grands laïcisateurs avaient perdu le souvenir d'une époque, pourtant récente, où s'était affirmée avec tant de force la toute-puissance de Rome sur son clergé. » Les leçons de l'affaire des Quatre Articles n'ont pas été tirées. Au nom de sa légitime souveraineté, l'Assemblée a cru avoir le droit d'intervenir en toute indépendance pour « fonder une Église gallicane, libérée à tout jamais des doctrines ultramontaines[13] ».

La carte religieuse doit être calquée sur la carte administrative. Les 130 anciens évêchés si disparates sont supprimés. À chaque département un nouvel évêché, 83 au total, répartis entre 10 arrondissements métropolitains. À leur tête, un évêque élu comme les autres hauts fonctionnaires par l'assemblée électorale des notables du département. « L'évêque ne sera plus le soldat obéissant du pape », commente le rapport car il « ne devient qu'un président de consistoire ». Les curés seront élus comme les juges de paix par les assemblées de districts. Mais comme l'élection ne suffit pas à faire un ministre du culte, l'investiture canonique et l'onction sacrée seront conférées aux curés par les évêques, aux évêques par un évêque métropolitain, et non plus par le pape, simple évêque de Rome, comme au temps de l'Église primitive. Le nouveau clergé français pourra réunir des conciles et synodes nationaux et régionaux.

« Réduire l'autorité du pape à de justes bornes »

Ainsi est adoptée en France la théorie des conciles de Lausanne et de Bâle sur l'autonomie des Églises nationales par rapport à la hiérarchie romaine. Admettant que « l'intention de l'Assemblée est de réduire l'autorité du pape à de justes bornes », l'abbé Grégoire réussit à faire préciser cependant que celle-ci ne devait pas porter « préjudice à l'unité de foi et de communion qui sera entretenue avec le chef visible de l'Église universelle ». Les salaires des curés, nouveaux fonctionnaires publics, seraient revalorisés et portés à 1 200 livres, alors que les traitements des évêques seraient réduits. Le rapport Briand s'étonne de ces largesses visant à séduire le bas clergé. Salariés de l'État, astreints à résidence, évêques et curés sont soumis à l'obligation de jurer fidélité à la future Constitution comme tous les fonctionnaires. L'ordre religieux est ainsi aligné sur l'ordre civil, l'édifice de l'Église calqué sur celui de l'État, ses liens avec la papauté tranchés. Le rapport Briand conclut que « la direction de l'Église était mise tout entière entre les mains du pays ».

La Constitution civile du clergé n'a pas été l'œuvre d'ennemis acharnés de l'Église catholique même si un certain anticléricalisme transparaît dans les discours jacobins[14]. La réorganisation de l'Église de France, l'élection des curés et des évêques, n'apparaissait pas comme choquant, aux yeux de la majorité des représentants, qui n'ont pas conscience de faire œuvre impie, mais de restaurer les pratiques de l'Église primitive. D'ailleurs, sur les conseils d'évêques modérés comme Champion de Cicé et Lefranc de Pompignan, le roi Louis XVI la ratifie le 22 juillet.

Peut-on parler de triomphe du gallicanisme, de revanche du jansénisme ? Non, car le vote de la Constitution civile du clergé entraîne le retrait de l'Assemblée de la grande majorité des évêques ultramontains. Dès le 30 octobre 1790, une centaine de prélats réunis autour de Boisgelin affirme que les constituants ont mis en cause le pouvoir spirituel de l'Église en modifiant les règles d'élection et en supprimant les ordres réguliers. Ils refusent toute rupture avec Rome et rejettent toute soumission de l'Église à l'État, mais suspendent leur attitude à la position du pape.

Le divorce de la Révolution et de l'Église

L'erreur des constituants, d'après le rapport, est alors de rechercher un compromis avec la papauté. Le nonce transmet au pape la demande des évêques libéraux le suppliant de ne pas condamner la Constitution pour éviter un schisme en France. Devant le silence suspect du pape, l'Assemblée décide d'imposer aux membres du clergé, comme à tout fonctionnaire, un serment à la nation, à la loi et au roi (27 novembre 1790), puis à la Constitution civile du clergé (3 janvier 1791). Ce serment est à prononcer publiquement devant l'assemblée des fidèles et à prêter devant les autorités municipales. Ainsi la communauté laïque s'arroge le droit de juger de la fidélité des prêtres à la nation. Pour le rapport Briand, les raisons principales du conflit avec Rome furent d'avoir dépossédé le pape de son droit d'investiture canonique et l'obligation de serment : « c'est la consécration du schisme ». Deux erreurs à éviter en 1905 !

« L'État commit l'erreur de s'imaginer qu'il lui était possible de créer de toutes pièces » les cadres d'une nouvelle Église gallicane, dit le rapport. L'abbé Grégoire prêta le premier le serment de fidélité invitant tous les ecclésiastiques à faire de même ; 80 seulement l'imitèrent sur les 263 que comptait l'Assemblée ; seuls 7 évêques sur 130 prêtèrent serment. Mais, le rapport exagère quand il conclut : « L'Église tout entière s'insurgeait contre la nation. » Robinet et Aulard ont surestimé le poids des « prêtres réfractaires ». Or, 52 % des prêtres jureront et 6 % se rétracteront dès l'année suivante [15]. La carte des serments révèle la géographie des régions de forte ou de tiède catholicité préfigurant les cartes des régions de forte ou de faible pratique religieuse des XIXe et XXe siècles. Les serments sont peu nombreux dans l'Ouest, le Nord, le Nord-Est et le sud du Massif central, terres de mission et de forte catholicité ; ils sont massifs dans le Bassin parisien, le Centre, la Bourgogne, l'Aquitaine, le nord du Massif central, terres déjà marquées par la désaffection, voire l'anticléricalisme ; ils sont contrastés dans la vallée du Rhône, en Languedoc et en Provence. Ainsi la division schismatique des clergés fait échouer la création, inspirée directement par le gallicanisme parlementaire, d'une Église nationale et d'un nouveau type d'État confessionnel [16]. Faute d'analyses historiques fines, le rapport conclut, selon sa logique anticléricale, que l'Assemblée dut constater que les prêtres qu'elle cherchait à attirer « lui échappaient chaque jour » et que « devant pareille irréductibilité, il apparaissait difficile de composer ».

Par le bref *Quod aliquantum* du 10 mars 1791, le Saint-Siège condamne publiquement la Constitution civile du clergé [17]. En fait, l'opinion du pape Pie VI, aristocrate d'esprit étroit, pontife munificent, était déjà faite. Il craint de perdre ses droits sur Avignon, qui demande son rattachement à la France. C'est pourquoi il tergiverse longtemps, laissant la France s'enfoncer dans la division religieuse avant de condamner, consacrant le « schisme » des clergés et des fidèles. Mais la rupture entre l'Église et la Révolution était en fait devenue inévitable depuis que le pape avait dénoncé publiquement, le 29 mars 1790, les Droits de l'homme et les principes de 1789, jugés incompatibles avec la tradition catholique. La liberté de pensée et d'expression était taxée de « droit monstrueux paraissant cependant à l'assemblée résulter de l'égalité et de la liberté naturelles de tous les hommes ». Le pape condamne à nouveau la Révolution comme la subversion de toute autorité, l'affirmation d'une « liberté effrénée » et d'une « fausse égalité » reposant sur la doctrine du droit naturel et du contrat social incompatibles avec les principes sacrés et immuables de la religion catholique. Ainsi s'opposent deux visions du monde. Les relations diplomatiques sont rompues entre la France et le Saint-Siège, et c'est pourquoi le rapport souligne l'analogie avec la rupture de juillet 1904.

Le professeur Debidour, plus nuancé qu'Aulard, conclut que si l'ancienne société ecclésiastique n'existait plus, la nouvelle Église n'existait que par la loi. « Les constituants ne comprirent jamais l'erreur qu'ils avaient commise en [l']imaginant. Leurs successeurs durent, pour la réparer, couvrir la France de ruines et faire couler des flots de sang[18]. » Jaurès s'était élevé contre ces simplifications manichéennes car « la tragique rencontre entre le christianisme et la Révolution » était inéluctable à ses yeux, quelles qu'aient pu être les erreurs des législateurs, tant les deux pouvoirs religieux et politique était intimement imbriqués. « L'Assemblée, où les jansénistes et les légistes étaient beaucoup plus nombreux que les philosophes, était infiniment plus préoccupée d'arracher l'Église de France à la domination de Rome que [...] de rompre tous les liens entre l'Église et l'État. » Jaurès juge plus positivement la Constitution civile qui, à ses yeux, est d'abord un « échec grave à la théocratie », car « elle est néanmoins, en son fond et à sa date, une hardiesse révolutionnaire ; et elle ne fut point, comme on l'a dit, une tentative précaire. [...] La Constitution civile s'est survécue à elle-même, abâtardie et abaissée, dans le Concordat. [...] beaucoup plus laïque, nationale et démocratique que le Concordat[19]. » Jaurès fait la différence entre le gallicanisme parlementaire, très souverainiste et étatiste, et le gallicanisme clérical, anti-romain certes, mais n'acceptant pas de se soumettre à l'État. Il n'empêche que l'illusion gallicane d'indépendance totale de l'État souverain par rapport à l'Église romaine se retrouvera chez nombre de radicaux attachés au Concordat, en particulier chez Émile Combes. Pour un historien contemporain comme Michel Vovelle, la Constitution civile peut apparaître comme un acte à mi-chemin de la symbiose antérieure entre les deux pouvoirs et de la future séparation de l'Église et de l'État[20].

3. Du schisme à la « guerre civile »

Le rapport Briand refuse d'évoquer « tous les événements religieux qui se placent entre la Constitution de 1790 et le décret du 21 novembre 1793 », par lequel Robespierre tenta d'arrêter la déchristianisation. Il évoque de façon simplifiée la période de l'« insurrection » et la « guerre civile » religieuse, car « à toute cette agitation, il n'était qu'un aboutissement politique : la dénonciation de l'erreur législative de 1790, la Constitution civile du clergé[21] ». Il fait un silence complet sur la « déchristianisation » et se dispense de porter un jugement sur la Terreur religieuse.

Le schisme et la contre-révolution

La division du clergé rendit très difficile l'instauration d'une Église nationale. Le rapport note que « les constituants ne s'émouvaient pas et persistaient dans leur intention de soustraire le clergé français au pontife romain ». Une cohabitation pacifique était-elle possible entre les deux clergés et les deux peuples catholiques au nom de la tolérance et de la liberté des cultes ? Talleyrand, Robespierre, Grégoire et Sieyès l'ont cru et l'Assemblée autorisa le 7 mai 1791 les « réfractaires » à officier dans les églises paroissiales. Ce compromis se heurta à de trop fortes résistances sur le terrain de la part des patriotes. Le schisme religieux approfondit les divisions politiques de la France et fut bien vite exploité par la contre-révolution.

La Législative affronte dès 1792 les révoltes des royalistes et des catholiques « réfractaires » en bas Languedoc et dans l'Ouest. Les prêtres réfractaires sont déclarés « suspects » dès le décret du 29 novembre 1791 et sont susceptibles d'arrestation et de déportation dès la loi du 7 mai 1792. Environ 30 000 prêtres réfractaires émigrent. Environ 300 prêtres et religieux sont massacrés dans les prisons à Paris en septembre 1792. Pour la première fois, des martyrs de la foi donnent au conflit politique une dimension de persécution religieuse. Le clergé fournit une proportion spectaculaire des victimes de la Terreur lors des guerres de Vendée, de Bretagne, d'Aveyron et de Lozère. Près de 1 000 prêtres ont été condamnés à mort par les tribunaux révolutionnaires et plus de 2 000 furent victimes d'exécutions sommaires.

Comment expliquer une telle violence anticléricale ? Le rapport Briand est muet sur ce point. Les membres de la Convention étaient certes plus anticléricaux que ceux de l'Assemblée législative, eux-mêmes plus libéraux que ceux de la Constituante, mais la radicalisation de l'anticléricalisme populaire est la grande nouveauté après la chute de la monarchie. Dès 1789, l'hostilité aux « calotins » et aux « corbeaux » était sensible dans le peuple parisien et dans certains journaux. Le 7 mai 1791, une effigie du pape avait été brûlée au Palais-Royal dès l'annonce de la condamnation de la Constitution civile du clergé[22].

Le schisme rend nécessaire la prise en charge de l'état civil par les autorités municipales en septembre 1792, affaiblissant encore le rôle social du clergé et accentuant la laïcisation de l'État. En effet, l'Assemblée brise les liens sacrés et immuables du mariage, reconnaît seulement le mariage civil, défini comme un contrat et non plus comme un sacrement. Les religieux eux-mêmes peuvent se marier, en dépit de l'hostilité de l'abbé Grégoire, qui considérait que l'ordination était un sacrement irrévocable. L'Assemblée autorise également le divorce au nom de la liberté des époux. Ainsi progressait la sécularisation de la société française.

La « déchristianisation » de l'an II

L'anticléricalisme populaire aboutit à la vague de « déchristianisation révolutionnaire » de l'an II qui atteint son paroxysme au cours de l'hiver 1793-1794[23]. Par « déchristianisation », il faut entendre ici les multiples manifestations visant à éradiquer le culte catholique et à faire abjurer les prêtres. Ce ne sont plus les seuls « prêtres réfractaires » qui sont « suspects », car nombre de « constitutionnels » n'apparaissent pas assez patriotes et tombent sous la vindicte populaire lors des mascarades antireligieuses. Le mouvement n'a pas été déclenché par le gouvernement montagnard, mais il ne s'explique pas seulement par le spontanéisme populaire. Il a été initié par Hébert et les hébertistes, des membres de la Commune de Paris comme Chaumette, des représentants en mission comme Fouché ou Carrier, et des soldats des armées révolutionnaires. Il a été repris et amplifié par les communautés sans-culottes des quartiers populaires de Paris et de grandes villes et par les sociétés populaires qui y participent activement[24]. Né en région parisienne, le mouvement s'est étendu en tache d'huile progressivement sur toute la France.

Le plus souvent, les « déchristianisateurs » font cesser les offices, fermer les églises, qu'ils transforment parfois en temples civiques de la Raison. Ils procèdent à la saisie des objets sacrés du culte et décrochent les cloches pour les besoins de la défense nationale, comme Fouché en donne l'exemple dans la Nièvre. Ils en profitent souvent pour détruire des statues et des tableaux religieux et pour « vandaliser » les lieux de culte. L'abbé Grégoire s'est scandalisé de ce « vandalisme » destructeur d'une partie du patrimoine artistique de l'Ancien Régime qu'il désirait conserver comme « bien du peuple[25] ». Des sans-culottes antireligieux s'emparent des habits sacerdotaux et des objets du culte pour parodier les liturgies d'inquisition en inversant les rituels des ânes mitrés et des autodafés. Nombre de prêtres sont forcés à abjurer et à se marier. Ainsi, sous la pression de Chaumette et de Cloots, l'évêque constitutionnel de Paris, Gobel, est lui aussi contraint d'abjurer à la tribune de la Convention et la cathédrale Notre-Dame est transformée en temple de la Raison.

Robespierre et Danton ont tenté d'arrêter ce mouvement antireligieux inspiré, selon eux, par un complot aristocratique[26]. Ils s'opposent à la politique des hébertistes et des enragés qui détournent le peuple de la politique d'union de toutes les forces patriotiques pour la défense nationale et la lutte contre les ennemis de la Révolution. Le décret du 16 frimaire an II (6 décembre 1793) proscrit « toutes violences et mesures contre la religion » et réaffirme la liberté des cultes. En vain ! Le mouvement ne sera arrêté qu'après le 18 floréal (7 mai 1794), quand Robespierre réussit à faire proclamer par la Convention que « le peuple français reconnaît l'Être suprême et l'immortalité de l'âme ». Cela n'a été possible que par l'arrestation et l'exécution des hébertistes le 23 ventôse (13 mars 1794). Robespierre tente de s'opposer à ceux qui prétendent éradiquer le sentiment religieux par la destruction de l'Église en tant qu'institution et du clergé en tant que corps social. La fête de l'Être suprême qu'il fait organiser à Paris et dans les villes de province, selon le rituel conçu par le peintre David et qui se déroule le 20 prairial (8 juin 1794) dans une ferveur surprenante, esquisse le culte d'une « religion civile » chère à Rousseau. Mais ce culte disparaît avec Robespierre, arrêté et exécuté le 9 thermidor (27 juillet 1794).

Le rapport Briand ne dit rien sur ces audacieuses expériences de religions révolutionnaires. Ce silence s'explique certainement par l'influence de l'historien Alphonse Aulard qui leur était hostile et qui, dans sa volonté positiviste radicale d'opposer le religieux et le politique, voyait en elles des créations artificielles vouées à l'échec[27]. Ainsi, le culte de la Raison, inauguré à Notre-Dame le 20 brumaire an II (10 novembre 1793), a mis en scène le triomphe sur l'ignorance et le fanatisme de la déesse Raison jouée par une actrice-vedette. Le rituel pouvait être polymorphe et la Liberté, l'Égalité, la Nature, la Victoire pouvaient être les épiclèses de la Raison. Fourier et Quinet ont conclu à l'échec de ces religions révolutionnaires trop abstraites pour toucher les sensibilités. Mais, en 1904, Albert Mathiez publiait deux études réhabilitant les cultes d'inspiration populaire comme le culte de Marat et des « martyrs de la liberté[28] ». Aspirations spontanées, ces cultes convergèrent vers celui de l'Être suprême, le Grand Ordonnateur de l'Harmonie sociale, illustrée par ces cortèges d'enfants, de jeunes gens, de couples adultes et de vieillards de toutes conditions exprimant les espérances d'un bonheur commun et de la Paix sous la conduite de Robespierre mettant le feu à l'effigie de l'athéisme. Aulard voit dans cette création l'illusion mystique d'un prêtre, Mathiez une initiative stratégique de réconciliation de la Révolution et du christianisme dans une religion d'État unanimiste. Tel sera bien le propos de la théophilanthropie, ce culte initié sous le Directoire par des francs-maçons comme Bernardin de Saint-Pierre, Dupont de Nemours et le directeur La Révellière-Lépeaux. Ce culte, qui connut une certaine extension à Paris et en province et survécut jusqu'en 1801, se réclamait de « Jésus le philosophe » et entendait réconcilier la morale évangélique et les valeurs républicaines, unies dans la même utilité sociale[29]. Mais pour comprendre la signification et reconnaître la validité de cette « religion révolutionnaire » saluée par Michelet, réhabilitée par Mathiez, reconnue par Jaurès, il fallait rompre avec le manichéisme positiviste et comprendre que chaque société, que chaque État a besoin d'un idéal et même d'une « religion civile » pour s'identifier et s'attacher les citoyens par la raison et le cœur. La véritable religion de la Révolution, ce sont les Droits de l'homme et du citoyen.

Reprenant les analyses très anticléricales d'Aulard, le rapport Briand fait reproche à Robespierre d'avoir voulu « attacher étroitement les prêtres à la société, d'avoir arrêté la vague de déchristianisation et d'ajourner ainsi l'idée de séparation ». De nombreux anticléricaux de 1905 n'ont jamais tiré les leçons de la crise religieuse de la Révolution comme tente de le faire Jaurès, qui affirme que « l'immense majorité du peuple n'aurait pas souffert que l'État, rompant tout lien avec l'Église, proclamât que la religion était simplement une affaire privée. [...] Il faudra des épreuves énormes, la lutte sournoise et violente du clergé contre la Révolution, sa complicité évidente avec les ennemis de la Liberté et de la Nation, ses appels fanatiques à la guerre civile pour déprendre le peuple révolutionnaire du clergé d'abord, du christianisme ensuite. Et encore, l'arasement ne fut-il que superficiel[30] ».

Les effets de la « déchristianisation révolutionnaire » ont été en effet contradictoires. Cet épisode violent détruit l'illusion d'un peuple chrétien unanime. Il accélère le lent détachement de la religion qui se manifestait dans quelques secteurs de la société. La persécution a fait chuter durablement le nombre des prêtres et laissé bien des paroisses sans desservant : même si beaucoup d'ecclésiastiques émigrés rentreront après Thermidor, 20 000 prêtres, au moins un tiers du total, se sont sécularisés, 5 000 à 6 000 se sont mariés. Nombre de catholiques se sont détachés des autels. Le sentiment religieux s'est sensiblement affaibli, surtout chez les hommes[31]. Cependant, la résistance aux menées anticléricales est venue de la minorité des laïcs fervents et de femmes. C'est alors que se forge le visage féminin du catholicisme français du XIXe siècle. Il est donc absurde de penser, comme le font en 1905 certains libres penseurs antireligieux que la déchristianisation totale de la France aurait été possible si Hébert, Chaumette, Cloots et les enragés n'avaient pas été guillotinés par ordre de Robespierre.

4. Vers une première séparation de l'Église et de l'État ?

Le rédacteur de l'historique du rapport Briand fait œuvre relativement neuve quand il présente toutes les étapes qui conduisent à la séparation proclamée par le décret du 21 février 1795. Dès la rupture des relations diplomatiques avec le Vatican le 30 mai 1791, « de bons esprits ont cru politique pour l'Assemblée de détruire elle-même son œuvre[32] ». Néanmoins, « les assauts furieux et répétés de l'Église contre le pouvoir national prépareront la mesure trop tardive, qui deviendra de salut public : la séparation des Églises et de l'État[33] ».

Pleine liberté de cultes et suppression du budget des cultes

À preuve cette lettre du poète André Chénier au *Moniteur* du 22 octobre 1791 dont le rapport cite, comme Robinet, la conclusion : « les prêtres ne troublent point les États quand on ne s'y occupe point d'eux ». Jaurès récuse cette extrapolation hasardeuse. Un peu plus probant est le second exemple. Le 6 février 1792, le ministre de l'Intérieur termine un long rapport sur les troubles religieux en préconisant « de favoriser toutes les religions sans en distinguer aucune. Il n'y a point en France de religion nationale. Chaque citoyen doit jouir librement du droit d'exercer telle pratique religieuse que sa conscience lui prescrit, et il serait à désirer que l'époque ne fût pas éloignée où chacun eût la charge de son culte ». Même si la liberté des cultes a été proclamée, la Constitution civile du clergé privilégie le culte gallican, reconnu et salarié par l'État, au mépris de l'égalité et de la neutralité de l'État laïque.

Une étape capitale, pour le rapporteur, est donc la suppression du budget des cultes. Le protestant montpelliérain Cambon en a formulé le principe le 13 novembre 1792 à la tribune de la Convention en raison de la situation financière. Le Trésor national ne peut pas payer les traitements des prêtres et le comité des Finances se refuse « à demander le sang du peuple pour des fonctions non publiques », et en a conclu que « les croyants doivent payer leur culte ». Le comité propose : « Faisons l'application des vrais principes que celui qui travaille soit payé de son travail, mais payé par ceux qui l'emploient. » Robespierre et Danton s'opposent alors à ce principe pour ne pas aggraver la sédition du clergé. Mais, deux ans plus tard, une fois Robespierre guillotiné, la situation financière étant plus alarmante et l'insurrection catholique plus dangereuse que jamais, Cambon fait adopter par la Convention, le 18 septembre 1794, le principe que « la République ne payerait plus les frais ni les salaires d'aucun culte ». De la suppression du budget des cultes découle logiquement, dit le rapport, la séparation de l'Église et de l'État.

Après Thermidor, la Convention, bien que comptant nombre d'anticléricaux, se réclame toujours de la liberté des cultes indispensable à la pacification de la Vendée et de tout le pays, pour répondre au désir de paix de l'opinion. Ainsi est adopté le décret du 3 ventôse an III (21 février 1795), présenté par le député du Vivarais, Boissy d'Anglas. Au nom de la « tolérance éclairée » et de l'« ordre public », et « conformément à l'article VII de la déclaration des Droits de l'homme » (de 1793), la Convention garantit la liberté des cultes (art. I) mais « la République n'en salarie aucun » (art. II), « ne fournit aucun local » (art. III), « ne reconnaît aucun ministre du culte » (art. IV), et l'exercice public de toute religion est interdit. La religion relève de la conscience personnelle, le culte est une réunion privée. Plus de salaire pour les prêtres, plus de locaux publics pour le culte, plus de « signes extérieurs » de religion ! Ce décret est le fruit de la convergence entre deux démarches bien différentes, celle de l'abbé Grégoire, devenu évêque constitutionnel de Blois et défenseur de la liberté des cultes[34], et celle du député thermidorien Boissy d'Anglas, ancien protestant et ardent champion du libéralisme constitutionnel et de la tolérance religieuse[35]. L'un comme l'autre déplorent que la France révolutionnaire soit plongée dans des guerres de religions.

Pour l'indépendance complète de la religion et de l'État

Dans son *Discours sur la liberté des cultes* du 21 décembre 1794 prononcé avec solennité à la tribune de la Convention, l'abbé Grégoire fait ce triste constat : « La liberté des cultes existe en Turquie, elle n'existe point en France. » Il déplore les violences de la déchristianisation de l'hiver 1793 et les persécutions des prêtres réfractaires, mais il ne les impute pas au régime républicain : « Jamais l'intolérance n'a fait l'objet d'un vœu national. » Il explique la politique antireligieuse menée en Vendée et ailleurs par la nécessité de « déraciner les germes du royalisme disséminés par des pontifes orgueilleux de l'Ancien Régime ». Il plaide pour la compatibilité de la République et du christianisme et affirme, en convoquant Rousseau, qu'il ne peut y avoir de société sans religion, mais il rejette « les pratiques puériles qui rétrécissent l'esprit et dégradent la religion », telles les superstitions, les cultes des reliques ou les « fourberies monacales ». Il réaffirme la nécessité de la tolérance civile et du pluralisme religieux, car une véritable liberté des cultes ne peut aller sans l'égalité entre les croyances. « Le gouvernement ne peut adopter, encore moins salarier, aucun culte, quoiqu'il reconnaisse à chaque citoyen le droit d'avoir le sien. Le gouvernement ne peut donc, sans injustice, refuser protection, ni accorder préférence à aucun. [...] Il doit les tenir tous dans la juste balance, et empêcher qu'on ne les trouble et qu'ils ne troublent. » Aussi, demande-t-il le vote d'un projet de décret ainsi conçu : « Les autorités constituées [seront] chargées de garantir à tous les citoyens l'expression libre de leur culte en prenant les mesures qui commandent l'ordre et la tranquillité publique. » Le rapport Briand, qui cite Grégoire, lui rend grâce : « On ne peut pas mieux dire. »

Dans son *Rapport sur la liberté des cultes fait au nom des Comités de Salut public, de Sûreté générale et de Législation* du 3 ventôse an III[36], Boissy d'Anglas, comme Grégoire, déplore les « maux affreux de la Vendée [...] où tous les crimes ont produit toutes les calamités » et dont le « fanatisme religieux » est pour lui « l'occasion et le prétexte ». Il condamne également le scandale des « fureurs du fanatisme » des Chaumette et Hébert qui « suivirent les principes de leur âme abjecte et féroce » et dont « le brigandage déshonora une révolution qui appartenait à la philosophie ». Il persuade les thermidoriens, bien que souvent très anticléricaux, d'adopter le décret du 3 ventôse garantissant la liberté des cultes et l'indépendance complète de la religion et de l'État. « Les pratiques religieuses peuvent s'exercer car elles ne sont pas des délits envers la société. L'empire de l'opinion est aussi vaste pour que chacun puisse y habiter un peu, et le cœur de l'homme est un asile sacré où l'œil du gouvernement ne doit point descendre[37]. »

Certes les deux orateurs divergent sur bien des points : alors que Grégoire a toujours défendu la Constitution civile du clergé, Boissy d'Anglas reproche à l'Assemblée nationale de ne pas avoir eu l'audace d'« affranchir le corps politique de l'influence de la religion [...] au lieu de détruire, elle a voulu créer, organiser au lieu d'abolir. [...] Elle laissa se former un schisme et elle ne sut jamais le réprimer ». Alors que Grégoire affirme la nécessité du sentiment religieux pour fonder la morale, Boissy d'Anglas « refuse d'examiner s'il faut une religion aux hommes », et affirme que la philosophie de la raison peut servir de base à la morale. Alors que l'évêque de Blois aspire à un retour aux sources d'une religion de charité évangélique, le député voltairien fait le terrible procès d'une religion catholique « instrument d'esclavage, servile par sa nature, auxiliaire du despotisme par sa nuisance, [...] intolérante et dominatrice ». Elle a « vendu bien cher aux hommes les consolations qu'ils en ont reçues » et a « abruti l'espèce humaine jusqu'au point de lui faire adorer les chaînes mêmes dont elle l'accablait ». Si Grégoire espère que ces épreuves provoqueront un retour aux sources du christianisme primitif et une régénération du catholicisme, Boissy d'Anglas affirme que la religion s'éteindra naturellement avec les progrès des Lumières : « Il n'y a que la raison seule qui puisse triompher de l'erreur. [...] C'est au temps et à l'expérience de nous instruire sur ce point ; c'est à la philosophie à éclairer l'espèce humaine et à bannir de dessus la terre les longues erreurs qui l'ont dominée. »

La religion : opinion privée ou culte public ?

Pourtant les deux législateurs sont d'accord sur les principes susceptibles de mettre fin aux troubles religieux. La liberté des cultes relève de la liberté de conscience et le sentiment religieux doit être respecté comme toutes les aspirations de l'esprit. La foi religieuse est à traiter comme une « opinion quelconque » (Grégoire) ou comme une « opinion privée » (Boissy d'Anglas). La liberté de culte n'est qu'une conséquence de la liberté d'expression, une « faculté du droit naturel » (Grégoire). Par suite, l'État doit être indifférent à la croyance religieuse des hommes pourvu qu'ils soient des bons citoyens. « Qu'importe ma religion pour l'État ! [...] Qu'un individu soit baptisé ou circoncis, qu'il prie Jésus, Allah ou Jéhovah, tout cela est hors du domaine de la politique », s'exclame Grégoire. « Ne considérant la religion que comme une opinion privée, vous ignorerez ses dogmes. [...] Bannie du gouvernement, elle n'y rentrera pas », en conclut Boissy d'Anglas. Même s'ils n'emploient pas explicitement la formule de la séparation de l'Église et de l'État, tous deux affirment l'extériorité de la religion par rapport à la politique. Pour Boissy d'Anglas, c'est une des conditions du « triomphe de la démocratie », car toute politique antireligieuse est antipatriotique et « impolitique ». Le décret du 3 ventôse proclame la liberté des cultes, mais la soumet à une stricte police.

Mais l'évêque de Blois n'accepte pas l'interdiction de toute expression publique des cultes. « La liberté de culte privé n'est pas assez. » Une fois le décret voté, il s'acharne pour en étendre l'application en en faisant abroger les articles III et VIII de façon à permettre la réouverture et l'usage des églises pour l'exercice de tous les cultes. Il accepte qu'un même temple puisse accueillir les offices de plusieurs cultes, et même des réunions civiles et politiques, à condition que les objets sacrés soient voilés et respectés. Ainsi fut-il le premier à célébrer en la cathédrale Notre-Dame, dont il avait fait remettre les clefs et la gestion à une société de 18 citoyens et citoyennes chargés d'assurer le culte catholique. Il accepte même de partager l'édifice avec les tenants du culte théophilanthropique. La crise religieuse de la Révolution a stimulé la recherche de solutions particulièrement audacieuses, mais toutes inspirées par le respect de la liberté de conscience et des cultes. Le 17 mars 1795, Grégoire lance une encyclique pour rallier les prêtres assermentés ainsi que les réfractaires dans une Église nationale où les laïcs auraient leur place.

Néanmoins, la généralisation de telles pratiques était-elle possible dans ce vieux pays catholique qu'était la France ? Certes le catholicisme romain pouvait sortir de la clandestinité, mais pouvait-il se contenter de pratiques comparables à celles des réformés ou des presbytériens ? La réouverture des églises et le retour des émigrés profite largement au clergé réfractaire qui n'eut à faire, comme l'écrit le rapport, « rien de plus empressé que d'user de la liberté nouvelle pour combattre les idées, les institutions et les hommes de la République ». Devant le refus des prêtres de prêter un nouveau serment, la Convention renouvelle les lois de bannissement et aggrave les sanctions de la police des cultes. Le 1er mai 1795, elle condamne à mort tous les émigrés saisis et les prêtres insermentés à l'exil.

Le Directoire recherche d'abord l'apaisement, mais les efforts du clergé gallican n'aboutissent pas à apaiser le conflit avec les réfractaires et le pape. L'alliance renouvelée des royalistes et des catholiques « romains » menace le régime censitaire, qui ne peut être sauvé que par le coup de force militaire du 18 Fructidor (4 septembre 1797). La faiblesse politique du Directoire entraîne un regain de persécution anticléricale, des proscriptions en masse, et finalement la guerre de la République contre le Saint-Siège. Sous les ordres du général Bonaparte, l'armée d'Italie envahit les États pontificaux ; le pape Pie VI est fait prisonnier et la République romaine est proclamée le 5 février 1798. Plus que jamais, les révoltes religieuses empêchent toute pacification jusqu'à la prise du pouvoir par le Premier consul Bonaparte. « Plus qu'aux périodes troublées que le pays vient de vivre, la passion contre-révolutionnaire fanatise les esprits et devient, cette fois, invincible. Bonaparte s'offrit en sauveur. » Ainsi s'achève ce passage du rapport en déplorant que la séparation du 21 février 1795 ait été « encore prématurée ». Grégoire et Boissy d'Anglas ont certes esquissé des solutions d'avenir, mais les conditions politiques et morales n'étaient pas réunies pour qu'elles soient acceptées par la majorité des Français et expérimentées de façon durable.

C'est pourquoi voir avec la Révolution « apparaître pour la première fois dans sa netteté entière l'idée de l'État laïque », comme l'écrit Ferdinand Buisson, est un jugement bien optimiste dû peut-être à une lecture trop idéaliste et à une méconnaissance de l'histoire très contradictoire de cette période[38], erreur que Jaurès et Mathiez, bons connaisseurs l'un et l'autre tant de philosophie que d'histoire, ne commettent pas. Certes, la liaison organique entre la religion catholique et la monarchie de droit divin a été brisée par la reconnaissance de la souveraineté nationale et l'État confessionnel a été supplanté par l'État constitutionnel. Certes, l'égalité de tous les citoyens devant la loi a été proclamée quelle que soit leur religion et la citoyenneté a été déconnectée de toute confession. Certes, la liberté de conscience et la liberté des cultes ont été proclamées tout comme les droits civils. Au plan des principes, on pourrait croire fondé l'État laïque, mais ces acquis restent très fortement contestés et menacés.

La réalité politique, sociale et morale de la France révolutionnée est plus complexe et n'est pas encore complètement « dégagée de toute conception théologique » comme le croit Buisson à travers sa grille de lecture positiviste. Certes l'Église a cessé de présider aux activités sociales et a perdu une partie de son influence sur les individus, mais le clergé réfractaire reste puissant. Certes, après dix ans de désorganisation de l'Église, la pratique religieuse a connu un fort recul et l'indifférence a fait de grands progrès dans les élites bourgeoises et le peuple des villes et de certaines campagnes, mais des bastions catholiques et monarchiques résistent puissamment. La Révolution lègue une géographie religieuse contrastée et durable, tout comme elle accentue le dimorphisme sexuel des comportements (les hommes au cabaret, les femmes à l'église), mais la religiosité reste profondément ancrée dans les populations qui n'ont pas été entraînées par l'élan révolutionnaire.

La Révolution n'a pas d'ailleurs été une guerre contre la religion, même si les penseurs catholiques réactionnaires Joseph de Maistre et Louis de Bonald dirent à l'époque qu'elle fut une « révolution satanique ». La pensée d'Auguste Comte proclamant la fin de l'âge théologique peut apparaître sur ce plan comme l'image inversée de cette pensée théocratique.

Alexis de Tocqueville nous invitait déjà en 1854 à mieux interpréter l'articulation entre société et religion dans la déchirure révolutionnaire : « La Révolution n'a point été faite, comme on l'a cru, pour détruire l'empire des croyances religieuses ; elle a été essentiellement, malgré les apparences, une révolution sociale et politique [...] indépendamment du fait que les institutions antiques étaient encore mêlées et comme entrelacées à toutes les lois religieuses [...][39] » La Révolution a créé une société dominée par la bourgeoisie et fondée sur les principes de 1789, elle n'a pas établi concrètement et définitivement l'État laïque.

Elle n'a pas réussi à créer de façon durable des cultes révolutionnaires, comme Michelet le déplore, mais elle a laissé en héritage un idéal civique, patriotique et laïque et un système de valeurs fondé sur la liberté et l'égalité. L'anticléricalisme révolutionnaire peut apparaître comme le fils et le frère ennemi de l'intolérance catholique, mais les Droits de l'homme et du citoyen ont pu pour beaucoup se substituer aux préceptes de l'Évangile dénaturés par une Église infidèle. Même si la séparation de la politique et de la religion affirmée en 1795 est restée une simple anticipation, la Révolution représente un bond en avant dans le long processus de laïcisation de l'État et de sécularisation de la société française.

CHAPITRE 3

Concordat ou discordat ? Les contradictions du régime concordataire

Le rapport Briand consacre dix pages à présenter la politique religieuse de Napoléon. Reprenant les analyses de l'historien Antonin Debidour, le rédacteur affirme que le but de Bonaparte était la « restauration religieuse » par la reprise nécessaire des relations avec le Saint-Siège, mais à des fins politiques. « Pour exercer sur le pays le pouvoir du maître, il avait besoin de rétablir en France les pratiques religieuses d'autrefois, avec la complaisance du pape[1]. » Bonaparte voit dans la religion une des bases de la morale et de l'ordre social et la garantie de la stabilité politique.

Ainsi, pour pacifier la Vendée, il conclut le traité de Montfaucon, le 18 janvier 1800, et rétablit la liberté de culte pour les prêtres réfractaires, comme l'avait fait Hoche à la Jaunaye en février 1795. La proclamation des consuls de la République du 24 frimaire an VIII (15 décembre 1789) satisfait le besoin d'ordre d'une nation épuisée par dix ans de révolution, en se terminant par la formule lapidaire de Bonaparte : « La Révolution est fixée aux principes qui l'ont commencée : elle est finie. »

Un an et demi après le coup d'État du 18 Brumaire, Bonaparte consolide la paix religieuse par la signature du Concordat. Après près de treize mois de négociations difficiles, une convention avec la papauté est signée, le 14 juillet 1801 à minuit, mais le Concordat ne devient loi de la République que le 26 avril 1802, le jour même de Pâques, après que Bonaparte y eut rajouté, de son seul chef, les Articles organiques du culte catholique et des cultes luthérien et calviniste. Napoléon écrit, dans ses *Mémoires de Sainte-Hélène* : « Lorsque je saisis le timon des affaires, j'avais déjà des idées arrêtées sur les éléments qui cohésionnent la société. J'avais pesé toute l'importance de la religion. J'étais persuadé et j'étais résolu de la rétablir. » Rétablissement de l'Église ? Restauration de l'État confessionnel ? Consolidation de l'héritage révolutionnaire ? Autant de questions indispensables pour comprendre la nature de ce régime auquel seule la loi de 1905 met fin.

Cent ans plus tard, le Saint-Siège [2] et l'Église de France défendent le Concordat en dépit de ses imperfections, mais des républicains sont encore de fervents partisans d'un traité sensé soumettre l'Église à l'État. Le directeur des cultes depuis 1886, Charles Dumay, est un fervent concordataire bien qu'il en connaisse mieux que quiconque les limites. Le chef du gouvernement, le radical Émile Combes [3], tient à garder ce moyen de contrôle de l'Église. Et pourtant, les critiques pleuvent sur le Concordat. L'ancien directeur des cultes, le modéré Flourens, n'y voit qu'« un instrument de vexations impuissantes entre les mains d'un gouvernement illogique avec ses principes [4] ». Le socialiste Francis de Pressensé lui reproche de n'être qu'un abus de pouvoir violant la liberté de conscience par les privilèges accordés à l'Église catholique. Briand, le 21 mars 1905, devant la Chambre, le traite de « convention interlope, née dans la contrainte et la ruse ».

1. Interprétations du Concordat

Pour comprendre la nature du régime concordataire, il faut savoir qu'un concordat présente en général trois volets. C'est d'abord un traité diplomatique entre deux États, deux puissances, mais aussi, et surtout, une convention entre l'Église catholique romaine et un État concernant l'organisation et les droits de l'Église nationale, et enfin, un règlement d'administration du culte garantissant les droits de l'État. Même si les seuls 17 articles de la convention du 14 juillet 1801 entre la France et le Saint-Siège ont été ratifiés, même si la papauté a refusé de reconnaître les Articles organiques, la loi du 26 avril 1802 s'applique à l'Église de France.

Reprise des relations diplomatiques traditionnelles

Le rapport Briand prête à Bonaparte l'analyse suivante : devant le discrédit du clergé constitutionnel, la résistance du catholicisme royaliste et l'ascendant de la papauté sur ce clergé, le Premier consul aurait estimé que la paix religieuse passait par le retour à un concordat, comme celui de Bologne convenu en 1516.

Dès la mort en détention à Valence du pape Pie VI, prisonnier de la République, Bonaparte cherche à se réconcilier avec le nouveau pape Pie VII. Si celui-ci l'aide dans la restauration de la paix religieuse en France, il rétablira les États pontificaux, gage de l'indépendance et de l'autorité spirituelle de la papauté. Après la victoire de Marengo le 14 juin 1800 remportée sur l'Autriche et le Piémont, commencent de longues et très dures négociations à Paris, conduites d'un côté par Talleyrand et l'abbé Barnier, un Vendéen rallié mais qui pratique le double jeu, et de l'autre Mgr Spina, relayé ensuite par Mgr Consalvi. Le détail des très longues et très dures négociations a bien moins d'importance que les conceptions des deux parties qui s'affrontent. Rappelons simplement qu'il faudra près de treize mois de tractations, neuf projets écartés, plusieurs contre-projets remaniés, des ultimatums et la menace d'une action militaire contre le Saint-Siège pour aboutir à la transaction finale[5].

Le but de Bonaparte est simple. Déiste ne croyant pas à la valeur des religions positives, il est convaincu par réalisme que le peuple français a besoin d'une religion, qu'il reste attaché au catholicisme, et qu'il faut lui rendre la liberté de culte, contrairement à ce que pensent les « esprits forts », les anticléricaux et les athées qui l'entourent. Bonaparte déclare au Conseil d'État, le 1er août 1800 : « Ma politique est de gouverner les hommes comme le grand nombre veut l'être. C'est la manière de reconnaître la souveraineté du peuple. C'est en me faisant catholique que j'ai gagné la guerre de Vendée, en me faisant musulman que je me suis établi en Égypte, en me faisant ultramontain que j'ai gagné les esprits en Italie. Si je gouvernais le peuple juif, je rebâtirai le temple de Salomon. » Le catholicisme lui paraît mieux structuré, et plus utile pour son pouvoir personnel, que les autres confessions, car il s'appuie sur l'autorité d'un clergé hiérarchisé. Le pouvoir temporel trouve toujours avantage à s'appuyer sur l'autorité spirituelle d'une religion qui engage les consciences. Pour mettre fin au schisme, il faut restaurer l'Église catholique. L'amalgame concordataire se fera par la démission des deux épiscopats selon le principe « ni vainqueurs ni vaincus ». Le Premier consul nommera les nouveaux prélats que le pape investira selon les modalités définies par le Concordat de 1516. Tout membre du clergé devra prêter serment de fidélité au gouvernement. Le parti royaliste ne pourra plus mobiliser prêtres et fidèles, et l'autorité du pape et la puissance de l'Église seront limitées par l'arsenal des libertés gallicanes et par le maintien des principes de 1789. L'Église devra accepter la nationalisation de ses anciens biens. Les autres religions bénéficieront de la liberté et de l'égalité des cultes.

Le pape Pie VII met des conditions tout autres à la réconciliation. Le catholicisme doit être reconnu comme religion d'État en France, comme la seule religion vraie. Si l'Église accepte de reconnaître la tolérance civile, elle ne saurait admettre la tolérance religieuse. Le pape refuse la démission collective des évêques réfractaires, qui ont été investis dans des formes canoniques et qui lui sont restés fidèles. Les évêques constitutionnels par contre doivent démissionner et, pour être réintégrés dans le sein de l'Église, reconnaître publiquement leurs erreurs. Toute définition d'une Église gallicane est à prohiber. En ce qui concerne les biens spoliés, l'Église renonce à réclamer ceux qui ont été vendus, mais exige de pouvoir reconstituer son patrimoine par des dotations de l'État et des particuliers. L'Église souveraine n'accepte ni tutelle ni surveillance de la part du pouvoir civil. Au contraire, c'est l'État qui doit adapter son droit aux enseignements de la religion.

Bonaparte a restauré, on l'oublie souvent, le pouvoir temporel du Saint-Siège en lui restituant les États pontificaux en 1801. Après la victoire des armées françaises sur l'Autriche et l'occupation de l'Italie, Pie VII accepta de négocier la restitution de Rome et de ses États. Il exigea même Ferrare, Bologne et Ravenne. Bonaparte refusa toute restitution, et surtout toute extension, tant que le Concordat n'était pas signé. Il faisait de la suppression de la puissance temporelle du pape un élément de chantage, alors qu'il sacrifiait les droits démocratiques des citoyens romains et italiens, que le pape niait.

Pie VII recouvra une partie de ses États après la ratification de la convention de Paris, sans pour autant en savoir gré à la France. Le rapport Briand constate que la Révolution avait rompu tout lien avec Rome alors que Bonaparte négociait avec l'Église romaine reconnue comme puissance temporelle et spirituelle.

Rétablissement de l'Église catholique romaine

Après le rétablissement des relations diplomatiques, la convention du 15 juillet 1801 ratifie une autre concession de Bonaparte. « Le gouvernement de la République française reconnaît que la religion catholique, apostolique et romaine est la religion de la grande majorité des citoyens français[6]. » Certes, le catholicisme n'est pas proclamé religion d'État, ni même « religion nationale » ou « dominante », comme le réclamait Mgr Spina. Le catholicisme ne retrouve pas sa position institutionnelle, mais sa position sociale est reconnue par un simple constat statistique.

Le catholicisme retrouve *de facto*, cela est souvent oublié, sa prééminence politique : il est dit dès le préambule que les consuls de la République en font une « profession particulière ». L'article 1er confirme que l'exercice de la religion catholique est libre en France et que « son culte sera public », ce que refusait jusque-là la République. Le clergé retrouve son rang et sa place dans les manifestations publiques et reçoit les honneurs civils et militaires.

En retour, l'article 16 précise que le pape reconnaît au Premier consul (et à ses successeurs) « les mêmes droits et prérogatives dont jouissait près d'elle l'ancien gouvernement », c'est-à-dire la monarchie jusqu'en 1791. Le chef de l'État est légitimé par l'Église, qui invoquera la protection de Dieu sur lui à la fin de chaque office religieux (article 8). Si le chef de l'État français vient à ne pas être catholique, le Concordat devra être renégocié (article 17). Il n'y a certes pas restauration de l'esprit d'Ancien Régime, mais les apparences de l'ancienne relation politique entre l'État et l'Église sont restaurées[7], comme le montre bien, le 2 décembre 1804, le sacre impérial de Napoléon, qui n'a rien du caractère sacré de l'onction royale.

L'État français, respectueux de la constitution historique du catholicisme, admet l'unité de l'Église romaine sous l'autorité souveraine du pape. Il renoue avec la tradition voulant que l'organisation de l'Église catholique ne peut être modifiée qu'en accord avec la papauté. C'est le Saint-Siège, « de concert avec le gouvernement », qui fixe la nouvelle carte des diocèses (article 2). C'est « Sa Sainteté » qui demande aux évêques le sacrifice de leurs sièges. Mais le pape se refuse à exiger la « déposition » de tous les évêques d'Ancien Régime car, selon Consalvi, « le massacre de tout un épiscopat serait sans précédent dans l'histoire ». Il leur demande de démissionner. En revanche, en dépit des protestations de l'abbé Grégoire et de Talleyrand, tous les évêques constitutionnels sont « déposés » et « dépossédés ». Ensuite, tous les futurs évêques seront nommés par le Premier consul et recevront l'institution canonique du Saint-Père, « suivant les formes établies » depuis le Concordat de 1516 (article 4). Ainsi, le nouvel épiscopat sera reconstitué principalement à partir du clergé réfractaire. « L'Église de France était en apparence, estime Debidour, garantie par le pouvoir civil. Mais la servitude même où Bonaparte prétendait la soumettre était une raison pour qu'elle se tournât vers le pape et se livrât à lui avec une docilité qu'elle n'avait jamais connue sous l'Ancien Régime[8]. » Jean Baubérot conclut, comme le rapport, à une « victoire religieuse du catholicisme romain[9] ».

La restauration de l'Église d'Ancien Régime est cependant impossible. Le pape déclare que ni lui ni ses successeurs « ne troubleront, en aucune manière, les acquéreurs de biens ecclésiastiques aliénés » dont les propriétés seront « incommutables », selon le terme imposé par Bonaparte, désireux de rassurer tous les bénéficiaires de biens nationaux (article 13). L'Église n'obtient pas de dotation publique en compensation. Mais l'État met gratuitement à sa disposition les édifices nécessaires au culte (article 12), autorise des fondations en sa faveur (article 15), et assure « un traitement convenable aux évêques et aux curés » (article 14). L'État aura donc un moyen de pression pécuniaire sur le clergé, qui est assimilé à un corps de fonctionnaires. De plus, avant d'entrer en fonctions, les évêques prêteront « le serment de fidélité » au gouvernement, pas au régime. Ils nommeront aux cures des « personnes agréées par le gouvernement », qui devront prêter un serment semblable aux « autorités civiles ». Les réfractaires qui avaient toujours refusé les serments à la République gallicane les accorderont au despote pactisant avec le Saint-Siège. Le Concordat de 1801 paraît donc être un compromis entre l'héritage d'Ancien Régime et la sécularisation révolutionnaire.

Héritage gallican ou révolutionnaire ?

Bonaparte, « en se conformant aux règlements de police que le gouvernement jugera nécessaires pour la tranquillité publique » (article 1er), annexe au Concordat les 77 Articles organiques du culte catholique. Il pense ainsi faire de l'Église l'esclave docile de l'État grâce à un règlement de police gallican : tout document pontifical doit être soumis au gouvernement avant d'être diffusé ; tous les décrets des synodes et conciles tenus à l'étranger ne pourront être reçus en France sans examen préalable ; tout concile ou assemblée du clergé national ne peut se tenir qu'après assentiment du gouvernement ; tout clerc est soumis à un devoir de réserve comme tout fonctionnaire ; tout manquement à ces règlements sera poursuivi par « appel comme d'abus » devant le Conseil d'État ; tout prêtre ne sera ordonné que s'il « réunit les qualités requises par les canons reçus en France » ; les séminaires devront conformer leur enseignement à la doctrine gallicane formulée dans la Déclaration des Quatre Articles de 1682 (article 24) ; « Toute fonction est interdite à tout ecclésiastique, même français, qui n'appartient à aucun diocèse » (article 33) ; « Il n'y aura qu'une liturgie et un catéchisme pour toutes les églises de France » (article 39), etc. Le pape protesta vivement contre cette adjonction, unilatérale et peu diplomatique, réintroduisant les principes gallicans qui avaient été écartés de la convention, et qui établissaient la tutelle de l'État sur l'Église de France, tant au temporel qu'en matière de dogme. Toutes les initiatives ecclésiastiques sont soumises à autorisation administrative et les congrégations restent interdites en France. Derrière l'héritage gallican se manifeste la tradition régalienne la plus autoritaire. Les nominations d'évêques, des « préfets violets », seront source de contentieux permanents entre les deux pouvoirs. Le rapport Briand estime à juste titre que les Articles organiques n'étaient pas de nature à mettre en échec l'autorité romaine : « Cette loi sur la police des cultes n'a pas été le contre-pied du Concordat lui-même[10]. »

Voilà pourquoi il paraît impossible d'affirmer aujourd'hui, comme le fait Jean Baubérot, que la « victoire religieuse de Rome » a été équilibrée par la « victoire politique de la Révolution »[11]. Certes, le catholicisme n'est plus le seul culte reconnu. Mais le principe de la liberté de conscience n'est jamais explicitement proclamé puisque le Consulat et l'Empire n'ont pas repris la Déclaration des droits de l'homme et du citoyen. Certes les cultes protestants, luthérien et calviniste, sont reconnus, mais l'État salarie les pasteurs et contrôle les confessions réduisant les Églises libres à la dépendance étroite de l'État. Quelques protestants réfractaires à cette institutionnalisation de leur culte, à peine plus supportable que la tolérance, seront les premiers à défendre la liberté de conscience avec Benjamin Constant, puis la séparation des Églises et de l'État avec le pasteur nîmois Samuel Vincent. Enfin, en mars 1808, un décret reconnaît le culte israélite, qui a été organisé l'année précédente sur le modèle protestant, à la demande de Napoléon. L'assemblée des notables et un sanhédrin restauré estiment compatibles les « dispositions religieuses » et les « dispositions civiles » et acceptent les lois françaises en matière de mariage et de divorce. La pluralité des cultes est donc effectivement reconnue, mais le statut de « religion reconnue » maintient une inégalité de traitement en faveur de l'Église catholique[12]. Le pluralisme concordataire n'est pas encore la laïcité de l'État.

Toute religion est en fait instrumentalisée par la politique impériale. En 1806, Napoléon impose un « catéchisme catholique à l'usage de toutes les Églises » où il est proclamé « oint du Seigneur par la consécration du Souverain Pontife » et « ministre de [la] puissance [de Dieu] et son image sur terre ». En conséquence, les chrétiens doivent à l'empereur « l'amour, le respect, l'obéissance, la fidélité, le service militaire, les tributs ordonnés pour la conservation, la défense de l'Empire et de son trône, […] pour la prospérité temporelle et spirituelle de l'État ». Si Bonaparte avait été sensible à l'influence déiste de Rousseau, Napoléon tente d'imposer un véritable culte civique de la personnalité impériale. La reconnaissance de l'utilité sociale de la religion, en 1791 comme en 1801, n'a rien à voir avec la laïcité. Napoléon a cru seulement pouvoir soumettre l'Église catholique et la puissance spirituelle du Saint-Siège à son autorité politique selon une conception césaropapiste anachronique en France et en Europe occidentale.

Ainsi, pour imposer à Pie VII le respect du Concordat et ses vues politiques, Napoléon fait occuper l'État pontifical par ses troupes et l'annexe à son empire le 17 mai 1810. Il épure le Sacré Collège des cardinaux favorables aux Bourbons, et impose des réformes libérales pour affaiblir l'aristocratie romaine alors que le pape est retenu prisonnier à Savone. La puissance temporelle du Saint-Siège est donc annihilée pour la deuxième fois par Napoléon, qui rêve même un instant, en 1811, de convoquer un concile d'Occident pour instaurer une Église impériale dont il serait la tête. Cette répétition du conflit médiéval du Sacerdoce et de l'Empire se heurte à la coalition renforcée de ses adversaires, stimulés par la résistance du pape, dont l'autorité spirituelle légitime l'opposition politique à la France révolutionnaire. Voilà pourquoi Napoléon tente de faire abdiquer le pape, en vain, puis le fait enlever en mai 1812, pour le transporter à Fontainebleau. L'empereur représentera aux yeux du pape humilié à la face de l'Europe cette révolution maudite. Mais Napoléon n'a jamais envisagé la séparation radicale des pouvoirs politiques et religieux, ni la suppression du pouvoir temporel du Saint-Siège, car il n'a jamais pensé autrement qu'en termes de domination politique de l'Empire sur le Sacerdoce.

Le Concordat ne restaure certes pas l'ancien État confessionnel, ne recrée pas l'alliance sacrée du trône et de l'autel, mais il prépare l'alliance cléricale du sabre et du goupillon. Les coalisés, en abattant l'Empire napoléonien, rendirent au Saint-Siège sa pleine et entière liberté. Ils permirent à l'Église de reprendre un nouvel essor pastoral, de recouvrer une puissance spirituelle inédite. Bien que survive le Code civil, la laïcité de l'État a été remise en cause et la sécularisation de la société freinée. Si l'Université est instituée, dès 1808, la congrégation des Frères des écoles chrétiennes est autorisée à enseigner en France. En 1898, le professeur Debidour traduit bien l'amertume de nombreux républicains qui reprochaient encore à l'empereur les conséquences funestes de son despotisme : « On voit que Bonaparte avait en réalité, et à son insu, travaillé contre lui-même, contre la France laïque et libérée par la Révolution. Outre qu'en croyant lier l'Église, il s'était enchaîné lui-même à une puissance rivale dont la lourde et invincible résistance devait être une des causes de sa perte. [...] L'Ancien Régime avait fait le clergé de France gallican, Napoléon l'a fait ultramontain[13]. »

2. Renaissance catholique ou réaction ultramontaine ?

Le rapport Briand développe trois thèses à propos des conséquences du Concordat : 1) Les rapports entre l'État et l'Église seraient devenus plus difficiles qu'ils ne l'étaient sous l'Ancien Régime. 2) L'Église a regagné une grande partie du terrain que la Révolution lui avait fait perdre. 3) L'opposition de l'Église n'en est devenue que plus dangereuse pour l'État laïque menacé par la théocratie. Qu'en est-il réellement ?

Un régime concordataire aussi contradictoire était bien fragile. Dès 1814, Louis XVIII restaure le catholicisme comme religion de l'État, mais maintient la liberté des cultes protestants et israélite. Charles X se fait sacrer à Reims en 1825, tentant de restaurer le principe de la monarchie d'origine divine, et le sacrilège devient un crime car une nouvelle loi punit de mort la profanation des objets sacrés tout comme le régicide. L'observation du dimanche devient obligatoire et les missions religieuses, les restaurations d'églises, les plantations de croix d'expiation se multiplient. Le budget des cultes passe de 11,5 à 36,5 millions de francs entre 1815 et 1830. C'est dire si la tolérance du pluralisme religieux n'est pas synonyme de la laïcité de l'État car la monarchie restaurée recrée de fait un État confessionnel. En 1830 cependant, après la révolution de Juillet, la notion de religion d'État est définitivement abandonnée et la liberté des « cultes reconnus » est confirmée par la nouvelle charte accordée par Louis-Philippe, roi des Français.

Cependant, le compromis concordataire ne cesse d'être contesté par une Église catholique devenant vite ultramontaine. Une nouvelle génération sacerdotale est formée par les anciens réfractaires, ennemis de la Révolution comme de l'Empire. L'Église de France renonce dès 1826 à l'enseignement des Quatre Articles. Le nombre d'évêchés passe de 50 à 92 pour mieux encadrer les fidèles. Le clergé se reconstitue rapidement, dans un contexte de « trop-plein » du monde rural et de crise agraire qui favorise les vocations. Alors qu'en 1778 on ne dénombrait que 130 000 ecclésiastiques en France, en 1880 on recense 215 000 clercs, dont 160 000 réguliers, quatre fois plus qu'en 1830. Le bas clergé, plus dépendant que jamais, encadré par des évêques de plus en plus ultramontains, se voit présenter en modèle de pastorale le saint curé d'Ars.

L'épiscopat revendique de plus en plus sa liberté d'action face à l'État, ne prête plus le serment, se rassemble sans autorisation, entretient des relations directes avec Rome. Les congrégations se réinstallent et se multiplient sans autorisation légale. Les évêques se prévalent des quelques Articles organiques favorables à l'Église, mais ignorent ceux qui pourraient entraver leur action, profitant de la complaisance des Bourbons, de la mansuétude de Louis-Philippe et de l'« illusion lyrique » de 1848 pendant laquelle le clergé a béni les arbres de la Liberté. L'Église sort des épreuves révolutionnaires et napoléoniennes plus vivante et plus dynamique. Bonapartistes et républicains ne peuvent que s'interroger sur la nature du Concordat qui a permis cette restauration catholique et l'expansion d'une piété populaire[14].

Cependant, le droit concordataire continue de reposer sur un équilibre subtil mais contradictoire entre deux principes : le premier veut que la vie civile et sociale s'organise selon les préceptes de la religion catholique ; le second entend que l'État ait compétence, non dans les matières dogmatiques elles-mêmes, mais dans toutes les implications temporelles de la vie religieuse. Par ce dualisme doctrinal, l'État reconnaît les Églises comme des services publics ayant une fonction sociale et relevant d'un régime juridique mêlant droit canon et droit public. Il accorde à tous les desservants des cultes des situations les apparentant aux fonctionnaires. L'État, depuis le Concordat napoléonien, a accepté d'être le médiateur de l'autorité de l'Église, et cela en dépit de l'héritage des principes de la Révolution. C'est pourquoi il paraît impossible de caractériser cette période de l'histoire de France comme un

« premier seuil de laïcisation[15] », même s'il n'est pas question de nier la survie de l'héritage révolutionnaire qui continue à différencier la France d'États comme le Royaume-Uni ou l'empire d'Autriche.

Les trois critères de l'idéal-type weberien que Jean Baubérot bâtit paraissent inadaptés à l'analyse historique et impropres pour définir la laïcité : 1) L'affirmation du « pluralisme des cultes reconnus » ne suffit pas pour parler de laïcité, il y a seulement fin de l'État à monopole confessionnel, et l'État n'est pas neutre à l'égard de la religion. 2) La « reconnaissance de la légitimité sociale » de la religion comme « source de la morale » et comme « une sorte de service public, reconnu, mais aussi contrôlé par l'État » est contraire par essence à la notion de laïcité. 3) En dépit de la « fragmentation institutionnelle » et de l'autonomie croissante des diverses fonctions étatiques, la religion continue d'être en France après le Concordat un des référents officiels d'institutions publiques comme l'éducation et la justice. La réalité historique des rapports entre l'Église et l'État est bien plus contradictoire que normalisée et bien plus mouvante que stabilisée entre 1802 et 1880. D'ailleurs, le conflit entre religion et laïcité ne cesse de s'aggraver à partir de 1850. Ainsi, en dépit de l'affirmation de la liberté de conscience, l'État concordataire n'est ni neutre ni laïque car il reconnaît le statut canonique des religions et accorde une situation privilégiée au culte majoritaire[16].

Résistance des courants laïques et lutte contre le « parti prêtre »

Mais, dès la Restauration, émergent des courants de résistance à la réaction ultramontaine au nom de la défense de l'État. Des catholiques héritiers de la tradition parlementaire d'Ancien Régime, tels le gallican comte de Montlosier ou le janséniste Royer-Collard, entendent « renfermer le clergé dans le cercle de ses devoirs spirituels, et ne point lui confier de magistratures civiles[17] », comme dit le juriste Duvergier de Hauranne. Des républicains catholiques prolongeront après 1848 ce gallicanisme, pensant y trouver des moyens de contrôler un clergé plus ultramontain que jamais. D'autres résistants appartiennent au protestantisme libéral, au courant des Églises réformées libres. Hostiles au catholicisme et au Concordat, ils veulent que l'Évangile demeure la loi morale et religieuse d'une France démocratique. La Société de la morale chrétienne fondée en 1825 diffuse la pensée pionnière du pasteur suisse Vinet sur la séparation des Églises et de l'État. Laboulaye, Prévost-Paradol, Edmond de Pressensé continueront à défendre toutes les libertés sous le Second Empire. Un troisième courant déiste et laïque s'est formé très tôt autour de Victor Cousin dans le but de réconcilier la philosophie et la religion, la raison et la foi. Il groupe des universitaires, parfois très hostiles à l'Église catholique. Michelet et Quinet en seront les porte-parole républicains sous la monarchie de Juillet. Enfin, le courant des sociétés secrètes, des loges maçonniques et des groupes socialistes rassemble les libres penseurs, héritiers des Lumières, alliant souvent un anticléricalisme voltairien virulent à un athéisme matérialiste et antireligieux, comme chez Blanqui et Proudhon. Tous ces courants contribuent à alimenter, en dépit de leurs divergences, un anticléricalisme populaire que les chansons de Béranger, les pamphlets de Paul-Louis Courier[18] et les caricatures d'un Daumier diffusent. Cet anticléricalisme, qui ne recouvre pas toujours l'anticatholicisme, refuse l'alliance de l'Église et de l'État, l'immixtion du clergé dans la vie politique et dénonce le rôle du « parti prêtre » démasqué par Montlosier en 1828.

Un véritable mythe se forgea alors : celui de la « Congrégation », qui survit dans le discours radical et qui hante encore les pages du rapport Briand. Tous les adversaires de la Compagnie de Jésus dénoncent sous ce terme l'action occulte de sociétés secrètes et de congrégations animées par les jésuites. Nous savons aujourd'hui[19] que le père jésuite Bourdier-Delpuits fonda en 1801 une Congrégation de la Sainte-Vierge qui rassembla vite plusieurs centaines de nobles et de bourgeois, autour de l'église Saint-Sulpice à Paris et dans des filiales provinciales. Ces sociétés de piété divulguèrent l'excommunication de Napoléon. Cette congrégation connut un nouvel essor après 1814, sous la direction du père jésuite Ronsin, et compta dans ses rangs une vingtaine d'évêques, et même le nonce apostolique. Elle n'avait en 1828, au moment de sa dissolution, que 1 349 membres, dont nombre de hauts fonctionnaires ultraroyalistes. Montlosier lui attribue par erreur 48 000 adhérents[20] car il la confond avec la société secrète des Chevaliers de la foi fondée en 1810 par le comte Bertier de Sauvigny, un royaliste ultra, pour conspirer au retour des Bourbons, puis pour prendre les places des bonapartistes et des républicains dans l'appareil d'État. Nombre de monarchistes étaient membres des deux sociétés, d'où la confusion possible.

La Compagnie de Jésus, reconstituée en 1814, fut interdite en 1828, à la suite de sa dénonciation par Montlosier. Elle se voit assimilée à la « Congrégation », car les pratiques clandestines des jésuites sont avérées ; leur double nature de prêtres et de réguliers leur permet de poursuivre de multiples activités, pastorales et enseignantes, ainsi que l'encadrement de congrégations pieuses de laïcs, comme les sociétés du Sacré-Cœur de Jésus et du Sacré-Cœur de Marie. Les jésuites, grands animateurs du renouveau de la piété mariale, passent vite, aux yeux des anticléricaux, pour les responsables du renouveau congréganiste et pour les champions de la théocratie pontificale. Bien que les théologiens jésuites, depuis le cardinal Bellarmin, n'acceptent pas la thèse de la *potestas directa* du pape, mais seulement celle de son autorité indirecte, médiate, sur les choses temporelles, les jésuites sont perçus comme les plus actifs agents de la papauté.

Lamennais et l'« Église libre dans l'État libre »

Face à la poussée anticléricale qui accompagne la Révolution de 1830 et au libéralisme religieux de la monarchie de Juillet, des membres du clergé en vinrent à penser, avec Lamennais, Lacordaire et Montalembert, que la séparation de l'Église et de l'État découlait de la révision de la charte. Le rapport Briand accorde une grande place et témoigne d'un grand intérêt, comme Debidour, pour « ces ultramontains déterminés [...], travaillant à ruiner l'autorité civile », séparatistes par hostilité au Concordat et « par respect pour la dignité de l'Église. [...] Partisans de la prééminence du spirituel sur le temporel, ils revendiquaient pour l'Église une indépendance totale. Libre, elle saurait reconquérir la suprématie à laquelle elle est appelée par la loi divine, s'emparer de ce qui est de sa compétence et que l'État s'est approprié. L'Église seule a pour mission de régénérer l'humanité[21] ».

Lamennais est loué par le rapport Briand pour s'être rallié aux principes de la liberté. Le manifeste de Lamennais paru dans le premier numéro du journal *L'Avenir*, en octobre 1830, est longuement cité : « Tous les amis de la Religion doivent comprendre qu'elle n'a besoin que d'une seule chose, la liberté. Sa force est dans la conscience des peuples, non dans l'appui des gouvernements. » Pour retrouver sa mission originelle, l'Église ne devait plus compromettre sa cause en servant des dynasties et des oligarchies. En se séparant de l'État, en s'affirmant apostolique et universelle sous la direction d'un pape libéral, elle ne serait plus accusée de complaisance pour les tyrans, d'attraction pour le pouvoir temporel et d'atteintes aux droits de l'homme. Lamennais n'a-t-il pas interpellé le clergé à propos des « bienfaits de l'État » ? « Catholiques ! voilà ce que vous coûtent les millions de l'État : la liberté de conscience. » La campagne séparatiste de *L'Avenir* dura un an. Son écho est souligné, voire exagéré, par le rédacteur, qui parle de « triomphe de Lamennais », et prétend, mais les exemples invoqués ne sont pas des preuves, que ses « théories furent partagées par l'ensemble du clergé ».

Cette liberté prise avec l'histoire a un but évident : prouver aux catholiques de 1905 que le catholicisme libéral, en rompant avec la contre-révolution et en se ralliant à la démocratie, a formulé la solution idéale au contentieux entre l'État et l'Église. La séparation des Églises et de l'État n'est pas seulement une formule républicaine ou protestante. Lamennais a proclamé en véritable pionnier catholique que « la religion ne peut être sauvée que par la liberté, et que la condition de cette liberté est la séparation totale de l'Église et de l'État. [...] L'État connaît le citoyen; il ignore le prêtre ». Il faudra attendre 1843 pour que Lamartine se prononce lui aussi en faveur de la séparation devant la Chambre des députés. Le rapport n'explicite pas cependant la conception de l'Église libre dans l'État libre qui est celle du catholicisme libéral, que la Belgique met en pratique dès sa naissance en 1830, et que les républicains de 1848 refusent. Cette absence de réserves critiques va de pair avec un silence complaisant sur les réactions à la condamnation pontificale, à laquelle il est à peine fait allusion.

Le 15 août 1832, le nouveau pape Grégoire XVI, par l'encyclique *Mirari vos*, condamne les thèses du journal *L'Avenir*. Plus encore que le rationalisme et le gallicanisme, c'est le libéralisme sous toutes ses formes qui subit les foudres pontificales. L'encyclique dénonce « cette maxime fausse et absurde ou plutôt ce délire, selon lequel on doit procurer et garantir à chacun la liberté de conscience, cette erreur des plus contagieuses à laquelle ouvre la voie cette liberté absolue et sans frein des opinions qui se répandent de toutes parts pour la ruine de l'Église et de l'État ». La liberté de presse est qualifiée de « liberté exécrable pour laquelle on n'aura jamais assez d'horreur » car elle ne fait qu'exciter à la révolte contre les princes et la religion. C'est dans ce climat que l'idée de séparation de l'Église et de l'État est condamnée pour la première fois par la papauté « comme attentatoire à la puissance spirituelle[22] » de l'Église.

La question de la liberté de l'enseignement

Sans expliquer le ralliement à la papauté des amis de Lamennais, le rapport Briand conclut qu'ils « poursuivirent la lutte dans un sens qui ne pouvait que plaire à Rome. Ils ne parlèrent plus de séparation, mais réclamèrent la liberté d'enseignement et la liberté d'association ». Leur Association catholique va désormais jouer le rôle d'avant-garde d'une « guerre à outrance contre la société civile ». Le rapport Briand affirme que si le bas clergé est disposé à admettre un « retour aux doctrines de la primitive Église et à l'Évangile » comme le montre son ralliement à la révolution de Février 1848, le haut clergé ne partage pas ces illusions et poursuit un plan méthodique de reconquête de la société civile pour mieux ruiner l'État laïque. « Ses visées n'avaient pas cessé d'être la conquête intégrale du pouvoir spirituel par l'enseignement et la soumission absolue de la France à l'ultramontanisme[23]. »

« Durant tout le règne de Louis-Philippe, la lutte de l'Église contre l'État fut surtout dirigée contre l'Université. C'est elle qu'il fallait abattre pour que l'écroulement de tout l'édifice laïque s'ensuivît. » Mgr Frayssinous fonde le droit de l'Église à enseigner la jeunesse sur le principe évangélique « Allez et enseignez toutes les nations ». La confusion est évidente entre la propagation de la religion chrétienne et la diffusion des connaissances, mais, sous l'Ancien Régime, l'instruction avait pour finalité la préparation au salut. Napoléon avait commencé par confirmer le principe de « l'État enseignant » par le monopole de l'Université et la création des lycées, pour former les cadres de l'Administration ; mais, il avait accordé une place à l'Église dans l'Université, et admis le retour des frères des écoles chrétiennes dans les écoles primaires. Les ultras auraient voulu détruire l'Université, mais les Bourbons crurent plus habile de la soumettre à la tutelle de l'Église. La loi Guizot de 1833 sur l'enseignement primaire tente de répondre à la nouvelle demande d'enseignement en obligeant les départements à créer des écoles normales pour former des instituteurs publics. Les communes doivent aussi ouvrir une école publique de garçons, mais sont libres de choisir des instituteurs ou des religieux. L'instruction religieuse reste la première des matières d'enseignement, et les instituteurs sont sous le contrôle des comités locaux de surveillance, où le curé est appelé à siéger. Un service public d'enseignement et un corps enseignant, constitués sous l'autorité « libératrice » de l'Université, entrent en concurrence avec l'enseignement confessionnel des congréganistes, qui sont tenus par l'État d'avoir un brevet de capacité pour enseigner. Le conflit des « deux écoles » est engagé.

La liberté de l'enseignement devient dès lors un objectif constant du « parti catholique » qu'anime Montalembert, mais elle fait problème car elle n'est pas définie comme un droit naturel de l'homme. Les démocrates estiment que l'instruction est un devoir de l'État à l'égard de la société, ce qui suppose l'organisation d'un service public d'enseignement. L'éducation ne devrait en aucun cas remettre en cause la liberté de conscience des enfants. Les catholiques libéraux et les conservateurs estiment au contraire que l'éducation est un devoir du père de famille envers ses enfants, ce qui lui confère le droit de choisir librement l'instruction qui lui convient. La liberté d'enseignement serait alors un corollaire de la liberté de conscience. La question scolaire tourne à l'imbroglio car d'autres problèmes s'y greffent, comme le conflit entre le monopole de l'Université sur l'instruction et le contrôle de l'éducation que réclame l'Église. D'où l'alternative concernant le but de l'enseignement : former les enfants à la libre pensée et à la science ou les préparer à une bonne vie chrétienne et au salut. L'entrecroisement de ces conflits aboutit à des paradoxes apparents : ainsi, les cléricaux prônent la liberté de l'enseignement confessionnel mais sont hostiles à la libre pensée, alors que les anticléricaux sont favorables au monopole de l'Université et à l'enseignement laïque mais hostiles à la liberté de l'enseignement.

Le rapport Briand estime que, dès la monarchie de Juillet, le principe de la liberté de l'enseignement était consacré par la loi et que « la mission des soldats du Christ était aisée, le gouvernement ouvrant les portes aux ennemis de l'État ». Il se polarise effectivement sur la question de l'enseignement congréganiste et la réouverture de collèges jésuites : « Jamais les Jésuites n'auront été aussi redoutables. [...] L'Église tout entière se trouvait entre leurs mains. » L'exagération est manifeste, d'autant que vers 1840, le pape Grégoire XVI estime que les jésuites sont trop libéraux[24]. Il est certain que la question des jésuites est posée devant l'opinion au moment où le gouvernement veut mettre l'Université sous la tutelle d'un Conseil de l'enseignement où les Églises auraient une large place. Michelet, Quinet et d'autres universitaires les dénoncent devant l'opinion publique dans leurs conférences. Thiers, encore voltairien, fait échouer les attaques contre l'Université en 1845. Guizot, bien que protestant, apparaît comme le défenseur des jésuites quand il suspend les cours de Michelet, juste à la veille de la révolution de Février 1848.

Le « parti de l'ordre » et la loi Falloux

Mais, dès l'insurrection sociale de juin 1848, durement écrasée dans le sang, la réaction conservatrice regroupe toutes ses forces. Monarchistes de toute obédience, catholiques, aristocrates, bourgeois se regroupent derrière le « parti de l'ordre ». Thiers et Montalembert sont désormais réunis. Pour la première fois des libéraux incroyants pactisent avec des conservateurs catholiques. « Alors la Propriété monta dans les respects au niveau de la Religion et se confondit avec Dieu », ironise Flaubert dans *L'Éducation sentimentale*. Les voltairiens et les déistes découvrent l'utilité sociale de la religion pour conjurer le péril social et le spectre de 1793. « Courons nous jeter dans les bras des évêques, eux seuls peuvent nous sauver », aurait dit le déiste Victor Cousin. L'Église n'a pas peu contribué à l'élection du prince Louis-Napoléon comme président de la République. Avec le suffrage universel, le vote du simple citoyen devient un enjeu capital. Votera-t-il comme le curé ou le notable libéral ? Ou suivra-t-il l'exemple du cabaretier ou de l'instituteur ? Seule la religion peut inciter le pauvre à respecter la propriété alors que l'éducation peut en faire un socialiste. On accuse facilement les instituteurs de favoriser les succès des « démocrates socialistes », des « rouges[25] ». Les projets d'école primaire gratuite, obligatoire et laïque de Carnot sont abandonnés et Falloux, Thiers, Cousin et Mgr Dupanloup conçoivent une réforme scolaire pour faire triompher la liberté de l'enseignement. Ce seront les deux lois Falloux de 1850 qui vont approfondir le conflit des deux écoles et des deux jeunesses.

La loi du 11 janvier sur l'enseignement primaire permet aux congréganistes d'enseigner avec seulement un certificat de stage de leur ordre, et même avec une simple lettre d'obédience pour les institutrices. Les instituteurs passent directement sous le contrôle du curé et du maire et sont révocables par les préfets. La loi du 15 mars sur l'enseignement secondaire permet à un simple bachelier d'ouvrir une école libre, et aucun titre n'est exigé des enseignants. L'Université n'est pas démantelée, mais divisée en académies départementales sous la double tutelle des préfets et des évêques. Un Conseil supérieur de supervision la contrôlera avec 11 universitaires, 6 membres des hauts clergés et 6 fonctionnaires d'autorité. Le rapport Briand conclut que « la loi ouvrait des voies d'accès à l'envahissement du clergé » et l'historien Antoine Prost précise qu'elle « favorise l'Église, à la fois hors de l'Université par une liberté qui n'est pas de droit commun, et au sein de l'Université, qu'elle combat pourtant, par des privilèges de fait[26] ».

Qu'un Montalembert, dans son discours à l'Assemblée, le 15 janvier 1850, dénonce l'« armée des instituteurs », ces « affreux petits rhéteurs », et fasse l'apologie de l'« armée des curés » qui « instinctivement et avec une force et une persévérance admirables » défend l'ordre, rien d'étonnant à cela ! Pour lui, dans l'éducation publique, « on tue le respect de Dieu, le respect du père, c'est-à-dire de la famille, et enfin le respect du pouvoir et de l'État ». Le remède est de rendre l'école à l'Église : « Ce remède c'est de faire rentrer la religion dans l'éducation par la liberté, de l'y faire pénétrer non pour tuer la raison, mais pour la régler, la discipliner, pour l'éclairer et l'épurer[27]. » Plus symptomatique des progrès de la réaction est le ralliement des libéraux comme Thiers et Victor Cousin. La peur sociale en a fait des cléricaux de la vingt-cinquième heure.

Le 15 janvier 1850, Victor Hugo monte à la tribune, et prononce le réquisitoire le plus éclatant et le plus solide contre la loi. Son discours constituera le premier grand manifeste public de la laïcité scolaire et civile. Tout y est : la distinction de la religion et du cléricalisme, la dénonciation des obscurantismes religieux, le rappel des persécutions auxquelles l'Église s'est livrée, le refus de toute mise en tutelle de la science ou de l'art, le rappel de la vocation émancipatrice de l'école publique et laïque, le principe de séparation de l'État et de l'Église. « En matière d'enseignement, l'État n'est et ne peut pas être autre chose que laïque. [...] Je veux l'enseignement de l'Église en dedans de l'Église et non au dehors. [...] En un mot, je veux, je le répète, ce que voulaient nos pères, l'Église chez elle et l'État chez lui[28]. » La société civile est devenue un enjeu opposant cléricaux et anticléricaux pour le contrôle de l'État.

3. Le divorce de l'Église catholique et du monde moderne

Le pape Pie IX avait été chassé de Rome par la révolution libérale et populaire de 1848, mais il a été rétabli dans ses États par l'intervention de l'armée française en 1849, car, à la demande du « parti catholique », la République a volé au secours du pouvoir temporel du pape. Napoléon III interviendra encore en 1860 et 1866 pour tenter d'éviter que Rome ne devienne la capitale de l'Italie. Un corps de zouaves pontificaux français assurera l'intégrité de la puissance temporelle du Saint-Siège. C'est dire si les liens entre la papauté et la France, la fille aînée de l'Église, ont été étroits sous le Second Empire, à l'opposé des conflits entre Pie VII et Napoléon Ier.

Le Syllabus *et la condamnation de la « civilisation moderne »*

Mais, inquiet de l'évolution de la situation en Europe, Pie IX décide de renforcer son autorité juridictionnelle et sa dignité spirituelle, pour « en finir avec les principes de la Révolution », commente le rapport Briand[29] qui consacre plus de dix pages à cette question. Pie IX rappelle toutes les condamnations de l'évolution des sociétés modernes et des libertés que l'Église a émises depuis 1789 en réaffirmant les principes théologiques sur lesquels elles étaient fondées. Dix ans jour pour jour après qu'il eut proclamé, de sa seule initiative, le dogme de l'Immaculée Conception de la Vierge Marie, est publiée, le 8 décembre 1864, l'encyclique *Quanta cura*, que résume le *Syllabus errorum*, sous la forme des quatre-vingts « principales erreurs de notre temps » jugées anathèmes ou hérétiques. Le rapport Briand y fait sans cesse référence et l'analyse du *Syllabus* est indispensable à la compréhension de l'anticléricalisme. Il suffit de lire les souvenirs de Gambetta[30], de Vallès[31] et d'Allain-Targé[32] pour découvrir combien la découverte des anathèmes proférés par Pie IX a convaincu toute une jeunesse de la nécessité d'un combat sans merci contre l'obscurantisme religieux.

Après un rappel des condamnations traditionnelles du panthéisme, du naturalisme, du rationalisme « absolu » et « modéré », et une défense des prophéties, des miracles et des mystères, après le renouvellement des condamnations de l'indifférentisme et du protestantisme, après la répétition des anathèmes formulés en 1849 contre le socialisme, le communisme, les sociétés secrètes, le pape expose très longuement les « erreurs relatives à l'Église et à ses droits » et à « la société civile dans ses rapports avec l'Église ». Il réaffirme[33] avec force la suprématie de la théologie sur la philosophie, la nécessité pour toute philosophie de prendre en compte la Révélation, la concordance de la foi et de la raison, mais récuse tout libre choix de sa religion d'après les lumières de la raison et les droits de la conscience et refuse toute liberté des cultes. Il condamne tous les principes du droit public que la France a proclamés depuis 1789, et que nombre d'États européens ont adoptés.

L'Église rappelle qu'elle est « une vraie et parfaite société pleinement libre [jouissant] de droits propres et constants que lui a conférés son divin fondateur » (XIX), qu'elle est en droit supérieure aux États et qu'elle a un « pouvoir temporel direct et indirect » conférant au souverain pontife et aux ministres du culte le droit d'intervenir, y compris par la force (XXIV), dans « les définitions relatives à la loi et aux mœurs » (XXIII). Elle rejette la doctrine de la souveraineté nationale et le suffrage universel au nom de la suprématie des droits de Dieu.

Plusieurs dispositions des Articles organiques sont explicitement dénoncées telles les entraves à la libre réception des édits pontificaux, à la libre communication des évêques avec Rome, à la liberté de réunion du clergé et surtout l'« appel comme d'abus » (XLI). La « présentation » des candidats à l'épiscopat par le pouvoir séculier est également récusée. Les thèses conciliaires et gallicanes sont une fois de plus rejetées et la condamnation de Lamennais renouvelée : l'Église ne peut être séparée de l'État et l'État de l'Église (LV). Sont donc réaffirmées explicitement, avec une force surprenante, les théories théocratiques de Grégoire VII et Innocent III sur les droits et libertés absolus de l'Église supérieurs aux droits et libertés limités des États.

L'Église catholique, dépositaire de la seule « vraie religion », affirme ses droits à définir et à juger les lois de la société civile. Elle ne saurait accepter qu'un système d'enseignement public soit « affranchi de toute son autorité » (XLVII), car elle a le droit de participer à la définition du régime des études, à la collation des grades, au choix et au contrôle des enseignants. Elle interdit aux catholiques de confier leurs enfants à un système d'éducation en dehors de la foi. Toute morale doit reposer sur la sanction divine et non sur le droit naturel et la liberté des hommes. Après avoir rappelé les dangers de la liberté d'opinion et de presse, l'Église justifie ses droits à faire corriger la législation civile : elle rappelle longuement la conception sacerdotale du célibat, des vœux de religion, du sacrement du mariage chrétien, et condamne le mariage civil et le divorce.

Enfin, en conclusion, le *Syllabus* réaffirme « la compatibilité de la royauté terrestre avec le pouvoir spirituel » au profit du « pape-roi », dénonce l'éventualité de la remise en cause de « la souveraineté civile du Saint-Siège », condamne l'idée que la séparation d'avec l'État pourrait apporter « liberté et bonheur » à l'Église et réaffirme la nécessité que le catholicisme soit reconnu comme « unique religion de l'État, à l'exclusion de tous les autres cultes ». La 80ᵉ et dernière proposition dément toute réconciliation possible du pontife romain avec « le progrès, le libéralisme et la civilisation moderne ».

L'infaillibilité pontificale et le retour de la théocratie

Une telle condamnation radicale de la modernité paraît excessive à beaucoup. Mgr Dupanloup, évêque d'Orléans, s'évertue à démontrer que le pape n'a condamné que les abus de la liberté, pas la liberté, et que dans la pratique l'Église admet les conséquences de 1789, dont elle ne peut accepter les principes. Montalembert, quoique condamné, reste fidèle à ses idées. Mais l'immense majorité du clergé admet les thèses du souverain pontife sans les discuter[34]. Le gouvernement impérial se couvre de ridicule en tentant d'interdire la diffusion d'un texte que les évêques font lire en chaire et que les journaux publient. L'absence de réaction officielle contribue à renforcer les républicains dans leur opposition au césarisme et au cléricalisme, à l'obscurantisme et à la théocratie. Une nouvelle génération, moins sentimentale que celle de 1848, rationaliste et positiviste, ne croit plus à l'alliance possible entre l'Évangile et la liberté, et dénonce « l'alliance du sabre et du goupillon ». Formée par Auguste Comte, Littré, Renan et Taine, elle met l'humanité à la place de Dieu, le progrès à la place de la Révélation. Irrespectueuse à l'égard des dogmes, virulente dans ses dérisions, audacieuse en dépit de la censure, toute une presse réactive l'irréligion des déchristianisateurs de l'an II[35].

Mais Pie IX profite de la bonne réception du *Syllabus* parmi les catholiques pour faire proclamer le dogme de l'infaillibilité pontificale que nombre de papes avaient souhaité, mais que le concile de Constance avait récusé, que le concile de Trente n'avait pas osé affirmer, et que des évêques comme Bossuet hier et Darboy aujourd'hui refusaient. Le concile, convoqué au Vatican le 8 décembre 1869, a pour but officiel de renforcer la discipline de l'Église pour ramener la société civile sous son autorité. Cette perspective inquiète nombre de ministres du gouvernement français, qui émet le vœu que « l'Église ne jetât pas le trouble dans les sociétés civiles par des condamnations radicales ». Napoléon III se déclare « résolu, s'il en était malheureusement besoin, à défendre les droits dont la confiance de la nation française l'avait rendu dépositaire[36] ». Le pape n'admet aucune protestation des États et tire profit de leur faiblesse pour récuser la présence des ambassadeurs des États au concile[37].

Le 13 juillet 1870, les canons du schéma *De Ecclesia* sont adoptés[38] : l'Église, « corps mystique », « société parfaite spirituelle, surnaturelle », indivisible et irréformable, s'attribue le droit de contrôler et de régenter les pouvoirs civils. La loi de l'Église a force d'obligation même si elle n'est pas enregistrée par l'État. De droit divin, le gouvernement de l'Église appartient à perpétuité à l'évêque de Rome, qui dispose d'une « juridiction ordinaire, immédiate et absolue » sur tous les évêques. Il est précisé encore que « le pape, officiant *ex cathedra* comme docteur suprême, en ce qui concerne la *foi* et les *mœurs*, jouissait de la même infaillibilité que l'Église entière, et que ses jugements étaient irréformables, [...] par eux-mêmes, et non par le commandement de l'Église ». Le 18 juillet, l'infaillibilité pontificale est adoptée comme « dogme révélé de Dieu ». « Toute contradiction de cette définition est anathème[39]. »

Le rapport Briand constate que les cardinaux et évêques ont donné au souverain pontife, au pape-roi, une autorité dogmatique et juridictionnelle sans limites. Ils acceptent d'être les serviteurs totalement soumis au pouvoir du Saint-Siège, intervenant tant au plan spirituel qu'aux plans moral et politique. D'où, en 1870, l'inquiétude du nouveau chef du gouvernement, Émile Ollivier, qui estime que le Concordat de 1801 est de fait remis en cause. L'Église profitera de la chute du Second Empire pour faire diffuser en France, sans examen, les canons du concile de 1870.

Encore en 1885, l'encyclique *Immortale Dei*, publiée par Léon XIII, réaffirmera haut et fort la suprématie de l'Église sur la société civile :

> « L'Église, non seulement se distingue et diffère de la société civile, mais elle constitue une société parfaite dans son genre

> et dans ses droits. Elle ne peut en aucune façon être subordonnée et assujettie à la puissance civile. [...] Il est nécessaire qu'il y ait entre les deux puissances un système bien ordonné de relations non sans analogie avec celui qui, dans l'homme, unit l'âme et le corps. »

Le Concordat n'est donc admis par le Vatican que pour autant que l'État met en application les principes moraux de l'Église dans les lois privées et publiques, et n'entrave pas son activité pastorale et éducative, même s'il a proclamé le pluralisme religieux et décrété la liberté des cultes. Cette conception théocratique de la papauté survit à la mort de Pie IX en 1878, comme la doctrine officielle, fondamentale, irréformable de l'Église catholique.

Cette exceptionnelle offensive cléricale réactive l'inquiétude des républicains, y compris des moins anticléricaux, devant les prétentions de l'Église à un pouvoir théocratique. Nombre de « républicains sous l'Empire » ont forgé leurs projets de réformes politiques et, plus souvent qu'on ne le pense, formulé l'objectif de dénonciation du Concordat et de séparation de l'Église et de l'État[40]. Dès 1869, le programme de Belleville, rédigé par les cercles républicains soutenant la candidature de Léon Gambetta, et bien d'autres, réclament l'élargissement de toutes les libertés publiques et en particulier « la suppression du budget des cultes et la séparation de l'Église et de l'État ». Ces thèmes font irruption sur la scène politique pour toute une génération. Gambetta affirme qu'aucun accommodement n'est possible désormais entre les « deux systèmes en présence », entre celui qui incarne les espérances de la « société de 1789 » et la doctrine romaine qui condamne toujours « tous les principes modernes d'où découlent nos lois civiques et politiques ». Le Concordat, véritable « discordat » pour Georges Clemenceau, semblait condamné. La Séparation était-elle à l'ordre du jour ?

CHAPITRE 4

République et laïcité

> « Depuis l'avènement de la Troisième République, les hommes d'État qui se sont succédé au pouvoir ont persisté dans la poursuite de cette chimère : asservir à leurs desseins la puissance politique de l'Église. Et la plupart se sont bercés de cette illusion que le Concordat pouvait leur en procurer les moyens. […] On a vu, par l'histoire de ces trente dernières années, combien sont restés inefficaces, aux mains des gouvernements républicains, ces prétendues armes concordataires. Elles n'ont jamais pu faire obstacle, aux heures décisives, c'est-à-dire chaque fois que la République a été en danger ou qu'elle a entrepris la réalisation d'un progrès laïque, aux tentatives d'insubordination du clergé catholique et de ses chefs. […] Si la République a vécu, si elle a progressé, c'est malgré l'Église, contre ses efforts, et grâce à l'indifférence religieuse qui, croissant de jour en jour, a fini par rendre ce pays impénétrable aux excitations du clergé[1]. »

Ainsi s'exprime Aristide Briand dans la conclusion du rapport où il porte un regard amer sur les illusions des « républicains de gouvernement » qui, après avoir conquis la République, après avoir donné au pays des lois scolaires laïques, ont hésité devant la dénonciation du Concordat. N'est-il pas injuste à l'égard de ceux qui l'ont précédé ? Est-ce par principe ou par opportunisme que les Gambetta, Ferry, Bert, Goblet, Bourgeois ou Waldeck-Rousseau ont ajourné la décision qui s'impose à la majorité en 1905 ? Les huit pages consacrées dans le corps du texte aux trente premières années de la République sont plus pondérées. Le rapporteur développe trois thèses : 1) « Ceux qui prétendent que le Concordat a réalisé la pacification religieuse dans le pays » se sont lourdement trompés. 2) « Néanmoins, avant qu'un Parlement ait pu envisager comme possible la séparation complète des Églises et de l'État, des mesures de transition ont dû être prises[2]. » 3) « Mais puisque les catholiques ne se sont pas vraiment ralliés à la République, la séparation de l'Église et de l'État est une mesure de défense républicaine. »

1. « La République sera conservatrice ou ne sera pas » (Thiers, 13 novembre 1872)

Briand aurait-il oublié les conditions de la naissance de la République le 4 septembre 1870 ? Non, mais le texte n'évoque que d'un mot les « événements de 1870 ». Le rapport évacue toute analyse des circonstances historiques et réduit son récit à l'affrontement d'une papauté cherchant à atteindre « la domination universelle » et d'une France cherchant à consolider sa « forme républicaine », alors qu'apparaît « plus profond l'abîme qui sépare le catholicisme romain de la civilisation moderne[3] ». Oubliant la composition de l'Assemblée élue le 8 février 1871, dans un pays vaincu et occupé, le rapport Briand ne peut expliquer le changement d'attitude de la majorité des républicains sur la question de la séparation. Sur les 768 députés, on compte plus de 450 monarchistes, légitimistes et orléanistes plus une trentaine de bonapartistes, et seulement 200 républicains, pour moitié au moins très modérés. L'effondrement national a stimulé un réflexe conservateur dans un peuple désorienté se tournant vers les notables traditionnels. On ne compte pas moins de 230 nobles (en proportion plus qu'en 1789), et plus de 100 militaires, dans cette assemblée qui se donne comme « chef du pouvoir exécutif » un vieillard de 73 ans, Thiers, l'ancien chef du « parti de l'ordre » de 1848.

La Commune de Paris ou la séparation oubliée

Contre cette Assemblée qui siège à Bordeaux, puis à Versailles par peur de Paris, le peuple parisien se révolte par sentiment national exacerbé plus que par volonté révolutionnaire. La Commune de Paris est, du 18 mars au 25 mai 1871, un pouvoir élu, antithèse du gouvernement de Versailles et esquisse d'une République démocratique et sociale[4]. La politique religieuse de la Commune scandalisa tous les catholiques, mais inquiéta aussi plus d'un républicain, Ferry en particulier, en dépit de l'écho positif qu'elle eut dans les milieux populaires. Pourtant, le socialiste indépendant Briand ne rappelle jamais la séparation de l'Église et de l'État proclamée par le décret de la Commune du 2 avril 1871, alors qu'il siège sur les bancs socialistes à côté de l'ancien communard Édouard Vaillant[5], un des concepteurs de ce décret et du programme d'enseignement primaire, gratuit, laïque, obligatoire, général et technique, pour les garçons et les filles. Le refoulement du drame de la Commune est tellement fort encore en 1905 que personne n'évoque le précédent de ce décret, plus oublié que celui du 3 février 1795.

Il affirmait pourtant que « la liberté est le premier des principes de la République » et que « la liberté de conscience est la première des libertés », puis il proclamait « la séparation de l'Église et de l'État » (art 1er) et « la suppression du budget des cultes » (art. 2). Les cultes ne devaient pas être inquiétés. Seules les églises abandonnées par leurs prêtres seraient transformées en maisons du peuple. La plupart des communards étaient partisans de la liberté des cultes, mais les blanquistes et quelques néojacobins sombrèrent dans un anticléricalisme grossier et antireligieux, multipliant les arrestations non justifiées de prêtres et de congréganistes, renouant ainsi avec les excès de la « déchristianisation » de 1793. Le crime inutile de l'exécution des otages, dont l'archevêque de Paris, Mgr Darboy, et trois pères jésuites, le 24 mai au cœur de la Semaine sanglante, contribua à la « diabolisation » de « ces hommes échappés de l'enfer » d'après Pie IX.

Marx entreprit aussitôt de réhabiliter les principes de cette œuvre :

> « Une fois abolies l'armée permanente et la police, instruments matériels du pouvoir de l'ancien gouvernement, la Commune se donna pour tâche de briser l'outil spirituel de l'oppression, le pouvoir des prêtres ; elle décréta la séparation de l'Église et de l'État [...]. Les prêtres furent renvoyés

à la calme retraite de la vie privée, pour y vivre des aumônes des fidèles, à l'instar de leurs prédécesseurs, les apôtres[6]. »

Reprenant cette analyse, les socialistes français adopteront le principe de la Séparation comme un point majeur de leurs programmes, mais ils se refuseront presque tous, de Guesde à Jaurès, à l'exception des anciens blanquistes, à faire de l'anticléricalisme l'argument principal de leur combat de classe. Le rôle pionnier des socialistes dans la propagande de la Séparation n'est pas dû à une surenchère face aux radicaux, car ils ont toujours envisagé l'émancipation des hommes par la laïcité du service public d'éducation et de l'État.

On caricature souvent la grande peur des catholiques face au spectre de la Commune. Le « martyre » de Mgr Darboy est exalté par son successeur, Mgr Guibert, qui prône un véritable exorcisme expiatoire des crimes de Paris, imputés à la corruption de la société moderne. Tout le clergé et les fidèles sont mobilisés pour faire ériger, sur la colline de Montmartre, d'où est partie la révolte, la basilique du Sacré-Cœur, aussi blanche que le drapeau royaliste. Mais ce messianisme pénitentiel ne doit pas faire oublier les leçons tirées de ce drame par une nouvelle génération de laïcs catholiques. Dans les terribles combats de la reconquête de Paris par les troupes bretonnes mobilisées par Versailles, le capitaine Albert de Mun découvre « l'abîme » qui sépare les deux France : la catholique et conservatrice, et la républicaine et anticléricale. Dès décembre 1871, il fonde l'Œuvre des cercles catholiques ouvriers, dont le but est « le dévouement de la classe dirigeante à la classe ouvrière » selon les principes paternalistes inspirés par « les définitions de l'Église sur ses rapports avec la société civile ». Le peuple des villes en pleine expansion a échappé au contrôle des paroisses et des œuvres de charité ; seules de nouvelles œuvres sociales permettront la reconquête missionnaire des classes populaires, devenues dangereuses parce que abandonnées. Les légitimistes catholiques espèrent pouvoir se rapprocher de ce monde du travail industriel bien oublié et dénoncer le libéralisme bourgeois, qui a sombré moralement dans la « fête impériale » et a conduit la France au désastre.

Entre l'Église et la République, la guerre paraît plus déclarée que jamais, et la France divisée en deux camps, si l'on en croit le rapport. Est-ce si simple ? Les espérances dans la mission rédemptrice de l'Église sortent renforcées des épreuves. Plus que jamais les catholiques adhèrent aux thèses de Pie IX, devenues « articles de foi ». Le pape devient l'objet d'un véritable culte. La captivité du « prisonnier du Vatican », dépouillé de ses États, humilié, est sans cesse comparée à la captivité de Pierre, prisonnier au Capitole avant son supplice, et plus souvent encore à la Passion du Christ rédempteur. Plus que jamais, les catholiques chantent « Sauvez Rome et la France au nom du Sacré-Cœur ». Voilà pourquoi le rapport Briand insiste autant sur une pétition des évêques réclamant en 1873 « le rétablissement du pouvoir temporel du pape » par une intervention militaire française, comme en 1849, contre le royaume impie d'Italie, qui a annexé Rome et l'État pontifical en septembre 1870. Un messianisme politico-religieux porte la double espérance de la libération du pape-roi et de la restauration du roi très chrétien en France. La montée sur le trône du comte de Chambord serait la condition du rétablissement du « souverain pontife miraculeux et surnaturel ». Thiers, qui élude la demande ultramontaine et déclare impossible la restauration de la monarchie, est renversé le 23 mai 1873 par la majorité royaliste.

L'Ordre moral : ordre clérical

« Le 24 mai consacre le règne du clergé », affirme le rapport sans fournir d'explications. Le maréchal de Mac-Mahon, qui remplace Thiers comme chef de l'État, déclare en fait ce jour-là : « Avec l'aide de Dieu, le dévouement de notre armée qui sera toujours l'esclave de la loi, l'appui de tous les honnêtes gens, nous continuerons l'œuvre de [...] rétablissement de l'ordre moral dans notre pays. » Tout le programme de la politique cléricale des monarchiens est formulé ici, mais il ne faut pas faire de contresens sur l'épithète « moral[7] ». La référence à Dieu signifie que la majorité politique entend restituer à l'Église catholique sa puissance spirituelle dans l'État. L'appel à l'armée évoque son rôle de pilier de l'ordre temporel. La référence aux « honnêtes gens » indique bien que le régime veut s'appuyer sur tous les possédants attachés à l'ordre. Évoquer une « restauration » peut préserver les espérances des royalistes sans effaroucher les républicains modérés. L'« ordre moral » traduit cette idéologie largement partagée que les troubles sociaux seraient éradiqués par le renforcement de la moralité publique et privée. Le renouveau de l'autorité morale de l'Église apparaît comme le meilleur rempart de l'ordre. « Ce qui recommence n'est pas l'Ancien Régime, mais la Restauration, l'alliance redemandée du Trône et de l'Autel, à la différence près que l'Église a basculé depuis du côté de l'ultramontanisme : elle n'en mêle que plus facilement le roi de France et le pape, les deux figures symboliques de son refus du monde moderne, les deux souverains exilés de son exil à elle », commente très judicieusement François Furet[8].

L'action politique du nouveau chef de gouvernement, le duc de Broglie, repose sur la thèse que le christianisme antique a jeté un pont entre la civilisation romaine et la nouvelle société bouleversée par les barbares[9]. L'analogie est facile, mais elle éclaire les objectifs de l'Ordre moral. Il faut résister aux nouveaux barbares et les convertir. Un des premiers signes de cette politique est la proscription des enterrements civils, qui se développaient peu à peu avec les progrès de l'incroyance et de l'influence des libres penseurs. Une délégation officielle de la Chambre se retire des obsèques civiles d'un député libre penseur, souligne le rapport, qui ne dit pas qu'à Lyon, et dans d'autres villes, les enterrements civils sont interdits après sept heures du matin[10]. Le rapport fait allusion à l'épuration du corps des fonctionnaires civils soupçonnés de sympathie républicaine, comme après 1815. Le clergé retrouve sa place d'honneur parmi les autorités et le rapport se moque des « généraux, fonctionnaires, magistrats, professeurs qui suivent ses processions et courbent la tête sous la bénédiction de l'évêque ». L'Église accroît ses fonctions de contrôle dans toutes les commissions administratives d'enseignement, d'assistance, de santé. La loi du 12 juillet 1875 étend la loi Falloux à l'enseignement supérieur, légalise l'ouverture de facultés catholiques et permet aux membres du clergé de participer à des jurys mixtes d'examen. Le rapport Briand s'indigne en citant à l'appui une brochure écrite par des libres penseurs[11] : « Le prêtre est partout : il a l'enseignement, il a l'assistance publique, on le trouve dans les prisons, à l'armée, sur chaque vaisseau. »

Effectivement, le clergé n'a cessé de reconquérir ses fonctions traditionnelles en profitant du désengagement de l'État libéral et des carences des services publics. Le budget des cultes, le rapport y insiste fortement, est de 49 millions (en fait 53,7 millions en 1876), alors que le budget de l'instruction publique n'est que de 36 millions. Si on ajoute les subventions des communes et départements, le clergé bénéficie d'un financement public total de 80 millions. « Quant à ses charges, il n'en a pas : il est exempté du service militaire, il en fait exempter ses acolytes », séminaristes et congréganistes, souligne le rapport. L'Église est donc privilégiée par une Assemblée qui prône pourtant la réduction des dépenses publiques.

Il ne faut donc pas ramener l'Ordre moral aux manifestations d'une piété publique ostentatoire. Certes, le 28 mai 1873, Mgr Pie accueille le premier pèlerinage à Chartres et appelle les fidèles à prier pour une « monarchie chrétienne » : « La France veut un chef, la France veut un maître. » Le 23 juillet 1874, la France est vouée au Sacré Cœur de Jésus. De nombreux députés participent aux pèlerinages de masse, organisés par les assomptionnistes et les jésuites, et facilités par le chemin de fer, à Lourdes, à La Salette et à Paray-le-Monial. Les congrégations recrutent plus que jamais, alors que les œuvres de charité se multiplient. Les cercles ouvriers du comte Albert de Mun et René de La Tour du Pin s'implantent dans quelques régions de l'Est et autour de Lyon. Plus que jamais dans le siècle, le rôle public, politique, moral et social de l'Église semble reconnu.

Cependant, la France de 1875 n'est plus celle de 1871. Les légitimistes ont accumulé les échecs pour avoir trop espéré la restauration de la monarchie. Le rejet du drapeau tricolore par le comte de Chambord, le refus du coup d'État par Mac-Mahon et la restauration manquée réactivent les différends entre les royalistes, déjà affaiblis par la sécession des plus réalistes d'entre ceux qui ont compris que cette « République des ducs » n'accoucherait jamais d'une monarchie, puisque le peuple se révélait plus que jamais républicain lors des élections partielles. La presse catholique, influencée par *L'Univers* du légitimiste Louis Veuillot, se déchaîne contre les orléanistes, qu'elle rend responsables des échecs, et contre les catholiques libéraux, qu'elle qualifie d'« hérétiques » pour être réservés à propos de l'infaillibilité du pape. Divisés par la surenchère ultramontaine, les monarchistes perdront la guerre contre la République. Le 30 janvier 1875, l'Assemblée reconnaît la forme républicaine du régime, en adoptant à une voix de majorité l'amendement Wallon[12].

Il ne faut pas cependant tomber dans le manichéisme du rapport. Certes, le dogme de l'infaillibilité du pape a exalté les espérances catholiques, mais le surinvestissement mental sur son autorité spirituelle n'est qu'une compensation à l'humiliation temporelle du Saint-Siège. En revanche, la puissance de l'Église de France, tant matérielle qu'humaine, n'a jamais été aussi grande qu'à cette époque. L'Ordre moral correspond à l'apogée du renouveau religieux d'un catholicisme qui a renoué des liens forts avec un peuple chrétien. Les catholiques contre-révolutionnaires ont cru qu'ils allaient maintenir l'alliance de 1871 entre la France catholique et la France voltairienne, unies dans la peur sociale, mais il n'y a plus deux France, il y en a trois. Les outrances cléricales et ultramontaines ont repoussé la France de Thiers, celle des libéraux, vers la France de Gambetta, celle des républicains. La politique de l'Ordre moral a fortement indisposé les protestants, dont le synode officiel demande en 1874, sur proposition du pasteur Edmond de Pressensé, la séparation des Églises et de l'État[13]. Les anticléricaux de la libre pensée voient dans l'Ordre moral la mise en œuvre du *Syllabus*. L'affrontement a changé de dispositif, les monarchistes se sont isolés et les catholiques sont restés prisonniers d'un clergé ultramontain. Mais ce n'est pas pour autant que les républicains exploiteront la défaite du cléricalisme pour mettre en œuvre la séparation de l'Église et de l'État. L'initiative pionnière de la Commune n'eut pas de suite immédiate.

Les républicains et la question du Concordat

Pourtant, dès les années 1860, la nouvelle génération de républicains, nourris du positivisme d'Auguste Comte, des analyses historiques de Renan et des essais de Littré, voire des discours de Quinet, avait envisagé la séparation de l'Église et de l'État comme réponse au *Syllabus*. Ferry et ses amis[14] tout comme Gambetta l'avaient adoptée. Même le prudent Jules Simon s'était rallié en 1867 à l'objectif de « l'Église libre dans l'État libre ». Devant le corps législatif, le 2 décembre, tirant la leçon du piège de la politique romaine de Napoléon III[15], il déclarait nettement : « L'État n'a pas de doctrine religieuse ; il n'est ni métaphysicien ni théoricien. [...] entre le pouvoir temporel et le pouvoir spirituel le temps du compromis est passé. » En 1869, les programmes républicains mettent en bonne place la suppression du budget des cultes, la dénonciation du Concordat et la séparation de l'Église et de l'État.

Après les élections législatives du 5 mars 1876, qui donnent à la Chambre une majorité de 360 républicains face à 200 monarchistes, dont 80 bonapartistes et 25 légitimistes, les républicains sont-ils en mesure d'appliquer leur programme ? Louis Veuillot s'inquiète déjà : « Ces élections sont la continuation du massacre des otages, et plus encore la revanche des pèlerinages. » Mais la majorité des républicains ajourne publiquement la question de la Séparation tout en continuant bruyamment le combat anticlérical. Cela ne sera qu'un sujet de discorde de plus entre « radicaux » et « opportunistes », les premiers voulant appliquer la totalité du programme républicain et accusant les seconds de trahir leurs premiers engagements, les seconds répondant que l'objectif prioritaire était la consolidation du régime politique du pays, la « conquête de la République par les républicains ».

Le rapport ne retient pas l'explication classique : « Les républicains avaient gagné les élections, pas encore gagné la République[16]. » Le Sénat restait dominé par les conservateurs, le président Mac-Mahon était monarchiste, et le gouvernement de Jules Simon bien modéré : « Je suis profondément républicain et profondément conservateur. » Les républicains devaient donc attendre de nouveaux succès électoraux pour pouvoir contrôler tous les pouvoirs, donc éviter de provoquer les catholiques et l'électorat modéré. Par contre, le rapport incrimine l'agitation des ultramontains responsables de la crise de 1877. Les évêques demandent à nouveau l'intervention de la France en faveur du « rétablissement du pouvoir temporel de la papauté » ; le pape, s'estimant menacé par « une loi sur les abus du clergé votée par la Chambre italienne », avait demandé le soutien des gouvernements européens. « Rarement la crise fut plus aiguë qu'en mai 1877 », note le rapport. Mac-Mahon dissout la Chambre, impose un gouvernement d'exception, épure l'Administration. La bataille fera rage jusqu'aux nouvelles élections législatives des 14 et 28 octobre. Les républicains se retrouvent 323 contre 208, mais l'écart n'est que de 600 000 voix entre la gauche et la droite. Les républicains sortent vainqueurs, quoique affaiblis, de la crise de 1877.

Le ralliement des « opportunistes » au Concordat peut se comprendre à la lecture du discours de Gambetta à la Chambre des députés, le 4 mai 1877[17]. En février 1876, il énumérait encore la séparation parmi les points de son programme. Un an plus tard, il dénonce la pétition des évêques sortis de la réserve concordataire.

> « Ils sont les seuls qui, dans la France, ont le privilège d'être placés au-dessus de la loi qu'ils violent sans aucun souci, donnant ainsi au monde le spectacle affligeant d'un État mis en tutelle presque avec son consentement. [...] Nous en sommes arrivés à nous demander si l'État n'est point dans l'Église [...] à l'encontre de la vérité qui veut que l'Église soit dans l'État. » Mais il ajoute aussitôt : « Quant à moi, je suis partisan du système qui rattache l'Église à l'État. » (*Murmures*) « Oui, j'en suis partisan parce que je tiens compte de l'état moral et social du pays. [...] Le Concordat est la loi du pays. »

Ce n'est qu'ensuite qu'il dénonce le cléricalisme qui tend à un double but : « la conquête de l'État et la direction des foules ». Puis vient la fameuse formule : « Je ne fais que traduire les sentiments intimes du peuple de France en disant du cléricalisme ce qu'en disait un jour mon vieil ami Peyrat : "Le cléricalisme ! voilà l'ennemi." » Le journaliste Peyrat, tout à sa passion antireligieuse, aurait écrit en réalité : « Le catholicisme ! voilà l'ennemi. » La modification, si elle est volontaire, est de taille et est à porter au crédit de Gambetta. L'étude de ses discours de 1877-1878 confirme la disparition de toute attaque contre le catholicisme et la religion en général. Mais Gambetta continue à dénoncer le « cléricalisme », qu'il identifie à une politique « ultramontaine », « vaticanesque », « syllabiste », « monastique » et « congréganiste », suivant en cela les distinctions faites par son autre ami Hector Depasse[18].

Dès lors, craignant les réactions des cléricaux, tous les « républicains de gouvernement », de Jules Ferry à Waldeck-Rousseau, se refusent à un conflit religieux frontal, et ajournent toute idée de Séparation, car ils pensent que l'héritage napoléonien et gallican peut contenir le cléricalisme. Littré recommande de ne pas confondre le « parti catholique » des cléricaux, catholiques avant d'être citoyens, et les « catholiques du suffrage universel » qui se rallient à la République modérée. Les républicains doivent lutter, non contre les croyances religieuses, qui ne peuvent reculer que par les lents progrès de la science et de la raison, mais contre le cléricalisme, qui n'est qu'une « faction politique ». Dans son discours de Romans du 18 septembre 1878, Gambetta dit publiquement son « respect pour les religions » : « Nous ne sommes pas des ennemis de la religion. Nous sommes, au contraire, les serviteurs de la liberté de conscience, respectueux de toutes les opinions religieuses et philosophiques. » Il ajoute même, « pour en finir avec la calomnie », qu'il professe le plus profond respect pour ceux qui en exercent le ministère. « Ils ont des devoirs à remplir envers l'État et, ce que je réclame, c'est l'exécution de ces devoirs. » Cependant, des radicaux comme Clemenceau, Ranc ou Pelletan restent fermement anticléricaux et continuent à condamner le Concordat, restant fidèles à l'objectif de la Séparation.

2. La longue marche vers la laïcisation de l'État et de la société

Après les élections sénatoriales de 1879 gagnées par les républicains, après la démission du président Mac-Mahon, les républicains ont désormais tous les pouvoirs en main. Pourquoi ajournent-ils encore la Séparation ? Le rapport explique que « des mesures de défense ont été prises par la société laïque pour lutter contre l'ingérence cléricale ». Et il cite les noms de Ferry et Goblet. S'agit-il seulement de « défense » par en haut de l'État républicain ? Les « républicains de gouvernement » n'ont-ils pas plutôt choisi délibérément de conquérir la République « par en bas », de républicaniser la société civile ? Le rapporteur sous-estime cette stratégie, car il n'évoque l'œuvre scolaire de Ferry qu'en douze lignes, centrées surtout sur les mesures anticléricales. Or pour Ferry, la priorité était de « laïciser l'État » et de « républicaniser les Français[19] ».

« L'État doit être laïque » (Jules Ferry)

Avec la laïcisation du pouvoir politique, le temps est venu de séculariser la société civile[20]. Jules Ferry s'exclame à la tribune de la Chambre des députés, le 3 juin 1876 :

> « J'affirme que l'État doit être laïque, que l'ensemble de la société est représenté par des organes laïques. Qu'est-ce donc au fond que ce principe ? [...] c'est la doctrine de la séparation du pouvoir temporel et du pouvoir spirituel. Oui le christianisme a introduit dans le monde la doctrine de la séparation des deux domaines, le domaine de l'État et celui de la conscience, le temporel et le spirituel. [...] Cependant il y a un reproche à lui faire, c'est qu'après avoir mis quatre à cinq siècles à l'introduire, l'Église en a mis sept ou huit à le battre en brèche. »

Mais la laïcité de Ferry ne se limite pas au processus historique de sécularisation. Les institutions doivent être fondées sur des principes métaphysiques. En bon rationaliste, il se représente la société humaine comme se suffisant à elle-même, sans intervention nécessaire d'aucune justification divine. Depuis 1789, la liberté de l'homme est définie par la reconnaissance des droits égaux des autres hommes, par la réciprocité des droits et devoirs entre les hommes, pas par une grâce divine. La morale comme la politique peuvent être fondées sur des principes rationnels et naturels. La conscience humaine, par ses propres moyens, peut fonder une morale sociale et se passer de « béquilles théologiques ». Ferry en atteste dans ses deux discours à la loge La Clémente Amitié, où il est admis le 9 juillet 1876, en même temps que Littré, le dépositaire par excellence de la pensée positiviste[21].

L'exercice plein et entier de la liberté de conscience implique la séparation des pouvoirs, mais aussi, et plus encore, l'autonomie de la société civile par rapport à l'État et à l'Église. La laïcité n'est pas la simple affirmation juridique de la tolérance religieuse et de la neutralité de l'État à l'égard des croyances ; elle repose fondamentalement sur la double affirmation de l'indépendance de l'État à l'égard des Églises, et de l'indépendance de la société civile à l'égard de l'État. Jaurès rapporte que Ferry, pressé par ses questions, lui aurait confié que son but ultime était d'« organiser une humanité sans Dieu ni maître[22] ».

Dans un discours à la Chambre du 2 décembre 1880, Ferry souligne que la laïcité est fondamentalement la « doctrine de la liberté de conscience, de l'indépendance du pouvoir civil, de l'indépendance de la société civile vis-à-vis de la société religieuse [...][23] ». Après que Descartes et Bacon eurent sécularisé la science et la philosophie, après que la Révolution eut sécularisé le pouvoir civil, il s'agit de séculariser maintenant toutes les institutions, et donc l'école publique. Il reprend à son compte une formule de Guizot, cet ancien ministre de l'Instruction publique, qui avait déclaré, en se démarquant de l'assertion de l'avocat catholique libéral Odilon Barrot selon laquelle la loi était athée[24] : « Non, certainement l'État n'est pas athée, mais l'État est laïque et doit rester laïque pour le respect de toutes les libertés que nous avons conquises. »

Ferry prolonge la tradition, qui conduit de Condorcet à Quinet, affirmant les « droits de l'État enseignant[25] ». Il est de la responsabilité de l'État, en matière d'instruction et d'éducation, de garantir toutes les libertés et tous les droits, y compris contre les abus des pères de famille. Il faut donc achever l'œuvre engagée par la Révolution, mais sans brûler les étapes, en créant les conditions de l'émancipation culturelle et morale des générations à venir. La laïcisation de la société civile est donc pour Ferry un préalable à la séparation de l'Église et de l'État.

Mais comment laïciser l'État et la société ? Dès 1879, les traitements des ecclésiastiques ont été ramenés au taux initial et le budget des cultes est réduit de 53,5 millions de francs en 1878 à 45 millions de francs en 1891. La position de l'Église est également remise en cause. Dès 1879, la majorité républicaine estime que l'exercice officiel et public des cultes peut être un outrage à la liberté de conscience de certains citoyens. Le caractère religieux des honneurs militaires est abrogé. La loi du

12 juillet 1880 supprime l'obligation légale de chômer le dimanche et le jour des fêtes religieuses. Les prières publiques à la rentrée des Chambres sont supprimées en 1884, tout comme le sera en 1900 la messe du Saint-Esprit le jour de la rentrée des cours de justice et des tribunaux. À partir de 1904, les crucifix seront retirés des prétoires, mais la référence à Dieu dans la formule des serments ne peut être abrogée. La loi Naquet de 1884 rétablit le droit de divorcer. Les enterrements civils, soutenus par les sociétés de libres penseurs, dont la pratique est de plus en plus courante, sont autorisés légalement. Toute discrimination à l'égard des « réprouvés » est interdite dans les cimetières en 1887. Des municipalités républicaines laïcisent leur personnel hospitalier, à l'exemple de Paris, sous l'impulsion du Dr Bourneville[26]. Le régime concordataire n'est pas remis en cause, mais ces faveurs spéciales accordées après 1802 à l'Église sont supprimées.

Ferry contre les congrégations enseignantes non autorisées

Mais comment républicaniser les Français sans arracher les générations futures à la tutelle des écoles religieuses ? Le rapport ne fait que citer « la loi prescrivant la gratuité, l'obligation et la laïcité de l'instruction primaire ». L'enjeu de la « question scolaire » est pourtant capital pour l'avenir du régime, chacun en est conscient. La place de l'Église dans l'institution scolaire n'a cessé de croître depuis 1808, et le clergé congréganiste est en très forte expansion, justifiant ainsi son utilité sociale. Les enseignants congréganistes, plus nombreux en 1876 que les instituteurs et les institutrices laïques, sont largement présents jusque dans les écoles primaires publiques qui scolarisent 2,6 millions d'élèves en 1876 (deux garçons pour une fille) alors que les écoles confessionnelles n'en comptent que 1,4 million (deux filles pour un garçon). Les congrégations se sont en effet moins intéressées à l'enseignement primaire qu'au secondaire, et leurs collèges comptent 79 000 élèves contre 66 000 dans les lycées[27]. L'Église préfère conquérir les héritiers des notables plutôt qu'instruire les enfants du peuple, en concluent tous les défenseurs de l'enseignement public et laïque.

C'est dans ce contexte de « guerre scolaire » qu'il faut replacer les lois et décrets laïques de 1879 à 1886. Dès le 15 mars 1879, Ferry, nouveau ministre de l'Instruction publique et des Cultes, dépose deux projets de loi visant à l'exclusion du Conseil supérieur de l'Instruction publique de tout représentant étranger à l'enseignement public et à l'abolition des jurys mixtes. L'article 7 du deuxième projet interdit d'enseigner ou de diriger un établissement d'enseignement à tout membre d'une congrégation religieuse non autorisée, donc aux jésuites. Face à l'Église, Ferry réaffirme sa fidélité au Concordat, qui interdit les congrégations sans les nommer, mais qui ne fournit pas de moyens pour les réprimer. Le Sénat repousse l'article 7, contre lequel se sont dressés des républicains modérés, comme Jules Simon, au nom de la liberté d'enseignement. La loi est cependant adoptée sans l'article 7.

Le rapport accorde grand cas à cet épisode et félicite Ferry d'avoir tourné l'obstacle « au nom des lois existantes », en recourant au décret Montlosier de 1828 contre les jésuites. Le 29 mars 1880, il signe deux décrets d'application : le premier ordonne la dissolution de la Compagnie de Jésus et l'exil des jésuites dans les trois mois, le second exige que toutes les congrégations demandent une autorisation légale. Le but de Ferry est de faire respecter la loi civile par l'Église. Ce n'est pas la guerre religieuse, car il estime que Concordat est le moyen de la paix religieuse.

Faut-il en conclure que Ferry ne voyait pas de contradiction entre le Concordat et la laïcité de l'État ? Le principe de laïcité de la République pouvait-il s'accommoder d'un Concordat faisant du catholicisme un « culte reconnu et protégé » ? À titre provisoire seulement ! L'ambiguïté n'est pas levée. La Société de Jésus est dissoute par décret en 1880, 5 600 jésuites en situation irrégulière sont expulsés, et 261 couvents fermés ; mais peu de congrégations non autorisées régularisent leur situation dans les trois mois. En revanche, les anticléricaux, comme le rapport, se féliciteront de l'obligation de service militaire imposée aux religieux en 1889 : « Les curés, sac au dos ! »

Ferry et l'école primaire gratuite, obligatoire et laïque

Depuis 1850, Edgar Quinet s'était fait le champion de la « séparation de l'École et de l'Église ». Son essai, *L'Enseignement du peuple*, sera la référence de tous les militants de l'enseignement public[28]. « Il faut bien qu'il y ait un lieu [...] de méditation où doivent s'enseigner l'union, la paix, la concorde civile, au milieu des dissentiments inexorables des croyances et des Églises, c'est l'école laïque. » Seule, elle peut garantir l'unité de la nation et l'exercice de la liberté de conscience. Depuis 1866, la Ligue de l'enseignement fondée par Jean Macé popularise cet objectif.

L'œuvre scolaire de Jules Ferry est impressionnante : dès 1879 tout département doit ouvrir une école normale d'instituteurs ; le Conseil supérieur de l'instruction publique est réformé et la mixité des jurys universitaires est abolie ; le 21 décembre 1880, Camille Sée institue l'enseignement secondaire public de jeunes filles ; le 16 juin 1881, la loi sur la gratuité de l'enseignement primaire est adoptée ; les députés décident qu'il sera obligatoire et laïque, mais une longue résistance des sénateurs retarde la ratification de la loi jusqu'au 29 mars 1882, après une nouvelle victoire républicaine ; les programmes scolaires sont laïcisés à la suite d'un long débat ; les crucifix sont progressivement retirés des salles de classe ; en 1885, les facultés de théologie catholique et protestante sont exclues des universités ; en 1886, la laïcisation complète du personnel enseignant est programmée au terme de dix ans par la loi Goblet. Il a fallu dissocier la question de la laïcité des programmes de celle des personnels car l'État manquait d'instituteurs laïques : en 1878, dans le primaire, on comptait 55 000 enseignants laïques et 57 000 congréganistes, dont 27 000 dans le secteur public, essentiellement des religieuses dans les écoles de filles. Il fallut attendre la généralisation des écoles normales pour que la laïcisation de l'enseignement public soit réalisée à la fin du siècle.

Laïcité, religion, morale et émancipation

La majorité républicaine ne remet pas en cause l'enseignement confessionnel et privé, mais décide que seul l'enseignement public sera financé par l'État. L'école publique doit être ouverte à tous les Français et neutre en matière confessionnelle. « L'instruction religieuse ne sera plus donnée dans les écoles primaires publiques […], elle sera facultative dans les écoles privées. » Par respect pour toutes les confessions, les consciences des enfants ne pourront être choquées par les contenus d'enseignement. Mais pour que l'école publique n'entrave pas l'aspiration légitime des parents à instruire leurs enfants dans la foi, un jour est prévu à cet effet : le jeudi. « Les écoles primaires vaqueront un jour par semaine, en outre du dimanche, afin de permettre aux parents de faire donner à leurs enfants, s'ils le désirent, telle instruction religieuse […] »

Ces modalités libérales ne désarment pas pour autant l'hostilité de nombreux clercs à cette « école sans Dieu donc contre Dieu » contre laquelle fulmine Mgr Dupanloup. Il est vrai que le débat sur la « morale sans épithète », comme disait Ferry, créa beaucoup de débats. Tous les républicains s'accordaient sur la nécessité de l'enseignement d'une morale, car si les religions divisent, la morale unit. Des catholiques monarchistes, comme de Broglie et Buffet, mais aussi bien des républicains spiritualistes, tel Jules Simon, ne conçoivent pas une autre morale que religieuse, finalisée par le Décalogue, ou simplement l'immortalité de l'âme. Ferry plaide pour une morale non confessionnelle, pour l'unité de la morale par-delà leurs divers référents, pour « la bonne, la vieille, l'unique morale humaine[29] ».

Le débat rebondit à propos des « devoirs envers Dieu ». En juillet 1881, Jules Simon a fait voter au Sénat un amendement les faisant reconnaître, mais la Chambre des députés le rejeta, en deuxième lecture. Ferry explique que c'est aux ministres des cultes de parler de Dieu, pas aux instituteurs, ni aux parlementaires, car « les assemblées ne sont pas là pour promulguer des *credo* idéologiques. […] Il ne s'agit pas ici de voter pour ou contre Dieu : on ne vote pas Dieu dans les assemblées ». Les devoirs envers Dieu ne figureront donc pas dans la loi. Néanmoins, le Conseil supérieur de l'instruction publique les maintint dans les programmes, partant du constat que la majorité du corps enseignant et des familles était favorable à des programmes spiritualistes. Par accommodement administratif, le déisme l'emporte sur l'agnosticisme, le règlement sur la loi !

Ainsi, l'école laïque de Ferry n'est pas vraiment neutre. Bien loin d'être athée ou agnostique, la morale des programmes officiels est spiritualiste. L'instituteur ne diffuse pas qu'un savoir et ne forme pas que la raison, il est invité à faire une éducation de la conscience. Ferdinand Buisson, agrégé de philosophie, ancien protestant libéral, directeur de l'enseignement primaire de 1879 à 1896, écrit que les instituteurs « continuent à avoir charge d'âme ». Leur mission est d'enraciner dans l'esprit des enfants les fondements essentiels d'une morale commune, mais conformiste. Beaucoup de protestants libéraux, comme Félix Pécaut, Jules Steeg, Alfred Fouillée, ont contribué à la définition de la laïcité officielle, au grand dam des anticléricaux d'extrême gauche et de nombre de militants de la libre pensée. Ces « républicains de gouvernement » ont fait de nombreuses concessions afin d'éviter la division de l'opinion et l'affrontement avec l'Église. En fait, les oppositions de la part des cléricaux se firent entendre, mais elles n'eurent que peu d'échos au-delà des cercles du « parti catholique », ce dont se lamentaient ses porte-parole. Faut-il voir dans cette stratégie de la neutralité scolaire une volonté de rallier les catholiques modérés à la République ?

Le rapport Briand conclut que « depuis trente-cinq ans, la société laïque a marché, d'un pas mesuré mais sûr, vers son émancipation définitive ». Briand reconnaît sa dette à l'égard de ceux qui lui ont préparé le terrain. Même si le rapport ne s'appesantit pas sur ce point, ce rappel de l'œuvre laïque de Ferry n'est pas inutile car elle a certainement préparé les Français à la séparation de l'Église et de l'État. L'école laïque a pu fonder et diffuser une « morale sans épithète », reposant sur les Droits de l'homme, sur les principes de liberté et d'égalité, sur le respect de la liberté des consciences et des croyances, mais dans la perspective du bonheur terrestre, et non sur l'obéissance à la tradition et à l'autorité, sur la peur de la damnation éternelle et sur la recherche du salut céleste[30].

3. Les catholiques à l'épreuve du ralliement

Le rapport Briand ne pose pas ouvertement la question du ralliement des catholiques à la République. Les deux pages consacrées à l'initiative du pape Léon XIII ne visent qu'à démontrer son échec. Les réactions énergiques des présidents du Conseil Ferry et Freycinet, envisageant en 1881 et 1891 une prochaine Séparation si l'épiscopat continuait à violer le Concordat, sont opposées à la passivité de leurs successeurs. Ainsi, le rapport souligne cette mise en garde de Freycinet : « L'intervention du clergé dans nos luttes politiques, et récemment encore dans les élections, est pour les esprits sages le sujet de sérieuses préoccupations. Chacun a compris qu'une telle situation ne saurait se perpétuer et que le grave problème de la séparation de l'Église et de l'État ne tarderait pas à se poser irrésistiblement[31]. » Depuis 1881, le spectre de la Séparation est agité pour mettre au pas une Église qui, plus que jamais, se dit favorable au Concordat.

Léon XIII, la question romaine et la France

Le rapport Briand ignore Léon XIII. Ce pape, formé dans la vieille noblesse pontificale, était francophile et indulgent pour celle qu'il considérait, avec optimisme, comme la « fille aînée de l'Église ». Un pays où neuf enfants sur dix au moins sont baptisés, qui compte selon les régions de 30 à 60 % de catholiques pratiquants et un membre du clergé pour 200 habitants[32] ne peut laisser indifférent un Vatican à court de prêtres instruits, de missionnaires dévoués et de finances régulières, quand bien même la France fût une République. Elle apparaît, à ce diplomate imaginatif, comme le plus puissant des États catholiques, à la tête du deuxième empire colonial, et protecteur des missions d'Orient. Aussi Léon XIII tient-il aux concordats en général, et au concordat français en particulier, pour la défense des intérêts universels de l'Église.

La France reste le meilleur appui de la papauté depuis que les États pontificaux ont été annexés par le royaume d'Italie. La question romaine hante Léon XIII, acharné à restaurer le prestige du Vatican et à retrouver au minimum Rome comme base territoriale. L'Italie pourrait bien se contenter de Florence, cette « Athènes de la Renaissance », comme capitale. Le pape nourrit peut-être encore le vieux rêve d'une fédération italienne sous la tutelle politique du Saint-Siège, mais il n'accepte pas un royaume unifié d'Italie par les Piémontais[33]. La rupture s'est aggravée entre l'Italie et le Saint-Siège depuis l'alliance du royaume italien et de l'Empire allemand, et le conflit colonial et commercial entre Paris et Rome. Le secrétaire d'État, le Sicilien Rampolla, pousse Léon XIII à se rapprocher de la France.

Léon XIII et Rampolla prônent une alliance franco-vaticane dont le ralliement des catholiques à la République doit être la condition politique. En novembre 1892, le diplomate français Cambon transmet à Alexandre Ribot, ministre des Affaires étrangères, la curieuse proposition de Léon XIII : « Nous dominerions le monde si nous marchions ensemble[34]. » Les catholiques français ont été invités à se rallier au régime républicain, en partie à cause des difficultés de la papauté face à l'Italie. Mais cela supposait un réajustement dogmatique.

Léon XIII eut l'intelligence de comprendre qu'une Église repliée dans la nostalgie de ses positions perdues, cabrée dans des anathèmes définitifs, coupée des aspirations des sociétés modernes perdrait rapidement, outre son pouvoir temporel, son rayonnement spirituel. Ses contemporains n'ont pas perçu la discrète révolution théologique que Léon XIII a suscitée dès 1885 avec l'encyclique *Immortale Dei*, où il reprend les thèses du concile du Vatican sur les rapports entre l'Église et le monde, mais en renversant la démarche justificatrice[35]. Au lieu de légitimer par la volonté de Dieu l'origine de toutes les institutions, il met la nature de l'homme au centre de sa réflexion en la définissant comme double. L'homme, étant à la fois créature de Dieu et être naturel, a des aspirations spirituelles et des besoins temporels, des sentiments religieux et des intérêts matériels, que l'Église et l'État, deux institutions historiques, doivent satisfaire. Leurs rapports ne doivent plus reposer sur le principe de la suprématie absolue de l'Église, création divine et parfaite, sur l'État, création humaine et bien imparfaite. Les rapports réciproques entre les deux pouvoirs dépendent de la double nature des hommes, à la fois chrétiens et citoyens. L'harmonie est indispensable entre l'État et l'Église car les deux institutions s'adressent aux mêmes hommes : « Si les deux pouvoirs sont *séparés*, l'homme sera écartelé. » L'allégeance d'un catholique à son gouvernement est donc légitime.

De cette théologie néothomiste doit découler nécessairement un changement d'attitude politique pour les catholiques qui, en France, participent massivement depuis 1848 aux élections et dispersent leurs voix sur divers partis. Comme la France compte encore une « très grande majorité de catholiques », toute rupture entre l'Église et l'État y est impossible sauf crise très grave. Rien à voir avec les situations de l'Europe et d'Amérique anglo-saxonnes, où le pluralisme religieux et la séparation des Églises et de l'État sont entrées dans les mœurs. Léon XIII et le nouveau nonce, le très habile Ferrara, découvrent l'intérêt des joutes électorales et envisagent donc de bouleverser la vie politique française en faisant intervenir massivement les catholiques français, pour la défense du Concordat, mais aussi pour la défense d'une conception chrétienne de la société. Pour que les catholiques pèsent fortement, il fallait qu'ils acceptent le régime républicain et s'allient avec les républicains modérés.

Cette stratégie n'est pas que politique, elle a aussi une dimension sociale. Le développement de la social-démocratie en Allemagne et des socialismes français et des syndicats témoignent de l'aggravation de la question sociale[36]. La France catholique s'est trouvée isolée, de 1875 à 1885, par la faute des chefs monarchistes, face à la coalition de la France bourgeoise libérale et de la France populaire démocratique, unies dans la conquête républicaine ; mais une partie de la bourgeoisie française glisse vers le conservatisme social. L'évolution de la vie politique à partir de 1885 confirme cette tendance. Il est donc possible pour les catholiques de s'allier avec des républicains conservateurs pour faire ensemble barrage au socialisme. Cela n'est pas contradictoire avec l'espoir de reconquérir une partie du monde ouvrier grâce à des cercles catholiques. Cette stratégie peut paraître audacieuse, car elle suppose la remise en cause des comportements traditionnels, mais elle paraît bien expliquer la cohérence des initiatives de Léon XIII.

Des encycliques pour la France

Le 15 mai 1891, Léon XIII publie l'encyclique *Rerum novarum*. Pour la première fois, le Vatican aborde directement la question sociale. Il déplore la misère des travailleurs et de leurs familles, réprouve l'individualisme des libéraux, condamne une fois encore les théories anarchistes et socialistes qui prônent la lutte des classes et aggravent les maux de la société. L'encyclique prône le retour aux valeurs chrétiennes de charité et de fraternité dans le respect de la dignité, du travail et de la propriété de chacun, et propose une collaboration entre employeurs et employés, par la coopération, l'action mutualiste, la corporation.

Cette encyclique met en valeur des mouvements qui avaient du mal à s'imposer dans le monde catholique. Pour réduire l'incompréhension entre les classes, de Mun avait fondé des cercles catholiques ouvriers, d'idéologie paternaliste, antilibérale et corporatiste, à finalité plus religieuse que sociale. Il avait conduit à Rome des pèlerinages de patrons et d'ouvriers. Son action avait été remarquée par le pape[37]. Un autre courant s'était affirmé autour de *La Réforme sociale*, revue animée par le sociologue Frédéric Le Play, dont les grandes enquêtes révélaient les inégalités de ressources et de conditions au sein du peuple. Ces initiatives stimulaient des animateurs, clercs ou laïcs, de patronages, de cercles ouvriers, de syndicats, de coopératives, de caisses de secours, de bureaux d'embauche ou d'entraide, de revues. Ainsi un catholicisme social était apparu dans les années 1880. Des prêtres, inspirés par la volonté de « sortir des sacristies » et d'« aller au peuple », et des militants laïcs avait lancé un courant qualifié de « démocratie chrétienne », animé en particulier par l'abbé Lemire dans le Nord et par l'abbé Gayraud dans le Finistère. L'idéologie sociale de ce courant est très contradictoire : nostalgique de l'ordre rural et des corporations d'antan, hostile à l'individualisme libéral mais surtout au parasitisme financier, souvent antisémite, elle propose la réconciliation entre le travail et le capital et un ordre corporatif ou coopératif avec participation des travailleurs, partage de bénéfices, actionnariat populaire. L'abbé Naudet, tirant les leçons du soutien équivoque du clergé au général Boulanger, écrit en 1890 : « Notre grande faute, notre énorme faute depuis longtemps, est d'avoir laissé le peuple se désaffectionner et s'éloigner de nous. [...] La religion n'est plus populaire parce que les curés, les moines, les bonnes sœurs, les catholiques en général ne le sont plus. [...] Il y a mieux à faire : il y a à entrer dans la mêlée sociale. Il faut conquérir le suffrage universel ; là est notre seul moyen de salut[38]. »

Au plan politique, la « démocratie chrétienne » admet la souveraineté du peuple, les principes de 1789, et l'autonomie du politique, la séparation du temporel et du spirituel. Les « abbés démocrates » ont inspiré Léon XIII et le pape les conforte dans cette voie en publiant, le 20 juin 1888, l'encyclique *Libertas*, qui eut peu d'écho. Dans l'absolu, l'Église ne peut admettre la souveraineté du peuple et la liberté de penser, car le droit à l'anarchie et à l'erreur ne peut être accepté. Mais, dans la pratique, l'Église doit bien s'adapter et accepter la tolérance civile. Cependant, écrivait Léon XIII, « de telles libertés peuvent être tolérées pour de justes causes, à condition qu'elles ne dégénèrent pas en licence ; et, là où les usages ont mis ces libertés en vigueur, les citoyens doivent s'en servir pour faire le bien, tout en les jugeant comme les juge l'Église. [...]. L'Église ne réprouve aucune forme de gouvernement, du moment qu'elle est apte à procurer le bien de la nation, mais elle veut que leur établissement ne viole le droit de personne et respecte ceux de l'Église. » Cette distinction par nécessité entre les principes et les pratiques permet bien des compromis dans la tradition néo-thomiste.

Il ne faut pas confondre cependant le soutien à la « démocratie chrétienne » et l'invitation des catholiques au ralliement à la République, car la grande majorité des catholiques français réprouve ces abbés républicains. Léon XIII entend faire rallier à la République les catholiques qui jusque-là confondent leur foi avec leur royalisme. Depuis son élection en 1878, le pape a freiné l'ardeur des monarchistes français et n'a pas fermement condamné la politique de Jules Ferry[39]. Outre la recherche de l'appui diplomatique de la France, l'initiative du pape s'explique par l'échec du général Boulanger. Une partie du clergé français s'est jetée à corps perdu dans l'aventure, comme au temps de l'Ordre moral. Plus de 350 prêtres furent suspendus de traitements par la direction des cultes pour leurs interventions dans la campagne électorale : un record ! La débâcle du boulangisme a fait sombrer nombre de monarchistes catholiques.

Une République qui résiste à une restauration monarchique, puis à un quasi-coup d'État présidentiel, et enfin à une ébauche de putsch militaire est plus solide qu'on ne l'imaginait.

Ce constat, nombre d'orléanistes l'ont déjà fait et se sont ralliés à une République conservatrice. Il faut donc que les monarchistes catholiques s'entendent avec les républicains modérés, voire avec les « républicains de gouvernement », pour former une majorité capable de faire barrage à la gauche radicale et socialiste. Le pape a inspiré directement la fracassante déclaration du cardinal Lavigerie, en novembre 1890, à Alger, devant l'état-major de la marine, médusé car royaliste :

> « Quand la volonté d'un peuple s'est nettement affirmée, que la forme d'un gouvernement n'a en soi rien de contraire, comme le proclamait récemment Léon XIII, aux principes qui peuvent faire vivre les nations chrétiennes et civilisées, lorsqu'il faut, pour arracher son pays aux abîmes qui le menacent, l'adhésion sans arrière-pensée à cette forme de gouvernement, le moment vient de sacrifier tout ce que la conscience et l'honneur permettent et ordonnent à chacun de nous pour l'amour de la patrie[40]. »

Il faut accepter les institutions, le suffrage universel, le régime républicain, sinon son idéologie. Devant les incompréhensions et les réactions hostiles, y compris des cardinaux français qui condamnent toujours le « gouvernement de la République », Léon XIII s'engage plus avant et en appelle spectaculairement à l'opinion en publiant, en français, l'encyclique *Au milieu des sollicitudes*, le 20 février 1892. Après s'être félicité de voir les catholiques français aussi zélés à défendre leur foi catholique, Léon XIII invite « tous les Français honnêtes à consacrer leurs forces à la pacification de leur patrie ». Il aborde sans détour l'objection que plus de 60 évêques ont émise avec le cardinal Richard, archevêque monarchiste de Paris : des catholiques honnêtes peuvent-ils accepter cette « République animée de sentiments si antichrétiens » ? Une République qui n'est pas une simple forme de gouvernement comme aux États-Unis, mais qui est une doctrine laïque foncièrement hostile à la doctrine chrétienne ? Léon XIII leur propose de bien distinguer les « pouvoirs constitués » et la « législation ». Il faut accepter les premiers quand ils sont légaux : « Lorsque les nouveaux gouvernements qui représentent cet immuable pouvoir sont constitués, les accepter n'est pas seulement permis, mais réclamé, voire imposé par la nécessité du bien social. » En revanche, la législation ne dépend pas de la nature des régimes, mais de la qualité des législateurs : « Ces lois sont bonnes ou mauvaises selon que les législateurs auront l'esprit imbu de bons ou de mauvais principes et se laisseront diriger, ou par la prudence politique, ou par la passion. »

Plaignant une France entraînée dans « un abîme de maux » par « certains hommes qui ont décidé d'anéantir le christianisme », le pape prie pour que « tout dissentiment politique mis à part, tous les gens de bien [s'unissent] comme un seul homme pour combattre, par tous les moyens légaux et honnêtes, ces abus progressifs de la législation ». L'Église n'est liée à aucune forme de gouvernement, mais jamais les catholiques ne pourront approuver des lois hostiles à la religion et à Dieu. « La lutte est toujours la même », mais les catholiques français doivent la mener dans le cadre de la « République, qui est le gouvernement actuel de leur nation ».

L'échec du ralliement : des catholiques profondément divisés

Le rapport Briand caricature les réactions des catholiques français à l'invite du pape : « Une nouvelle levée de crosses se produisit en 1891 au moment où des pèlerins français se permirent d'acclamer à Rome le pape-roi. » Ces termes rappellent le style des revues anticléricales les plus virulentes. Mais le rapport évoque longuement une interpellation du président Freycinet en 1891[41] par les sénateurs Ranc et Goblet et les députés Pichon et Hubbard, tous radicaux. Le rapport met en cause aussi, par une allusion évidente, le député Buffet, fondateur avec des leaders conservateurs de l'Union de la France chrétienne, chargée d'organiser la défense de toutes les libertés religieuses. Cette Union exigeait, comme préalable à toute idée d'apaisement avec le régime, l'abrogation des Articles organiques.

Le rapport signale, au passage, que l'Église est divisée sur ce point et qu'une « partie des membres du clergé affiche la prétention d'être au dessus des lois ». Le clergé français, jusque-là relativement uni, se divise effectivement sur la question du ralliement. Il n'y a qu'une petite minorité d'évêques républicains, une douzaine au plus d'après les fiches du ministère[42]. Une forte et dynamique minorité est ouvertement monarchiste et suit le cardinal Richard et Mgr Freppel, évêque d'Orléans, et de Mgr de Cabrières, évêque de Montpellier. La majorité, sans être vraiment monarchiste, est intransigeante et donc hostile à la République radicale comme à la laïcité. Nommés par les directeurs des cultes radicaux Flourens puis Dumay, ces évêques sont souvent d'extraction modeste, mais ils se rallient vite aux notables conservateurs une fois investis. Une vingtaine d'évêques approuvent l'encyclique, d'autres ne la diffusent pas ou la déforment. Les trois quarts considèrent que le ralliement sera un leurre puisque la République est intrinsèquement anticléricale et laïque. Dans le bas clergé, on peut noter une tendance discrète au ralliement parmi les prêtres jeunes, entreprenants, d'origine paysanne, ou au contact du monde ouvrier. Mais, habitué à obéir aux évêques, le bas clergé n'a que peu de moyens d'exprimer ses opinions ; il n'est mobilisé que pour organiser la défense catholique[43].

Les plus bruyants, pas forcément les plus convaincus, sont les prêtres politiciens et les journalistes catholiques. Se rallient publiquement les dominicains et les assomptionnistes de *La Croix*, derrière l'abbé Garnier, qui se déclare républicain. Ce qui pose la question de la sincérité de leur adhésion : ils se déclarent favorables à une « République baptisée » pour laquelle doit combattre un grand parti de défense catholique. « Poussons tous les catholiques, royalistes, bonapartistes, républicains, à unir leurs efforts pour essayer d'établir en France une République chrétienne. » Son drapeau sera tricolore avec au centre l'effigie du Sacré-Cœur pour affirmer la dédicace de la France au Christ. « Le terrain catholique est une citadelle où se réfugient les chrétiens décidés à repousser les assauts de l'armée juive-maçonnique, à lui disputer pied à pied toutes les conquêtes, toutes les libertés, toutes les vertus nées du christianisme[44]. » De tels propos témoignent de la survivance d'une mentalité de moines-soldats. Dans *L'Univers*, Louis Veuillot déclare se plier à la position du pape par fidélité, mais l'ultramontain n'envisage de se rallier que si la République restitue, au préalable, tourtes les libertés qui sont dues à l'Église, et abroge dans l'immédiat les « lois contre la religion ». Il est parmi ceux qui exigent l'abandon des Articles organiques au nom de la liberté du clergé de France. Pour ces légitimistes, l'acceptation du ralliement n'est qu'un moyen de mieux souder tous les catholiques dans la défense des libertés religieuses en dépassant leurs divergences sur la forme de régime politique. « Catholiques d'abord », leur programme est la lutte pour les « droits de l'Église ».

Les ralliés les plus sincères n'émettent pas de semblables préalables, qui ne visent en fait qu'à masquer un refus de principe. Albert de Mun, quoique légitimiste de cœur, accepte de placer son action politique sur le terrain constitutionnel en utilisant loyalement le suffrage universel car, depuis que la monarchie a été renversée en France, le souverain est le peuple. Il faut donc aller au peuple avec un programme social, celui de *Rerum novarum*, pour contenir l'expansion socialiste et regagner les travailleurs aux valeurs chrétiennes. Le libéralisme bourgeois, individualiste et anticlérical, est tout aussi dangereux que le socialisme collectiviste. De Mun n'hésite pas, dans les congrès de l'Action catholique de la jeunesse française qu'il a lancée en 1886, à esquisser le programme d'un parti démocrate républicain. Pour lui, il s'agit moins de se rallier à la République qu'à la démocratie.

Pour Jacques Piou, qui lui est assez proche, mais qui est surtout un monarchiste libéral lié au monde patronal, il faut allier les catholiques et les républicains modérés, voire les « républicains de gouvernement », pour pouvoir contenir les socialistes, isoler les radicaux et remettre en cause les lois anticléricales. Face à la République intolérante et affairiste, il propose d'établir une « République ouverte, tolérante, honnête ». Il se dit prêt à se rallier à l'État laïque si les lois scolaires sont appliquées sans sectarisme, car il n'envisage pas la création d'un parti catholique voué à être minoritaire. Il espère que toutes les forces de droite, « tous les hommes de bonne volonté », se rassembleront dans un grand parti conservateur et libéral, un « parti *tory* » à la française.

Incontestablement, Léon XIII serait plutôt favorable à ce type de grand parti, regroupant les catholiques et tous les « bons et honnêtes Français », ouvert aux préoccupations sociales, et acquis à la défense des intérêts de l'Église. Mais la papauté n'arrive pas à convaincre la masse des catholiques de dépasser leurs divisions héritées de l'histoire. Certains monarchistes refusent de reconnaître l'autorité du pape en matière politique et invoquent au besoin les libertés gallicanes. Le porte-parole des orléanistes, le comte d'Haussonville, estime que sa fidélité religieuse envers le pape ne le prive pas de sa liberté de citoyen ; il se rapproche des légitimistes contre-révolutionnaires pour refuser le ralliement. La presse de droite accentue encore le rejet. Si la presse radicale, *Le Rappel, L'Intransigeant*, *Le Radical*, *La Dépêche de Toulouse*, accueillent avec scepticisme, méfiance, voire sarcasmes, l'encyclique, si les journaux républicains modérés, *Le Temps*, *Le Journal des débats*, approuvent sans réserves et avec sympathie le ralliement, les journaux à lectorat catholique rejettent massivement son éventualité, à part *La Croix*, mais nous avons vu les réserves qu'il faut émettre. *Le Soleil*, *Le Gaulois*, *Le Moniteur universel*, et plus encore *Le Français*, *La Patrie* et *L'Autorité* disent toute leur opposition à une politique qui est considérée comme une capitulation[45].

Mais les difficultés majeures du ralliement sont d'une autre nature. Les ralliés eux-mêmes n'ont pas la même conception de ses implications politiques. Les uns veulent aller au peuple avec un parti démocrate-chrétien, d'autres veulent défendre les valeurs et les biens des « honnêtes gens » avec un parti conservateur à l'anglaise, et enfin les ralliés les plus douteux donnent la priorité à la défense des « droits de l'Église » par un parti catholique. Trois voies s'ouvrent devant un monde catholique profondément divisé : la voie du parti catholique belge, celle du parti *tory* anglais, et aussi celle du *Zentrum* bavarois. Le catholicisme français, encore traumatisé par le choc révolutionnaire, n'a pas été à même de développer une voie autonome dans le spectre politique français. On peut regretter que, par son silence complet sur les réactions des catholiques au ralliement, le rapport Briand se prive d'éléments d'analyse indispensables à la compréhension des rapports de force entre cléricaux et anticléricaux de 1892 à 1904.

Trois sensibilités anticléricales

L'étude des représentations de Briand et de ses collaborateurs, à propos des rapports historiques de l'Église et de l'État, nous a permis de distinguer trois sensibilités anticléricales plus ou moins affirmées : une tendance néogallicane, héritière de la tradition parlementaire, hostile à l'Église romaine, toujours favorable à un contrôle de l'État souverain sur elle ; un courant positiviste, spiritualiste mais radicalement libre penseur, voire intolérant, dont les objectifs sont la séparation complète du temporel et du spirituel et la rupture totale de la République et des Églises ; et enfin, un mouvement laïque, tolérant, respectueux des libertés de conscience et de cultes, aux analyses historiques et philosophiques plus dialectiques, affirmant un idéal de vie commune dans la pluralité des opinions et des confessions. C'est l'union de ces courants qui permettra la Séparation.

L'analyse des étapes sur la voie de la laïcisation de l'État et de la société a mis en évidence les contradictions récurrentes entre les tentations théocratiques d'une Église catholique et l'affirmation d'un État souverain, d'abord confessionnel, puis semi-laïque, et enfin laïque. Depuis 1789, les conflits entre une Église catholique « désétablie » et un mouvement républicain de plus en plus laïque se sont sans cesse renouvelés. Contrairement à une lecture euphémisante de l'histoire, le régime concordataire n'a pas rétabli la paix religieuse. La souveraineté nationale et la laïcité de l'État de droit n'ont cessé d'être remises en cause par l'Église qui a longtemps cru pouvoir effacer les principes de 1789, et reconquérir une partie de ses positions perdues. Les crises ont été certes d'intensité variable, mais, dès 1880 les rapports entre le Saint-Siège et la République française relèvent du conflit permanent.

La question des rapports de l'Église et de l'État en France est en effet constamment parasitée par la « question romaine » et les relations diplomatiques souvent sous-estimées par les historiens. Parce qu'elle perd son pouvoir temporel, la papauté cherche une compensation dans l'affirmation d'une autorité spirituelle incontestée, tout en défendant son existence étatique et sa reconnaissance internationale. Le Saint-Siège s'appuie pour cela sur une Église de France qui a opéré une remarquable renaissance grâce au réveil d'une ferveur populaire certaine. Le clergé a retrouvé une place dans la société civile et se prévaut de fonctions sociales reconnues, en particulier dans l'enseignement. Mais les dirigeants catholiques continuent à lier leur destin politique au royalisme, compromettant ainsi la stratégie du ralliement à la République.

On comprend donc que les républicains aient été anticléricaux et aient dénoncé de plus en plus un Concordat qui se révèle un marché de dupes pour l'État. L'enjeu est capital car il s'agit toujours de l'avenir de la France et de la conquête des nouvelles générations. L'Église est passée de la résistance à la contre-offensive cléricale, au point que les républicains ont affirmé la nécessité de consolider la conquête institutionnelle de la République par la laïcisation de la société civile, pas à pas, par en haut et par en bas, par l'État et hors de l'État. Aussi le cléricalisme reste-t-il toujours l'ennemi, de Gambetta à Combes.

Un quart de siècle de scolarisation généralisée et d'« alphabétisation sans retour[46] » a rendu possible une véritable « révolution culturelle » qui se traduit certainement par la naissance à l'aube du XXe siècle d'un Français moyen nouveau, plus éloigné dans sa mentalité de ses parents et de ses grands-parents que de ses contemporains des autres régions ou de religions différentes. Manifestement les lois Ferry sont parvenues à leur but car l'enseignement public laïque forme plus de 75 % des enfants. L'instruction donnée par des dizaines de milliers d'instituteurs et d'institutrices laïques[47], la lecture d'une presse de masse en rapide diffusion, la mobilité croissante des hommes grâce au réseau national des chemins de fer et au service militaire, la pratique régulière et massive du suffrage universel masculin, tous ces facteurs et bien d'autres encore ont favorisé l'émancipation des citoyens et leur ouverture à ces idées neuves qui font la République.

Dans une France qui, sous la pression de la modernité, change certainement plus vite qu'on ne l'a imaginé, les jeunes citoyens sont sans doute plus unis sur des principes communs et des valeurs partagées que divisés par des affrontements religieux. L'affaire Dreyfus peut faire croire que les Français se déchirent encore une fois selon les clivages traditionnels des « deux France ». Mais la France de 1900 n'est plus celle de la guerre des « deux jeunesses » de 1850, ni même de la « guerre scolaire » de 1880[48]. Les France de Ferry et de Jaurès se sont dressées unies face à celle de *La Croix*.

DEUXIÈME PARTIE

L'élaboration de la loi de 1905

Pour expliquer la Séparation de 1905, les historiens hésitent souvent entre deux types d'interprétations circonstancielles ou structurelles : soit la rupture du Concordat serait le simple fruit d'une conjoncture fortuite de crise politique et religieuse, soit la loi de 1905 serait plutôt la consécration institutionnelle du processus séculaire de laïcisation de l'État et de la société française.

Pour ceux qui privilégient les circonstances et les imprévus de l'histoire, la loi apparaît comme une séquelle de l'affaire Dreyfus, comme la résultante de l'offensive anticléricale des gouvernements français face à l'intransigeance théocratique du pape Pie X, et comme une conséquence directe de la rupture des relations diplomatiques entre le Vatican et la République. On peut bien sûr imaginer que l'histoire aurait été tout autre si Combes n'avait pas succédé à Waldeck-Rousseau, le 6 juin 1902, ou si, à la mort de Léon XIII, le 20 juillet 1903, le cardinal francophile Rampolla avait été élu à la place du patriarche de Venise Giuseppe Sarto, le fort peu diplomate Pie X. Mais ce type de supputations n'a rien à voir avec une démarche historique.

Pour ceux qui privilégient les mouvements structurels de longue durée, la Séparation marquerait l'échec du régime concordataire des « cultes reconnus » mis en place par Bonaparte, et plus encore la disparition des derniers rapports d'Ancien Régime unissant une Église encore nationale et un État incomplètement laïcisé, ainsi que le parachèvement du processus de laïcisation de l'État et de sécularisation de la société, engagé depuis Philippe le Bel et les disputes des clercs, des chevaliers et des légistes. On pourrait également supputer ce qu'aurait été l'évolution des rapports de la politique et de la religion en France si la Réforme s'était imposée au XVIe siècle, ou si la Révolution n'avait pas provoqué une véritable guerre de religion. Mais, il ne sert à rien de refaire l'histoire de France sur le modèle de l'Angleterre.

Nombreux sont ceux qui ont souligné le paradoxe d'un président du Conseil attaché au Concordat mais créant les conditions inéluctables de sa dénonciation. D'autres ont remarqué qu'une minorité de députés favorables à la Séparation a réussi à faire triompher au Parlement cette réforme fondamentale instaurant de façon radicale et durable l'État laïque. Pour comprendre l'élaboration et l'adoption de la loi de séparation, il convient donc d'analyser les rapports entre les initiatives politiques conjoncturelles et le contexte général des structures sociales, mentales et culturelles.

Pour expliquer que le conflit entre la République et le Saint-Siège ait abouti à cette solution et pas à une autre, il faudrait préciser la part de ce qui a été *décisif*, de ce qui a été *dominant*, et de ce qui a été *déterminant* dans la solution à la crise politico-religieuse des années 1901-1906. Si la majorité de la Chambre des députés et du Sénat n'avait pas été *dominée* à ce point par l'anticléricalisme, le Concordat n'aurait certainement pas été rompu. Mais si les séparatistes, minoritaires en 1902, sont devenus majoritaires en 1905, ce n'est pas seulement à cause de la rupture circonstancielle des relations diplomatiques entre le Vatican et la France, mais aussi parce que les votes d'une large majorité des élus ont été *déterminés* par l'idéologie laïque héritée de la Révolution et des Lumières et largement diffusée parmi les Français.

Cependant, le rôle *décisif*, dans le règlement de cette difficile question, est à imputer à l'intelligence politique des véritables pères de la Séparation, Francis de Pressensé, Jean Jaurès et Aristide Briand, et à un moindre degré à celle de Ferdinand Buisson. Des socialistes très minoritaires ont réussi à faire admettre à une majorité de radicaux, et plus largement de républicains, une solution qui ne correspondait pas à leurs premières exigences. Ils ont compris qu'une réforme viable, dans un tel contexte de division de l'opinion, supposait le respect de l'identité non négociable des catholiques et de leur Église. Ils ont conçu les compromis nécessaires, non sur la neutralité de l'État, mais sur les formes propres d'organisation des cultes, afin que cette loi de séparation ne soit pas une loi de répression, mais une mesure de pacification. Ce faisant, ils ont enrichi le principe novateur de laïcité de l'État.

L'histoire de la séparation des Églises et de l'État ne relève pas de la seule histoire religieuse ou de l'histoire traditionnelle des idées. Nous avons déjà observé le rôle majeur des représentations intellectuelles qui structurent les univers mentaux des concepteurs de la Séparation. Mais il faut aussi étudier le poids d'une opinion publique souvent manichéenne et des organisations militantes très orientées sur le travail d'élaboration parlementaire. C'est dire s'il faut suivre avec attention le jeu complexe des clivages idéologiques qui divisent chaque camp et chaque parti ; la question de la séparation de l'Église et de l'État dépasse en effet l'opposition droite-gauche, et cela peut d'une part contribuer à l'aggravation des tensions politiques, mais d'autre part permettre la recherche et l'adoption de compromis acceptables par le plus grand nombre.

CHAPITRE 5

Autour de 1900
Cléricalisme et anticléricalisme

Dans le débat opposant les partisans d'une « révolution dreyfusienne » et les négateurs de l'importance de cet « événement fondateur », le rapport Briand vient apporter sa petite mais paradoxale contribution. Curieusement, le rapport fait un silence complet sur l'Affaire et sur ses conséquences, alors qu'il présente la loi sur les associations de 1901 comme le préalable indispensable à la Séparation. Est-ce un démenti de ceux qui pensent que la crise de 1898-1899 a bouleversé la vie politique en ravivant l'opposition entre les tenants d'une tradition séculaire et les champions d'une humanité libérée par la raison et le progrès ? La séparation de l'Église et de l'État apparaît certes moins comme une conséquence directe de l'affaire Dreyfus que comme le résultat logique de la politique de « défense républicaine » de Waldeck-Rousseau et le parachèvement de la mise en œuvre du programme républicain, grâce à la politique anticléricale résolue de Combes[1], face à « l'absolutisme religieux » intransigeant du nouveau pape Pie X.

Le rapport conforte-t-il ceux qui pensent, au contraire, que les dangers encourus par la République en 1899 ont été largement exagérés et que, sans l'Affaire, la vie politique aurait trouvé son équilibre au centre droit en intégrant les catholiques ralliés ? L'Affaire n'aurait-elle été qu'une occasion habilement exploitée pour mener une politique anticléricale visant à masquer la faible contribution de certains partis politiques à la défense de Dreyfus ? Cette politique de haine aurait été si brutale que « les victimes ont été bien plus nombreuses que les coupables[2] ».

Les historiens préfèrent aujourd'hui voir dans l'Affaire une mutation du rapport des forces politiques et morales, car la

« fièvre hexagonale » affaiblit les cléricaux et revigore les anticléricaux capables enfin d'envisager des solutions définitives à la vieille querelle entre catholiques et laïques[3]. Elle entraîne de profonds reclassements idéologiques qui transforment durablement le paysage politique de la France[4]. « Élevée à la hauteur d'un événement-symbole, l'Affaire marque le début d'un autre rapport à la politique, elle redistribue les cartes, accélère la mutation des comportements collectifs, favorise l'apparition des ligues, libère les ressources inexploitées et inconnues des nouvelles formes de propagande, exacerbe les passions privées et publiques, pousse à l'engagement des intellectuels[5]. » De l'Affaire sort une nouvelle France qui rend possible la Séparation.

1. Permanence et renouvellement du « cléricalisme »

L'affaire Dreyfus a fait renaître chez les conservateurs le spectre du « complot judéo-maçonnique », et chez les républicains celui du danger du « complot clérical » ourdi surtout par les jésuites et les assomptionnistes. L'Affaire a réactivité le vieux conflit entre l'Église et les républicains comme au temps de l'Ordre moral ou de l'affaire Boulanger, mais elle en a modifié quelque peu les termes. Cette véritable guerre civile idéologique a ruiné presque toutes les tentatives de ralliement des catholiques à la République. Alors que les radicaux n'y ont vu qu'une manœuvre masquant la poursuite de l'offensive cléricale, Jaurès et ses amis ont été beaucoup plus attentifs aux contradictions qui traversaient alors les catholiques français face à la « crise du modernisme ».

Le procès du cléricalisme par les anticléricaux…

Dans les dernières pages de l'historique du rapport Briand, se manifeste un très vif anticléricalisme qui dénonce la permanence des traits du cléricalisme. Le ralliement n'a pas vraiment modifié l'argumentaire anticlérical.

Premier chef d'accusation : le clergé ultramontain se croit au-dessus des lois françaises. Les évêques français violent sans cesse les Articles organiques du Concordat, prétendant que ce ne sont pas « des lois applicables comme les autres lois ». Le rapport souligne qu'en 1891, à la suite des pèlerinages à Rome organisés par des évêques qui avaient fait acclamer le « pape-roi » par des milliers de Français, le président du Conseil Freycinet les avait fermement rappelés à l'ordre, en signalant que les évêques étaient des citoyens français comme les autres tenus au respect de la loi. Il avait averti le clergé que, même si son cabinet n'en avait pas reçu le mandat, « *si la séparation devait s'accomplir à la suite de l'agitation à laquelle je viens de faire allusion, la responsabilité en retomberait sur ses auteurs et non sur nous* » (souligné dans le texte). Une page entière du rapport rappelle aux républicains modérés comme Ribot, Fallières, Rouvier, ainsi qu'au président de la République Émile Loubet, qu'en 1891, ils étaient des ministres résolus à faire « respecter l'État »…

Deuxième chef d'accusation : l'immixtion permanente du clergé dans la vie politique. « Depuis le *Syllabus*, le clergé ultramontain n'a jamais cessé d'intervenir dans nos affaires intérieures[6]. » Pour agitation en faveur du général Boulanger, les traitements de plus de 350 prêtres avaient été suspendus. Cette piètre réplique est la seule sanction réglementaire que peut prendre le gouvernement appliquant les Articles organiques, sans véritable effet dissuasif. Les mandements des évêques se sont multipliés tout comme les appels au vote pour les députés catholiques. C'est le paradoxe du ralliement : le clergé sort totalement de la réserve concordataire. Les catholiques ont médiocrement préparé les élections législatives de 1893, qui ont été très décevantes pour eux[7]. La nouveauté, ce n'est pas l'élection de catholiques républicains mais l'irruption d'une cinquantaine de députés socialistes à la Chambre. En dépit de l'annonce en 1894 par Spuller d'un « esprit nouveau », les catholiques n'ont pas réussi à s'intégrer dans les majorités parlementaires, malgré le glissement vers le centre droit des gouvernements formés par Casimir-Perier, Dupuy, Méline, et des « républicains d'affaires[8] », plus tournés vers la gestion des problèmes économiques que polarisés sur les questions des institutions comme l'étaient les « fondateurs de la République ».

Aussi, le Vatican invite-t-il les catholiques à bien préparer les élections de 1898 en créant des comités électoraux fédérés autour d'Étienne Lamy, un catholique au républicanisme incontestable, car antérieur au ralliement[9]. Dès janvier 1896, des comités Justice-Égalité sont formés, avec le soutien de *La Croix* et de ses éditions diocésaines. La Bonne Presse s'engage pleinement dans la bataille électorale : la presse catholique tire à plus de 500 000 exemplaires, le tirage de *La Croix* atteignant les 180 000. Mais la campagne des assomptionnistes reste dans la tradition du combat virulent contre le régime. Le père Monsabré, à l'occasion du huitième centenaire de la première croisade, presse l'épiscopat de « conduire à la guerre sainte les croisés du XXe siècle ». Le père Picard dénonce les républicains modérés comme étant tous francs-maçons, réduisant à néant les efforts de Lamy pour se rapprocher d'eux. La conjoncture de l'affaire Dreyfus ne fait qu'accentuer la diabolisation des ennemis conjurés de l'Église, radicaux, francs-maçons, protestants et juifs. Les assomptionnistes font la campagne des « catholiques d'abord », pas celle des « catholiques ralliés ».

Troisième chef d'accusation : la conspiration permanente pour la déstabilisation de la République. « Ce qui importe à l'Église, ce n'est pas la tranquillité des États, mais le succès de sa doctrine, qui est celle du *Syllabus*[10]. » Ce jugement témoigne bien que l'entourage de Briand ne croit pas au changement d'orientation des encycliques de Léon XIII. L'Église reste toujours par principe hostile au monde moderne et à la laïcité. Elle conspire toujours contre la République, et le rapport évoque ce conseil donné, en mai 1877, par l'épiscopat au maréchal de Mac-Mahon « de pourvoir au salut de la France d'une autre manière. Il faut faire un appel à la nation, *après vous être assuré de l'armée* » (souligné dans le texte, mais sans indication de source). Le rapport insinue que « c'est la théorie du coup d'État » que le clergé a soutenue de Louis-Napoléon Bonaparte à Boulanger. En 1905, les républicains ignoraient encore les liens secrets entre le père Bailly et les ligues, mais le simple soutien politique des assomptionnistes à Déroulède suffisait à prouver la connivence entre les nationalistes et les catholiques les plus bruyants. Le rapport note que leur procès a révélé « l'intervention militante de cette congrégation dans les élections de 1898 ». Au grand dam du pape Léon XIII[11].

Quatrième chef d'accusation : le développement en marge de la légalité de l'activité des congrégations. Le rapport Briand cite un extrait du discours prononcé à Toulouse, le 28 octobre 1900, par Waldeck-Rousseau, justifiant la lutte contre les congrégations non autorisées : « Il s'agit de faire face au péril qui naît du développement continu, dans une société démocratique, d'un organisme qui, suivant une définition célèbre dont le mérite revient à nos anciens Parlements, "tend à introduire dans l'État, sous le voile spécieux d'un institut religieux, un corps politique dont le but est de parvenir d'abord à une indépendance absolue, et successivement, à l'usurpation de toute autorité" [...]. » Cette référence au décret de septembre 1792 interdisant les congrégations rappelle la situation paradoxale de ces ordres, sans cesse interdits et expulsés, mais réapparaissant toujours.

Ainsi les jésuites, chassés de France en 1764, 1828, et encore en 1880, ne tardent pas à rentrer dès 1890[12]. Nombre de collèges jésuites rouvrent leurs portes comme établissements privés et l'Association catholique de la jeunesse française est conseillée par des jésuites. Mais ce qui excède le plus les gouvernements, c'est le refus des congrégations de payer la taxe instaurée en 1884 sur leurs biens immobiliers. En 1895, les deux tiers des congrégations ne payent rien, alors que la valeur de leurs biens est estimée par le fisc à plus d'un milliard de francs, 35 % de plus qu'en 1877. En 1895, Ribot, le président du Conseil, exige le paiement des arriérés et une taxe minime d'abonnement. Aussitôt, les supérieurs des grands ordres lancent une campagne de refus catégorique. L'État engagera 524 poursuites judiciaires à leur encontre.

... renouvelé par l'affaire Dreyfus

Le procès du cléricalisme a été aggravé par l'affaire Dreyfus, qui a révélé la nocivité de l'antisémitisme des milieux catholiques. Dès leur création en 1873 et 1883, les journaux de la Bonne Presse, *Le Pèlerin* et *La Croix*, ont réactivé l'ancien anti-judaïsme chrétien ; *La Croix* se définit elle-même dès août 1890 comme « le journal le plus antijuif de France, celui qui porte le Christ, signe d'horreur aux Juifs ». *La Croix* ne cesse de déplorer la « France enjuivée » et à « l'école du Juif ». « Ils sont maudits si nous sommes chrétiens », écrit le père Bailly, directeur de *La Croix*, quelques jours après l'arrestation du capitaine Dreyfus[13]. Après le scandale de Panama, l'antisémitisme économique est un autre thème de campagne du quotidien catholique. L'anticapitalisme des abbés démocrates n'est pas toujours à l'abri de tels glissements antisémites. Dans les cercles catholiques ouvriers, on dénonce moins l'industriel paternaliste du Nord ou de l'Est que le banquier et le financier juifs pratiquant la spéculation et l'usure. *La Croix* reprend nombre d'analyses de *La France juive*, le brûlot de Drumont. Le père Bailly donne une interprétation antisémite de *Rerum novarum* et conclut qu'une « seule puissance peut être opposée à l'envahissement du Juif, c'est l'Église[14] ». *La Croix* reprend nombre de thèmes, d'articles, de caricatures de *La Libre Parole*, l'organe de la Ligue antisémite, selon la conjoncture de l'Affaire[15]. Si la Bonne Presse n'avait pas mobilisé le clergé et les fidèles les plus pratiquants dans la défense des véritables coupables, Esterhazy et Henry, l'épiscopat se serait certainement contenté de renouveler sa confiance à l'état-major, mais Drumont, tout juste converti au catholicisme, admoneste cette hiérarchie « enjuivée » pour son manque de zèle. L'hostilité à Dreyfus de la grande majorité des prêtres et des congréganistes n'a pu que freiner la création du tardif Comité catholique pour la défense du droit fondé en février 1899[16].

La dénonciation des juifs double le vieux combat contre les francs-maçons. Prenant à la lettre l'encyclique *Humanum genus* de 1884, qui fait de la franc-maçonnerie le parti de Satan, les assomptionnistes sont allés jusqu'à reprendre sans scrupules les extravagantes révélations d'un imposteur comme Léo Taxil sur le « palladisme », un prétendu culte de Satan réservé aux frères les plus notables de la maçonnerie[17]. *La Croix* n'a cessé de dénoncer le « trio de la haine » détruisant la France : les protestants sont accusés de vouloir en détruire l'âme catholique, les juifs d'en épuiser le corps, et les francs-maçons sont présentés comme « *le trait d'union naturel des deux autres* » voulant « *démolir à la fois le corps et l'esprit de la France*[18] » (souligné dans le texte original).

Rien d'étonnant que *La Croix* ait toujours considéré Dreyfus comme coupable parce que juif, et que le père Bailly ait vu dans les pogroms antisémites d'Alger de janvier 1898 un signe de Dieu. Ainsi la Bonne Presse a diffusé son venin et prêché la croisade d'un « cléricalisme de combat » contre les juifs, les francs-maçons et les libres penseurs. Au point d'indisposer non seulement le gouvernement français, mais aussi Léon XIII, qui reprochera aux assomptionnistes d'avoir fait échouer la politique du ralliement aux élections de 1898[19].

L'affaire Dreyfus a reposé la sempiternelle question des jésuites. À la fin des années 1890, l'influence cléricale sur l'armée, et surtout le rôle occulte du père Du Lac, devient un thème obsessionnel du discours anticlérical. Les collèges catholiques, jésuites comme Sainte-Geneviève ou maristes comme Stanislas, n'ont-ils pas créé des classes préparatoires pour faire intégrer nombre de leurs élèves à Saint-Cyr et à Polytechnique afin de noyauter les grands corps de l'État? Les collèges jésuites, avec 5 % des élèves du secondaire, fournissent 22 % des officiers de Navale, 18 % des saint-cyriens, et 13 % des polytechniciens, et Stanislas fait intégrer 9 % des cyrards et 10 % des X au cours des années 1890. L'influence catholique est certes très forte dans la marine et dans la cavalerie, mais bien plus faible dans l'infanterie, et surtout dans les corps techniques plus ouverts de l'artillerie et du génie. Les dreyfusards étaient tentés d'expliquer par l'hostilité à la République certaines promotions dans l'état-major et par l'antisémitisme catholique les dénis de justice dont avait été victime le capitaine Dreyfus. L'Affaire révéla le rôle, bien incertain, du père Du Lac, ancien directeur de Sainte-Geneviève, précepteur du duc d'Orléans, confesseur complaisant de nombre de personnalités antirépublicaines et du chef de l'état-major, le général Boisdeffre. Les 96 cercles militaires catholiques de France étaient soupçonnés de préparer un coup d'État monarchiste. C'en était assez pour que la « jésuitisation » de l'armée soit largement dénoncée.

... et aggravé par la renaissance de l'Église

Pour les anticléricaux, le clergé régulier est un corps plus dangereux encore que le clergé séculier. Les décrets Ferry de 1880 ont été inefficaces : on compte en 1900 environ 158 000 religieux, hommes et femmes, pour 55 000 clercs séculiers. Sur les 29 000 religieux, 22 000 sont enseignants. Les 128 000 religieuses sont surtout des institutrices, mais aussi des hospitalières[20]. Beaucoup de ces congrégations n'ont pas été autorisées et bénéficient simplement de la tolérance des pouvoirs publics. Le clergé régulier dispose d'une richesse en hommes et en moyens qui lui permet de fortement encadrer des pans entiers de la société civile. Ainsi les congréganistes scolarisent environ le quart des enfants dans 18 000 écoles primaires. Même si les progrès de l'école publique ont été notables, l'enseignement confessionnel encadre toujours 1,4 million d'élèves, contre 2 millions en 1876 (15 % des garçons, 42 % des filles). Pour certains, il est temps de donner des « épouses républicaines aux hommes républicains ».

Pour Ferdinand Buisson, le péril clérical est plus menaçant que jamais à cause de la renaissance catholique et de la puissance retrouvée de l'Église qui est « l'appareil de gouvernement le plus merveilleux que l'histoire ait rencontré, le corps le plus puissant par sa cohésion et par sa souplesse, par son unité d'origine et d'esprit, de formation et de direction, par des mérites et des vertus, aussi bien que par son obéissance absolue à une discipline plus que militaire ». En octobre 1903, il dresse un tableau très juste de l'état du catholicisme français :

> « Qu'est l'Église d'aujourd'hui auprès de ce qu'elle était avant 89 ? On lui a tout enlevé, semble-t-il, de ce qui faisait sa force : titres, privilèges, richesses, honneurs, monopoles. Or elle tient incontestablement dans la France d'aujourd'hui une place qu'elle n'avait pas jadis : elle a développé son action bienfaisante, charitable, philanthropique ; elle a aujourd'hui par ses "œuvres" une popularité pus grande que jamais et de meilleur aloi. Par là, et aussi par son mode de recrutement, par la disparition des prélats aristocrates, par la modestie de sa situation matérielle faite à son clergé depuis un siècle, par les prodiges de zèle, de générosité et de dévouement qu'elle a suscités chez les laïques jadis si tièdes, elle s'est rapprochée de la démocratie. Elle a cessé depuis longtemps de solidariser sa cause avec celle des Bourbons ; peu à peu elle en fait autant de tous les partis réactionnaires ; le jour n'est peut-être pas loin où elle y regardera de près

avant de lier partie avec les “modérés”. La Mennais [*sic*], Montalembert et Lacordaire lui ont appris à parler un langage nouveau, celui de la liberté, et elle commence à le manier avec force. Elle est loin d'être fermée au socialisme, tout au moins sous sa forme d'aspirations sociales, comme celles qui valent à l'abbé Lemire la sympathie même des anticléricaux. [...] Voilà la vérité qu'il faut regarder en face. Ce n'est pas le catholicisme d'il y a un siècle auquel nous avons affaire, et il serait vain de le combattre avec les seules armes de Voltaire et de Paul-Louis Courier[21]. »

C'est donc du contrôle de la société civile que dépend l'avenir de la République et le destin de la France.

La « défense républicaine » et l'anticléricalisme

On peut mieux comprendre dans ces conditions une politique de « défense de la République ». La République est menacée par la « Congrégation », comme disent nombre d'anticléricaux et le rapport, entretenant le mythe du complot[22].

Les combats pour la défense du droit et de la justice ont profondément bouleversé la société civile. L'Affaire a renforcé et resserré les rangs des laïques et des anticléricaux. La commission d'enquête sur l'enseignement secondaire a tiré le signal d'alarme en 1899[23]. Au-delà des « jésuitières » et du statut illégal de certaines congrégations enseignantes, les progrès de l'enseignement privé secondaire sont inquiétants car il scolarise 42 % des garçons en 1898 contre 32 % en 1887. Il ne suffit pas que l'État porte tous ses efforts sur l'école primaire, encore faut-il mieux former des élites républicaines. Dans les milieux dreyfusards germe aussi l'idée de la nécessaire alliance des travailleurs intellectuels et manuels pour créer un « socialisme d'éducation » qui dissiperait les « fantômes de la nuit », selon les termes de Jaurès[24]. L'idée est lancée des universités populaires où les savants, les historiens et les sociologues diffuseraient à un public populaire l'essentiel de leurs connaissances. Ainsi reculeraient l'irrationalisme, la superstition, le racisme et l'ignorance. Le mouvement des universités populaires se répand comme une traînée de poudre de 1899 à 1901 et contribue à une clarification idéologique durable.

Le lien entre défense de la démocratie parlementaire et réforme sociale se précise dans les réflexions des syndicats, des coopératives et des mutuelles, en pleine efflorescence. Les manifestations mêlent de plus en plus radicaux et socialistes de toutes tendances, bourgeois, classes moyennes et prolétaires, dans des fêtes communes. Ainsi, le 19 novembre 1899, l'inauguration du *Triomphe de la République*, œuvre de Jules Dalou, l'ancien communard, donne lieu à une très grande fête populaire où se rassemblent employés en chapeau et ouvriers en casquette, petits-bourgeois parisiens et ouvriers des banlieues, syndicats et sociétés de pensée. Se mêlent, peut-être pour la première fois, les drapeaux tricolores et les drapeaux rouges, les chants de *La Marseillaise* et de *L'Internationale*[25]. Ce groupe monumental, érigé place de la Nation, magnifie une fière Marianne qui, telle la *Primavera* de Botticelli, marche en avant sur le globe terrestre sorti d'une corne d'abondance juchée sur un char de triomphe traîné par deux lions conduits par un beau géant, un jeune travailleur, au regard amoureux tourné vers son égérie, alors que deux fortes déesses laïques, la Justice et la Paix, poussent le char. L'affaire Dreyfus a impulsé une dynamique de la défense de la République conduite par le monde du travail.

On comprend mieux la fonction de l'anticléricalisme. Pour les républicains, pour les intellectuels dreyfusards, pour les gens du peuple, il est comme un dénominateur commun. En faisant reculer l'influence des prêtres sur les esprits, en refusant le message chrétien de solidarité de classe, les Français pourront s'émanciper encore plus. Mais cela suppose une relance de l'action laïque afin qu'une nouvelle affaire Dreyfus soit impossible à l'avenir. Cette affirmation était contestée par certains socialistes, qui avaient rechigné à défendre Dreyfus pour ne pas se mêler à une affaire de bourgeois et qui affirmaient que la lutte anticléricale pouvait être une diversion à la lutte des classes[26]. L'anticléricalisme, associant des ouvriers laïques et des bourgeois francs-maçons, serait un obstacle à la lutte pour le socialisme. Cette thèse est bien spécieuse. Comment des bourgeois anticléricaux auraient-ils pu entraîner des ouvriers réticents ? L'anticléricalisme populaire remonte au moins à 1848 et à 1871 car beaucoup d'ouvriers se sont longtemps dits radicaux ou radicaux-socialistes et l'anticléricalisme a été un facteur d'unité du peuple de gauche. Les socialistes de toutes tendances, à quelques nuances près, ont montré autant d'ardeur que les radicaux à combattre les religions reconnues. La relation entre socialisme et anticléricalisme est faite avec facilité là où le patronat est très lié avec l'Église.

Enfin, la conscience de classe n'est pas que d'essence économique, elle est aussi morale. Un ouvrier catholique ne sera pas spontanément socialiste parce qu'exploité. Il faudra qu'il rejette la solidarité de classe que lui recommande l'Église. Un ouvrier socialiste mettra la même force d'opposition à l'exploitation capitaliste qu'à la charité chrétienne. La libre pensée et l'irréligion ont donc très souvent précédé l'affirmation d'une conscience de classe. Voila pourquoi Jaurès et Vaillant ont assumé la lutte anticléricale comme une propédeutique au combat de classes, comme une étape de libération permettant de clarifier la lutte pour le socialisme[27].

2. Reclassements politiques après l'affaire Dreyfus

L'Affaire a également entraîné une réorganisation des partis politiques à gauche comme à droite. « Un pas décisif a été accompli dans l'histoire démocratique de la France[28]. » Le temps des comités électoraux de notables locaux est dépassé, et les groupes parlementaires opportunistes paraissent assez discrédités pour que s'impose le besoin de nouvelles organisations, plus disciplinées, structurées autour de programmes permettant de fidéliser l'électorat autour de valeurs fondatrices. On ne peut comprendre la nouvelle phase politique, qui est ouverte par la victoire du Bloc des gauches, si l'on ne présente pas les forces de la coalition anticléricale. Ainsi l'anticléricalisme du début du siècle, appréhendé sous toutes ses facettes, peut être perçu comme un puissant facteur d'unité des partis de gauche.

Des socialistes divisés sur la question religieuse

Les socialistes ont été contraints par l'Affaire à de difficiles ajustements. Le 19 janvier 1898, leur groupe à l'Assemblée avait lancé cette proclamation : « Prolétaires, ne vous enrôlez dans aucun des camps de cette guerre civile bourgeoise. [...] Guerre au cléricalisme comme à l'oligarchie militaire. » Mais les défaites de 1898 (Jaurès et Guesde sont battus à Carmaux et à Roubaix) et la poussée des nationalistes à Paris incitent les dirigeants des divers groupuscules d'extrême gauche à mettre fin à leurs querelles stériles et à envisager l'unité d'action, et même l'union organique, par la création d'un grand parti socialiste. Pour les marxistes, comme Guesde et Vaillant, l'unité du parti se justifie comme expression de l'unité de classe du prolétariat. Jaurès estime que la défense de la démocratie nécessite aussi l'unité. Après l'échec de plusieurs tentatives de réunion de leurs groupes en 1899, les socialistes se rassemblent autour de deux partis en 1901-1902, mais leur unité n'interviendra qu'en avril 1905.

Le Parti ouvrier français de Jules Guesde, le Parti socialiste révolutionnaire d'Édouard Vaillant et l'Alliance communiste de Paul Dejeante forment en septembre 1902 le Parti socialiste de France, défini comme un « parti de révolution et d'opposition à l'État bourgeois », refusant toute participation au gouvernement et dénonçant la religion comme « l'opium du peuple ». D'anciens blanquistes, tels Allard et Dejeante, veulent faire la « guerre à la religion ». Blanqui n'a-t-il pas écrit, avant Marx, que « le christianisme et l'opium sont deux poisons identiques par leurs effets et par leur étrange propriété d'être la passion de leurs victimes » ? Ou encore : « Les religions ont été les fléaux du monde. Elle sont la source unique de l'ignorance, de l'exploitation, de la misère[29]. » Cette extrême gauche, matérialiste et athée, a forgé le mot d'ordre « Ni Dieu ni maître » bien avant les anarchistes. Le marxiste Guesde est plus réservé sur ce point car il refuse que l'anticléricalisme serve de dérivatif à la lutte de classes.

Les socialistes réformistes et indépendants forment pour leur part, en mars 1902, le Parti socialiste français qui se veut « organe de transformation sociale et de défense républicaine » par une « méthode de légalité et d'évolution ». Jaurès et Briand en seront les plus actifs porte-parole. La stratégie défendue par Jaurès implique une alliance avec les radicaux et écarte tout recours à la violence révolutionnaire. La position de Jaurès face à la religion n'a rien à voir avec celle des blanquistes, car il a médité sur les rapports entre le socialisme et le christianisme originel. En 1885, Jaurès était très critique à l'égard de l'Église :

> « Elle est devenue le centre de toutes les résistances à la démocratie et au progrès humain. C'est elle qui, pendant des siècles, a laissé le peuple de France dans l'ignorance. [...] Elle avait reçu un magnifique dépôt de croyances consolantes et d'espérances. Mais, elle a voulu, au nom d'une autre vie, obtenir dans celle-ci, de tous ceux qui travaillent et qui souffrent, le renoncement, la résignation passive, au profit des puissants et des heureux. [...] C'est parce que l'Église s'est faite le centre de tous les privilèges que nous voulons, sans colère mais sans hésitation, abolir les privilèges de l'Église elle-même et préparer ainsi la ruine des autres privilèges[30]. »

Mais, accusé par des socialistes pour avoir laissé sa fille faire sa communion, Jaurès se démarque en 1901 des anticléricaux extrémistes :

> « Jamais je n'ai dit que le parti socialiste, maître de l'État, userait de la violence pour abolir le culte traditionnel. Pour moi, je me suis toujours abstenu, envers les croyances religieuses, de cette forme de violence qui s'appelle l'insulte. D'autres militants ont une autre méthode, je n'ai pas le droit de les blâmer. L'Église a façonné si savamment le joug qui pèse sur les nations que peut-être bien des hommes ont besoin d'aller jusqu'à l'outrage pour se convaincre eux-mêmes qu'ils se sont affranchis[31]. »

L'anticléricalisme de Jaurès repose sur le bilan négatif qu'il dresse du rôle historique d'un catholicisme devenu religion d'État, liée socialement à la féodalité et politiquement à la monarchie. Pour le philosophe spiritualiste qu'il est de formation, l'anticléricalisme virulent n'est que la réciproque de l'obscurantisme religieux. Il est donc évident que les socialistes sont profondément divisés sur la question de l'attitude à avoir face à l'Église et aux religions.

Des radicaux unis par l'anticléricalisme

À la suite de l'Affaire, les radicaux sont également obligés de se ressaisir car ils n'ont été que peu liés au mouvement dreyfusard. Ils chassent de leurs rangs les antisémites et les nationalistes, mais ils restent divisés à la Chambre en deux ou trois groupes : les « radicaux-socialistes » sont une centaine sous la direction du vieux militant Camille Pelletan, « orateur bouillant, mais brouillon[32] », le rédacteur du programme radical de 1881 opposé à l'opportunisme de Gambetta et Ferry ; un autre groupe se dit « radical sans épithète ». Georges Clemenceau reste isolé. Dès l'automne 1899, les radicaux deviennent les meilleurs défenseurs de la politique de Waldeck-Rousseau, l'anticléricalisme leur tenant lieu de ligne politique. La nécessité de l'union se fait sentir dans leurs rangs et ainsi peut s'épanouir l'« âge d'or du radicalisme[33] ».

Au début de 1901, le philosophe Léon Bourgeois, le « père du solidarisme », et quelques radicaux parisiens lancent un appel pour la création d'un parti républicain-radical afin de « combattre le cléricalisme, défendre la République et réaliser le programme de réformes démocratiques [...] que nos pères avaient formulé ». L'allusion à la plate-forme de 1881 est claire. Du 21 au 23 juin se retrouvent à Paris plus de mille élus radicaux, 201 députés, 78 sénateurs et de nombreux maires, ainsi que les représentants de 476 comités locaux, de 155 loges maçonniques et de 215 journaux. La première originalité du mouvement radical est en effet cet enracinement parmi une couche nouvelle de notables locaux, commerçants, artisans, petits industriels, exploitants agricoles, professions libérales, avocats, médecins, notaires, professeurs, instituteurs, agents municipaux. La deuxième particularité est le rôle qu'y jouent ouvertement les francs-maçons. Autre spécificité du radicalisme, le rôle capital de la presse, surtout des multiples journaux de province, comme *La Dépêche* des frères Sarraut ou *Le Progrès*, qui dominent respectivement la vie politique du Sud-Ouest et de la région lyonnaise, et qui contribuent au rayonnement national de journaux parisiens comme *Le Radical* ou *L'Action*, créé en 1903 par Henry Bérenger.

Le Parti républicain radical et radical-socialiste, qui est fondé en 1901, se définit comme le rassemblement de toutes les composantes du « parti républicain ». Il est l'association très décentralisée des comités, ligues, unions, sociétés de propagande, groupes de libre pensée, loges, journaux et municipalités acceptant les programmes du parti adoptés lors des congrès annuels[34]. Henri Brisson se félicite de l'unanimité de ce « congrès de défense républicaine, d'action laïque, démocratique et sociale. [...] l'action laïque contre le cléricalisme, l'action démocratique contre la dictature, l'action sociale contre la misère ». Camille Pelletan a fait adopter par le congrès fondateur un programme appelant à la lutte contre les congrégations et à la séparation des Églises et de l'État, ainsi qu'à la mise en place des retraites ouvrières et des services publics. Le parti radical s'engage en faveur de la Séparation, d'abord timidement, puis de plus en plus franchement à mesure que la lutte contre les congrégations avance, et que les rapports avec le Vatican se détériorent. En 1901, Léon Bourgeois l'appelle de ses vœux à travers la formule : « Les églises libres dans l'État laïque souverain. » Mais il souligne qu'il ne faut rien précipiter; il ajoute que, « par une propagande incessante », les radicaux rendront bientôt possible « cette solution définitive, conforme à la véritable liberté, étrangère à tout esprit de persécution, conforme à l'esprit de tolérance réciproque[35] ».

Séparatiste anticlérical comme Clemenceau et Pelletan, Ferdinand Buisson s'impose de plus en plus comme le mentor des radicaux en matière de laïcité. Ce pédagogue pondéré se distingue aussi bien des libres penseurs extrémistes hostiles à la religion, tel Bérenger, que des radicaux concordataires qui restent, comme Combes, attachés à une conception gallicane. Le rapport à la religion de cet ancien protestant, devenu libre penseur, n'est pas simple à démêler bien qu'il ait toujours pris ses distances aussi bien avec les déistes respectueux des devoirs envers Dieu qu'avec les athées antireligieux. Il s'était opposé dès 1882 à Jules Simon sur le premier point, il s'opposera à l'historien radical Alphonse Aulard qui avait écrit qu'il fallait « détruire la religion ». Buisson confesse qu'il ne croit pas en un Dieu créateur, mais il n'entend « ni interdire ni persécuter » cette croyance car, par-delà les Églises, « perdure le fait religieux, le sentiment religieux, l'émotion religieuse, l'action religieuse, la pensée religieuse ». L'âme humaine peut « s'épanouir avec la même liberté en religion qu'en morale ou en art[36] ». Dans un parti radical bien plus divisé qu'on ne croit sur la question religieuse, Buisson incarne l'esprit de synthèse et l'homme de la « foi laïque ». Son anticléricalisme est libéral, spiritualiste et tolérant.

Modérés et conservateurs face à la question religieuse

L'Affaire a fait éclater les anciens « républicains de gouvernement » ou « progressistes », qui se sont divisés lors de la formation du gouvernement Waldeck-Rousseau. La création du parti radical contraint ceux qui lui restent fidèles à s'organiser. Mais ces parlementaires, grands bourgeois liés au monde des affaires, anticléricaux par indifférence ou voltairianisme, encore soumis à l'influence maçonnique, s'inquiètent de la pression croissante des socialistes sur le Bloc des gauches. En octobre 1901, ils fondent l'Alliance républicaine démocratique, qui est moins un parti qu'un club politique, très lié à des journaux à grand tirage comme *Le Petit Parisien* ou *Le Matin*. Barthou, Poincaré, Rouvier, Siegfried sont les étoiles de ce groupe très ministériel. Leur politique tend à une alliance avec le parti radical, contre « la coalition clérico-nationale » et face au « danger collectiviste », mais dans un « esprit d'union et de concorde ». L'Alliance républicaine démocratique définit son programme le 31 mai 1902 : « Une République ordonnée et libérale ; respectueuse de tous les droits, basée sur la justice égale pour tous ; [...] anticléricale, mais non antireligieuse ; vraiment démocratique, sagement et profondément réformatrice[37]. »

Au centre droit, des tentatives d'organisation voient également le jour. Les anciens « progressistes », antidreyfusards et hostiles à Waldeck-Rousseau, prônent toujours une « politique d'apaisement » et d'entente privilégiée avec les catholiques ralliés, qu'ils se refusent de confondre avec les monarchistes et les nationalistes, afin de s'opposer aux socialistes mais aussi aux radicaux. Ils tenteront de réunir en 1903 leurs groupes divers dans une Fédération républicaine du centre droit. Alexandre Ribot, Jules Méline, Ernest Carnot, Édouard Aymard, l'industriel Eugène Motte et le banquier Charles Ferry en sont les principales figures. Très liés au monde des affaires, ces libéraux, avant tout antisocialistes, ont renoncé à l'anticléricalisme, bien que n'étant pas forcément cléricaux.

Apparaît en juin 1901 un tout nouveau parti, l'Action libérale populaire, fondé par les catholiques Jacques Piou et Albert de Mun. La menace pesant sur les congrégations incita le Vatican à les aider dans leur entreprise visant à créer un nouveau parti de droite, se présentant comme libéral et populaire. Le cardinal Rampolla donna son accord et le nonce apostolique encouragea les évêques et les ordres religieux à subventionner avec prudence ce parti[38]. Jacques Piou, prenant la Belgique en exemple, voulait fonder « un grand parti national, chrétien dans sa morale, libéral dans ses vues politiques, démocrate dans ses tendances sociales ». Au même moment sont fondées, avec l'appui de la curie romaine, la Ligue des femmes françaises et la Ligue patriotique des Françaises, chargées de recueillir des fonds et des soutiens avec l'appui de jésuites et de congrégations religieuses. Si le ralliement au régime républicain est affirmé, la stratégie de l'Action libérale populaire reste manichéenne. « Il faut choisir entre deux camps bien distincts : d'un côté celui des violents, des jacobins, des sectaires appuyés sur les collectivistes ; de l'autre, tous les libéraux, tous les modérés, appuyés sur les conservateurs. Le juste milieu n'est plus qu'un vieux souvenir[39]. » La culture du conflit et le langage militaire s'imposent vite chez Jacques Piou, qui déclarera, en octobre 1904, que son but est de « prendre l'offensive en se constituant en état d'armée, [pour] faire front à l'ennemi et lui barrer la route. [...] L'avenir est aux mieux organisés ». Dans le feu de la lutte cléricale, l'Action libérale populaire passa vite sous l'emprise des milieux nationalistes.

Les radicaux et les radicaux-socialistes sont donc devenus les principales forces de la « défense républicaine ». Mais les socialistes, selon Jaurès, doivent sinon participer au gouvernement, du moins être l'élément moteur du Bloc des gauches. Un renforcement de la discipline républicaine paraît nécessaire pour les grands combats qui se préparent face à une droite en voie de renouvellement.

3. La mobilisation des organisations de la société civile

Le Bloc des gauches a bien d'autres forces en réserve que les socialistes. « La situation de la France est aux mains de la franc-maçonnerie », aurait déclaré le vieux pape Léon XIII à des catholiques français en 1901. Jugement curieux s'il traduit le fantasme d'un pape obsédé par l'influence des forces occultes, jugement pertinent cependant pour un bon connaisseur de la France. Au début du XXe siècle, les liens sont étroits et affichés entre radicaux et francs-maçons. Encore faut-il bien interpréter le sens de cette union sacrée et ne pas dénoncer, comme le firent souvent les catholiques, les francs-maçons comme une force satanique complotant contre la France et la religion.

Les francs-maçons et le radicalisme anticlérical

La franc-maçonnerie s'est renforcée, démocratisée et laïcisée sous la République. Alors qu'ils n'étaient qu'environ 10 000 en 1870, les francs-maçons sont 25 000 en 1903 et 36 700 en 1908. Les 450 ateliers du Grand Orient de France (environ 80 % des maçons) sont beaucoup plus représentatifs des classes moyennes urbaines que ceux de la Grande Loge de France, encore très oligarchique. Médecins, pharmaciens, avocats, magistrats, professeurs, journalistes, petits industriels se retrouvent en nombre dans les loges, rejoints de plus en plus par des fonctionnaires, des commerçants et des artisans[40]. Ce succès est explicable en partie par l'ouverture des loges et la laïcisation de leurs pratiques. Ainsi, en 1877, le Grand Orient a supprimé l'article premier de ses statuts et renoncé à faire référence à l'existence de Dieu, au Grand Architecte de l'Univers, et à l'immortalité de l'âme. Le déisme ne fait pas place à l'athéisme, mais à la neutralité religieuse.

La franc-maçonnerie, discriminée au temps de l'Ordre moral, a toujours fait figure de « moteur du parti républicain ». Les loges ont fait coexister toutes les familles désunies des républicains opportunistes, radicaux et modérés. Elles ont imposé la « discipline républicaine » et garanti la fidélité des candidats uniques les mieux placés au second tour. Dans les années 1890, les francs-maçons du Grand Orient ont pris cependant leurs distances à l'égard des « républicains de gouvernement » les plus enclins à se rapprocher par conservatisme social des catholiques ralliés. Les « progressistes » et les « modérés » sont considérés avec suspicion ou quittent les loges. L'affaire Dreyfus a renforcé la symbiose entre la franc-maçonnerie et le parti radical. Une fois les loges antisémites exclues, le Grand Orient joue le rôle de garant de la « défense républicaine ». Il appuie la formation du gouvernement Waldeck-Rousseau. Des francs-maçons comme Léon Bourgeois, Henri Brisson, Gustave Hubbard et deux présidents du Grand Orient sont à l'origine de la formation du parti radical en 1901[41]. Rien d'étonnant donc à ce qu'en 1908, chez les radicaux, trois sénateurs sur quatre et un député sur deux soient maçons, ainsi qu'un membre sur deux au comité exécutif du parti et quatre adhérents sur dix. Cette union sacrée n'avait rien de scandaleux aux yeux des radicaux, au grand dam des adeptes du « complot judéo-maçonnique ». Radicalisme et franc-maçonnerie puisent dans le même vivier social et surtout partagent des valeurs très proches, rationalistes et positivistes, plaçant la liberté et les droits naturels de l'homme à la base de l'ordre social, croyant au progrès infini de l'humanité grâce à l'instruction, champions de la diffusion des Lumières, seules capables de faire reculer l'obscurantisme religieux et l'intolérance politique. La participation des militants radicaux à la maçonnerie, comme à des sociétés de libre pensée ou à des ligues républicaines, ne fait que traduire la profondeur d'engagements à la fois philosophiques et politiques, culturels et sociaux. Les deux organismes reposent sur les mêmes formes de sociabilité locale. « La franc-maçonnerie enseigne la tolérance, éduque les citoyens et recrute les soldats de l'armée républicaine », déclare le sénateur radical Delpech en 1902.

Il n'empêche que l'on ne peut purement assimiler franc-maçonnerie et parti radical. En effet, vers 1905, un tiers des maçons sont socialistes. Et il est encore des francs-maçons parmi les élus de l'Union démocratique et de la Fédération républicaine. De plus, le parti et les loges n'ont pas les mêmes rôles. Être franc-maçon est plus un titre qu'une fonction. La franc-maçonnerie est un laboratoire d'idées, un lieu de débats, souvent de qualité, sans contrainte de calendrier, ni d'urgence. Les groupes parlementaires radicaux sont plutôt des acteurs politiques. Le parti radical est, quant à lui, une machine à gagner les élections, à organiser les campagnes électorales, à conquérir le pouvoir d'État. Il ne faudrait pas en conclure que la franc-maçonnerie est le *brain trust* du parti radical. Ce n'est pas parce que certaines propositions politiques des convents du Grand Orient tenus en septembre se retrouvent dans les motions adoptées par le congrès radical d'octobre que l'on peut parler d'une vassalisation du radicalisme à la maçonnerie. Ferdinand Buisson, qui s'impose comme le mentor du nouveau parti radical, n'est pas franc-maçon. Deux exemples le montrent bien. En septembre 1903, le convent du Grand Orient rejette une proposition émanant de socialistes et de radicaux exigeant la dénonciation immédiate du Concordat et la mise à l'ordre du jour de la Séparation. La franc-maçonnerie fait souvent preuve de prudence. À l'inverse, le convent propose l'adoption du monopole scolaire, c'est-à-dire la suppression de tout enseignement confessionnel, le parti radical refuse cette mesure. Au nom de la liberté de conscience, Ferdinand Buisson et Georges Clemenceau combattent le monopole scolaire que le congrès radical rejette. S'il peut y avoir communauté de pensée et d'objectifs, la proposition franc-maçonne relève de l'ordre de l'objectif, et la réponse radicale dépend de la faisabilité.

Le rôle des « intellectuels organiques »

La Ligue des droits de l'homme, fondée le 4 juin 1898, connaît une expansion plus spectaculaire encore que celle de la franc-maçonnerie. Elle compte 25 000 adhérents dès 1901, plus de 40 000 en 1906. Par sa fonction de défense des droits et libertés démocratiques, elle accorde une place privilégiée dans ses rangs aux professions juridiques et intellectuelles. Mais elle est plus ouverte que la maçonnerie. Fondée sur l'initiative de Ludovic Trarieux, un avocat devenu sénateur de la Gauche démocratique de la Gironde, pour obtenir la révision du procès Dreyfus, la Ligue a largement rallié les intellectuels juifs et protestants. C'est d'ailleurs Francis de Pressensé, le fils du célèbre pasteur Edmond de Pressensé, qui succède à Trarieux à la présidence de la Ligue en 1903[42]. Mais des socialistes, en particulier des responsables des Bourses du travail et des syndicalistes, ainsi que des anarchistes militants contre les « lois scélérates[43] » y sont fort actifs. Le comité central de la Ligue est majoritairement radical même si la direction de la Ligue a toujours échappé aux radicaux. Elle ne conduit pas une propagande et une action anticléricales par définition, mais elle permet des échanges entre militants très divers et présents sur un spectre idéologique très ouvert. Elle rayonne largement sur les « intellectuels organiques » de province, mais elle ne milite pas pour la Séparation.

La Ligue de l'enseignement n'évoque pratiquement pas non plus la question avant 1905[44]. Elle ne prend aucune position à propos des divers projets déposés à la Chambre pour deux raisons principales : elle concentre ses activités sur les questions proprement scolaires, et elle intervient donc autant pour soutenir la suppression des congrégations enseignantes que pour défendre le contenu laïque des ouvrages scolaires. Elle s'oppose donc aux mises à l'index des autorités religieuses et à l'intolérance de certains parents. Mais la Ligue évite de poser des questions controversées, « en refusant de s'engager dans des querelles entre républicains » qui risqueraient de briser son unité.

Néanmoins, la majorité des instituteurs sont des libres penseurs même s'ils restent souvent attachés aux rites religieux traditionnels. Ils sont nombreux dans la Ligue des droits de l'homme et dans les comités républicains de leurs villages. Dans leurs causeries, ils diffusent des préceptes modernes d'hygiène et d'antialcoolisme, d'agriculture et de sciences, de morale publique et d'amour de la République qui tranchent nettement avec la routine et la tradition dont se réclament les curés de campagne. La grande majorité des enseignants du primaire est plus proche du radicalisme ou du républicanisme que du socialisme, mais leur ouverture d'esprit à la tolérance et à la liberté de conscience permet la diffusion d'un modèle de laïcité très fédérateur.

La libre pensée ou la fédération des anticléricaux

Les sociétés de libre pensée ont joué un rôle d'avant-garde dynamique et populaire. Sous la IIIe République, dans les années 1880, puis dans les années 1900, les libres penseurs ont maillé d'un réseau parfois serré le territoire national, tout en se structurant en fédérations nationales, comme l'a bien analysé Jacqueline Lalouette[45]. En 1884, la Ligue anticléricale rassemble 207 sociétés, cinq fois plus qu'en 1880. Les libres penseurs réussirent à se fédérer une première fois autour de la Fédération française de la libre pensée, à l'occasion du centenaire de la Révolution. Tout de suite, celle-ci tomba sous la coupe de socialistes disciples de Paul Brousse, Jean Allemane, Louise Michel, Jean-Baptiste Clément, alors que Jules Guesde s'inquiétait de voir autant de militants s'occuper de questions métaphysiques plutôt que de luttes sociales. Ces socialistes et anarchistes se voulaient les héritiers de la tradition des communards, voire des sans-culottes et des « déchristianiseurs » Hébert et Chaumette. Cette Fédération se comportait en véritable organisation politique socialiste, aux côtés d'une nouvelle Ligue anticléricale apparue en 1898 et d'autres sociétés indépendantes.

En novembre 1902, tous les groupes libres penseurs sont appelés par le journal *La Raison* à fusionner pour créer une nouvelle organisation plus ouverte. Le sectarisme et la politisation de la Fédération sont critiqués. Ainsi naquit l'Association nationale des libres penseurs de France pour « protéger la liberté de pensée contre toutes les religions et tous les dogmatismes, quels qu'ils soient ». Les dirigeants de l'Association comptent parmi les personnalités les plus éminentes du monde des lettres, des sciences et de la politique. Ferdinand Buisson l'anime, en compagnie d'Henry Bérenger, le directeur de *L'Action*, du prêtre défroqué Victor Charbonnel, d'Anatole France et du célèbre chimiste Marcellin Berthelot, des socialistes tel Maurice Allard, des anarchistes comme Sébastien Faure, des radicaux comme Édouard Herriot. Un appel illustrant cette ouverture est lancé le 29 mars 1903 : « Républicains, radicaux, radicaux-socialistes, libertaires, avec des tempéraments et des opinions diverses – avec une seule conscience – marchons "sus à l'infâme". »

Les radicaux y dominent. Guesde, Jaurès, Vaillant n'y adhèrent pas.

On peut estimer que fonctionnent environ 900 sociétés locales regroupant 135 000 adhérents et sympathisants, d'origine bien plus populaire que les francs-maçons, au moment de la réunion du Congrès international de la libre pensée à Paris en septembre 1905. Parmi eux des vignerons, cultivateurs, cabaretiers, commerçants, maçons, tonneliers, métallos, instituteurs, médecins de campagne et quelques anciens prêtres défroqués. Cet apogée semble s'expliquer par l'âpreté de la lutte pour la Séparation.

Plusieurs anticléricalismes

En fait, la libre pensée est un mouvement composite au plan idéologique. D'un côté des militants matérialistes et athées, de l'autre des penseurs déistes et spiritualistes. Les premiers, avec les revues *La Libre Pensée* et *L'Athée*, ont déclaré la « guerre à Dieu » et même à Platon, le « grand imposteur » spiritualiste. Inspirés par Feuerbach plus que par Engels, ils entendent que l'homme récupère les attributs dont Dieu a été gratifié : le savoir, la sagesse, la volonté, l'amour. L'homme doit reprendre sa liberté et sa dignité que les religions lui nient. L'homme doit tendre comme Prométhée à la toute-puissance et au bonheur sur terre. La science et le progrès en sont les moyens, la raison, la boussole. La religion et la monarchie ne sont que les deux faces du même principe d'autorité, mais le déisme a fait le lit du despotisme, fût-il éclairé. Le culte de l'Être suprême de Robespierre a conduit à l'échec de la Révolution et « l'échafaud spiritualiste » a décapité les seuls révolutionnaires capables d'en assurer le triomphe avec Danton et Hébert. Ici l'historien radical Aulard rejoint le socialiste Allard et l'anarchiste Faure, tous unis dans le mot d'ordre : « Ni Dieu ni maître. »

Les libres penseurs déistes ont rejeté tous les dogmes des religions révélées, mais ils restent attachés à l'existence d'un Dieu suprême et à l'immortalité de l'âme. Depuis longtemps, ils espèrent un « concordat entre la raison et la foi ». Comme le sentiment religieux est un besoin naturel légitime qui peut se passer de toute Église et de tout culte, ils estiment que la libération de l'homme passe par la déconfessionnalisation et la déclericalisation de la religion. Rousseau, Kant, Constant, Michelet, Quinet, Jules Simon peuvent inspirer cet espoir d'une religion nouvelle, naturelle, rationnelle, humanitaire, progressive et universelle. « Tout séparait et dressait l'un comme l'autre les deux camps libres penseurs », constate Buisson. D'où la recherche d'une unité d'action, sinon d'une synthèse.

Mais la verve anticléricale populaire que colporte la virulente presse anticléricale est souvent indépendante des philosophies libres penseuses. Depuis longtemps, le jésuite est identifié au « corbeau », le curé au « cafard », les congréganistes aux pollueurs d'enfants, les bonnes sœurs aux matrones. *La Marseillaise anticléricale* de Léo Taxil a été largement chantée depuis 1881. Les baptêmes citoyens au vin rouge et les ripailles des « vendredi-dit-saint » sont des rites plagiés, des parodies de cérémonies, des profanations de symboles. Cette libre pensée est l'héritière des mouvements de « déchristianisation », mais sans vandalisme ni violences ; elle se refuse à la création d'une contre-religion civile. La libre pensée, en dépit des efforts d'un Buisson ou d'un Berthelot, sombre souvent dans la dérision, l'insulte, le blasphème, la scatologie, la haine. Elle n'a pas créé la foi en la raison, la confiance dans la science, la croyance dans le progrès, l'objectif de l'émancipation démocratique, mais elle a impulsé une mobilisation de forces nouvelles pour exiger et faire aboutir des réformes dont les parlementaires n'auraient peut-être pas pris l'initiative. « La libre pensée républicaine dériva en laïcité militante, voire en athéisme affiché », constate Jean-Pierre Rioux[46].

Par-delà leur fonds commun, on peut distinguer trois types de courants libres penseurs. Le premier est foncièrement athée, matérialiste, anticlérical et irréligieux, mais, d'obédience intellectuelle, il compte sur le progrès des sciences, de la raison et de l'instruction pour que s'éteignent les religions par diminution du nombre des croyants. Un deuxième mouvement, plus divers au plan intellectuel, est antidogmatique, mais pas forcément irréligieux, tolérant car il reconnaît la légitimité des croyances religieuses, et relève d'une idéologie souvent spiritualiste, voire déiste. Enfin, dans les milieux moins instruits, se sont répandus des comportements violemment anticléricaux, foncièrement irréligieux, intolérants dans leurs pratiques, haineux et blasphémateurs. Ses adeptes, qui « bouffent du curé », croient souvent qu'il suffirait de quelques mesures administratives pour briser les Églises, et qu'une fois celles-ci désorganisées, les croyances religieuses s'éteindraient très vite. Cette illusion est d'ailleurs partagée par quelques libres penseurs athées.

Ces trois courants ont convergé dans la lutte contre le cléricalisme. Entre ombres et lumières, le mérite de la libre pensée est d'avoir discipliné et fédéré ces mouvements peu structurés pour appuyer sans fléchir la longue marche vers la Séparation, en évitant de tomber dans la surenchère et l'affrontement violent. La libre pensée a su jouer de la culture du conflit de masse en acceptant la solution démocratique et en disciplinant l'anticléricalisme irréligieux des milieux populaires.

Entre les organisations nouvelles de la société civile, les partis réorganisés et unis, et une nouvelle majorité électorale renforcée, ont été tissés entre 1899 et 1902 des liens dialectiques forts qui permettent une mobilisation populaire inédite, soutenue et durable. Le début du siècle est bien marqué par l'irruption du peuple de gauche sur la scène démocratique. La pression des organisations anticléricales de base a été déterminante sur les attitudes des partis du Bloc des gauches, même si les décisions politiques ont joué un rôle décisif. En face, une Église déconsidérée par ceux-là même qui se prétendent ses meilleurs défenseurs, un clergé hésitant, mais majoritairement intransigeant, des catholiques partagés entre soumission au pape ou attachement au régime, des partis de droite divisés. Tel est le contexte complexe, mais tranché, où va se livrer entre catholiques et laïques le grand conflit de la Séparation.

CHAPITRE 6

De Waldeck-Rousseau à Combes : des pas décisifs vers la Séparation

L'année 1898, ouverte par le retentissant « J'accuse » d'Émile Zola publié dans *L'Aurore*, dirigé par Georges Clemenceau, vit les dreyfusards se mobiliser, alors que les élections législatives de mai dissipaient les illusions du ralliement des catholiques à la République. 1899 scelle la défaite des antidreyfusards, des nationalistes et des cléricaux. La burlesque tentative de coup d'État de Déroulède a lamentablement échoué le 23 février, et la manifestation républicaine du 11 juin à Longchamp a effacé l'affront du coup de canne nationaliste porté contre le nouveau président de la République, Émile Loubet. Le 22 du mois est formé le gouvernement de « défense républicaine », présidé par Waldeck-Rousseau. La République, ébranlée par l'affaire Dreyfus, connaît une véritable renaissance. La révision du procès, puis la grâce présidentielle accordée au capitaine Dreyfus, jettent l'opprobre sur les antidreyfusards. L'année 1900 consacre, sous les lumières de l'Exposition universelle, la victoire aux municipales des forces républicaines de gauche, sauf à Paris. 1901 enregistre l'acte de naissance de nouveaux partis politiques et la loi du 1er juillet 1901 reconnaît la complète liberté d'association, excepté pour les congrégations religieuses. Les uns y voient l'annonce du déchaînement de la « croisade anticléricale », les autres l'étape préalable et décisive vers la nécessaire Séparation.

1. Waldeck-Rousseau et la défense de la République

Waldeck-Rousseau, ancien gambettiste, célèbre avocat d'affaires, grand bourgeois froid et intègre, entend dès la présentation de son ministère lutter contre le triple péril « nationaliste, antisémite, clérical[1] ». Même si le procès peut paraître à certains instruit à charge, il est difficile de ne pas reconnaître la cohérence de la riposte. Waldeck-Rousseau entend d'abord affirmer l'autorité de l'État en rétablissant la confiance dans la loi, l'ordre dans l'armée et le contrôle sur les congrégations. Il serait tendancieux de ne voir dans cette politique qu'une incitation à l'anticléricalisme. L'ordre à restaurer n'est pas celui de Jules Méline, le président du Conseil de 1896 à 1898, qui comptait rétablir l'ordre social des campagnes, plongées dans une crise agraire durable, et des villes bouleversées par la nouvelle phase de l'industrialisation et l'apparition d'un prolétariat ouvrier de plus en plus mobilisé. L'affaire Dreyfus a ruiné les espoirs d'union des conservateurs républicains et catholiques communiant dans la peur de ce que Jaurès appelle « la démocratie urbaine et rurale ».

Contre le « péril nationaliste, antisémite et clérical »

Waldeck-Rousseau entend d'abord rétablir le respect des institutions. Il fait poursuivre aussitôt les nationalistes et les antisémites qu'il exècre profondément. Puisque la cour d'assises de la Seine a acquitté Paul Déroulède, il le fait juger pour complot contre la République par le Sénat, constitué en Haute Cour de justice, et condamner à dix ans de bannissement. Pour renforcer le contrôle de l'armée, le ministre de la Guerre, le général Galliffet, le « sabreur de la Commune », concentre entre ses mains les décisions d'avancement des officiers. Son successeur, le général républicain André, fait enquêter sur le corps des officiers par les Renseignements généraux. Pour lutter contre les assomptionnistes, le gouvernement requiert le tribunal correctionnel de Paris, en janvier 1900, qui les dissout en tant que congrégation illicite, mais ils sont accusés d'avoir diffusé un antisémitisme virulent et un antirépublicanisme nationaliste. Le cardinal Richard, archevêque de Paris, s'empresse de témoigner son soutien aux assomptionnistes, suivi par quelques évêques, que le gouvernement sanctionne pour contestation d'une décision de justice. « Le clergé ultramontain n'avait pas abdiqué », conclut le rapport Briand[2]. Cependant, la Bonne Presse n'est pas dissoute, ce qui serait une atteinte à la liberté d'expression. La direction des pères Bailly et Picard a été désavouée par le pape Léon XIII[3] lui-même. Mais le Vatican organise la reprise de *La Croix* par un groupe d'industriels catholiques du Nord, et le nouveau directeur, Paul Féron-Vrau, un ami du père Picard, est chargé de donner une orientation plus conciliante à l'égard de la République.

La loi de 1901 sur les associations et les congrégations

Waldeck-Rousseau entend surtout renforcer durablement la « défense républicaine » par une législation donnant enfin un cadre légal à la société civile. Il avait déjà préparé un projet de loi sur les associations en 1884, mais n'avait pu faire aboutir que la loi sur les syndicats professionnels. La loi du 1er juillet 1901 représente donc une très grande avancée pour les libertés démocratiques car toutes les associations rentrent désormais dans le droit commun. La loi autorise la libre création d'associations à but non lucratif, qui permet la légalisation des partis politiques et de multiples sociétés culturelles, sportives, folkloriques, etc. Cette loi des associations, depuis longtemps réclamée par les républicains, est présentée par le groupe radical-socialiste de la Chambre comme « un préliminaire indispensable à la séparation de l'Église et de l'État ».

Mais les socialistes et certains radicaux-socialistes exigent la dissolution des congrégations et la saisie de tous leurs biens, puisque les vœux perpétuels ont été interdits depuis 1789. Le chef du gouvernement se contente d'en faire le procès à la Chambre : « Jamais l'état des congrégations n'a été plus considérable. Elles sont *enseignantes* parce qu'il faut former les esprits ; elles sont *commerçantes*, non par avidité, mais parce que, à une immense entreprise, il faut d'immenses moyens [...] » Leur prosélytisme, qui concurrence celui du clergé séculier, repose sur « une thaumaturgie grossière à l'usage des foules, la dévotion facile mise à la place de la foi, pour les ambitieux une fidélité éprouvée à servir qui les sert ». Leur statut illégal, leur patrimoine fait de donations parfois contestées par les héritiers, leur place dans l'enseignement, leur influence sur nombre de hauts fonctionnaires, et surtout leurs interventions politiques occultes, leur sont reprochés.

Waldeck-Rousseau, qui reste partisan du maintien du Concordat, entend clarifier la situation des congrégations non autorisées en les soumettant au droit commun par la loi. Le titre III de la loi de 1901 doit leur donner un statut légal, mais porte la marque de l'hostilité, sinon de Waldeck-Rousseau, du moins de la Chambre, qui a durci le projet gouvernemental. À la différence des autres associations, dont la liberté de constitution est entière, et pour lesquelles la déclaration n'est obligatoire que si elles souhaitent obtenir la capacité civile, les congrégations religieuses ne peuvent se former sans le vote d'une loi (art. 13). Il faut également un décret pour tout nouvel établissement d'une congrégation. Les membres des congrégations non autorisées n'ont le droit ni de diriger une école ni d'enseigner (art. 14). Les préfets ont un droit de contrôle annuel de leurs biens et revenus (art. 15). Obligation est faite aux congrégations existantes de régulariser leur situation dans les trois mois en se conformant à la législation sous peine d'être dissoutes et de voir leurs biens saisis et liquidés (art. 18). La loi est adoptée par la Chambre le 29 mars par 303 voix contre 224, et au Sénat par 169 voix contre 95. Le gouvernement passe-t-il de la défense républicaine à l'offensive anticléricale[4] ?

Waldeck-Rousseau ne voulait certainement pas interdire toutes les congrégations, mais seulement dissoudre les plus hostiles (en particulier les jésuites, qui ne relevaient que de l'autorité du pape) et placer les autres sous surveillance par une « loi de contrôle », une sorte de « concordat des congrégations ». Waldeck-Rousseau avait averti le Saint-Siège que les demandes seraient examinées avec bienveillance, mais que les congrégations réfractaires, refusant de se mettre en conformité avec la loi, devraient se disperser sous peine d'être dissoutes. Le radical Ernest Vallé, rapporteur de la loi au Sénat, avait déclaré sans précautions oratoires : « Aux associations elle donne la liberté, une liberté qu'elles n'ont jamais connue. [...] Aux congrégations elle refuse cette liberté. La distinction est donc très nette. » Les supérieurs des ordres religieux dénoncent aussitôt un « régime d'exception » et une nouvelle « persécution ». Le 10 juillet 1901, le Vatican annonce la condamnation pontificale de ces « actes sacrilèges » qui risquent de faire tomber la France dans l'« apostasie », mais il invite les congrégations à faire des demandes d'autorisation pour éviter leur dissolution. Il leur suggère de se déclarer sous l'autorité des évêques, tout en laissant totale liberté de choix aux supérieurs. Peut-on dire déjà que cette loi est une loi d'exception ? L'incertitude demeure sur la manière dont la majorité du Bloc utilisera cette loi et sur ce que sera la teneur des décrets d'application[5]. Dans l'immédiat, le Concordat n'est pas remis en cause, et c'est l'essentiel pour le Vatican.

« Défense catholique » contre « défense républicaine » : les élections de 1902

La position prudente et conciliatrice de Léon XIII invite les supérieurs d'ordres à obtempérer. Mgr Fuzet, archevêque de Rouen, les évêques de Dijon, de Laval et de Tarentaise, Mgr Le Nordez, Mgr Geay et Mgr Lacroix, mais aussi des laïques comme Albert de Mun et des juristes, suggèrent aux chefs d'ordres religieux de ne pas se rebeller contre la loi pour sauver leurs œuvres en attendant un changement de majorité. Des évêques monarchistes, comme Mgr de Cabrières de Montpellier, les incitent au contraire à la résistance, tout comme nombre de nationalistes. Les congrégations réagissent en ordre dispersé. Les provinciaux des jésuites, déjà hostiles au ralliement, se refusent, au nom de leur obéissance au pape, à accepter une « loi attentatoire aux droits du Saint-Père, de l'Église et de la conscience catholique ». Les bénédictins de Solesmes préfèrent se dissoudre. Les ordres les plus nombreux, bénédictins, cisterciens, dominicains, capucins, oratoriens, prémontrés, eudistes, et même les chartreux, déposent une demande. Les communautés féminines les imitent dans leur très grande majorité. Au total, sur 753 congrégations non autorisées (147 d'hommes et 606 de femmes), 53 congrégation masculines et 482 congrégations féminines sollicitent leur autorisation. En comptant les établissements scolaires soumis à autorisation, plus de 12 600 dossiers sont constitués ;

72 % des congrégations non autorisées ont demandé leur légalisation, acceptant enfin de se soumettre à la loi.

C'est dans ce contexte de tensions que se préparent les élections législatives de mai 1902. D'elles dépendent le sort des congrégations religieuses. C'est autour du bilan du gouvernement de « défense républicaine » que se jouent les élections législatives de 1902. Peu d'échéances ont été aussi longuement préparées et vivement disputées que celle-là. Défense catholique contre défense républicaine : tel paraît être l'enjeu qui réactive l'opposition gauche-droite. Mais en fait, c'est moins l'existence de la République que sa nature qui est en jeu[6]. Les partis conservateurs pensent l'emporter facilement en mobilisant les fidèles pour la défense des frères, des moines et des religieuses, mais c'est oublier qu'il y a de plus en plus de « catholiques du suffrage universel » qui s'affirment comme de véritables républicains « ralliés ». Quatre Français sur cinq votent. Si le premier tour est assez serré, la discipline de vote assure le triomphe du bloc républicain au second avec 342 députés contre 246 à l'opposition.

Les radicaux et radicaux-socialistes dominent désormais à gauche avec 210 élus, et les amis de Waldeck-Rousseau du groupe de l'Union démocratique ne comptent plus que 88 députés, alors que les socialistes, encore divisés et victimes de la discipline républicaine, ne sont qu'une cinquantaine. L'extrême droite monarchiste montre des signes évidents de faiblesse avec 12 élus plus une vingtaine d'indépendants de droite. Les nationalistes et les catholiques de l'Action libérale populaire ont des positions assez mal définies à cause de la double appartenance de 24 élus[7]. Une centaine de « progressistes » et de « modérés » ont réussi à se faire élire, Si les conservateurs maintiennent leur domination dans l'Ouest normand, breton et vendéen et le sud-ouest du Massif central, ce sont les républicains « progressistes » et « modérés » qui l'emportent dans la France du Nord et du Nord-Est. La coalition parlementaire qui dirige la France depuis 1899 sort donc consolidée, et le Bloc des gauches dispose à la Chambre d'une majorité de 80 à 90 voix face à une droite divisée. Il est donc faux de penser que l'électorat masculin ne soutient pas une politique visant à régler la « question religieuse[8] ».

2. Émile Combes : croisade anticléricale ou politique laïque ?

Waldeck-Rousseau démissionne, pour des raisons de santé et de défiance face à la nouvelle majorité radicale, en proposant qu'Émile Combes lui succède le 7 juin 1902. La continuité semble assurée car l'ancien vice-président du Sénat semble à la fois concordataire et anticlérical. Que Combes soit devenu l'agent de la politique anti-congréganiste la plus implacable, au point d'être désavoué finalement par son prédécesseur, est encore difficilement compréhensible pour ceux qui n'observent pas la montée de la vague anticléricale depuis les profondeurs de la société française.

Cet ancien séminariste tarnais à qui l'ordination avait été refusée pour « orgueil » intellectuel, avait fait l'expérience personnelle de la contradiction entre la foi religieuse et le doute rationnel ; sa thèse de théologie traitait de saint Thomas d'Aquin et sa thèse complémentaire de la querelle de saint Bernard et d'Abélard. Devenu répétiteur, puis médecin, conseiller municipal, et enfin maire de Pons en Charente-Inférieure, Combes passe encore aujourd'hui pour avoir été un « mangeur de curés » alors qu'il est resté toute sa vie un fervent spiritualiste, attaché à l'immortalité de l'âme et à la religion comme source principale de la morale. Le 26 janvier 1903, au grand scandale de nombre d'anticléricaux, il explique que le moment n'est pas encore venu de la Séparation même si, comme les libres penseurs, il y aspire : « Un peuple n'a pas été nourri en vain, pendant une longue série de siècles, d'idées religieuses, pour qu'on puisse se flatter d'y substituer, en un jour par un vote de majorité, d'autres idées répondant à celle-là », leur répond-il. Mais, devenu franc-maçon, il n'a jamais cru à la sincérité du ralliement de l'Église, et reste en conséquence partisan du Concordat : cela explique son « anticléricalisme de raison » et son « laïcisme de combat[9] ». Sénateur en 1885, président du Conseil de juin 1902 à janvier 1905, il n'incarne pas le visage le plus avancé du radicalisme comme cela a souvent été dit, mais celui du radicalisme petit-bourgeois et étatiste, dans lequel nombre de Français se reconnaissent à l'époque.

Le combisme : un mouvement politico-social

Le « petit père Combes[10] » n'est pas en effet le seul maître d'œuvre d'une politique anticléricale rigoureuse qui conduit irrémédiablement à la Séparation. Pour préserver l'unité de la majorité après la démission de Waldeck-Rousseau, une Délégation des gauches est mise en place comprenant cinq députés de l'Alliance démocratique, cinq délégués socialistes dont Jaurès, Pressensé et Briand, et 13 radicaux. Les députés de droite voient en Combes le jouet de Jaurès, le « vrai chef du combisme » ; d'autres disent que Buisson a été « l'éminence grise de Combes[11] ». Ce « gouvernement de l'ombre » n'est en fait qu'un lieu de concertation et de coordination du travail législatif ; ses avis ne sont même pas impératifs pour les partis associés. Mais rarement une action gouvernementale a été autant impulsée et soutenue par une majorité parlementaire, pendant plus de deux ans, jusqu'à l'automne 1904. Il est vrai que l'importance des réformes envisagées, militaires, religieuses, sociales et diplomatiques, supposait une solidarité sans failles.

Combes paraît en retrait par rapport aux séparatistes impatients que sont les socialistes révolutionnaires et les libres penseurs antireligieux, mais il est en phase avec les modérés de sa majorité, concordataires par prudence sinon par principe comme lui. Ses initiatives conduiront les députés waldeckistes à accepter des solutions qu'ils n'envisageaient pas initialement. Combes est conduit lui-même, peu à peu, face à l'intransigeance pontificale, à la rupture avec l'Église romaine et à l'acceptation d'une Séparation qu'il redoutait. Dans ses Mémoires posthumes[12], il nous abuse quand il dit avoir voulu que la Séparation soit « le couronnement à son œuvre gouvernementale », mais il dit vrai en se flattant d'avoir « familiarisé l'esprit public avec l'idée d'un divorce ». On peut surtout penser qu'il a rendu la rupture inéluctable par une politique anticléricale sans concessions.

La politique de Combes s'appuie dans le pays sur un puissant mouvement politico-social. Elle est relayée dans l'opinion par le dense réseau de la presse radicale et s'appuie sans cesse sur la mobilisation de tous les comités locaux qui pétitionnent et de toutes les loges qui le félicitent. Ce provincial adore les rencontres avec des foules enthousiastes. Rarement un chef de gouvernement a autant reçu de lettres de félicitations, mais aussi d'insultes. Par exemple, il reçoit plus de 10 000 messages quand il inaugure, en 1903 à Tréguier, un monument en l'honneur d'Ernest Renan, l'auteur de *La Vie de Jésus*. Jamais un homme d'État n'a été, en même temps, autant aimé et autant haï. Pourtant, ce vieil homme sensible, et même sentimental[13], est d'une bonté surprenante. Alors qu'il sera intraitable à l'égard des moines et des évêques, il est très attentif au sort des vieux curés, en particulier des prêtres qui ont été chassés de l'Église. Il se veut certainement le héros d'un anticléricalisme bourgeois et populaire né en réaction au cléricalisme triomphant sous le Second Empire et l'Ordre moral.

Les campagnes contre les congrégations

Comment donc expliquer la dureté de sa politique à l'égard des congrégations ? Il faut distinguer les cas des congrégations autorisées et des autres. Cinq puissants ordres masculins et plus de 900 ordres féminins étaient autorisés légalement. En particulier, les Frères des écoles chrétiennes, scolarisant 204 000 élèves, étaient le bastion de l'enseignement primaire confessionnel depuis 1808. Mais, après leur autorisation, ces ordres religieux avaient fondé nombre d'écoles et d'œuvres sans faire d'autre demande. Waldeck-Rousseau les avait rassurés sur la reconnaissance formelle de ces établissements. D'autre part, nombre de congrégations non autorisées avaient demandé leur régularisation ; plus de 12 600 dossiers avaient été déposés. Mais Combes veut éviter l'« erreur de 1880 », la publication de décrets de dissolution sans effets durables. Il a la ferme intention d'appliquer sans laxisme la loi et choisit ses conseillers parmi ses rédacteurs. Dans sa déclaration ministérielle du 10 juin 1902, il avertit : « Le gouvernement tiendra la main à ce qu'aucune de ses dispositions ne soit frappée d'impuissance. [...] Il importe de faire sentir à tous l'esprit d'action républicaine et de liberté laïque dont le gouvernement est animé. »

Dans le débat général qui suit, la question de la laïcité de l'école est posée avec force. Jaurès plaide l'urgente nécessité d'une relance de la politique laïque comme au lendemain de la crise du 16 mai. Parce qu'elle ne l'a pas fait au lendemain de la crise du boulangisme, la République, endormie par une politique d'apaisement, a subi de nouveaux assauts, et doit prévenir de nouvelles attaques de la réaction. Il s'agit donc de conquérir les enfants qui ont été laissés aux religieux par des complaisances coupables en supprimant les écoles congréganistes. Nationaliser l'enseignement est le premier devoir de la République. « L'enseignement laïque fait corps avec la République ; la défaite de la République est la défaite de la laïcité, la victoire de la République est la victoire de la laïcité[14]. » Le porte-parole des progressistes, le protestant libéral Alexandre Ribot, défend au contraire la politique d'apaisement comme « une grande politique de tolérance » et flétrit par avance une politique anticléricale qui serait le substitut d'une Séparation dont le gouvernement ne veut pas. Combes tranche : « Il n'y a pas d'apaisement légal possible avec des hommes qui restent rivés au système théocratique. » Il n'est plus possible d'admettre que le clergé, en dépit du Concordat, intervienne de plus en plus dans la société et la vie politique, au lieu de se contenter d'assurer sa mission pastorale dans les églises. L'application de la loi sur les associations sera sans faiblesse. Les congrégations concurrençant l'école publique seront sécularisées et la loi Falloux abrogée. Le gouvernement conciliera la liberté d'enseignement et son devoir d'assurer la primauté de l'enseignement public.

Premier acte : la fermeture des écoles des congrégations non autorisées

Le 27 juin 1902, un décret frappe d'interdiction les 125 écoles congréganistes ouvertes sans autorisation depuis le 1er juillet 1901 ; la rapidité de leur expansion inquiète le gouvernement. Puis vient l'ordre donné aux préfets, le 10 juillet, de fermeture de tous les établissements scolaires non autorisés pour lesquels aucune demande de régularisation n'a été faite. S'appuyant sur l'avis du Conseil d'État de janvier 1902, autorisant l'application rétroactive de la loi sous peine de laisser perdurer l'illégalité, Combes fait fermer dans les huit jours plus de 2 500 écoles. D'où les protestations indignées des députés catholiques, des partis de droite, des ligues nationalistes et des mouvements d'Action catholique. Les cardinaux et le nonce en appellent au président de la République. L'évêque de Versailles, Mgr Goux, évoque le début d'une persécution semblable à celle de la Révolution. Les ligues catholiques mobilisent. Les distributions de prix donnent lieu à des meetings de protestation. Des manifestations se produisent sans violences dans des paroisses du Finistère en révolte. Il en est de même en Savoie, dans la Loire et à Paris sur les Champs-Élysées.

La politique de Combes provoque des réactions hostiles au-delà des cléricaux. Les professeurs Gabriel Monod et Michel Bréal se déclarent navrés de voir Combes copier à l'envers le *Syllabus*. Le vieux républicain Goblet dénonce des « cléricaux à rebours ». Waldeck-Rousseau lui-même conteste la rétroactivité de la loi dans une lettre au président de la République[15]. Comme Jaurès a dénoncé le « grand crime collectif commis par l'Église contre la vérité, contre l'humanité, contre le droit et contre la justice » au cours de l'affaire Dreyfus, au point « qu'elle a révolté les intelligences par sa complicité avec la sottise la plus épaisse et la plus bestiale[16] », Bernard Lazare, le premier dreyfusard, rappelle que presque tout le parti radical a cru longtemps à la culpabilité de Dreyfus, tout comme l'Église. Et Péguy accuse Jaurès de briser la mystique dreyfusarde en soutenant une politique anticléricale[17]. Face à la Ligue de l'enseignement, qui approuve la fermeture des écoles congréganistes, des députés catholiques lancent une Ligue de la liberté de l'enseignement pour assurer le libre droit d'enseigner comme en Angleterre et en Belgique. Des libéraux n'hésitent pas à assimiler l'anticléricalisme et l'antisémitisme faisant du juif et du jésuite « les deux boucs émissaires de nos contemporains[18] ». Plutôt que de stigmatiser la « haine démocratique » hostile à toute religion comme le fait Péguy, l'historien se doit d'éclairer les véritables enjeux des débats.

Ces réactions posent deux questions : 1) Peut-on permettre à des religieux liés par des vœux d'obéissance à un ordre religieux d'enseigner ? « La congrégation est contraire à tous les principes du droit moderne, affirme Jaurès, et, quand la société civile lui permet d'enseigner, ce n'est pas l'exercice, c'est le suicide de la liberté. » 2) Peut-on abroger la loi Falloux sans remettre en cause la liberté d'enseignement des particuliers, et sans imposer le monopole d'enseignement de l'État ? C'est ce que redoute Clemenceau.

En septembre 1902, le convent du Grand Orient exhorte Combes à dénoncer le Concordat, à abroger la loi Falloux et à instaurer le monopole de l'enseignement laïque car « la liberté du père de famille est un leurre ». La Ligue de l'enseignement, au terme d'un débat entre partisans du monopole et défenseurs de la liberté d'enseignement, rejette ces deux positions extrêmes grâce à l'arbitrage de son président, Ferdinand Buisson. La *liberté d'enseigner* n'est pas un droit naturel, mais un devoir des parents et de l'État envers les enfants et la société. Ils peuvent le déléguer à condition de garantir dès l'enfance la liberté du citoyen, car le véritable *droit à l'enseignement* est celui de l'élève dont la conscience ne doit pas être violée. À l'unanimité est adoptée une motion qui émet « les vœux suivants : 1) que la loi Falloux soit abrogée ; 2) que l'État assure partout un enseignement public et gratuit ; 3) que l'État puisse déléguer à des particuliers, individus ou collectivités, l'autorisation d'ouvrir des établissements complémentaires d'enseignement », à condition que le personnel et les programmes soient laïcisés, validés et inspectés par les autorités universitaires[19]. Une solution qui prévaudra après 1959 !

Devant le congrès du parti radical qui suit, Buisson, rapporteur de la commission de l'enseignement, fait adopter les mêmes vœux que ceux de la Ligue alors que le monopole d'État proposé par le Grand Orient est rejeté. « Il appartient à l'État, défenseur de la personne humaine, quand elle ne peut se défendre elle-même, [...] d'abord, de faire de l'enseignement un service public, [...] ; ensuite, de veiller à ce que les parents ni les maîtres ne puissent abuser de leur autorité au détriment des enfants, c'est-à-dire de la société. » La politique radicale préfère sur ce point s'appuyer plus sur les parents d'élèves que sur les francs-maçons. Le parti radical exige donc la suppression de l'enseignement par des congréganistes, la révision de la loi Falloux, mais pas la suppression des écoles libres confessionnelles. Le parti radical exige également la laïcisation des établissements hospitaliers, le développement des assurances sociales et la séparation des Églises et de l'État.

Deuxième acte : la dissolution des congrégations non autorisées

Pour appuyer les demandes des congrégations non autorisées, l'épiscopat français a publié, le 15 octobre 1902 dans le quotidien ultracatholique *L'Univers*, une pétition adressée aux sénateurs et députés leur demandant de respecter la « liberté de l'Église », la liberté de conscience et la liberté d'association en assurant « l'existence » et le « légitime épanouissement » des congrégations « compatibles avec tous les droits de l'État ». Attestant du ralliement « sans arrière-pensée » des catholiques à la République, à la demande de Léon XIII, le « pontife pacificateur », la pétition affirme que « la République n'a plus rien à craindre que de ses excès » car « ce n'est pas l'Église qui crée des troubles en s'ingérant dans la vie politique, mais les hommes politiques qui déclarent la guerre à la religion ». Les 74 pétitionnaires demandent surtout que la question des congrégations soit réglée « en accord avec Rome ».

Aux yeux de Combes, cette pétition est irrecevable pour plusieurs raisons : les Articles organiques n'autorisent pas les évêques à une telle démarche indirecte ; de plus, les termes de la pétition sont provocants pour le pouvoir civil, et la demande d'un concordat des congrégations ne vise que l'abandon de la loi de 1901. Cette démarche des évêques aboutit à l'effet inverse de celui recherché. La majorité parlementaire, fort irritée, fait bloc derrière le gouvernement, et Combes fait poursuivre par le Conseil d'État les pétitionnaires par *appel comme d'abus*[20]. La commission des congrégations, présidée par Buisson et largement dominée par les radicaux, décide de simplifier les procédures d'examen des dossiers pour accélérer le traitement des demandes. L'avis d'une seule chambre du Parlement suffira, alors que la loi prévoyait le vote d'une loi par les députés et les sénateurs pour chaque congrégation.

Au printemps 1903, Combes transmet à la Chambre des députés 54 dossiers répartis en trois groupes, tous avec avis négatif. La Chambre rejette en bloc les demandes d'autorisation de 25 congrégations « enseignantes » d'hommes dont dépendent 11 841 religieux, de 28 congrégations « prédicantes » comptant 3 040 religieux, et une « commerçante » (les Chartreux). Le Sénat autorise par contre cinq ordres de contemplatifs (Cisterciens, Trappistes, Frères de Saint-Jean-de-Dieu) et de missionnaires participant au rayonnement de la France dans le monde (Pères blancs, Missions africaines de Lyon), mais interdit les Salésiens de don Bosco, accusés d'exploiter des enfants. Les jésuites se sont dispersés avant même d'être interdits, bientôt imités par les bénédictins, les carmes, les oratoriens, et d'autres ordres qui partirent en exil. Plus délicate est l'interdiction des congrégations féminines à cause de la fonction mixte de nombreuses maisons enseignantes et hospitalières, et surtout à cause du manque d'infirmières et d'institutrices laïques. Le gouvernement tente également d'interdire aux anciens réguliers de prêcher dans les églises. Combes s'ingère là dans la vie interne de l'Église, outrepassant les droits de l'État, et des activistes de la libre pensée créent quelques incidents en tentant d'interdire les sermons de réguliers. D'où quelques bagarres avec les ligueurs de l'Action française et les jeunes catholiques de la Jeune Garde, le service d'ordre du mouvement démocrate-chrétien le Sillon, fondé à partir de 1894 par Marc Sangnier.

Le gouvernement refuse de reconnaître toute utilité sociale à la plupart des ordres réguliers, accusés d'endoctrinement des esprits et de prosélytisme politique. Buisson invoque la loi de 1792 interdisant les congrégations pour leur refuser toute existence légale. Le 18 mars 1903, Combes justifie ses interdictions : « Moralement toutes ces associations sont calquées sur le même modèle ; […] C'est l'esprit des temps anciens, l'esprit de réaction qui les a fait surgir des débris du vieux monde, comme une négation vivante des principes fondamentaux de la société moderne. C'est l'esprit de la Révolution qui doit les rendre pour jamais à un passé définitivement condamné par les doctrines et les mœurs de la démocratie moderne. »

Ribot, l'ancien président de la commission de l'enseignement de 1899, argumente contre ce refus en bloc des congrégations en invoquant la laïcité selon Ferry. Il justifie la liberté d'enseignement de « tous ceux qui, en dehors de l'État, sont en possession de la fonction d'enseigner[21] », fonction qu'il reconnaît aux congréganistes comme d'ailleurs aux prêtres. La loi de laïcisation du corps enseignant de 1886 aurait eu pour contrepartie la liberté des parents refusant l'école laïque d'envoyer leur enfants à l'école privée de leur choix. Laïcité de l'enseignement public, liberté de l'enseignement privé ! « Je ne retarde pas, et à voir ce qui se passe dans toute l'Europe, prenez garde vous-même qu'en dépassant le point où Ferry et Goblet, où tous les républicains ont voulu s'arrêter, vous ne créiez vous-même un autre danger pour la République. » Les républicains modérés passent dans l'opposition complète à la politique de Combes. Waldeck-Rousseau critique publiquement au Sénat la transformation d'« une loi de contrôle en loi d'exclusion[22] ».

3. « Crise de l'anticléricalisme » ou « combat suprême » ?

Quel bilan le chef du gouvernement peut-il tirer de sa lutte contre les ordres religieux à la rentrée de 1903 ? 86 congrégations d'hommes et 211 de femmes ont été dispersées pour n'avoir pas demandé d'autorisation ; 30 000 religieux se sont exilés. Mais, sur les 10 049 écoles fermées, 5 839 ont été réouvertes dès la rentrée 1903, soit 58 %, dont 3 850 avec du personnel sécularisé. Les religieux, et surtout les religieuses, ont accepté de se séculariser et ont réussi à reconstituer des écoles primaires privées, devenues propriété, effective ou formelle, de particuliers. Dans le Finistère, toutes les anciennes écoles religieuses ont été sécularisées et réouvertes. Les Frères des écoles chrétiennes scolarisent encore près de 180 000 élèves. Cette sécularisation inquiète donc tous les anticléricaux et les laïques, qui découvrent comment la loi peut être tournée.

Est-ce un « anachronisme que la politique anticléricale » ?

Telle est la question que pose Ferdinand Buisson dans un retentissant article[23] où il s'interroge sur la « crise de l'anticléricalisme ». En dépit ou à cause de ses succès, la politique de Combes a suscité dès l'été 1903 des interrogations contradictoires. L'anticléricalisme a-t-il encore une raison d'être ou va-t-il sombrer dans la violence gratuite comme le disent les conservateurs et les libéraux, tous les « *antiministériels* » ? « Où allons-nous ? », s'interroge René Goblet, le vieux compagnon de Ferry, dans la *Revue politique et parlementaire*[24], exprimant son inquiétude devant une politique qui divise profondément le pays et prend « les apparences de la persécution ». Il blâme « l'entreprise chimérique autant qu'injustifiable » des libres penseurs antireligieux qui veulent déchristianiser la France.

Comme pour alimenter cette inquiétude, l'historien Alphonse Aulard publie deux articles passionnés dans *L'Action*[25], où il n'hésite pas à répondre de façon affirmative à la question : « Voulons-nous détruire la religion ? » Rien n'empêche la libre pensée, au nom de la raison, de vouloir « supprimer la doctrine adverse qu'elle croit être l'erreur ». Prenant de grandes libertés avec les Lumières, le professeur d'histoire de la Révolution affirme que « détruire la religion, ç'a été le but plus ou moins avoué des philosophes du XVIIIe siècle ». L'admirateur de Danton ajoute : « c'est ce qu'ont voulu les politiques dirigeants de la première République ». Il en vient donc à affirmer que la destruction de la religion est indispensable à la fondation de la nouvelle république politique et sociale. Néanmoins, Aulard concède que la destruction de la religion doit s'opérer par des voies pacifiques, par des mesures législatives et par la confrontation des idées, en particulier grâce à l'instruction publique et à l'école laïque. Ces articles provoquent un immense scandale.

Ferdinand Buisson répond aussitôt à Aulard pour préciser la position des véritables libres penseurs et des radicaux[26]. Son vieil ami ne voulait certainement détruire que les dogmatismes et les *credo* irrationnalistes, les religions du Vatican, de Luther, de Calvin, mais il fallait distinguer les religions et la religion, ce sentiment religieux que l'on ne pouvait extirper de la nature humaine. Il ne fallait pas détruire la religion, mais la laïciser, la démocratiser. Répondant à Goblet et Aulard, Buisson définit ensuite ce que doivent être les objectifs du congrès de Marseille du parti radical-socialiste d'octobre 1903.

> « Il ne faut pas faire de "lois d'exception", mais il faut faire des lois qui mettent fin aux lois d'exception sur les points que voici.

> « Il existe encore un régime d'exception favorable à l'Église :
> 1) En matière d'enseignement par l'existence de la "loi Falloux" ;
> 2) En matière d'association, par l'existence des congrégations ;
> 3) En matière de culte, par l'existence du Concordat.
> « Le retour au droit commun, c'est la suppression de ces trois énormes exceptions.
> « Et l'"anticléricalisme" est dans la vérité même de son rôle, de ses traditions, de son droit, en réclamant cette triple réforme[27]. »

L'échec de l'abrogation de la loi Falloux

La question de l'abrogation de la loi Falloux dans l'enseignement secondaire avait été posée par le dépôt au Sénat, le 6 novembre 1902, d'un projet de loi du ministre de l'Instruction publique Chaumié, mais le gouvernement était divisé comme les radicaux à propos d'un système unifié d'enseignement public. En revanche, les socialistes comme Viviani et Jaurès, les francs-maçons dirigés par Lafferre et les libres penseurs comme Henry Bérenger, le directeur de *L'Action*, étaient tous partisans d'un monopole de l'enseignement laïque au nom de la nécessaire laïcisation de tous les services publics. Mais Buisson refuse le monopole étatique de l'enseignement public au nom de la liberté de l'enseignement, sous réserve de soumettre les établissements privés au contrôle renforcé de l'État. Le congrès de la Ligue de l'enseignement se rallie à une formule de transaction élaborée par le sénateur Béraud : « la liberté dans la laïcité », soit la liberté de l'enseignement réservée aux seuls personnels laïques. Le congrès radical de Marseille, en septembre 1903, se divise sur l'abrogation de la loi Falloux. Buisson, Hubbard et Chaumié plaident pour la « liberté dans la laïcité ». Les radicaux de droite s'inquiètent de voir les socialistes et les francs-maçons exiger un monopole étatique. Mais des radicaux-socialistes défendent encore le principe du monopole de l'enseignement public.

Quand la discussion vint au Sénat, le 17 novembre 1903, le titre III de la loi Falloux relatif à l'enseignement secondaire est abrogé par 225 voix contre 31. L'affaire est-elle entendue ? C'est alors que Clemenceau, le 17 novembre 1903, tour à tour applaudi par la gauche et la droite, intervient : il commence par s'en prendre aux congréganistes « membres d'une corporation internationale soumise à un souverain étranger véritable enclave de servitude romaine dans notre droit civil de liberté ». Mais c'est pour mieux dénoncer le monopole d'enseignement de l'État. « Je repousse l'omnipotence de l'État laïque parce que j'y vois une tyrannie. [...] Nous n'échappons à l'Église que pour tomber dans les bras de l'État. » Il dénonce la transmission de « la puissance spirituelle du Pape infaillible, immuable » à son substitut « l'État faillible et changeant, [...] ce catholicisme laïque, avec son clergé universitaire ». Il se refuse à « adorer le monstre État, tout dégouttant de sang humain », détenteur d'une vérité laïque absolue. « Quel concile de pions sera chargé de donner la formule infaillible d'un jour ? » Il dénonce le danger de « collectivisme de l'enseignement » qui ne serait que la préface à la collectivisation de la production dont Jaurès rêverait[28]. Incapable de penser la laïcité autrement que comme un combat contre l'Église, il défend le dualisme scolaire « dans l'intérêt même de la commune liberté », mais refuse que les congréganistes aient le privilège de « former un État dans l'État ». Il faut interdire donc les ordres religieux, tout comme l'avaient fait les révolutionnaires de 1792.

Après une telle philippique, le Sénat rejette le monopole scolaire par 192 voix contre 60 et la question ne sera plus jamais abordée. Combes se rallie aussitôt à un amendement qui interdit d'enseignement les membres des congrégations même autorisées, « ces ennemies de nos idées, de nos sentiments, de nos institutions », au nom du principe de laïcité, et cet amendement est adopté par 147 voix contre 136. La loi est votée par le Sénat, le 24 décembre 1903, mais ne sera jamais présentée par Combes devant la Chambre des députés : la loi Falloux subsistera donc. Combes et Clemenceau se contentent donc de séculariser l'enseignement confessionnel au nom de la liberté de l'enseignement plutôt que de fonder un véritable enseignement public garantissant à tous les enfants le droit à l'enseignement laïque.

Troisième acte : l'interdiction de tout enseignement congréganiste

Dès le 18 décembre 1903, Combes a déposé une proposition de loi qui interdit aux congrégations même autorisées d'enseigner. Buisson, président de la commission, dépose le 11 février 1904 un nouveau projet de loi qui est aussitôt dénoncé par le pape, les cardinaux et les évêques comme « un attentat contre le droit et la liberté ». Ainsi est élaborée la loi du 7 juillet 1904 qui ordonne la fermeture des écoles tenues par des religieux. Par-delà les péripéties parlementaires, l'interdiction d'enseignement faite aux religieux a provoqué un très profond débat fort éclairant sur les enjeux de la politique anticléricale. Buisson récuse toute idée de philosophie d'État et veut empêcher que l'anticléricalisme ne dégénère en antireligion, mais il ne peut admettre la compatibilité entre les vœux d'obéissance à un ordre dogmatique et le devoir d'éducation des enfants à la raison et à la liberté. « Qui n'est pas libre ne peut former des citoyens libres. » Prononcer des vœux crée une incapacité civile d'enseignement. Les Frères des écoles chrétiennes doivent cesser d'exercer ou se séculariser. Pour justifier la remise en cause par l'État des fonctions que l'Église s'est attribuées au cours de l'histoire, il admet que, « sans toucher à l'idée catholique, on la dépouille d'une armature extérieure qu'elle s'est assidûment fabriquée au détriment de la liberté humaine[29] ».

Mais certains anticléricaux ne peuvent accepter cette solution. Des socialistes comme Viviani et Allard n'hésitent pas à dénoncer le « mensonge » de la neutralité de l'État. Il ne faudrait pas admettre comme enseignants les anciens congréganistes, ni les écoles privées sécularisées. Il faudrait même « laïciser la laïque » et former dans les écoles publiques un homme nouveau détaché de toute croyance et de toute idée de transcendance. Des journaux libres penseurs, comme *La Lanterne*, ou radicaux comme *L'Action* font de la surenchère. « Après la congrégation, l'Église. Après le cléricalisme, le catholicisme. La guerre actuelle ne saurait être restreinte aux proportions d'une querelle entre moines et universitaires. C'est le combat suprême entre la pensée libre et les religions. Nous y serons vaincus si nous n'étions qu'à demi vainqueurs[30]. » Ce courant intolérant, qui mêle socialistes blanquistes et radicaux antireligieux, accompagne en permanence tous les débats, mais il reste marginal.

Pour Jaurès, l'État enseignant doit être laïque, démocratique, rationnel, révolutionnaire[31]. La démocratie a le droit de retirer la liberté d'enseigner à tous ceux qui ne reconnaissent pas le caractère absolu de la liberté de conscience. « Quiconque n'a pas renoncé doctrinalement et pratiquement à contester la liberté absolue de la personne humaine n'a pas le droit d'enseigner dans une démocratie fondée sur ce principe nécessaire. » Voilà ce qui interdit absolument à tout religieux d'enseigner. Même si par sa nature contradictoire de religion de l'incarnation de l'Homme-Dieu, le christianisme est un message d'exaltation de la nature humaine, il est aussi, « parce qu'il contient un principe d'autorité, la négation du droit humain et un principe d'asservissement social ». L'État démocratique ne peut donc légitimer les principes chrétiens d'autorité et de servitude, mais il n'a pas le droit d'interdire la diffusion du message chrétien. L'éducation nationale ne peut enseigner un vieux dogme religieux, pas plus qu'une doctrine officielle nouvelle, car elle doit seulement apprendre aux enfants à raisonner, à pratiquer le libre arbitre, à penser par eux-mêmes pour découvrir et affirmer les droits fondamentaux de la personne humaine. La laïcité, selon Jaurès, condamne le cléricalisme et les dogmes, mais pas l'expression de la foi religieuse.

Défense et illustration de la liberté des congrégations

Ces positions suscitent deux types de critiques de la part des catholiques et des libéraux. Charles Péguy par exemple dénonce la « tartufferie » de ce « mouvement bourgeois » qu'est l'anticléricalisme. Il prétend être dirigé contre le cléricalisme, « contre l'autorité de commandement exercée par l'Église, contre l'abus et contre l'ingérence de l'Église dans le domaine gouvernemental », mais, dans la réalité, « il est dirigé contre le catholicisme, c'est-à-dire contre une certaine autorité de compétence exercée dans les consciences par des moyens religieux ». Péguy, en évacuant les questions de l'obéissance au dogme et de l'autorité ecclésiale, réduit la pensée de Jaurès à un anticléricalisme vulgaire. D'autres catholiques[32] sont plus traditionnalistes quand ils dénoncent les « sophismes » de Buisson à propos des vœux de religion ou les « illusions » de Jaurès et de Clemenceau sur la liberté illimitée de l'homme. Pourquoi un homme libre ne pourrait-il pas immoler sa propre liberté à un idéal surnaturel sans pour autant compromettre son humanité ? Pourquoi, face à la Révélation, la liberté de l'homme ne s'inclinerait-elle pas devant les droits souverains de Dieu ? Devant Dieu, l'homme n'est pas libre ; au-dessus de la raison, il y a l'appel du divin que l'homme a le droit de rechercher.

De tels arguments sont repris par le libéral et protestant Ribot comme par le conservateur catholique Denys Cochin. Pour eux, le Parlement n'a pas vocation à être un lieu de joutes philosophiques. Cochin se refuse à faire de la raison le critère de tout enseignement de la liberté et de toute connaissance. Il refuse de faire du rationalisme le détecteur infaillible de toute vérité, en ces temps de retour aux sources du spiritualisme[33]. Il refuse de faire de l'État enseignant l'émancipateur privilégié des hommes, car ce serait pour lui le début de l'État collectiviste. Si la laïcité n'est plus définie comme la simple neutralité de l'État selon Ferry, déclare Ribot, si elle repose sur une conception rationaliste de l'homme et de l'évolution de la société vers le progrès, elle devient une conception philosophique dogmatique. Elle sombre dans l'intolérance et nie la liberté de religion. Une laïcité à outrance opposerait le dogme de l'État au dogme de l'Église, au *Syllabus* clérical un nouveau *Syllabus* laïque. Les libéraux se doivent de défendre la laïcité-neutralité contre les doctrinaires du « laïcisme », héritiers des sectateurs de la déesse Raison. Sur les questions de la liberté et de la laïcité de l'enseignement, les libéraux protestants rejoignent souvent les conservateurs catholiques et s'opposent, comme eux, aux laïques antidogmatiques, qu'ils assimilent à des anticléricaux intolérants.

Bilan de la sécularisation et de la politique anticléricale de Combes

Ces débats ne modifient cependant pas le rapport des forces politiques. Le 28 mars 1904, par 306 voix contre 241, la Chambre tranche. « L'enseignement de tout ordre et de toute nature est interdit en France aux congrégations. » Les religieux ont un délai de dix ans pour cesser leurs activités ou séculariser leurs institutions. Le Sénat adopte le même texte par 167 voix contre 108 le 5 juillet. La loi est promulguée deux jours après. En conséquence, Combes ordonne la fermeture de 2 200 écoles de congrégations non autorisées. Il reçoit en juillet plus de 800 messages de félicitations émanant des comités radicaux, radicaux-socialistes, libres penseurs et francs-maçons. L'anticléricalisme est à son zénith alors que la rupture diplomatique entre la République et le Saint-Siège est imminente[34]. Refusant d'obtempérer, de nombreux religieux sont expulsés de leurs établissements. D'autres organisent la résistance passive, cachent leurs biens mobiliers ou les font passer à l'étranger. Beaucoup attendent l'expulsion dans l'angoisse, cultivent une mentalité victimaire, se préparent au martyre, et se consacrent au culte du Sacré-Cœur de Jésus brodé sur le blanc du drapeau français. « La France du Sacré-Cœur ne périra pas », affirme le père Le Doré, grand maître de la résistance. Il ne faut cependant pas exagérer la violence de cette « invasion laïque ». Des démonstrations préventives de force militaire et policière ont parfois été décidées comme pour l'expulsion des moines de la Grande Chartreuse, le 29 avril 1903. Mais, l'Église doit constater avec amertume la faiblesse de la résistance des populations même dans les zones de vieille chrétienté. En dépit des rituels de déploration, l'indifférence prévaut car les moines ne sont guère populaires, et seuls les parents d'élèves se mobilisent vraiment. Par prudence, beaucoup de communautés ont accepté la sécularisation pour que les écoles restent ouvertes, reprises par des associations selon la loi de 1901, avec un personnel sécularisé ou laïque[35].

Au total, en 1912-1913[36], l'enseignement privé compte encore 1 068 000 élèves (19 % des effectifs du primaire), à peine 313 000 de moins qu'en 1901-1902. L'enseignement public n'a recueilli que 71 000 élèves des écoles dissoutes, les autres sont restés dans le privé. Ne subsistent que 250 écoles congréganiste avec seulement 8 000 garçons et 28 000 filles. Sur les 8 200 établissements autorisés devant disparaître, plus de 6 450 se sont sécularisés et privatisés. Maigre bilan, même si les enseignants laïques dans les écoles privées sont plus nombreux que les anciens congréganistes.

La sécularisation a nettement progressé, mais l'enseignement privé résiste. En 1911, le bilan global établi par Briand est très mitigé : subsistent 4 567 congrégations en situation régulière et 1 700 établissements en situation irrégulière [37]. Concluons à la victoire morale et politique des laïques plutôt qu'à l'éradication des congrégations.

4. La rupture entre la République et le Saint-Siège

La politique anticongréganiste ne met pas en cause par elle-même le Concordat et ne conduit pas inéluctablement à la Séparation. Mais elle attise les passions des anticléricaux et exaspère les catholiques croyant à une nouvelle vague de persécutions. Elle détériore les relations entre la République et l'Église. La rupture finale du Concordat provient cependant du conflit entre Combes, le dernier chef de gouvernement gallican, et l'intransigeance du Saint-Siège.

L'élection du pape Pie X le 4 août 1903, sans expérience diplomatique mais « épris d'absolutisme religieux » (Briand), et son choix surprenant comme secrétaire d'État de Rafaël Merry del Val, un aristocrate intransigeant de 38 ans d'origine irlando-espagnole, complique en effet la situation [38]. La nouvelle direction pontificale abandonne aussitôt la politique prônée par le défunt Léon XIII. Alors que le cardinal Rampolla est tenu pour responsable de la dégradation de la situation de l'Église en France, les jésuites et les assomptionnistes retrouvent aussitôt la confiance du pape et de son secrétaire. Avec Jacques Piou et Denys Cochin, les frères Bailly deviennent les principaux interlocuteurs pour les affaires françaises. La papauté demande vite aux catholiques de se ranger sous la bannière des conservateurs pour défendre les intérêts de l'Église. Très hostile aux courants modernistes qui se développent parmi les théologiens français, très angoissé par les progrès de l'anticléricalisme en France, Merry del Val invoque encore le complot maçonnique et les forces occultes pour expliquer les progrès du « laïcisme », foncièrement antireligieux dans son esprit. Les relations se dégradent avec la République française à la suite de trois incidents.

Le conflit de la nomination des évêques

Profitant de la complaisance des gouvernements de l'Ordre moral, la papauté avait systématiquement imposé, dans les bulles d'investiture des évêques, une nouvelle formule, *Nobis nominavit*, réduisant ainsi la nomination par l'État à une simple présentation soumise à ratification ou refus par le pape. Le Saint-Siège remettait en cause l'usage remontant au Concordat de 1516. La modification sémantique traduit bien le renforcement de l'autorité du souverain pontife sur tout le clergé de France. Est-ce une des conséquences de l'adoption du dogme de l'infaillibilité pontificale ? Cela révèle plutôt la modification du rapport concordataire entre l'Église romaine et la République. Soucieux de l'application formelle des usages pratiqués depuis Napoléon et l'Ancien Régime, les présidents du Conseil Léon Bourgeois, Waldeck-Rousseau, puis Combes exigèrent l'application à la lettre des procédures prévues par le Concordat, et donc le retour à la simple formule *nominavit*. Léon XIII et le cardinal Rampolla proposèrent plusieurs formules transactionnelles qui furent toutes rejetées par Combes. Mais, juste avant la mort de Léon XIII, le secrétaire d'État renonce à l'exigence du *Nobis*. Le conflit semble éteint, mais cette victoire facile illusionne Combes. Il veut transformer un succès sémantique en victoire politique.

Rompant avec la tradition de l'entente préalable, entre le gouvernement et le nonce, sur le choix des candidats présentés pour être investis à l'épiscopat, Combes nomme plusieurs évêques et réclame leur investiture, que le Saint-Siège lui refuse en invoquant son droit de veto. Les candidats étaient-ils trop ouvertement républicains ou immoraux ? Pie X proteste par lettre privée au président de la République, puis ouvertement devant le Sacré Collège le 18 mars 1904. Déplorant l'abandon unilatéral de l'entente préalable, il dit « toute sa tristesse » devant les mesures prises contre les congrégations, même celles autorisées, et en particulier le projet de loi contre l'enseignement congréganiste, ainsi que les condamnations des évêques par le Conseil d'État. Il met en garde les autorités françaises devant les risques d'une séparation de l'État et de l'Église. « Nous déplorons et nous réprouvons hautement de telles rigueurs, essentiellement contraires à la liberté bien entendue, aux lois fondamentales du pays, aux droits inhérents à l'Église catholique et aux règles de la civilisation elle-même[39]. »

Combes riposte en dénonçant le « triage » préalable des candidats qui permet l'investiture des plus hostiles à la République, et le recours systématique du pape à son droit de veto, qui a abouti à un refus de quatre sur cinq des évêques nommés par le gouvernement. Devant le refus réitéré de ses candidats, Combes n'en présente pas d'autres, et le pape réplique en affirmant en décembre 1903 qu'il ne renoncera jamais à son droit de veto « dussent tous les évêchés de France rester vacants[40] ». Quatre vacances épiscopales se prolongent. Le scandale rappelle en mineur celui de la Régale. Plus que jamais, Combes veut contrôler le clergé catholique. Il n'hésite pas à sanctionner les ecclésiastiques qui protestent contre sa politique à l'égard des congrégations : 632 sont suspendus de traitement, dont 11 évêques et l'archevêque de Paris. Un record ! Le gouvernement exige toujours plus l'application rigoureuse des Articles organiques que le clergé et le Vatican reconnaissent moins que jamais. Le pape réclame avec force la liberté de l'Église, Combes exige le respect de la loi de l'État. Le dialogue devient impossible.

La visite du président Loubet à Rome

C'est alors que survient un incident diplomatique : la visite du président de la République française à Rome à l'invitation du roi d'Italie, le 24 avril 1904 ; elle suscite une protestation très vive de Pie X car le pape se considère toujours comme prisonnier au Vatican de l'État italien depuis 1870, et s'indigne de voir la France légitimer ainsi l'annexion des anciens États pontificaux par l'Italie. À l'ordinaire, les personnages importants de passage à Rome obtenaient une audience avec le pape au Vatican, avant même de se rendre auprès des autorités italiennes au Quirinal. Une indiscrétion de la presse, ou une manœuvre de la curie pontificale, fait échouer une rencontre prévue entre Delcassé, le ministre des Affaires étrangères, et Merry del Val, le secrétaire d'État. La visite du président Loubet à Rome ne peut donc avoir pour seul but que le rapprochement des deux États ; la France s'évertue à détacher l'Italie de son alliance militaire avec les empires allemand et autrichien. Le Vatican s'inquiète de ce glissement de la monarchie italienne vers la France et l'Angleterre. Le voyage du président français à Rome est l'occasion de manifestations publiques très hostiles à la papauté, organisées par les libres penseurs, les anticléricaux et les socialistes italiens. Ce qui indispose fortement le Saint-Siège.

Le cardinal Merry del Val adresse alors aux chefs d'États catholiques une lettre de protestation hostile à la France. Le prince de Monaco, anticlérical notoire, transmet le document à Jaurès, qui publie, le 17 mai, la note provocatrice dans son tout jeune journal *L'Humanité*. Merry del Val y écrit que « si le nonce était resté à Paris, c'est à cause de motifs très graves, d'ordre et de nature en tous points spéciaux ». Or cette phrase ne figure pas dans le texte transmis au président Loubet. Jaurès, Clemenceau et de nombreux radicaux réclament une réaction du gouvernement français. Combes leur répond : « Nous avons voulu en finir une bonne fois pour toutes avec la fiction surannée d'un pouvoir temporel disparu depuis plus de trente ans[41]. » Le 27 mai, jugeant les propos et le procédé du Saint-Siège scandaleux, une majorité de 420 députés, contre 90 ultramontains irréductibles, approuve le rappel de l'ambassadeur de France auprès du Vatican. Une grande partie de l'opposition de droite s'est jointe à la majorité de gauche, attestant de la force de la tradition gallicane et de l'hostilité très large aux prétentions vaticanes. Ribot et les modérés, « jaloux de l'indépendance de la société politique », ont soutenu le gouvernement. En revanche, l'ordre du jour déposé par les députés socialistes d'extrême gauche Allard, Dejeante et Sembat, exigeant la dénonciation immédiate du Concordat, est repoussé par 146 voix contre 385. Jamais plus les anticléricaux irréligieux n'obtiendront un tel soutien. C'est dire que la rupture des relations diplomatiques entre deux États n'est pas encore la séparation de l'Église et de l'État.

Les affaires des évêques Geay et Le Nordez

La situation s'aggrave cependant à la suite de la mise sur la place publique des conflits opposant la curie romaine et deux évêques français tenus pour républicains. En avril 1904, à la suite d'une campagne d'insinuations menée par des fidèles mal intentionnés et des membres de son secrétariat, sur ses prétendues relations amoureuses avec la supérieure du carmel local[42], Rome invite Mgr Geay, évêque de Laval, à démissionner et cela sans consulter le gouvernement français. Ensuite, c'est l'évêque de Dijon, Mgr Le Nordez, qui est accusé d'anciennes infractions à son vœu de chasteté, dans une campagne de diffamation menée par des extrémistes qui le dénoncent comme franc-maçon, photo truquée à l'appui. L'évêque se voit interdire toute ordination à la suite d'une fronde organisée dans son séminaire. En fait, ces deux prélats sont fichés en bonne position sur la liste des évêques républicains établie par le Vatican. Les campagnes menées contre eux paraissent avoir été orchestrées. Les deux prélats sont cités à comparaître devant le tribunal du Saint-Office à Rome, sous peine de sanction canonique. Ils informent le directeur des cultes et le gouvernement, qui prend leur défense au nom du droit des personnes et du respect du Concordat, qui implique un accord bilatéral pour toute démission. Combes fait déclarer au secrétaire d'État, le 23 juillet 1904, que si Rome persiste « le gouvernement français devra comprendre que le Saint-Siège n'a plus souci de ses relations avec le pouvoir qui, remplissant les obligations du Concordat, a le devoir de défendre les prérogatives que le Concordat lui confère ».

Le secrétaire d'État, le 26 juillet, réaffirme que « même après le Concordat, le pontife romain conserve son autorité pleine et entière sur les évêques en France ». Il n'est pas question que l'État français intervienne dans les relations entre le pape et ses évêques en contradiction avec l'autorité canonique. Mais pour la France, il est impensable de laisser le Vatican abuser du droit canon pour juger deux malheureux évêques, victimes de provocations, et dont le tort principal est d'avoir des sympathies républicaines. Le 30 juillet 1904, le chargé d'affaires français informe le secrétaire d'État que le gouvernement de la République a « décidé de mettre fin à des relations officielles qui, par la volonté du Saint-Siège, se trouvent sans objet ». La France considère que le Saint-Siège a violé la lettre et l'esprit du Concordat et donc que celui-ci est caduc. Le droit public de l'État français et le droit canon de l'Église se heurtent de plein fouet dans des affaires qui relèvent plus de la diffamation contre des personnes que de manquements d'évêques à leur mission apostolique.

La rupture désormais consommée, les jours du Concordat sont comptés. Émile Combes prononce un discours important le 4 septembre 1904 à Auxerre. On date de ce moment sa prise de parti en faveur de la Séparation, mais, comme le montrent ses propos, il se résout davantage à l'inéluctable qu'il ne se « convertit » au principe. Le président du Conseil déclare en effet : « Le pouvoir religieux a déchiré ostensiblement le Concordat. En ce qui me concerne personnellement, il n'entre pas dans mes intentions de le rapiécer. La seule voie restée libre aux deux pouvoirs en conflit, c'est la voie ouverte aux époux mal assortis : le divorce, et de préférence le divorce par consentement mutuel. » L'historien Gérard Baal estime justement que, « contrairement à sa légende, et à ses propos ultérieurs, Combes n'est que le père accidentel de la Séparation[43] ».

CHAPITRE 7

Le laboratoire de la Séparation ou la commission des trente-trois

Qui aurait pu prédire en 1902 que la séparation des Églises et de l'État serait adoptée à la fin de la législature? Certainement pas Émile Combes, qui n'avait cessé de réaffirmer son attachement au Concordat. Le 2 juin 1902, il avait assuré le président de la République, Émile Loubet, hostile à la Séparation, de son attachement au Concordat[1], et il avait déclaré à la Chambre, le 12 juin suivant, que le temps de la Séparation n'était pas encore venu. Son gouvernement comptait nombre de ministres attachés au Concordat, en particulier Delcassé aux Affaires étrangères, Rouvier aux Finances et Chaumié à l'Instruction publique.

Seule une minorité de 200 députés paraissait acquise à cette solution. Le 20 mai 1903 encore, le régime concordataire était confirmé par une majorité de 313 voix contre 237 puisque des radicaux avaient joint leurs voix à celles des républicains de droite pour ne pas dénoncer le Concordat tout en approuvant la politique anticongréganiste. Mais la politique du concordataire Combes conduit, paradoxalement, à la rupture des relations diplomatiques avec le Vatican, qui rend inéluctable, un an plus tard, le vote de la loi de séparation par la même Chambre.

1. Comment s'impose l'idée de la Séparation ?

Sur les 588 députés élus aux élections générales des 27 avril et 12 mai 1902, seuls 269 ont posé la question de la Séparation dans leurs déclarations d'intentions, 129 se sont prononcés pour et 140 contre. Le député monarchiste rallié Georges Berry invoque ce constat, le 21 mars 1905, à l'ouverture de la discussion à la Chambre sur le projet de loi, pour faire ajourner le débat. L'argument est quelque peu spécieux car la Séparation est un article permanent des programmes des partis socialistes et radicaux, mais la question a connu une éclipse depuis la politique de ralliement à la République du pape Léon XIII. Les élections de 1902 se sont jouées cependant pour ou contre la politique de Waldeck-Rousseau. L'urgence de la Séparation n'est alors évidente qu'aux yeux des socialistes qui veulent en terminer au plus tôt avec le programme radical pour poser enfin la question des réformes sociales, et des radicaux-socialistes qui constituent encore le groupe anticlérical le plus actif. La gauche pas plus que la droite n'a de position unanime sur la Séparation.

La pression de la délégation des gauches

Les 53 députés socialistes sont tous favorables à la Séparation, mais avec plus que des nuances, en raison de leurs attitudes divergentes face à l'anticléricalisme ; 33 l'ont inscrite dans leur profession de foi. Parmi eux, 11 socialistes révolutionnaires sont des disciples lointains de Blanqui regroupés autour de Dejeante et d'Allard, qui entendent faire la « guerre aux religions » ; 22 autres députés socialistes sont ouvertement séparatistes dès 1902. Le Parti socialiste de France de Jules Guesde et Édouard Vaillant l'est aussi, mais redoute que la politique anticléricale des bourgeois radicaux ne serve de diversion. Ses députés sont très hostiles au catholicisme social et au syndicalisme chrétien, qu'ils accusent de paternalisme et de division du front de la classe ouvrière. Les députés membres du Parti socialiste français, regroupés autour de Jaurès, sont impatients quoique plus tolérants. Jaurès est toujours resté adepte du dialogue avec les chrétiens et de la réconciliation de l'Évangile et du socialisme, mais il veut en finir au plus tôt avec la question cléricale et déclare le 15 août 1902 : « Il est temps que le grand et obsédant problème des rapports de l'Église et de l'État soit enfin résolu pour que la démocratie puisse se donner tout entière à l'œuvre immense et difficile de réforme sociale et de solidarité humaine que le prolétariat exige. »

Les 210 députés radicaux sont répartis en trois groupes parlementaires, en dépit de la fondation du nouveau parti en 1901, et cette division recoupe en partie leurs positions divergentes sur la Séparation. Sur les 110 députés radicaux-socialistes, 52 au moins ont fait une campagne ouverte pour la Séparation et veulent aboutir pour en finir avec l'opportunisme, et avancer vers la « démocratie sociale ». Pour eux, il n'y a toujours « pas d'ennemis à gauche », et le refus des réformes profondes par le parti radical ferait le lit du nationalisme. Ils sont souvent liés à la libre pensée la plus antireligieuse. Les 77 « radicaux » sans épithète ont des positions extrêmement variées, même si l'anticléricalisme est leur point commun. Une trentaine de députés sont favorables à la Séparation, mais la majorité reste concordataire comme Combes. Les autres députés de la « gauche radicale » (en fait à l'aile droite du parti), comme Leygues, Rouvier ou Caillaux, sont fermement concordataires. Ils redoutent trop l'aventure, le saut dans l'inconnu, et craignent qu'une Église libre soit encore plus dangereuse pour la République qu'une Église concordataire. Mieux vaut continuer à la salarier que s'en séparer[2]. La fermeture des couvents n'a pas causé trop de troubles parce que les moines étaient peu liés aux fidèles. Mais les protestations des conseils municipaux et des parents d'élèves des écoles congréganistes ont été assez vives pour laisser entrevoir des réactions encore plus dangereuses si tous les catholiques rejetaient une réforme affectant tous les curés et toutes les églises. La Séparation risquerait d'être plus impopulaire que la lutte contre les congrégations.

Le groupe d'environ 88 députés de l'Union démocratique, qui soutient le gouvernement Combes, est tout aussi concordataire. Barthou, Poincaré, favorables à la défense républicaine, restent partisans d'une lutte prudente contre le cléricalisme, mais sont attachés au Concordat. En revanche, ils entendent écarter les socialistes de la majorité. Au total, les gauches comptent environ 350 députés et ont une majorité de 80 à 100 voix. Mais il n'y a guère plus de 200 séparatistes avérés en 1902. Le succès d'une loi de Séparation suppose donc le ralliement d'au moins la moitié des députés de l'Union démocratique. Ce qui paraît fort improbable.

Mais c'est compter sans la Délégation des gauches formée, après la démission de Waldeck-Rousseau, par les partis unis dans la « défense républicaine » et décidés à se concerter en permanence pour soutenir la politique de Combes. Les socialistes n'y sont que cinq, mais Jaurès, de Pressensé et Briand y jouent un rôle décisif. Jaurès a compris que les socialistes, très minoritaires, ne peuvent être influents que s'ils mettent en avant des objectifs partagés avec des radicaux qu'ils faut pousser à l'action. Charles Péguy a certainement exagéré le rôle du leader socialiste, en qui il vit « le véritable maître de la situation sous le ministère Combes[3] », mais on ne peut contester que Jaurès sut rassembler les socialistes d'abord, puis les radicaux-socialistes, autour d'un projet très étudié de Séparation, le projet de Françis de Pressensé. Les socialistes joueront ainsi un rôle décisif dans l'impulsion de la campagne séparatistes lancée dès le printemps 1903.

Des droites divisées face à la Séparation

La droite n'est pas unanime dans la défense du Concordat. Certains modérés et libéraux, voire des nationalistes et des monarchistes, ne sont pas insensibles à l'idée d'une séparation favorable à l'Église. Cependant, domine encore au centre droit le groupe des 91 élus « progressistes » concordataires. Ces héritiers de la politique d'« apaisement » de Méline restent très favorables à l'union avec les catholiques ralliés, et veulent donc maintenir le *statu quo*. Leur principale figure est Alexandre Ribot qui, quoique protestant, se fait souvent le défenseur des catholiques et des intérêts de l'Église.

Les nationalistes sont en revanche très hostiles à un Concordat qui « bâillonne » l'Église et auquel s'accroche Combes. Les anciens blanquistes et compagnons de Rochefort, rescapés de l'aventure boulangiste, sont assez démagogues pour jouer la carte de l'anticléricalisme, voire de la Séparation, pour concurrencer la gauche sur son propre terrain en milieu populaire. Quelques bonapartistes anticléricaux sont favorables à une solution préservant les intérêts de l'Église. Ainsi, le journal *L'Autorité* de Cassagnac milite pour la Séparation jusqu'en octobre 1904, avant de retourner sa position, prenant toujours le contre-pied du gouvernement Combes.

La droite conservatrice ralliée n'est pas non plus unanime dans la défense du Concordat. Le grand orateur catholique

Albert de Mun, malade, intervient peu, sinon par voie de presse dans *L'Univers* ou *La Croix*, mais il proteste aussi bien contre l'application du Concordat par Combes que contre les projets de Séparation de la gauche. Le fondateur de l'Action libérale populaire, Jacques Piou, est ouvert à une solution à l'américaine, mais il entend assurer surtout la défense des intérêts de l'Église. Battu aux élections en Haute-Garonne, il ne fait aucune confiance à la gauche. Chez les monarchistes, nombre d'orléanistes, comme le comte d'Haussonville, se disent favorables à une Séparation à l'américaine qui libèrerait l'Église des chaînes du Concordat. Les congréganistes, furieux que Léon XIII et Rampolla aient sacrifié les ordres réguliers au maintien du Concordat, affirment que la Séparation serait la « fin de l'esclavage de l'Église ». Mgr de Cabrières, évêque légitimiste de Montpellier, envisage sans crainte la Séparation, en tout cas jusqu'en 1904. En revanche, la quarantaine de députés monarchistes, élus dans les terres de chrétienté de l'Ouest et du Nord-Est, se comptent parmi les plus ardents défenseurs d'un Concordat sans Articles organiques. La question de la Séparation a été posée avec d'autant plus d'insistance que les relations entre le ministère Combes et le Vatican se détérioraient. La crise du régime concordataire devint telle que les propositions séparatistes se multiplièrent, rendant de plus en plus crédible et plausible un divorce et la Séparation s'imposa comme une idée-force transcendant en apparence l'opposition gauche-droite.

2. Huit projets de loi et une commission parlementaire

Tout au début de la nouvelle législature, deux propositions de loi avaient été déposées sur le bureau de la Chambre, comme les séparatistes l'avaient déjà souvent fait[4].

Le 27 juin 1902, le député de Paris, Victor Dejeante, et 12 députés socialistes d'extrême gauche déposent un premier projet. Cet ancien membre de l'Alliance communiste devenu président du groupe socialiste à la Chambre reprend la proposition que le guesdiste Alexandre Zévaès avait déposée lors de la précédente législature : dénonciation du Concordat, suppression immédiate du budget des cultes, dissolution de toutes les congrégations religieuses et reprise par l'État de tous les biens du clergé afin de dégager les ressources nécessaires pour alimenter la Caisse des retraites ouvrières à créer au plus tôt. Dans l'exposé des motifs, cette motion se réfère à celle déposée en 1891 par le marxiste Paul Lafargue. Les mesures préconisées ne sont pas présentées comme des « mesures socialistes », mais comme « purement et simplement d'ordre républicain ». La Séparation est à faire au plus tôt car « il importe d'en finir immédiatement avec cet État dans l'État que constitue, un siècle après la Révolution de 1789, le clergé catholique ». Il faudrait nationaliser tous les biens de l'Église et supprimer le budget des cultes pour terminer au plus vite l'œuvre entamée en 1789 et pouvoir poser enfin la question de la révolution sociale.

À la surprise générale, le 20 octobre 1902, le député nationaliste de Paris, Ernest Roche, collaborateur de Rochefort, le directeur du journal *L'Intransigeant*, dépose une proposition demandant la dénonciation du Concordat et la suppression du budget des cultes. Il raille les velléités des républicains, champions de la Séparation dans leurs programmes, mais incapables, une fois au pouvoir, de tenir leurs promesses. Le vieux fonds blanquiste des anciens partisans du général Boulanger transparaît dans l'attaque contre l'anticléricalisme républicain, « conservateur et réactionnaire ». Les nationalistes préconisent la création d'associations de droit commun qui pourraient acheter ou louer les édifices du culte, aujourd'hui propriété de l'État et des communes. Ainsi serait constitué un premier apport à la caisse des retraites ouvrières. La manœuvre démagogique vise à diviser les républicains et cette proposition est rejetée par 269 voix de gauche pour l'essentiel contre 172 de droite principalement.

Ces deux propositions étaient plus des programmes politiques d'action que de véritables propositions de loi visant clairement la séparation des Églises et de l'État. Néanmoins, Eugène Réveillaud, un député radical de Charente-Inférieure, franc-maçon converti au protestantisme, demande la création d'une commission parlementaire pour examiner les divers projets de réforme du régime des cultes. Combes ne pouvait s'y opposer, et la plupart des députés de gauche votent cette proposition adoptée par 280 voix contre 243, le 20 octobre 1902. Cependant, Combes reporte l'élection de cette commission, donnant la priorité à la lutte contre les congrégations. Aussi, le 26 janvier 1903, le socialiste Allard profite-t-il du débat budgétaire pour réclamer la séparation des Églises et de l'État.

Le président du Conseil, devant la Chambre des députés, justifie encore une fois son attentisme par des propos très décevants pour les anticléricaux. Il estime que la société française n'est pas encore prête à la Séparation. « Un peuple n'a pas été nourri en vain, pendant une longue série de siècles, d'idées religieuses, pour qu'on puisse se flatter d'y substituer en un jour, par un vote de majorité, d'autres idées… […] Vous n'effacerez pas d'un trait de plume quatorze siècles écoulés et, avant même de les avoir effacés, il est de votre devoir de connaître par quoi vous les remplacerez. » Comme auparavant Voltaire puis Thiers, Combes plaide l'utilité morale de la religion : « Nous considérons en ce moment les idées morales telles que les Églises les donnent – et elles sont seules à les donner en dehors de l'école primaire – comme nécessaires. » Son spiritualisme avoué lui fait considérer la religion comme « une des forces morales les plus puissantes de l'humanité ». Mais sa réponse décevante incite les séparatistes à multiplier les projets.

La proposition de loi du socialiste Francis de Pressensé

Le printemps 1903 voit fleurir les propositions de Séparation.

Le 7 avril, une proposition de loi, présentée comme un « code mûrement étudié du régime de la séparation », est déposée par Francis de Pressensé. Jeune diplomate en poste à Washington, puis journaliste au *Temps*, il fut un moment attiré par le catholicisme, mais l'hostilité de l'Église à la révision du procès Dreyfus le dissuada de se convertir. Très actif militant dreyfusard, membre fondateur de la Ligue des droits de l'homme[5], rallié au socialisme en 1899, il est élu député du Rhône en 1902 et est proche de Jaurès. Il partage avec lui cet « anticléricalisme positif » qui refuse de voir, dans l'hostilité à l'Église catholique, le simple prétexte à des campagnes antireligieuses. Ils sont tous deux persuadés que la Séparation est réalisable. Au cours de l'année 1902, Francis de Pressensé a élaboré un projet de loi en 98 articles, abordant toutes les difficultés de la réforme. Il est signé par 56 députés, 26 socialistes et 30 radicaux-socialistes, en particulier Jaurès, Millerand et Briand pour les socialistes, et Buisson, Dubief, Rabier pour les radicaux, ainsi que par Lafferre, un des membres dirigeants du Grand Orient de France. La Ligue des droits de l'homme accorde son patronage au projet de celui qui devient en 1903 son président. Ce projet est la premiere proposition de loi sérieusement étudiée, réaliste et cohérente, de Séparation.

L'exposé des motifs repose sur une analyse historique montrant que « la nécessité d'un divorce complet et définitif entre la société civile et la société religieuse a été proclamée, non seulement par les républicains, mais aussi par les adeptes de l'école libérale [...] ». Le Concordat viole la liberté de conscience par la reconnaissance de cultes officiels et d'une Église nationale. Il n'est défendu que par les « ennemis jurés de la liberté, les disciples du *Syllabus*, les héritiers de la plus formidable entreprise d'asservissement intellectuel, les complices des plus odieuses tentatives d'oppression morale et politique[6] ». La proposition se veut tout à la fois l'héritière de la pensée séparatiste des précurseurs protestants Alexandre Vinet et Edmond de Pressensé, des premiers catholiques libéraux Lamennais et Lacordaire, des républicains Jules Simon et Paul Bert, et des pionniers de la tradition socialiste. Elle s'inspire des exemples des États-Unis et du Mexique. Si Gambetta et Ferry se sont engagés à maintenir le Concordat pour des « raisons d'opportunité », la politique anticongréganiste des décrets de 1881 n'a été qu'un « grand coup d'épée dans l'eau » qui n'a eu pour effet que de « leurrer la démocratie ». Il convient donc de « faire enfin la séparation, totale, immédiate, irrévocable, des Églises et de l'État ». Son objectif fondamental est « la défense de la société laïque contre la puissance cléricale ».

La proposition Pressensé entend donc « réaliser radicalement la séparation » entre les Églises et l'État au nom de la souveraineté nationale et de la laïcité. Elle proclame deux principes : 1) « La République garantit la liberté de conscience, de croyance et de culte, le droit absolu de faire ou de ne pas faire profession d'une religion quelconque » ; et 2) « La République ne protège, ne salarie ni ne subventionne aucun culte ». Nous avons là, déjà, les deux principes de la

Séparation. Parmi les mesures d'application, sont prévues la dénonciation du Concordat, la suppression du budget des cultes et de toutes subventions, la nationalisation des biens des Églises, la fin de l'usage gratuit au bénéfice du culte catholique des cathédrales et églises, des évêchés et presbytères. Ces propriétés de l'État et des communes devront être louées et entretenues par des « sociétés civiles pour l'exercice du culte », soumises à une rigoureuse « police des cultes », visant à empêcher toute action ou manifestation étrangère au but religieux des « sociétés cultuelles ».

Comme dans les décrets de 1795, toutes les manifestations et signes extérieurs des cultes devraient être interdits ou soumis à autorisation par les municipalités, qui pouvaient se réserver le droit de « célébrer des fêtes civiques, nationales et locales » dans les édifices religieux. La Séparation supposait encore l'interdiction de « rattacher un diocèse à la juridiction d'un métropolitain ou d'un évêque ayant son siège en pays étranger ». Cette formulation, qui se veut une mesure de prévention contre l'ultramontanisme romain, met en cause l'autorité du pape sur les évêques. Même si Pressensé affirme qu'il veut substituer au régime du privilège et de l'inégalité celui de la liberté, des protestants comme l'historien Gabriel Monod et des pasteurs de Montpellier dénoncent ce projet comme « un véritable étranglement de la liberté religieuse ».

Les propositions des radicaux

Le 26 mai, le radical-socialiste et franc-maçon Gustave Hubbard, hostile à tout privilège accordé aux religions, dépose un projet original, visant simplement à appliquer aux Églises le droit commun en matière d'association, de réunion et de presse. Pour lui, « le besoin collectif religieux ou la vie sociale religieuse ne se distinguent pas de l'ensemble des phénomènes sociaux de l'ordre intellectuel et moral ». Au nom de l'égalité devant la loi, il se refuse à prendre en compte la spécificité du fait religieux. Il entend fonder sur « la neutralité confessionnelle et métaphysique » de l'État un régime qui respecte la stricte égalité de tous les citoyens quelle que soit leur confession ou leur philosophie. Tous les biens d'Église devraient donc faire retour à l'État et dans chaque commune ou quartier serait créé un « conseil communal d'éducation sociale » pour administrer les anciens édifices religieux et les ouvrir à toutes les « associations d'enseignement et de prédication morale, philosophique et religieuse ». Libres penseurs et catholiques, protestants et juifs, voire francs-maçons et athées, seraient invités à partager les mêmes locaux publics. Ce « *simultaneum* universel » s'inspirait des pratiques esquissées sous le Directoire quand la cathédrale Notre-Dame de Paris était partagée entre les cultes catholique et théophilanthropique.

Dans un état d'esprit assez comparable, le 11 juin 1903, les sénateurs Boissy d'Anglas et Clemenceau déposent une proposition de loi devant le Sénat visant à restaurer la législation mise en place par le décret du 21 février 1795, dont le rapporteur avait été l'ancêtre du premier nommé. Ils prétendent, contre toute vérité historique, que la législation en vigueur de 1794 à 1802 avait fait ses preuves et méritait d'être enfin appliquée, puisque la situation intérieure et extérieure de la France était aujourd'hui bien plus stable qu'à l'époque révolutionnaire. Cette initiative paraît plus une action de propagande qu'une véritable proposition de loi. Les séparatistes sont en effet de plus en plus nombreux et divers.

Trois propositions favorables à la « liberté des Églises »

L'ancien directeur des cultes, Émile Flourens, un député modéré, dépose lui aussi, le 7 juin 1903, un projet visant « à l'affranchissement réciproque des Églises et de l'État ». Le régime actuel ne peut se prolonger, dit-il, car le Concordat est devenu « un instrument de vexations impuissantes entre les mains d'un gouvernement illogique avec ses principes ». Combes ne rêverait-il pas d'une Église catholique nationale en rupture avec Rome, d'une nouvelle Constitution civile du clergé qui a brisé la Révolution ? En fait, Flourens remet en cause l'œuvre laïque de Combes et même de Ferry. Il réclame l'application du principe « l'Église libre dans l'État libre », qui seule pourrait apaiser les esprits, respecter les fondations pieuses et charitables, rejeter toute spoliation et garantir la plus totale liberté de culte. La liberté religieuse « intégrale » ne saurait en effet se limiter à la liberté des cultes, car toute religion a des fonctions légitimes de charité et d'enseignement. Alors que Pressensé et d'autres limitent la liberté religieuse au seul exercice des « cultes », Flourens étend très largement le champ de toutes les activités religieuses : « La liberté des cultes sans la liberté de l'enseignement et sans la liberté de la charité, sous l'empire des règles du droit commun à tous les citoyens, n'est qu'un vain mot. » Ainsi, l'Église catholique et les congrégations enseignantes comme charitables retrouveraient leur pleine indépendance, tout comme les autres confessions. L'État cesserait certes de subventionner les Églises et de salarier les ministres du culte, mais les édifices religieux et leurs locaux annexes seraient laissés gratuitement à la disposition d'« associations libres sans restriction ». Flourens plaide très habilement pour la liberté des Églises, sans garantie pour l'État, et pour la reconstitution sans contrôle de toutes les congrégations, sous couvert de totale liberté de toutes les communautés religieuses. La Séparation se limiterait à la suppression du budget des cultes.

Deux autres propositions furent encore déposées : le 25 juin par les députés protestants Réveillaud et Coulondre, le 29 par les catholiques ralliés Grosjean et Berthoulat. Par leurs dispositions très favorables aux Églises, ces propositions se ressemblent.

Quelques personnalités protestantes, dont les pasteurs Lacheret et Méjean, mais aussi le luthérien concordataire Armand Lods, entreprirent, au début de 1903, de préparer un projet exprimant la pensée des réformés. Louis Méjean en fut le rapporteur et Réveillaud le rédacteur. Le projet se réfère au rapport établi en 1874 par le sénateur-pasteur Edmond de Pressensé. Cette proposition de loi s'appuie sur quelques idées fondamentales : 1) la garantie de la pleine liberté de conscience et de culte ; 2) l'application du « droit commun aux Églises et aux associations de culte » ; 3) l'autonomie et le libre développement d'associations religieuses cantonnées dans le domaine moral et religieux. Certains protestants veulent cependant que ces associations aient le droit de développer des activités éducatives et charitables, car ils refusent de limiter leurs activités au seul culte public.

Grosjean et Berthoulat présentent leur proposition comme un contre-projet à tous ceux déjà déposés. Certes, ils se disent favorables au principe de la Séparation inscrite dans l'histoire comme l'objectif de la société civile[7], mais elle ne saurait être « une mesure de violence ou même une représaille légitime » et devrait intervenir dans un climat de « pleine paix religieuse » par le « consentement unanime de la nation ». Ces conditions n'étant pas réunies encore, la prudence politique conseillerait de surseoir à son application. La suppression du budget des cultes aggraverait les difficultés des Églises. Les députés catholiques proposent donc une négociation avec le Saint-Siège pour élaborer « un Concordat plus conforme aux principes constitutionnels qui régissent la République ». Refusant toute solution unilatérale, ils préconisent en quelque sorte un « Concordat de la Séparation ».

Par leurs propositions concrètes, ces deux derniers projets émanant de groupes et de députés affichant leurs options religieuses expriment le souci commun de « laisser aux Églises le maximum de libertés et d'avantages compatibles avec les garanties indispensables à l'ordre public » (Louis Méjean). Tous plaident pour que les associations puissent fonder librement des unions. Les édifices religieux et les biens meubles et immeubles des Églises seraient remis à ces associations à titre gratuit (Grosjean) ou pour un franc symbolique par an (Réveillaud), les grosses réparations restant à la charge de l'État. Les ministres actuels du culte continueraient à recevoir leur plein traitement jusqu'à leur mort (Grosjean) ou avec une décote selon leur ancienneté (Réveillaud). Un budget des cultes plus ou moins considérable resterait donc à charge de l'État pour de nombreuses années encore. Les trois dernières propositions visent en fait à substituer au Concordat une séparation très libérale selon le modèle belge, ou un Concordat renégocié. On comprend qu'aucune de ces propositions n'ait pu être acceptée par la majorité de la commission.

Les députés sont donc en présence d'une très large gamme de propositions de loi émanant de l'extrême gauche socialiste à la droite nationaliste, en passant par les radicaux-socialistes et les républicains modérés et également de groupes protestants et catholiques. Il est vain de penser que si l'Église catholique n'avait pas boycotté la future commission et avait avancé ses propres propositions, elle aurait été mieux entendue. Deux projets défendent le maintien du budget des cultes ; trois exigent la pleine liberté d'activités religieuses. Le projet très libéral de Réveillaud peut être approuvé aussi bien par la majorité des protestants que par la frange modérée de la franc-maçonnerie et les républicains ralliés. Par contre, le projet de Pressensé associe les socialistes réformistes, des radicaux-socialistes et les libres penseurs tolérants.

3. La commission des trente-trois au travail : la Séparation à l'étude

La multiplication de propositions rendait nécessaire la réunion de la commission parlementaire préconisée neuf mois pus tôt. Le 8 juin 1903, Francis de Pressensé persuade la Chambre de l'urgence de son élection. Pour Combes, la création d'une commission est encore un moyen de gagner du temps. Clemenceau n'aurait-il pas, avec assez de pertinence, déclaré que, pour enterrer une question, un gouvernement doit créer une commission ? On peut cependant penser que celle-ci n'a pas été réunie pour émettre des considérations sur les principes d'une rupture hypothétique. Une majorité de députés envisage désormais la Séparation comme inéluctable.

Aristide Briand, rédacteur de l'avant-projet de la commission

Le 11 juin 1903, la Chambre élit une commission « chargée d'étudier les propositions de loi relatives à la séparation des Églises et de l'État et à la dénonciation du Concordat ». Elle est composée de 33 députés, 17 du Bloc des gauches (7 socialistes, 9 radicaux-socialistes et un seul membre de l'Union démocratique) et de 16 députés d'une opposition sur-représentée mais divisée, avec 7 « progressistes » et 9 conservateurs. Une telle composition est le fruit de l'abstention d'environ 150 députés concordataires qui ne présentèrent aucun candidat. Dix-sept députés sont favorables à la Séparation, 15 sont contre, le dernier y est favorable sous réserve d'un référendum.

Le 12 juin 1903, la commission élit par 17 voix contre 16 son président, le radical-socialiste Ferdinand Buisson, qui l'emporte face au méliniste Jean Audiffred, ses trois vice-présidents, Bepmale, Baudon et Berger, et ses secrétaires, Deville et Sarraut. L'avocat nantais, député socialiste indépendant de Saint-Étienne, Aristide Briand, que Jaurès a poussé à se présenter, est élu rapporteur provisoire sans opposition. Trois socialistes et trois radicaux-socialistes entourent Buisson. La commission se réunira deux fois par semaine, 39 fois au total[8]. Peu d'observateurs lui accordent des chances de réussite. Combes lui-même aurait confié le 13 septembre 1903 son incrédulité : « La Séparation, monsieur Bérenger, vous n'y pensez pas ; la France ne pourrait pas la supporter avant vingt ans d'ici[9]. »

Lors de la séance du mercredi 24 juin 1903, le président Buisson commence par conjurer le pessimisme ambiant car, les partisans de la Séparation ne disposant que d'une voix de majorité, la commission paraît vouée à d'interminables querelles stériles. La question de la Séparation n'est pas encore dans l'ordre des faits, mais il convient de se préparer à son éventualité et d'en définir les principes et les modalités. Il revient « aux partisans de ce grand changement d'en dresser toute l'économie, d'en rédiger minutieusement la législation, comme si elle devait être promulguée demain ». Buisson entend appliquer une méthode d'élaboration démocratique exemplaire par un dialogue fructueux entre séparatistes et opposants. À eux « de les suivre sur ce terrain, pied à pied, de les arrêter par leurs objections, d'apporter aux propositions d'innovation leurs critiques, s'ils les jugent mauvaises, leurs amendements, s'ils les croient susceptibles d'amélioration ». La mise en œuvre de cette pratique démocratique démentira les prophéties les plus pessimistes et expliquera l'efficacité du travail des trente-trois. Un an plus tard, Briand peut s'en féliciter : « Les membres de la minorité eux-mêmes n'échappèrent pas à cette attitude et ont collaboré loyalement. Nous pouvons dire que le projet finalement adopté est l'œuvre de la commission tout entière. Beaucoup de ses dispositions portent l'empreinte de la minorité. »

Après avoir rejeté toutes les propositions déposées, la commission demanda à Briand de préparer, comme devoir de vacances, un nouveau texte comme base de discussion. À la rentrée parlementaire, le 8 octobre 1903, Briand communique donc à ses collègues et à la presse un avant-projet de

42 articles, afin que s'ouvre le débat. Ce texte s'inspire incontestablement de la proposition Pressensé[10]. On y retrouve l'affirmation des mêmes principes et les mêmes modalités. Mais sur quelques points décisifs, l'avant-projet Briand est déjà plus libéral que son modèle : les associations cultuelles auraient le droit de se fédérer en unions avec direction centrale ; la question de la dépendance d'une juridiction ecclésiastique étrangère n'est plus posée. Briand dira qu'il s'est inspiré de la « liberté la plus large dans le droit commun ».

Les principes de la Séparation

Les 1 500 pages de comptes rendus des travaux de la commission révèlent une atmosphère de travail bien plus sereine qu'on ne pouvait l'imaginer en raison des fortes convictions des uns et des autres, et de l'intensité des affrontements publics. De ces délibérations intenses et riches sort une proposition de loi dont les derniers articles ont été adoptés le 6 juillet 1904 ; c'est le « projet de la Commission » ou « projet Briand ». Que retenir de ce premier texte de 45 articles répartis en 5 titres ?

Le mot « Principes » est inscrit au-dessous du titre premier. Certains se sont étonnés d'un tel « préambule un peu emphatique ». Trois raisons ont conduit la commission à cette démarche. C'est d'abord un retour à la « belle tradition de la Première République » et au décret Boissy d'Anglas du 21 février 1795, mais aussi un rappel implicite du décret de la Commune de Paris adopté à l'instigation d'Édouard Vaillant, membre de la commission. Les législateurs s'engagent ainsi envers le pays en proclamant des principes rationnels d'action, quelles que soient les circonstances ultérieures de la Séparation. Enfin, ces principes doivent servir de référence aux magistrats chargés de faire respecter l'esprit de la loi. Dans tous les cas litigieux, c'est la solution la plus favorable à la liberté de conscience et à la liberté des cultes qui doit prévaloir, écrit Briand.

L'article premier de l'avant-projet Briand est venu en discussion le 11 novembre 1903. Il était ainsi rédigé : « *La République assure la liberté de conscience ainsi que la libre expression des opinions religieuses ou autres.* » Le président

Buisson s'interroge sur le contenu législatif des mots « *ou autres* ». Briand estime que la précision n'est pas nécessaire. Buisson rappelle alors qu'on doit distinguer la liberté de conscience de la libre expression des opinions religieuses et du libre exercice du culte qui en sont les corollaires. Le député socialiste du Var, très anticlérical, Maurice Allard soutient qu'il n'est pas nécessaire de faire une déclaration de principes. Buisson réplique qu'« il est bon qu'une loi qui modifiera profondément le domaine des croyances et de la pensée religieuse soit précédée d'affirmations de principe ». Briand accepte le retrait du passage discuté et le président Buisson l'approuve lorsqu'il demande le maintien des premiers mots selon lesquels « la République assure la liberté de conscience » : « C'est un principe nouveau. La Déclaration des Droits de l'Homme dit seulement : "*Nul ne sera inquiété pour ses opinions, mêmes religieuses*"[11]. L'égalité des croyances n'a[vait] pas été proclamée. » Rappelons que les lois constitutionnelles de 1875 ne reprennent pas la déclaration des droits de l'homme et du citoyen. C'est dire la portée fondatrice de ces deux articles dont l'esprit sera maintenu jusqu'à l'adoption finale de la loi.

L'article premier ainsi conçu ne variera plus.

> *La République assure la liberté de conscience.*
> *Elle garantit le libre exercice des cultes sous les seules restrictions ci-après, dans l'intérêt de l'ordre public.*

L'article 2 adopté par la commission sera ainsi formulé :

> *La République ne protège, ne salarie, ni ne subventionne, sous quelque forme et pour quelque raison que ce soit, aucun culte.*
> *Elle ne reconnaît aucun ministre du culte.*

Le premier alinéa proclame deux principes fondamentaux, celui de la laïcité absolue de l'État et celui de l'égalité de tous les cultes, égalité sans laquelle il n'y a pas de réelle liberté. Cette formulation est l'antithèse de la justification concordataire défendue par Portalis, qui affirmait le 22 septembre 1803 que « l'État s'engage à protéger la doctrine, la discipline et les membres » de « la religion dominante ». Tant que certains cultes sont reconnus, protégés, salariés, à côté d'autres croyances religieuses et d'autres opinions philosophiques qui ne le sont pas, subsistent de fait des religions privilégiées. Le temps des « religions reconnues » est fini et les Églises évangéliques libres – anglicane, arménienne, orthodoxe, etc. – doivent bénéficier de la pleine liberté de culte comme les anciens cultes « reconnus ». Pour le justifier, Buisson n'hésite pas à invoquer un paradoxe de Renan : « En matière religieuse, la minorité a des droits égaux à ceux de la majorité. »

Mais comment définir la laïcité de l'État ? Grunebaum-Ballin, auditeur au Conseil d'État, collaborateur de Briand, synthétise les positions de la majorité de la commission. L'État laïque cesse de reconnaître toute « utilité sociale » à toute religion. C'est à lui d'assumer pour le « bien commun » toutes les charges temporelles que les Églises se sont attribuées au cours de l'histoire. La tâche d'un État consiste à gérer des « services publics », dont les citoyens bénéficient aux divers moments de leur existence, quelles que soient leurs options spirituelles. Là s'arrête la compétence d'un État laïque. Ce qui est au-dessus et au-delà de la vie terrestre, ce qui est surhumain ou divin, c'est-à-dire l'essentiel dans toute religion et dans toute métaphysique, lui échappe entièrement. Il n'y est pas hostile ou indifférent, il y est étranger. Son royaume est de ce monde et seulement de ce monde. Un État laïque et neutre ne peut donc affecter les ressources publiques au développement de certaines croyances religieuses. Le budget des cultes doit donc être supprimé. De la neutralité de l'État découle une conception nouvelle et positive de la laïcité.

> « On peut définir une société laïque celle dont la majorité des membres ayant reconnu l'irrémédiable et l'inéluctable antagonisme des opinions individuelles dans l'ordre religieux et métaphysique s'est résolue à régler les rapports entre eux et de la collectivité avec chacun d'eux en faisant abstraction des croyances religieuses et des convictions philosophiques, à établir son droit privé et son droit public sur des bases non confessionnelles[12]. »

Les articles du titre II portant sur la dénonciation du Concordat et l'abrogation des lois et décrets sur les cultes seront supprimés. Le 9 novembre 1904 la commission renonce d'elle-même à l'article 3 dénonçant le Concordat, en précisant que la loi de Séparation doit être muette sur la question, car le Concordat comme les Articles organiques sont caducs après être devenus sans objet par la volonté du Saint-Siège, qui a violé les articles 4 et 5 de la loi du 18 germinal an X : « Une violation flagrante des stipulations concordataires était imputable au Vatican. »

La commission n'en avait pas moins légitimé le droit du gouvernement français à dénoncer le Concordat, car le droit moderne, depuis les traités de Westphalie, était-il rappelé, ne reconnaît plus, tant pour les individus que pour les États, des engagements à durée perpétuelle. La résiliation d'un traité est un droit absolu relevant de la souveraineté nationale. Peu importe alors la forme de la fin du contrat, qu'elle soit rupture unilatérale et violente, ou consentement pacifique mutuel, ou encore simple séparation de fait des corps. Briand s'opposa cependant à Allard, qui réclamait en outre la dénonciation diplomatique publique du Concordat. Il lui répondit qu'un tel acte serait maladroit car il ferait porter à la France la responsabilité politique de la rupture. En fait, Briand dira ultérieurement qu'il ne fallait pas fermer toutes les portes à d'éventuelles relations diplomatiques avec le Vatican, et ainsi compromettre d'éventuels contacts avec les autorités de l'Église. Ne pas reconnaître juridiquement n'est pas synonyme d'ignorer politiquement.

La suppression du budget des cultes

Comment supprimer le budget des cultes ? Le débat fut très vif à propos de l'article 5, qui stipulait qu'à partir du 1er janvier suivant la promulgation de la loi, « *tous traitements, indemnités, subventions ou allocations accordés aux ministres des cultes sur les fonds de l'État, des départements ou des communes seraient supprimés* ». La suppression du budget des cultes apparaissait comme la mesure principale de la Séparation. Des députés catholiques invoquèrent l'exemple de la Belgique pour affirmer que la Séparation n'était pas incompatible avec le maintien du budget des cultes. La séparation belge n'était que fictive, leur fut-il répondu, puisque l'État continuait à subventionner des Églises faussement indépendantes de l'État. La simple reconnaissance du pluralisme religieux et de la neutralité de l'État n'est pas synonyme de Séparation et de laïcité.

Grosjean et d'autres députés de droite opposèrent une forte résistance à la suppression de ce budget en réclamant l'acquittement par l'État de la dette perpétuelle qu'aurait contractée l'Assemblée constituante en contrepartie de la nationalisation des biens du clergé par le décret du 2 novembre 1789, qui stipulait de « pourvoir à l'entretien des ministres du culte ». La gauche de la commission répliqua vivement que la Constitution civile du clergé de 1791, puis le Concordat en son article XIV, avaient mis fin à cette mesure provisoire. Et comment légitimer une dette perpétuelle sans cesse accrue ?

Mais comme d'autres députés de droite en venaient à demander réparation également de la « spoliation des dîmes et des propriétés ecclésiastiques » par la Révolution, le socialiste Gabriel Deville[13] multiplia les arguments historiques. Il n'y avait jamais eu de propriété pleine et entière de l'Église, car les rois avaient toujours eu la propriété éminente sur les bénéfices ecclésiastiques, dont ils disposèrent librement à maintes reprises. Les constituants Dupont de Nemours et Mirabeau furent cités pour légitimer le « retour à la nation » des biens de l'Église que le clergé n'avait fait que détourner de leurs véritables finalités charitables et éducatives, biens que les rois et les donateurs lui avaient confiés. Les usufruitiers n'étaient-ils pas devenus des usurpateurs[14] ? La majorité de la commission conclut donc qu'il n'y avait pas de raisons historiques pour légitimer le maintien du budget des cultes. Sa suppression permettrait la détaxe des contributions foncières inférieures à 40 francs des propriétés non bâties payées par les paysans, principaux soutiens de la majorité parlementaire (art. 5 *bis*). Cet argument plaisait aux socialistes et aux radicaux voulant conforter leur électorat rural.

La question des biens ecclésiastiques

Le débat rebondit à propos du titre III portant sur la propriété et la dévolution des édifices du culte. Des députés catholiques réclamèrent la restitution en pleine propriété des églises et des bâtiments ecclésiastiques en réparation de la confiscation des biens de l'Église opérée par la Révolution. Les partisans de cette thèse traditionnelle[15], qui n'avaient cessé de réclamer tout au long du XIXe siècle la propriété de l'Église sur les cathédrales et les églises, les évêchés, les presbytères et les séminaires, invoquèrent l'économiste protestant Charles Gide, qui qualifiait de « spoliation » la nationalisation des biens du clergé en 1789 et qui suggérait une « restitution » de ces biens publics pour satisfaire « à un sentiment de réparation et de générosité ». La grande majorité de la commission dut batailler ferme contre ces prétentions en s'appuyant sur les avis du Conseil d'État[16] pris sous l'Empire et la Restauration : il était impossible d'envisager la restitution d'édifices qui étaient d'anciennes propriétés communales avant même la Révolution et qui avaient été confirmées comme telles.

En dépit de l'opposition des trois socialistes révolutionnaires[17] qui exigeaient le « retour à la nation de toute propriété ecclésiastique », la commission opéra cependant la claire distinction entre, d'une part, les édifices antérieurs au Concordat de 1801, qui sont et demeurent la propriété de l'État ou des communes, et, d'autre part, les édifices postérieurs, achetés ou bâtis par les anciens établissements publics des cultes et qui demeurent propriétés de ces établissements, sauf ceux construits avec de l'argent public.

Le texte de l'article 11 rappelle donc que depuis 1789 et 1801 les cathédrales, églises paroissiales, évêchés, presbytères, séminaires, ainsi que les temples et synagogues mis à la disposition des cultes « sont et demeurent propriétés de l'État ou des communes ». Ces immeubles, dont les anciens établissements de culte n'ont qu'un droit de jouissance, sont composés d'environ 34 000 églises communales, de 879 églises et 85 cathédrales appartenant à l'État, ainsi que de 5 500 bâtiments annexes. Par ailleurs, l'Église catholique a acquis, acheté ou reçu des « édifices postérieurs au Concordat » et des « biens mobiliers et immobiliers », grâce à des fonds provenant de collectes auprès des fidèles et de libéralités de riches donateurs ; ces biens constituent à proprement parler le seul patrimoine des églises, sont et demeureront « la propriété de ces établissements ». Bien que ce patrimoine en mainmorte soit souvent exagéré, il ne représente que 1 700 églises et 1 400 bâtiments annexes[18].

La commission propose donc que les édifices publics antérieurs au Concordat, affectés à des cultes et à leurs ministres, soient soumis à une location « à titre onéreux » par bail de dix ans passé avec les autorités locales. « Le prix du loyer ne pourrait être supérieur à 10 % du revenu annuel moyen de la circonscription religieuse intéressée » calculé sur la moyenne des cinq dernières années (art. 14). Tous les frais d'entretien et de réparation seraient également à la charge des locataires, soumis par ailleurs à la réglementation relative « à la conservation et à l'entretien des monuments et objets historiques » (art. 15)[19].

Mais que va devenir le patrimoine propre des églises qui était jusque-là la propriété des fabriques administrant les paroisses catholiques, des conseils presbytéraux protestants et des consistoires israélites ? Puisque la commission propose que tous ces anciens établissements publics du culte disparaissent et soient remplacés par de nouvelles associations cultuelles de droit public, trois solutions juridiques sont possibles comme lors de la disparition d'une personne morale :

1) Leurs biens peuvent revenir à l'État, donc être dévolus au fisc, comme biens vacants sans maîtres. C'est la thèse de la proposition Dejeante : tout à l'État sans restriction.

2) Ces biens sont la copropriété des membres des anciennes associations sans contrôle de l'État. C'est la thèse des catholiques comme Grosjean : rien à l'État, tout revient à l'Église.

3) Les biens d'une association ne sont pas des biens vacants, mais ne sont pas non plus des biens libres, car ils sont affectés soit à un but cultuel, soit à une œuvre charitable. C'est la thèse de Pressensé et Briand.

La commission opta pour cette dernière interprétation. Les besoins religieux n'ont pas disparu parce que leur utilité sociale n'est plus reconnue par l'État. La liberté des cultes ne se réduit pas à la seule liberté privée de conscience. Les biens affectés aux cultes (objets sacrés, vêtements liturgiques, mobilier d'église, fondations de messe, etc.) doivent être affectés gratuitement aux futures associations. Il n'a jamais été question que l'État ou les donateurs et leurs héritiers spolient les biens cultuels ou immobiliers des Églises. Mais les « libéralités [affectées] à une œuvre de bienveillance seront attribuées [...] soit aux hospices, soit à tous autres établissements de bienfaisance publics ou reconnus d'utilité publique » (art. 7 *bis*). Seule la nation a qualité pour régler les attributions de patrimoine en maintenant les affectations des œuvres à leurs fins charitables. La commission se flatte donc d'avoir rejeté les deux thèses, ultra-étatiste et anti-étatiste, et d'avoir choisi la voie moyenne, celle de l'affectation des divers éléments du patrimoine des établissements des cultes à leurs buts réels, en empêchant toute spoliation par recours éventuel du Conseil d'État.

Quel statut pour les futures associations cultuelles ?

Mais à quel type d'associations doivent être dévolus les moyens de l'exercice des cultes ? Cette épineuse question des associations cultuelles est traitée par les courts articles 16 à 20 *bis* au titre IV. La commission reconnaît sans peine que par définition la célébration d'un culte n'est pas l'acte de croyants isolés, mais celle de fidèles réunis régulièrement. C'est rejeter la thèse de Clemenceau et Boissy d'Anglas réduisant le culte à un acte individuel en des lieux clos et sans signe extérieur. La commission admet que, pour assurer aux cultes une existence indépendante de l'État, la République doit assurer non seulement la liberté des cultes, mais encore la liberté d'association selon « les prescriptions de la loi du 1er juillet 1901 » (art. 16). Celle-ci est donc bien reconnue comme la préface de la Séparation.

La commission se garde bien, il faut le souligner, de fixer les statuts des futures associations cultuelles car ce serait s'immiscer dans les affaires internes des Églises. Mais là s'arrête le consensus. L'extrême gauche était hantée par la possibilité accordée aux associations cultuelles de reconstituer la fortune de l'Église par donations et fondations. Il lui fut répondu que la législation mise en place depuis 1881 empêchait la reconstitution du patrimoine des Églises au demeurant très exagéré[20]. L'obligation de déposer les recettes des associations en valeurs nominatives à la Caisse des dépôts et consignations devait empêcher toute activité détournée à but lucratif. Les catholiques virent au contraire dans de telles mesures et dans l'interdiction de toutes subventions publiques des mesures d'exception et des atteintes au droit d'association.

L'article 19 souleva devant la commission bien moins de difficultés que plus tard dans l'opinion publique. Personne n'y contesta la nécessité et la prudence de cet article qui accorde aux associations cultuelles le droit de *« constituer des unions avec administration ou direction centrale* » conformément au décret du 16 août 1901, complétant la loi du 1er juillet, et autorisant les unions et fédérations d'associations. C'est la conséquence nécessaire du principe de libre association. Certes la formulation a été controversée, mais sans que l'on puisse imaginer la violence de la tempête qui sera soulevée à la Chambre lors de la discussion future des articles 4 et 8 du projet du gouvernement. Les membres de la commission ont estimé que le maintien des structures centralisées et hiérarchiques des Églises jusqu'alors reconnues était une nécessité, en vertu des habitudes acquises et de la paix religieuse que l'État devait assurer.

Seuls certains anticléricaux ont émis l'hypothèse de divisions et de schismes entre associations religieuses. Ils extrapolaient à partir du commentaire qu'Ernest Renan avait fait en 1874 à propos du schisme de la Petite Église : « Toute grande Église laissée hors de la tutelle de l'État, en face de l'attaque des libres penseurs et des divisions de ses prêtres, se divisera infailliblement[21]. » Méditant sur les schismes d'Écosse, le protestant Réveillaud pensait qu'une fois séparée de l'État, l'Église catholique se diviserait et que certains groupes catholiques rejoindraient les communautés protestantes. La majorité de la commission avait conclu qu'en cas de litige entre fidèles sur l'attribution des biens des associations cultuelles, il serait fait appel à l'arbitrage du Conseil d'État (art. 7 *bis*).

Ainsi, la commission avait voulu faire une œuvre libérale respectueuse des structures et des biens propres des Églises. Elle avait abrogé certaines dispositions vexatoires du projet Pressensé : plus de déclaration préalable des assemblées cultuelles (art. 21), pas de réunions politiques dans les lieux de culte (art. 22), sanctions pénales aggravées contre ceux qui troubleraient un culte ou outrageraient des objets du culte, sanctions atténuées contre les clercs qui appelleraient au non-respect des lois et à la révolte. Des objections s'étaient élevées contre l'importance excessive accordée à la police des cultes et la dureté des sanctions, surtout dans le projet de Pressensé, particulièrement sévère. Mais le principe était partagé par tous que, pour les cultes comme pour les autres manifestations collectives, une police des cultes s'imposait au nom de l'ordre public.

Après de longues délibérations, la proposition de loi, née de l'avant-projet Briand, était adoptée par la commission le 6 juillet 1904, à la veille de la promulgation de la loi interdisant l'enseignement congréganiste et quelques jours avant la rupture diplomatique avec le Saint-Siège. L'État français ne serait pas pris au dépourvu en cas de rupture définitive car un projet de Séparation était opératoire. Une édition commentée en fut aussitôt entreprise par le juriste Grunebaum-Ballin[22]. Voilà qui a dû rassurer les députés hésitants, et peut-être même Combes au moment du choix décisif.

CHAPITRE 8

La Séparation sous la pression de l'opinion publique

Dès les premières réunions de la commission des trente-trois, quelques journalistes menèrent des enquêtes pour ouvrir un débat public sur la question de la Séparation, qui semblait de plus en plus à l'ordre du jour. Le journaliste catholique libéral Julien de Narfon publia dès l'été 1903 dans *L'Éclair* les réactions des évêques à l'éventualité de la dénonciation du Concordat et de la séparation des Églises et de l'État. Puis *Le Figaro* l'imita en août-septembre 1904 avec une grande enquête de Henri Charriaut auprès des partisans et des adversaires de cette solution.

Mais dès septembre 1904, tous les francs-maçons et libres penseurs, tous les laïques et défenseurs des Droits de l'homme, tous les radicaux et socialistes s'étaient mobilisés pour faire aboutir la Séparation, soutenant plus ou moins le projet présenté par Briand. Jamais, depuis l'affaire Dreyfus, les forces morales de la société civile et les partis politiques du Bloc des gauches ne s'étaient autant mobilisés pour faire pression sur le gouvernement, alors que l'Église semblait paralysée et les catholiques désemparés et divisés.

Après le dépôt du projet gouvernemental par Combes, de Lanessan, le directeur du *Siècle*, mena de novembre 1904 à mars 1905 une très longue campagne hostile à ce projet, à l'instigation des frères Méjean et du philosophe Raoul Allier, véritables porte-parole des protestants français. Ceux-ci reçurent l'appui du catholique Charles Péguy et de ses *Cahiers de la quinzaine*. La Séparation devint ainsi, grâce à la presse parisienne relayée par les journaux de province, une question publique d'intérêt national.

1. Adversaires et propagandistes de la Séparation en 1904

Sur les 16 prélats qui répondent à Julien de Narfon[1], seul Mgr Le Camus, évêque de La Rochelle, accepte la séparation[2] : « La religion doit tendre à se séparer de plus en plus de tout ce qui n'est pas elle. [...] Le jour où l'on verra que nous n'entendons être que prêtres et qu'évêques, renonçant comme tels à toute action politique, nous serons autrement puissants sur les âmes. » Cependant, Mgr Mignot, archevêque d'Albi, admet qu'au plan de la théorie, « le régime de séparation est plus conforme à l'esprit de la démocratie moderne », mais il estime que la France n'y est pas prête comme l'Amérique à cause de l'intolérance des anticléricaux. Il se rallie par défaut au Concordat car il redoute l'aventure périlleuse d'une séparation unilatérale.

L'hostilité des catholiques à la Séparation

Bien d'autres au contraire chantent les louanges du Concordat de 1801 qui a donné, en dépit de ses imperfections, « un siècle de paix à l'Église ». Certains rendent hommage au Premier consul et citent Pie VII, voyant en lui un « acte chrétiennement et héroïquement sauveur », ou encore Léon XIII, le qualifiant de « pacte solennel et bilatéral ». La dénonciation du Concordat serait donc « un grand malheur pour l'Église et la France » (la formule revient souvent). Certains redoutent la misère du clergé, la ruine de la foi, et même la liberté nouvelle de l'Église. D'autres estiment que l'État aurait plus à perdre que l'Église. Les prélats n'arrivent pas à envisager la séparation de la politique et de la religion, inextricablement liées à leurs yeux.

Beaucoup craignent le retour des persécutions révolutionnaires. Mgr Bonnefoy, archevêque d'Aix, redoute que « la séparation de l'Église et de l'État n'aboutisse qu'à une sorte de mise hors la loi des catholiques et de leurs œuvres ». Mgr Arnaud, évêque de Fréjus, craint un « plus violent déchaînement de la lutte inaugurée contre l'esprit religieux » et « les horreurs d'une véritable guerre civile ». Mgr Delamaire, évêque de Périgueux, redoute que « le clergé [...] ne cède à la tentation d'utiliser contre le régime lui-même le mécontentement général qui suivra, à n'en pas douter, la dénonciation du Concordat ». D'autres se rassurent en estimant que l'anticléricalisme provoque « une agitation plus factice que réelle ». En fait, le haut clergé a du mal à apprécier l'état de l'opinion publique.

Aussi, presque tous déclarent-ils que c'est au souverain pontife de décider de la position de l'Église de France ; les évêques se comparent à des « matelots dans la tempête » ou à des « soldats » au feu obéissant plus que jamais à leur « capitaine », à leur « chef ». « Le Saint-Siège seul a grâce et mission pour se prononcer », affirme l'évêque d'Angers, et celui de Tarbes donne sa caution par avance : « Ce que le Saint-Siège fera sera bien fait. » Avant même le paroxysme de la crise séparatiste, l'ultramontanisme de la très grande majorité des prélats les prive de toute analyse lucide et de toute initiative.

Un an plus tard, le 6 juillet 1904, l'avant-projet Briand est adopté par la commission. Dès que la rupture des relations diplomatiques est consommée entre la France et le Vatican, Henri Charriaut mène dans *Le Figaro* une vaste enquête auprès des personnalités les plus notables parmi les catholiques, les protestants, les israélites, les libres penseurs et les hommes politiques de tous bords, adversaires ou partisans de la Séparation. « Deux thèses, quatre points de vue », résume-t-il en simplifiant[3].

L'épiscopat s'accroche plus fortement que jamais au Concordat d'autant que la Séparation lui paraît désormais plausible. Les prélats entrevoient l'avenir avec les pires craintes et évoquent les spoliations, les fermetures d'églises, les arrestations et les exécutions. Le syndrome de la Terreur les habite. Certains, pénétrés encore de l'esprit contre-révolutionnaire, dénoncent les fausses lumières du « laïcisme » qui, sous prétexte de liberté de conscience et de droit commun, préparent la guerre religieuse et l'asservissement de l'Église. Reprenant l'analyse du *Syllabus*, Mgr Bardel, évêque de Séez, voit dans la séparation de l'Église et de l'État « une déclaration officielle d'athéisme ». Mais beaucoup invoquent le précédent historique de la Restauration pour proclamer l'union indéfectible de la foi catholique et de l'esprit national français, l'indestructibilité du sentiment religieux et l'invincibilité de l'Église spirituelle.

Mgr Fuzet, archevêque de Rouen, et Mgr Fulbert-Petit, archevêque de Besançon, espèrent qu'après une période de troubles soit signé un nouveau Concordat avec une nouvelle majorité politique. Le messianisme nationaliste et théocratique oblitère chez beaucoup l'appréciation claire de la situation nouvelle. Seul Mgr Le Camus maintient sa position favorable à la Séparation en dépit du « danger toujours croissant pour l'existence même de la religion ».

De très nombreuses personnalités catholiques condamnent radicalement la Séparation. Chez les académiciens, le nouveau converti Ferdinand Brunetière, François Coppée, Jules Lemaître, Melchior de Vogüé sont les plus actifs. Parmi les hommes politiques, tous les députés monarchistes, mais aussi d'anciens « ralliés » à la République comme Albert de Mun, Jacques Piou, Denys Cochin, et presque tous les « progressistes » ayant suivi Méline témoignent de leur hostilité. Alexandre Ribot pense certes que celle-ci se fera tôt ou tard porter par « le courant des idées modernes », mais pas dans l'immédiat. Waldeck-Rousseau lui-même n'avait-il pas rédigé, avant sa mort le 8 août 1904, un discours contre la Séparation qui s'achevait par la formule : « S'il est une question dont on peut dire qu'elle n'est pas mûre, c'est celle-là » ? Un nombre non négligeable de républicains modérés et progressistes demeurent concordataires.

Du côté des « séparatistes » en automne 1904

Parmi les « séparatistes » se retrouvent quelques catholiques, peu nombreux mais très écoutés par les républicains. Mgr Le Camus réaffirme que, dans les conditions présentes, la séparation vaut mieux pour l'Église que « le joug d'asservissement subi ». L'abbé Soulange-Bodin, curé de Notre-Dame du Travail à Paris (Plaisance) accepte également la Séparation, par raison sinon par principe. L'abbé Gayraud, député du Finistère, ose affirmer dans *L'Univers*, le quotidien catholique conservateur, que « la séparation donnera à l'Église devant l'État moderne la seule base de revendication religieuse que notre esprit public soit capable d'admettre, à savoir les droits du citoyen ». L'abbé Lemire, député du Nord, et d'autres « abbés démocrates » estiment que la Séparation est désormais inévitable, et qu'il vaut mieux s'y préparer pour en prévenir les risques et les difficultés. L'abbé parisien moderniste Hemmer souhaite que la hiérarchie entreprenne des négociations avec l'État. Quelques monarchistes comme Mgr de Cabrières, évêque de Montpellier, la duchesse d'Uzès ou des orléanistes acceptent encore sans crainte cette éventualité. Tous ces catholiques sont las d'un régime concordataire de plus en plus conflictuel et rêvent d'une Séparation à l'américaine.

Les partisans les plus nombreux et les plus actifs de la Séparation se recrutent parmi les radicaux, les socialistes, et surtout les libres penseurs et les francs-maçons. Ils sont séparatistes par principe plutôt que par opportunité. Encore faut-il distinguer parmi eux toutes sortes de nuances. L'ancien directeur du *Siècle*, le libre penseur Yves Guyot, pense que la suppression du budget des cultes va affaiblir principalement l'Église catholique et entraîner un renouveau du protestantisme en France, alors que son successeur, de Lanessan, libre penseur lui aussi, envisage le recul de toutes les religions. Ainsi est posée devant un large public la question de la Séparation. Le débat est désormais intense. La campagne séparatiste atteint son apogée en septembre 1904. « Vous n'avez pas de pardon à attendre de l'Église… Rompez les liens par lesquels vous l'attachez à l'État, brisez les formes par lesquelles vous lui donnez la contenance et la figure d'un grand corps politique, et vous la verrez bientôt se dissoudre dans la liberté. » Anatole France interpelle ainsi les députés du Bloc républicain dans sa brochure sur *L'Église et la République*[4]. Clemenceau fustige les hésitations de Combes : « Nous voulons rompre avec Rome parce que nous représentons les "droits de l'homme" que Rome remplace par les "droits de Dieu". »

Le gouvernement de Combes est soumis à la pression conjuguée des libres penseurs, des francs-maçons, des radicaux et des socialistes, de la Ligue de l'enseignement comme de la Ligue des droits de l'homme. Le courant antireligieux s'exprime fortement lors du convent du Grand Orient de France, à la mi-septembre 1904 ; son président, Louis Lafferre, fait voter une résolution invitant Combes « à mener jusqu'au bout la lutte qu'il a courageusement entreprise pour défendre la République contre le cléricalisme et pour faire aboutir les réformes politiques, militaires, fiscales et sociales » ; il l'engage en priorité à « faire discuter simultanément, à la session de janvier, la séparation des Églises et de l'État et la Caisse des retraites ouvrières[5] ». Dans un toast, il affirme : « Nous sommes aussi antireligieux que nous sommes anticléricaux. »

L'attitude de la libre pensée est certes anticléricale, mais moins antireligieuse et plus laïque. Le 20 septembre, s'ouvre à Rome le Congrès international de la libre pensée. Cinq mille militants français ont fait le voyage pour reconquérir la ville pontificale à la liberté de pensée. Le chimiste Marcellin Berthelot, président d'honneur, se félicite de ce signe des temps qui fait se réunir plusieurs milliers de libres penseurs européens à Rome : « Le bûcher de Giordano Bruno fume encore et le procès de Galilée ne saurait jamais être oublié. » Appelant de ces vœux la séparation de l'État et de l'Église, il fait de la libre pensée française une avant-garde à la mission internationale : « Nous établirons dans le monde le règne d'une raison affranchie des anciens préjugés et des systèmes dogmatiques. »

La Ligue de l'enseignement se réunit en congrès à Amiens le 29 septembre et acclame Combes, qui « nous mène hardiment vers cet idéal précis : la laïcisation intégrale de la démocratie française ». Jusque-là la Ligue n'a pratiquement pas évoqué l'objectif de la Séparation, sauf par quelques allusions discrètes, même si elle a appuyé le gouvernement dans sa lutte contre les congrégations. Elle n'a pris encore aucune position à propos des débats parlementaires car elle répugne à sortir du domaine des questions scolaires, mais elle partage les opinions de Ferdinand Buisson[6].

Ferdinand Buisson : Séparation et laïcité

Ferdinand Buisson, président de la commission des trente-trois, libre penseur mais pas franc-maçon, le « génie de la laïcité[7] », développe sans relâche l'idée que le moment est venu de parachever la stratégie de Paul Bert visant à la laïcisation progressive de l'État et de la société civile, en passant au dernier acte, la séparation de l'État laïque et de toutes les Églises, sans spoliation ni violence. L'objectif de Ferdinand

Buisson pourrait se résumer par la formule : « l'Église libre dans l'État souverain ».

> « [...] Quant à la formule de l'Église libre dans l'État libre, l'équivoque gît dans le mot *libre*, répété deux fois, mais avec des acceptions différentes. Oui, différentes car personne ne soutiendra que l'Église soit *libre* dans le même sens et de la même manière que l'État. Si l'État ne demande qu'à être *libre* comme elle, c'est qu'il consent à partager le pouvoir avec elle. C'est la conception de la Belgique : l'État et l'Église y figurent deux pouvoirs qui traitent d'égal à égal : ce sont deux puissants Dieux.
> « La doctrine française, au contraire, celle de la Révolution, c'est celle de la Souveraineté nationale. L'État n'est pas libre, il est souverain et seul souverain. Qu'il laisse l'Église, comme toute association, parfaitement libre, sauf le respect de la loi, c'est un des principaux fondements de la démocratie. Mais la liberté, ce n'est pas le pouvoir, ce n'est pas une fraction d'autorité publique[8]. »

Pour lui, la laïcité est l'application de la méthode de la libre pensée à l'État. Devant le Congrès international de Rome, Ferdinand Buisson vient de présenter une « Déclaration de principes » qu'il définit, non pas comme un dogme ou une doctrine, mais comme une méthode et une morale « en vue de réaliser par des moyens humains l'idéal humain ». Il y propose cette définition de la laïcité de l'État :

> « La laïcité intégrale de l'État est la pure et simple application de la Libre Pensée à la vie collective de la société. Elle consiste à séparer les Églises de l'État, non pas sous la forme d'un partage d'attributions entre deux puissances traitant d'égal à égal, mais en garantissant aux opinions religieuses la même liberté qu'à toutes les opinions et en leur déniant tout droit d'intervention dans les affaires publiques. »

Il définit la laïcité comme la création des conditions de la liberté de toutes les opinions religieuses, spirituelles et philosophiques. Il conclut : « La Libre Pensée est *laïque, démocratique et sociale*. »

Le 5 octobre 1904 s'ouvre à Toulouse le quatrième congrès du parti radical et radical-socialiste, dont l'objectif déclaré est d'aboutir à la séparation des Églises et de l'État comme préface aux réformes sociales. Ferdinand Buisson y réaffirme le soutien entier des radicaux à Combes « parce que nous tentons, les premiers, cette grande expérience de montrer au monde un grand pays qui n'a qu'une morale et des institutions laïques, qui, prétendant se passer entièrement de l'appui du dogme, de la foi et de la peur, ne veut faire appel qu'à la raison ». Il présente le projet Briand comme le fruit d'un compromis acceptable car construit autour des deux principes fondamentaux que sont l'inviolabilité de la conscience individuelle et la souveraineté nationale.

> « Il n'y a plus qu'une doctrine que nous comprenions tous, non seulement tous les républicains, mais tous les libéraux, c'est celle de l'absolue liberté de conscience, égale pour toutes les formes de la pensée religieuse ou irréligieuse, sans limite et sans réserve. Il n'existe plus trace d'un minimum de doctrine déiste, spiritualiste ou autre, que la nation ait le droit d'imposer, il n'existe plus inversement de doctrine que la nation ait le droit d'interdire comme attentatoire à la conscience publique. L'égale et pleine liberté d'affirmer ou de nier est l'air que nous respirons, nous n'en pouvons pas respirer d'autre. Et c'est ce qui fait la force de la séparation. C'est ce qui fait que la séparation est mûre » *(Applaudissements)*[9].

Buisson insiste ensuite pour faire de « l'achèvement rationnel de l'œuvre de laïcité de l'État » non un acte de combat, un instrument de vengeance, mais au contraire un acte de pacification sociale. De ce texte, comme de la conclusion de la déclaration définissant la libre pensée, on peut retenir que Buisson ne considère pas la laïcité comme un contrat ou un pacte conclu entre plusieurs co-contractants, mais bien comme un principe *a priori* garantissant la liberté de toutes les opinions. C'est ce qu'il exprime de nouveau dans ses conclusions lorsqu'il affirme que la Séparation

> « substitue à un partage d'autorité entre deux pouvoirs rivaux, la distinction entre deux fonctions qui n'ont pas lieu de se heurter, la fonction de l'État qui représente la souveraineté nationale, et la fonction des associations religieuses qui représente une des formes du droit de toute personne humaine à la liberté de ses opinions et de leur manifestation[10] ».

Buisson ajoute dans ses conclusions : « Il n'appartient ni à l'Église de faire de la politique ni à l'État de faire de la théologie[11]. C'est que, légalement et officiellement, la nation n'a ni Dieu ni maître. » (*La Dépêche*, 8 octobre 1904.) Ferdinand Buisson fait adopter à l'unanimité par le congrès radical une motion exigeant la dénonciation du Concordat, l'adoption du rapport Briand comme base de discussion et le vote de la Séparation avant les élections de 1906.

Jean Jaurès : démocratie et laïcité

À la veille du congrès radical, le 6 octobre dans *La Dépêche*, Jaurès avait appelé Combes et les radicaux à l'audace pour qu'ils mettent en œuvre la séparation laïque : « Pour la première fois en France, le droit moderne, le droit de la conscience individuelle, l'absolue laïcité de l'État apparaîtront dans une pure lumière, dans une clarté sans mélange, et c'est le prélude d'une révolution profonde de liberté et de raison qui se produira dans les consciences [...] » Le 15 août, dans le même journal, Jaurès avait déjà interpellé Combes :

> « Il est temps que le grand mais obsédant problème des rapports de l'Église et de l'État soit enfin résolu pour que la démocratie puisse se donner tout entière à l'œuvre immense et difficile de réforme sociale et de solidarité que le prolétariat exige. [...] Il faut que dès la rentrée d'octobre soit discuté et voté l'impôt sur le revenu. Il faut que dès le mois de janvier soit discutée et votée la loi sur les retraites ouvrières, et aussitôt après ce vote, s'ouvrira le débat sur la séparation des Églises et de l'État. »

L'impatience de Jaurès est motivée par la nécessité urgente des réformes sociales qui doivent aboutir au plus tôt, mais elle est aussi justifiée par le désir de voir la politique anticléricale de Combes ne pas sombrer dans des excès d'intolérance irréligieuse, ou dans des questions scabreuses comme les affaires Geay et Le Nordez. Il faut en revenir à l'anticléricalisme « positif » et aux principes de la laïcité. Dans *L'Humanité*, Jaurès a publié au mois d'août quelques articles théoriques définissant de façon originale sa conception de la démocratie laïque dont la Séparation serait le couronnement. Il y expose que « démocratie et laïcité sont deux termes identiques » et que « dans aucun des actes de la vie civile, sociale ou politique, la démocratie ne fait intervenir, légalement, la question religieuse ». Jaurès expose comment le seul respect de la liberté et de l'égalité suffit pour reconnaître à l'enfant son « droit à la vie », son droit à l'éducation, aux hommes le droit à fonder une famille, à travailler, à acquérir une propriété, aux citoyens le devoir de faire « acte de souveraineté », de voter, de juger ou de défendre la patrie, sans que jamais la démocratie leur demande s'ils ont une « espérance d'immortalité chrétienne » ou s'ils acceptent « la mort comme le suprême et légitime repos ».

> « Si la démocratie fonde en dehors de tout système religieux toutes ses institutions, tout son droit politique et social, famille, patrie, propriété, souveraineté, si elle ne s'appuie que sur l'égale dignité des personnes humaines appelées aux mêmes droits et invitées à un respect réciproque, si elle se dirige sans aucune intervention dogmatique et surnaturelle, par les seules lumières de la conscience et de la science, si elle n'attend le progrès que du progrès de la conscience et de la science, [...] j'ai bien le droit de dire qu'elle est foncièrement laïque, laïque dans son essence comme dans ses formes, dans son principe comme dans ses institutions, et dans sa morale comme dans son économie. Ou plutôt j'ai le droit de répéter que démocratie et laïcité sont identiques. »

Si les hommes veulent compléter par une croyance, une religion, des rites religieux les actes civiques et laïques que sont l'état civil, le mariage, les contrats, les funérailles, c'est leur droit. S'ils veulent donner à leur enfants une instruction religieuse au-delà de l'éducation laïque, ils en ont la liberté. S'ils veulent donner à leur existence une finalité religieuse ou métaphysique, mystique ou athée, rien que de légitime. Mais c'est sur des bases laïques que la démocratie doit organiser toutes les institutions sociales et assurer aux hommes l'égalité des droits. Il n'y a pas de raison que les chrétiens se sentent attaqués, méprisés, violentés, spoliés, par la « laïcité légale ».

> « Pourquoi ceux qu'on appelle les croyants, ceux qui proposent à l'homme des fins mystérieuses et transcendantes, une fervente et éternelle vie dans la vérité et la lumière, pourquoi

> refuseraient-ils d'accepter jusque dans son fond cette civilisation moderne, qui est, par le droit proclamé de la personne humaine et par la foi en la science, l'affirmation suprême de l'esprit ? Quelque divine que soit pour le croyant la religion qu'il professe, c'est dans une société naturelle et humaine qu'il évolue. »

Buisson met l'accent sur la souveraineté de l'État pour fonder la laïcité ; Jaurès insiste plus sur l'égalité des droits et le respect des différences par la démocratie, mais c'est par l'affirmation de l'État laïque et démocratique que l'un et l'autre légitiment une Séparation qui ne peut qu'être respectueuses des droits des hommes et des citoyens.

2. Le projet Combes rejeté par l'opinion publique

Combes considère que la Séparation est inévitable depuis la rupture avec le Vatican. Il en fait l'annonce publique le 4 septembre 1904 lors de son grand discours d'Auxerre. « Le pouvoir religieux a déchiré ostensiblement le Concordat. En ce qui nous concerne personnellement, il n'entre pas dans mes intentions de le rapiécer. » Son objectif est de faire triompher l'État républicain et laïque qui a « pour base le principe fondamental de la Révolution, la souveraineté nationale ; pour formule dernière et pour conclusion la sécularisation complète de la société ».

Le projet néogallican de Combes

La référence révolutionnaire reste bien ambiguë : Combes admet-il une séparation complète ou pense-t-il encore possible une Église nationale ? Il fait préparer un projet de loi par Charles Dumay, le directeur des cultes, qui vient de défendre encore la thèse concordataire dans l'enquête du *Figaro*. Ce conseiller d'État, préposé depuis vingt ans au choix des évêques, sera accusé, après sa mort survenue en septembre 1906, d'avoir voulu faire échouer le projet de Séparation qu'il avait mission de préparer, corrompu qu'il aurait été par le nonce[12]. Cette version rocambolesque ne suffit pas à expliquer que Combes se soit engagé à la légère sur un projet de loi aussi fondamental, quand il communique à la commission son projet de loi d'initiative gouvernementale que *Le Temps* publie le 29 octobre.

Ce projet en 25 articles diffère très sensiblement de celui de Briand. Il n'énonce aucun principe liminaire ; il commence par supprimer le budget des cultes, tout en maintenant une administration des cultes, ce qui est pour le moins contradictoire. Il se montre plus généreux que Briand à l'égard du clergé en lui accordant des pensions viagères plus favorables comme dans le projet Réveillaud. Mais ce contre-projet entend réorganiser les Églises toujours soumises au contrôle de l'État : les lieux de culte et les biens ecclésiastiques seront attribués par arrêté préfectoral ou arrêt du Conseil d'État (art. 3) ; tout clerc non citoyen français sera exclu de l'exercice du culte (art. 6) ; les cultes devront être assurés par des associations locales pouvant se regrouper en unions, mais ces « unions ne pourront dépasser les limites d'un département » (art. 8). Ainsi, ces associations formeraient autant de petites chapelles sans unité et sans hiérarchie, sur un modèle presbytérien, mais sous la tutelle des préfets et de la direction des cultes que la commission des trente-trois supprimait. D'autres mesures restreignent la liberté des associations cultuelles. Toutes les processions et cérémonies extérieures seront interdites, sauf les funérailles (art. 11). Les congrégations religieuses seront exclues formellement du régime de la Séparation qui n'accorde la liberté qu'aux cultes (art. 23). Combes et Dumay ne rêvent-ils pas d'une Église enchaînée à l'État plutôt que d'une Église séparée de lui ? L'intention manifeste n'est-elle pas de faire éclater les Églises, aussi bien catholique que protestantes ? Seuls quelques anticléricaux extrêmes, osant affirmer que l'union des associations cultuelles représenterait un danger pour l'État, soutiennent le projet qui soulève un tollé quasi général.

La campagne du **Siècle** *et des protestants pour une « séparation libérale »*

Aussitôt, une campagne de presse est lancée contre le projet Combes, et surtout son article 8. Le pasteur François Méjean, agent général des Églises réformées évangéliques libres, et son jeune frère, Louis, rédacteur du projet de loi Réveillaud, publient une lettre indignée dans *Le Siècle*, le 1er novembre : « Au lendemain du vote d'une pareille loi, l'Église réformée serait morcelée en tronçons sans liens et sans tête ; [...] Quel arbitraire, quelle injustice [...] et dans quel intérêt ? » Avec le libre penseur de Lanessan, le directeur du *Siècle*, et le philosophe protestant Raoul Allier, ils organisent une nouvelle grande enquête pour dénoncer ce projet que le Conseil central des Églises réformées condamne comme visant à « compromettre de la manière la plus grave leur existence et leur développement ». Pour éclairer l'opinion, de Lanessan publiera en avril 1905 le recueil de toutes les réponses données à un questionnaire en onze points, avec une préface de grande hauteur morale du vieux président Henri Brisson, et une longue postface rédigée par lui-même pour faire aboutir une « séparation libérale[13] ».

Le catholique Charles Péguy reprend les 22 articles hebdomadaires de son ami Raoul Allier publiés dans *Le Siècle* du 6 novembre 1904 au 21 mars 1905 dans le quatorzième numéro des *Cahiers de la quinzaine*[14], qui sera remis à tous les députés et sénateurs. De son côté, le pasteur Lacheret, président de la commission permanente des Églises réformées évangéliques, se dépense sans compter pour organiser la résistance. Un remarquable travail de *lobbying* va faire échec au projet du gouvernement tout en clarifiant les positions des hommes et des partis. Dès son premier article du 6 novembre, Raoul Allier définit les conditions d'une séparation libérale :

> « Disciple convaincu de Vinet et d'Edmond de Pressensé, j'ai toujours professé que la séparation des Églises et de l'État est l'idéal à poursuivre. Ce n'est pas à l'heure où la démocratie supporte avec impatience l'union des Églises et de l'État que j'irai renier l'idéal de toute ma vie. Mais si je désire ardemment la séparation, c'est pour qu'elle soit une

cause de paix sociale et politique. Elle ne peut l'être qu'à la condition d'être réalisée dans la justice et la liberté. »

Il n'est donc pas question d'admettre le projet Combes, qui détruirait toute l'organisation des Églises réformées, en rendant impossible les colloques et les synodes, et en isolant et ruinant les plus petites communautés très dispersées. De très nombreux pasteurs et d'autres notabilités protestantes repoussent avec vigueur le projet de loi du gouvernement et son article 8, et admettent que le projet Briand serait acceptable avec quelques retouches. Le pasteur Lacheret conclut l'enquête du *Siècle* par quelques rappels historiques : « Tous reconnaissent que le protestantisme n'a pas d'objection de *principe* contre la Séparation. » Il rappelle les conclusions du synode général convoqué en 1872 par le gouvernement de Thiers. Le synode déclarait que « le principe de l'indépendance réciproque des Églises et de l'État devait être inscrit dans le droit des sociétés modernes », et il ajoutait que « l'Église réformée de France était disposée à accepter avec confiance, [...] la séparation d'avec l'État quand les pouvoirs publics le jugeraient nécessaire ». En 1903, le synode général officieux, groupant les deux tiers des paroisses réformées, a confirmé ce principe. Certes, la séparation peut entraîner des difficultés et des souffrances, mais le président Lacheret se défend de faire le jeu des adversaires de la religion. Il conclut par cette note d'espérance : « Ma conviction est que seules les Églises qui voudront vivre vivront. » Tous les protestants consultés par *Le Siècle* se disent acquis à une séparation donnant toutes les garanties de liberté et de justice.

Cependant, le Conseil central des Églises réformées a fait savoir à Combes à la fin de l'année que « la cessation de l'union avec l'État n'est pas demandée par les consistoires, organes officiels de ces Églises », et laisse au Parlement la responsabilité de la décision. Les luthériens de l'Église de la confession d'Augsbourg se prononcent pour le maintien du Concordat.

Le grand rabbin Zadoc Khan joint sa voix au tollé général des protestants. Tous les israélites consultés font remarquer qu'ils ne sont pas concernés par le Concordat et qu'ils n'ont pas d'objections de principe à faire à la Séparation. Cependant, ils s'élèvent contre le projet Combes, « d'une conception injuste, oppressive et spoliatrice », qui entraînerait la mort de toutes les petites communautés les plus pauvres.

Treize évêques catholiques répondirent au questionnaire du *Siècle*. Tous se déclarant hostiles à la Séparation. « J'estime que nous devons combattre de toutes nos forces le vote de la séparation », répond Mgr Annette, évêque de Bayeux. Mgr Dénêchaud, évêque de Tulle, écrit que « ce serait pour la France l'apostasie officielle ». Le nouvel argumentaire des prélats transparaît dans l'enquête. Mgr Dubillard, le très combatif évêque de Quimper, affirme que la loi nouvelle « amènera infailliblement un schisme » car les associations cultuelles, « en dehors de l'immixtion de l'évêque ou du clergé », sont « la négation du pouvoir hiérarchique et [...] la suppression de la direction du Saint-Père ; car c'est le monde à l'envers : au lieu de faire partir la voix dirigeante d'en haut, on veut la faire partir d'en bas ». L'Église reste attachée à sa conception monarchique et sous-estime toujours la place des laïcs en son sein.

Cependant, nombre d'évêques consultés – cela n'a pas été assez remarqué à l'époque – envisagent déjà de constituer des « associations paroissiales » pour réunir tous les fidèles et « préparer l'organisation des associations cultuelles, dont l'établissement dans chaque paroisse sera bientôt une « *nécessité* » (*La Semaine religieuse* du diocèse de Mende). Le 8 décembre 1904, Mgr Mignot crée à Albi une Association paroissiale dirigée par douze laïcs élus, six hommes et six femmes, le curé de la paroisse faisant de droit partie de ce conseil. Mgr Lacroix, évêque de Tarentaise, préconise des sociétés fondées sur la loi de 1901, et animées par les « vrais fidèles ». Mgr Le Camus prépare à La Rochelle de semblables initiatives. Mgr Servonnet, évêque de Bourges, et des abbés parisiens envisagent même que les prêtres puissent vivre par un travail manuel ou intellectuel.

Par contre, la lettre ouverte des cinq cardinaux de France, Richard, Perraud, Couillié, Lecot et Labouré, adressée le 28 mars 1905 au président de la République Émile Loubet déclare solennellement que des associations à caractère « purement laïque » seraient « formellement schismatiques ». Les prélats ne proposent pas de solution de transaction et exigent « un accord entre les deux autorités », c'est-à-dire une négociation avec le Saint-Siège avant toute dénonciation du

Concordat. Une telle intervention était vouée à l'échec car trop tardive. De plus, désavouant toutes les initiatives réalistes des évêques prêts à s'accommoder de la loi, elle désarmait le clergé français face à l'État en affirmant que seul le souverain pontife pouvait négocier avec la République.

Il ne faudrait pas croire que les protestants furent seuls à critiquer le projet de Combes. Clemenceau avait aussitôt pourfendu le « jésuitisme retourné » de ce « Concordat unilatéral de M. Combes ». Le radical et libre penseur Hubbard avait mis en garde contre une nouvelle Constitution civile du clergé. Quant à Buisson, dans un article intitulé « Il faut savoir ce qu'on veut », paru dans *Le Radical* du 21 décembre 1904, il estime que le projet Combes dessine un système qu'on peut défendre, « mais qui ne peut s'appeler séparation des Églises et de l'État, puisque c'en est juste l'opposé ».

Libéraux, protestants et libres penseurs tolérants faisaient cause commune pour imposer une séparation libérale. De Lanessan peut conclure la campagne du *Siècle* en se posant en porte-parole des séparatistes libres penseurs. Pour lui, les protestants et les israélites acceptent « sinon avec joie du moins avec philosophie » alors que l'Église catholique s'indigne et s'inquiète de perdre sa position officielle et privilégiée. Il rejette le spectre des schismes agités par certains évêques en déclarant que l'État n'a pas à s'occuper de l'autorité des évêques. La Séparation ne sera pas une profession publique d'athéisme, mais une proclamation de neutralité de l'État en matière religieuse. La morale pas plus que la démocratie n'ont besoin de fondements religieux. « La séparation est une œuvre de liberté. L'Église catholique va montrer, après vingt [*sic*] siècles de régime absolutiste et despotique, si elle sait faire usage de la liberté », conclut-il. Le défi est lancé.

3. L'élaboration du projet de loi définitif

C'est sous la pression d'une telle campagne publique que le gouvernement affronte la crise du « scandale des fiches », qui a éclaté le 28 octobre 1904, la veille de l'annonce du contre-projet de Combes à propos de la Séparation. Le Grand Orient fournissait au ministère de la Guerre des informations sur les pratiques religieuses et les opinions politiques des officiers afin de favoriser la promotion de républicains dans l'armée. Ce système scandaleux et pitoyable ruine l'action réformatrice du ministre, le général républicain André. C'est Gabriel Syveton, un membre de l'Action française, trésorier de la Ligue de la patrie française, homme vénal et corrupteur, qui a monté l'affaire en achetant des informations auprès d'un employé du ministère, nationaliste et antisémite. Il organise aussitôt une vive campagne de presse dans *L'Écho de Paris* et *Le Figaro*, visant à abattre le ministère[15].

La droite tient-elle une affaire André capable d'effacer l'affaire Dreyfus et de mettre en échec la Séparation ? Les modérés du Bloc des gauches, des radicaux ambitieux comme Caillaux ou Doumer, attaquent ouvertement Combes. Clemenceau, qui fut compromis dans le scandale de Panama, multiplie au Sénat les leçons de morale publique et annonce la « faillite » du ministère. L'affaire relance les espérances de la droite hostile à la Séparation, alors que la gauche se met à redouter un échec électoral en 1906. Il faut toute la force de conviction de Jaurès pour appeler les gauches à l'union et sauver le ministère. Les députés renouvellent leur confiance à Combes par 276 voix contre 274.

Sauver la loi de séparation

Le premier examen du projet gouvernemental par la commission avait suscité les résistances les plus vives, et de tous côtés. Mais Briand et les trente-trois repoussent aussi bien l'adoption en bloc que le rejet total du projet de Combes. La commission constate les différences sensibles entre son projet et celui du gouvernement. La grande majorité de la commission rejette le système de la direction des cultes qui perpétuerait l'immixtion de l'État dans les affaires ecclésiastiques et qui serait contraire au principe même de la Séparation. La majorité tient à ce que soit rappelée la différence entre la propriété de l'État et des communes sur les bâtiments religieux construits avant le Concordat et le patrimoine ultérieur constitué par les Églises afin que soient établis une fois pour toutes les droits de l'État et des communes sur les premiers et que l'Église ne puisse plus en réclamer la propriété. Mais c'est à propos des unions d'associations que la commission s'indigna le plus, et se montra très sensible aux arguments des protestants et des libéraux. Alors qu'elle avait admis le principe d'unions nationales des Églises, l'article 8 du projet Combes les enfermait dans les limites d'un seul département ; c'était briser l'organisation interne des Églises protestante et israélite très inégalement disséminées sur le territoire national. En leur imposant une nouvelle structure de façon arbitraire, l'État commettrait une immixtion dans les affaires internes des Églises.

Finalement, parce que la crise politique commandait d'éviter la dislocation de la majorité gouvernementale, Buisson et Briand réussissent à convaincre la majorité de la commission de discuter les articles du projet Combes. Une division de la gauche ajournerait la présentation du projet devant la Chambre et compromettrait dangereusement le vote de la Séparation avant la fin de la législature. La majorité de gauche consent à prendre pour base de discussion le projet gouvernemental, à condition que des modifications importantes soient acceptées par le gouvernement sur les points de divergence les plus graves. Combes accepte de négocier directement devant la commission, et Briand obtient dès leur premier entretien de sensibles améliorations du projet gouvernemental.

Combes admet l'insertion d'une déclaration de principes dans un titre premier, la confirmation de la propriété publique sur les biens antérieurs au Concordat, l'élargissement des limites des unions et l'atténuation de certains aspects répressifs de la police des cultes, mais il ne cède pas sur l'administration des cultes. La commission entérine ces modifications dans ses réunions des 8 et 14 décembre, et accepte de présenter le projet de loi ainsi modifié comme base de discussion devant la Chambre, ses membres se réservant le droit de déposer des amendements au cours des débats parlementaires. Il n'en eurent pas l'occasion, mais la leçon du conflit interne au camp séparatiste était tirée. La preuve est faite que des laïques de sensibilité différente sont capables de collaborer pour faire triompher la Séparation.

Mais la démission de Combes, le 18 janvier 1905, à la suite de l'érosion de sa majorité, entraîna l'investiture d'un gouvernement formé par le précédent ministre des Finances, le banquier Rouvier, qui promet aussitôt « détente et apaisement ». Le centre de gravité du ministère se déplace vers la droite ; les socialistes ont voté contre lui. La délégation du Bloc des gauches est moribonde. Mais Jaurès et les socialistes se sont engagés à faire aboutir la loi de Séparation. Tous les partis de gauche ne promettent leur soutien à Rouvier qu'à la condition qu'il la fasse aboutir. Buisson en fait la pierre de touche de la politique républicaine. Rouvier se rallie pour l'occasion au séparatisme. Les députés de l'Union démocratique entrés dans le nouveau ministère font de même, bien qu'ils entendent faire adopter une « loi libérale ». Le nouveau ministre de l'Instruction publique, des Beaux-Arts et des Cultes, Bienvenu-Martin, désireux de collaborer pleinement avec la commission, fait rédiger au plus vite un nouveau projet de loi relativement proche du premier texte de la commission. Il est déposé le 9 février 1905 sur la bureau de la Chambre.

Séparation étatiste ou séparation libérale ?

Cependant, une comparaison attentive des deux textes montre la persistance des solutions étatistes, inspirées par Dumay et maintenues en prévision de conflits à venir avec l'Église. Le principe de liberté de conscience n'est toujours pas proclamé au premier article du titre premier, dont le premier alinéa est ainsi libellé :

> « L'État ne reconnaît ni ne salarie aucun culte. »

L'État, et non pas la République, donne la priorité à la suppression du budget des cultes, mais son montant ne sera affecté ni à la réduction des impôts fonciers (projet Briand), ni à la caisse des retraites ouvrières (projets Dejeante et Roche). Le nouveau projet ne garantit pas, dès l'article premier, le libre exercice des cultes mais se contente d'affirmer que « *l'exercice des cultes est libre* », sans que l'État s'engage à le garantir comme dans le premier projet.

La dévolution des biens des anciens établissements de culte se fera certes directement aux nouvelles associations cultuelles dans le cadre des « anciennes circonscriptions » (précision utile), mais les articles 5 et 6 envisagent déjà des cas de refus de créer des associations, d'obstruction, de dissolutions et de divisions, qui entraîneraient des attributions directes par les préfets et des recours éventuels devant les tribunaux civils et le Conseil d'État. Le nouveau projet n'évite pas le piège de l'interventionnisme étatique dans les affaires internes des communautés religieuses, comme si les schismes annoncés par l'Église étaient anticipés, voire souhaités par les anticléricaux. L'opposition saura exploiter cette faiblesse du nouveau texte. Mais le point le plus contestable reste encore le refus d'accepter la structure interne des Églises. Certes, le ressort des unions d'associations ne sera plus un département, mais dix. Pourquoi dix, et non 85 ? L'absurde de ce choix est patent. L'article 14 affirme que « *les unions de plus de dix départements sont dépourvus de toute capacité juridique* ». La crainte persiste dans certains milieux radicaux que les associations cultuelles représentent autant de foyers politiques d'opposition qu'il convient d'affaiblir par tous les moyens.

En revanche, des avancées libérales sont à souligner en matière de police des cultes. Comme dans le projet Briand et à la différence du projet Combes, les manifestations religieuses en dehors des lieux de culte sont permises, sous réserve d'autorisation municipale. Seront punies avec une égale sévérité, ce qui n'était pas prévu jusque-là, les violences anticléricales et les pressions cléricales. Les appels des ministres du culte au refus d'obéissance aux lois et à la « sédition, révolte ou guerre civile » sont passibles de sanctions assez nettement atténuées. Pourtant, dans de telles éventualités, le dernier projet contredit sa mansuétude en faisant planer la responsabilité directe et collective – ce qui une nouveauté juridique curieuse – des « directeurs et administrateurs » des associations cultuelles. Si tous les projets de loi admettent la nécessité d'une police des cultes dans l'intérêt de l'ordre public, le projet Bienvenu-Martin, sous des dehors libéraux, présente en fait bien plus de dérives étatistes et autoritaires que le projet Briand.

Retour à l'avant-projet de la commission Briand

Mais il y a urgence si l'on veut faire adopter la loi avant la fin de l'année. Voilà pourquoi Briand et la majorité de la commission ne soulèvent pas de difficultés pour adopter ce nouveau projet gouvernemental comme base de discussion. L'essentiel, écrira Briand dans son rapport, est « le désir du gouvernement de collaborer étroitement avec la commission à la rédaction d'un texte commun ». Du 22 février au 1er mars, la commission se réunit tous les jours. Les dispositions principales proposées par la commission des trente-trois antérieurement au projet Combes sont reprises et nombre d'articles du projet Bienvenu-Martin sont modifiés. Briand exige la reprise à la lettre de l'article premier de son projet :

> « La République assure la liberté de conscience. Elle garantit le libre exercice des cultes sous les seules restrictions édictées ci-après dans l'intérêt de l'ordre public. »

La cohérence logique et philosophique du titre premier est ainsi rétablie. L'article premier de Bienvenu-Martin devient l'article 2. On admet que la dénonciation officielle du Concordat est inutile. Les articles 3 à 8 sur la dévolution des biens sont repris du projet gouvernemental et complétés, mais certaines formules étatistes en sont gommées. En cas d'obstruction ou de rivalités entre associations cultuelles, ce sont les tribunaux civils, et non les préfets, qui seront chargés de répartir les biens des établissements de culte.

En ce qui concerne les associations, il est précisé qu'elles devront compter au moins sept personnes vivant sur place. L'absurde restriction des unions à dix départements est abandonnée, et l'on revient à la formule initiale de la commission autorisant les unions et fédérations nationales. Elles doivent établir un état annuel de leurs recettes et dépenses, mais on les autorise enfin à constituer des fonds de réserve comme toutes les associations. Est-ce que ce retour à la solution initiale suffira à apaiser les craintes que l'étatisme de Combes avait soulevées ? Rien n'est moins sûr. La philosophie du projet de loi définitif est bien que l'État s'engage à ne pas remettre en cause l'organisation propre des différents cultes. Est-ce que tous les séparatistes l'ont compris ? Certains ont-ils encore des volontés d'immixtion dans la vie des Églises ?

Le projet de loi est donc adopté définitivement par la commission le 4 mars 1905. Cependant, au moment du vote, les membres de la minorité et plusieurs membres de la majorité réservent leur droit de présenter des amendements, et même des contre-projets devant la Chambre. Le compromis reste fragile, même parmi les séparatistes de principe. Les débats parlementaires risquent d'être difficiles. Pour rédiger la présentation juridique des articles du projet définitif et pour défendre l'interprétation libérale du projet de loi, Briand ne fait pas appel à son collaborateur depuis 1904, Grunebaum-Ballin, qui avait déjà rendu public son commentaire critique du premier projet de la commission et du projet Combes, et auquel il avait demandé une longue étude sur les législations étrangères en matière de religion dans les autres pays. Sur les conseils de Henri Brisson et du pasteur Lacheret, il a demandé au protestant libéral, fils et frère de pasteurs, Louis Méjean[16] de s'acquitter de la tâche en une semaine. Le soutien des Églises réformées est pour lui un meilleur gage de libéralisme que la philosophie laïque rigoureuse des militants socialistes.

CHAPITRE 9

L'adoption de la loi de séparation au Parlement

> « Aujourd'hui, il n'est plus personne pour contester sérieusement que la neutralité de l'État en matière confessionnelle ne soit l'idéal de toutes les sociétés modernes. »

C'est par ces mots que Briand reprend le 21 mars 1905, à l'ouverture du débat à la Chambre des députés, les thèmes évoqués dans la conclusion de son volumineux rapport. Pour lui, seule l'Église catholique désormais s'accroche au Concordat, cette « convention interlope née dans la contrainte et dans la ruse ». Briand oppose la politique de Léon XIII, « ce diplomate avisé et bon, sachant assouplir la politique de l'Église aux difficultés de son époque » et l'intransigeance de Pie X, « tout épris d'absolutisme religieux », qui n'a pas hésité à déchirer un Concordat que des républicains timides n'osaient pas remettre en cause.

Briand commence par faire rejeter toutes les motions préjudicielles. Pourquoi reporter le vote de la loi après les élections de 1906[1] ? Faire dépendre la Séparation des élections futures se serait offrir une « prime à l'agitation cléricale », réduire le gouvernement à un an d'impuissance et faire la part belle au Saint-Siège. La question doit être tranchée maintenant dans le calme et le sang-froid car « la loi n'est pas une œuvre de passion, de représailles, de haine, mais de raison, de justice et de prudence combinées ». Tel est l'argumentaire de Briand.

> « En la votant, vous ramènerez l'État à une plus juste appréciation de son rôle et de sa fonction ; vous rendrez la République à la véritable tradition révolutionnaire et vous aurez accordé à l'Église ce qu'elle a seulement le droit d'exi-

ger, à savoir la pleine liberté de s'organiser, de vivre, de se développer selon ses règles et ses propres moyens, sans autre restriction que le respect des lois et de l'ordre public. » Le projet de la Commission entend « accorder aux Églises une vie complète et organisée dans des cadres légaux assez larges pour respecter tout à la fois les principes généraux du droit français et les institutions particulières des diverses communautés religieuses. »

Le rapporteur, qui conduit la discussion bien plus que le ministre, témoigne déjà de son habilité tactique, provoquant la droite catholique, dont il sait l'hostilité absolue, pour se dédouaner aux yeux de l'extrême gauche farouchement anticléricale. Est-ce que les catholiques et les républicains modérés se laisseront convaincre ? Tel est l'enjeu du débat parlementaire.

1. La discussion générale

La discussion générale est ouverte le 23 mars et dure jusqu'au 10 avril. Plutôt que d'en faire un récit chronologique, il est préférable de présenter les diverses prises de position selon les grandes options politiques afin de donner plus de relief aux questions des députés et aux réponses du rapporteur, qui doit défendre son rapport, taxé à droite de sectarisme et à gauche de libéralisme dangereux.

L'intransigeance des députés de droite et de l'Église

Les députés catholiques montent en nombre à la tribune pour dénoncer un véritable complot de la franc-maçonnerie et de la libre pensée, reprenant un siècle après les assertions de l'abbé Barruel sur la « révolution satanique ». « Vous voulez détruire l'Église par l'oppression d'un État ennemi », accuse le nationaliste Boni de Castellane. Grousseau, professeur de droit à la faculté catholique de Lille, dénonce « une tentative de désorganisation sociale et religieuse » orchestrée par « les professionnels de la séparation ». Les uns crient « Ni Dieu, ni maître », les autres veulent « détruire la religion[2] ». Conçue par « les ennemis de l'Église », propagée par les libres penseurs et les francs-maçons, la Séparation « risquerait de n'être qu'une persécution religieuse mieux organisée » que la déchristianisation brutale de 1793. Plichon, ingénieur lié au patronat nordiste, député du Nord, refuse de voir un projet libéral là où il ne perçoit qu'une « œuvre de haine raisonnée et d'hostilité voulue », car « les prêtres seront des proscrits » ou des « suspects[3] ». Demain l'Église de France sera, prédit-il, « l'Église garrottée dans l'État tyrannique ». Denys Cochin, député monarchiste du 7e arrondissement de Paris, ne peut croire aux promesses pacifiques en raison des terribles précédents de la Terreur et de l'application de la loi de 1901 par Combes. Remarquant que dans l'article 2, la formule initiale « *La République ne protège aucun culte* » a été remplacée par « *La République ne reconnaît aucun culte* », Louis Ollivier conclut à une « déclaration d'athéisme véritable ».

De tels discours font écho à la déclaration de Pie X déplorant le 27 mars un projet visant « à sceller à jamais la séparation du gouvernement civil d'avec l'Église », ou encore à la lettre ouverte des cinq cardinaux français adressée au président de la République le 28. Ils émettent au nom de l'épiscopat les protestations suivantes : 1) La rupture du Concordat signifie la fin de la paix religieuse et crée un « état de désorganisation morale et sociale ». 2) Le projet de loi n'accorde pas la liberté à l'Église mais lui impose une « organisation nouvelle, formellement contraire aux principes de la religion catholique ». 3) Les associations cultuelles, sans reconnaissance de la hiérarchie ecclésiastique, représentent « une négation de la constitution de l'Église et une tentative formellement schismatique ». 4) Les catholiques ont le droit de conserver la jouissance gratuite des églises et des presbytères. 5) La suppression du budget des cultes constitue le « reniement d'une dette reconnue formellement par la Constitution de 1791 ». 6) Les cardinaux de France demandent le maintien du Concordat et, au besoin, une négociation entre la République et le Saint-Siège pour le modifier. Cette proposition de négociation est bien tardive et est irrecevable par un gouvernement qui n'entend pas négocier de puissance à puissance.

Dans sa réponse générale du 6 avril, Briand se plaît à opposer cette « Église militante au service de la droite » et l'Église spirituelle « qui n'a d'autre patrimoine que Dieu » et qui veut rester à l'écart de tous les conflits politiques. Mais l'Église de Lacordaire et de Lamennais n'est plus. Briand vilipende l'abbé Gayraud lui-même, qui s'était exclamé : « Vous prétendez nous donner la liberté et vous nous retirez le budget des cultes. » En réponse à Grousseau, Plichon, Cochin, il écarte le spectre de la persécution. Certes l'application de la loi de 1901 par Combes a été radicale, mais la faute en incombe à la droite.

> « La loi de 1901 a été peut être appliquée plus largement et plus rigoureusement que ne l'avait prévu l'homme d'État éminent et regretté qui l'avait conçue […], mais cette application, même élargie, n'était pas contraire à ses dispositions. […] C'est parce que vous avez voulu, dans un intérêt électoral, solidariser toutes les congrégations dans la même bataille que vous avez appelé les républicains à se défendre contre toutes. […] J'ai horreur de la guerre religieuse. Le succès de mes idées dépend trop de la pacification religieuse. […] Mais, nous serions bien imprudents si nous ne songions pas à munir l'État des armes dont il aura peut-être besoin pour résister demain aux milices de l'Église. »

D'emblée, Briand fixe l'enjeu du débat à un affrontement entre une Église intransigeante et une République pacifique. Sa contre-attaque contre la droite extrémiste et sa dureté de ton peuvent surprendre, mais il réserve ses coups les plus durs à ses adversaires déclarés qui rejettent en bloc la loi, afin d'appeler les modérés à améliorer une loi libérale pour mieux rassembler tous les républicains.

Le soutien possible des républicains modérés à une séparation libérale

Briand répond avec révérence aux questions gravement posées par l'ancien président du Conseil Alexandre Ribot, chef des « progressistes ». L'historique du rapport n'a cessé de mettre en avant leur hostilité passée au cléricalisme. Ribot[4] a critiqué les conditions brutales de la rupture avec le Vatican qui risquaient de livrer la nomination des évêques et de tout le clergé aux congrégations romaines. « Nous n'avons pas pris la précaution la plus simple, la plus nécessaire, celle de nous entendre avec les chefs catholiques. » Mais, bien que la Séparation lui paraisse brusquée, Ribot se dit prêt à l'admettre « dans des conditions acceptables et moins dangereuses » et à collaborer à une loi réellement libérale, inspirée par l'idée maîtresse qu'ont adoptée « tous les pays libres comme les États-Unis, le Mexique et bien d'autres encore ». Il demande des engagements fermes au sujet du « respect de l'organisation générale de l'Église » par les nouvelles associations cultuelles. L'État ne doit plus intervenir dans l'organisation intérieure des cultes dès le moment où il les émancipe de sa tutelle, et ne doit pas créer le désordre parmi les catholiques en encourageant des schismes. Plus largement, Ribot demande de laisser à l'Église catholique les moyens et les édifices du culte. « Laissez les églises aux catholiques. Qu'en ferez-vous si vous les leur enlevez ? » Il met en cause Buisson, qui a appuyé des propositions visant à les transformer en salles de spectacles ou de réunion. « Il ne faut pas jouer avec ces choses ; il faut respecter profondément les sentiments de nos concitoyens », pour ne pas vouer la loi « à l'indignation et à la colère des catholiques ».

Briand demande à Ribot de reconnaître que « pendant la longue période concordataire, dans toutes les circonstances graves, aux heures critiques où son existence a été menacée, la République a vu le clergé se dresser contre elle en ennemi. [...] Il n'est pas une liberté dont jouisse ce pays qui n'ait dû être conquise sur la résistance acharnée de l'Église ». Dans l'immédiat, il cherche à couper le centre droit libéral de la droite catholique et monarchiste.

En revanche, il peut se féliciter de la prise de position publique des députés de l'Union démocratique. De leur acceptation de la loi dépend sa ratification. Le député des Basses-Pyrénées Louis Barthou déclare que la séparation est inéluctable et que la loi doit « dissiper ce qu'il peut y avoir de légitime dans certaines appréhensions et dans certaines protestations[5] ». Il renvoie dos à dos tous les intolérants, « ceux qui parlent au nom de la révélation ou au nom d'un dogme infaillible » comme ceux qui pratiquent « l'intolérance religieuse exercée au nom de la libre pensée ». Il gage l'avenir de la loi sur la sagesse des députés. « Selon qu'elle ménagera ou brusquera les transitions, selon qu'elle respectera ou paraîtra froisser les croyances, selon qu'elle s'inspirera de l'esprit de liberté ou qu'elle cédera à l'esprit de secte, la séparation sera bienfaisante ou la plus redoutable des aventures. » À ses yeux, la séparation des Églises et de l'État devait suivre tôt ou tard mais fatalement, la séparation de l'Église et de l'école : « Ces deux grandes réformes dont on peut dire que la première a annoncé, préparé et commandé la seconde, auront assuré dans la République libérée de toute domination et de toute tutelle confessionnelle, l'œuvre de la sécularisation entreprise, vous savez au milieu de quels périls tragiques, par les trois grandes assemblées de la Révolution. » Ainsi, la conscience de mettre en œuvre la dernière étape du plan de Paul Bert et d'achever la révolution libérale augurait de l'union possible de tous les républicains.

Surenchère et isolement de l'extrême gauche antireligieuse

Mais Briand dut mobiliser toute sa force de conviction pour repousser les critiques de l'extrême gauche antireligieuse. Dès le 27 mars, il fut interpellé par les députés socialistes Zévaès et Allard, qui exigeaient que le Concordat fût dénoncé sans délai, ce que ne prévoyait plus explicitement le projet de loi. Briand met en garde contre un acte officiel : « La dénonciation du Concordat ! quelle formule simple et commode ! comme elle dispense facilement de toute autre préoccupation ! Dénoncer le Concordat, c'est accomplir un acte gouvernemental qui n'aurait nullement pour conséquence de séparer l'Église de l'État. »

Maurice Allard : « C'est une déclaration de guerre. »

Briand entend, en fin diplomate, garder la possibilité de contacts avec l'Église catholique. Mais il exhorte ses collègues, pour qui « l'intransigeance, l'exagération, l'impatience ont toujours été considérées jusqu'ici comme les vertus théologales du socialisme », à plus de réalisme. Certes, « le conflit avec le Vatican fait éclater à tous les yeux l'incompatibilité irréductible qui existe entre l'Église traditionnelle et l'État démocratique », mais la solution est de « rendre aux deux parties, l'État et l'Église, la liberté que le souci de leur dignité réciproque doit les porter également à désirer ». Briand en appelle à la discipline de la gauche qui a fait merveille dans la commission, mais qui, si elle venait à manquer à la Chambre, livrerait le sort de la Séparation à l'arbitrage de la droite.

Briand doit cependant combattre le contre-projet que Maurice Allard dépose le 10 mars. Ancien avocat blanquiste, libre penseur hostile à toute religion, le député du Var prononce, sous les applaudissements de l'extrême gauche et les exclamations des catholiques, une formidable philippique contre toute la droite, la gauche, la commission, le gouvernement accusés de se leurrer sur la nature même du mot « séparation ». Le projet de loi, tel qu'il est conçu, au lieu de « briser le bloc romain », permettra à l'Église de conserver ses privilèges et de se constituer en État religieux contre l'État laïque. La seule séparation acceptable, pour Allard, sera « celle qui amènera la diminution de la malfaisance de l'Église et des religions ». Dans sa déception, il révèle sa conception administrative du règlement de la question religieuse : « Nous espérions que le bloc romain, dégagé de la hiérarchie administrative et livré à lui-même, brisé et émietté ne serait plus devant nous qu'à l'état de petites chapelles sans lien ni ciment, comme le sont toutes ces petites confessions secondaires [...] » On comprend ses espoirs dans le projet Combes et son refus de voir la loi entériner les structures des Églises. Pour Allard, il faut affaiblir les Églises matériellement, par le retour à la nation de tout leur patrimoine, la fin de la jouissance gratuite des édifices du culte, et même la suppression des pensions des prêtres. Les communes pourraient transformer les bâtiments religieux en écoles, bibliothèques, salles de conférences, lieux de fêtes civiques et profanes, « au profit de la libre pensée et du progrès humain ».

Prenant de grandes libertés avec l'histoire, Allard déclare qu'il « veut achever l'œuvre de déchristianisation de la France qui se poursuivait dans un calme parfait jusqu'au jour où Napoléon conclut son Concordat ». Son anticléricalisme tourne très vite à l'antichristianisme et à l'athéisme militant. « Il y a incompatibilité entre l'Église, le catholicisme et même le christianisme, et tout régime républicain. Le christianisme est un outrage à la raison, un outrage à la nature. » Allard fait le procès du judéo-christianisme qui a fait, dit-il, disparaître la civilisation des bords de la Méditerranée, et qui a imposé une « philosophie puérile et barbare, si contraire au panthéisme et au naturalisme de notre race ». Sa vision du Moyen Âge est caricaturale, mais révélatrice d'une vision datée d'un monde de ténèbres : « Il n'y eut plus en notre pays, ni arts, ni lettres, et surtout ni sciences. Il fallut la Renaissance, il fallut la Révolution française pour redonner au cerveau de notre race sa véritable puissance de normale évolution et sa possibilité de progrès. » Le naturalisme et l'évolutionnisme sous-tendent cette vision du progrès de la nature humaine sous l'effet des Lumières. Allard s'en réfère à Feuerbach pour en conclure que la religion reste le dernier grand moyen d'oppression aux mains de la bourgeoisie pour légitimer l'exploitation capitaliste. « Voilà pourquoi nous faisons la guerre à tous les cultes et pourquoi nous en sommes les adversaires les plus acharnés. »

« Suppression des Églises par l'État » ?

Pour justifier de tels propos, Édouard Vaillant[6], véritable trait d'union entre les chapelles socialistes, défenseur inlassable de la synthèse entre luttes des classes et action républicaine, explique les origines de l'anticléricalisme populaire. Avec le développement du capitalisme, la conscience de la classe ouvrière s'est développée parallèlement à l'opposition à l'État bourgeois et au rejet de l'oppression cléricale ; « le prolétariat rencontra sur son chemin la combinaison des efforts de l'État et de l'Église. [...] et comme l'Église avait toujours secondé dans les moments critiques avec ardeur les forces de réaction jusque dans leurs massacres populaires, l'Église devenait de plus en plus impopulaire, de plus en plus détestée ». Cette explication politique de l'anticléricalisme populaire est un peu courte, mais elle est plausible. Vaillant établit un lien entre le progrès des sciences et des techniques et le développement de l'incrédulité de la « démocratie sociale ». Certes seule la révolution sociale permettra l'émancipation du prolétariat et la transformation de la société, rendant possible à long terme la disparition de la religion, mais la séparation de l'État et de l'Église enlèvera leur légitimité religieuse à l'État, à la famille et à la propriété. « C'est dans ces conditions que la séparation des Églises et de l'État est une nécessité du développement de la démocratie socialiste [...] et nous permet de marcher activement dans cette direction. » Vaillant a retenu la leçon de Marx plus que celle de Blanqui, et laisse entendre déjà que les socialistes pourraient voter une loi de séparation même si elle était insuffisante à leurs yeux.

Briand demande aussitôt à la Chambre de repousser le contre-projet Allard :

> « S'il fallait donner un nom au projet de M. Allard, je crois qu'on pourrait l'appeler un projet de suppression des Églises par l'État. [...] M. Allard a le désir très vif que l'Église, que la religion elle-même, disparaissent. Seulement au lieu de compter, pour atteindre ce but, sur le seul effort de la propagande, sur la puissance de la raison et de la vérité, M. Allard dans sa hâte d'en finir avec la religion se tourne vers l'État [...] et l'appelle au secours de la libre pensée ; il lui demande de mettre l'Église dans l'impossibilité de se défendre ; il le somme de commettre, au service de la libre pensée, la même faute qu'il a commise au service de l'Église et que nous n'avons jamais cessé, nous, libres penseurs, de lui reprocher. [...] Cela, ce n'est pas la conception de la libre pensée, du moins telle que je la comprends. »

Défendant le caractère équitable du projet de loi seul « capable de concilier les droits et intérêts de l'État avec le souci de la liberté de conscience », Briand s'efforce de réduire au minimum les soutiens au contre-projet Allard. « Je supplie mes amis de la majorité républicaine, particulièrement mes amis de l'extrême gauche, de résister au désir de faire une manifestation anticléricale, qui non seulement resterait inefficace, mais même pourrait mettre aux mains des ennemis de la République une arme dangereuse. » Avec une ironie mordante, il remercie Allard d'avoir démontré qu'entre son projet et celui de la commission il y a plus que des nuances. Il souligne le fossé qui sépare les libres penseurs hostiles à la religion et les libres penseurs respectueux de la liberté des cultes bien qu'anticléricaux. Il met en garde les députés et l'opinion contre tout amalgame.

Le vote du 10 avril consacre l'isolement de l'extrême gauche antireligieuse : 59 députés seulement soutiennent le contre-projet Allard, 12 membres de l'Union socialiste révolutionnaire, 13 membres sur 40 du Parti socialiste français de Guesde et Vailland et 34 députés radicaux-socialistes issus pour la plupart de régions fortement déchristianisées. Ce petit groupe bruyant, mais marginalisé, s'opposera sans cesse à Briand et à Jaurès, mais votera la loi. Plus graves seront les divisions entre les membres de la majorité séparatiste, et cela n'a pas été assez souligné.

2. Les divisions autour de l'article 4

L'examen des 37 articles du projet de loi commença dès le 10 avril. La comparaison des commentaires successifs de Grunebaum-Ballin, de Méjean et de Briand devant la Chambre révèle des divergences secondaires. Méjean s'est largement inspiré de Grunebaum-Ballin[7] ; ses oublis ou ses additions témoignent donc d'inflexions idéologiques. Briand, par contre, se nourrit des argumentaires de ces deux principaux conseillers pour répondre, à sa manière très habile, aux interpellations et aux amendements des députés.

Proclamation de la liberté de conscience et de la liberté de culte

Les principes de la liberté de conscience et du libre exercice des cultes avaient été admis lors de la discussion générale et ne donnèrent pas lieu à de longs débats à propos de l'article premier. Briand se contente de dire que toute adjonction à cet article ne pourrait qu'en atténuer la portée, qu'en affaiblir la force. Mais alors que Grunebaum-Ballin mettait l'accent sur la nécessaire égalité des croyances et des opinions, Briand réduit, comme Méjean, la liberté de conscience à la seule « liberté de toutes les croyances, de toutes les religions ». Il explique cependant le choix du mot « cultes » car il n'y a pas de liberté religieuse sans manifestations collectives des croyances, sans exercice des cultes. Le débat sur l'article premier n'a donc pas été à la hauteur de l'importance de la question. Les rapports entre la religion « affaire privée » et le « culte public » n'ont pas été clarifiés.

Les débats sur l'article 2 ont été plus riches et plus positifs. L'argumentaire rédigé par Méjean dit que cet article instaure « la séparation absolue des Églises et de l'État », puisque désormais aucun culte ne sera reconnu au nom du double principe de la « neutralité et de la laïcité absolue de l'État ». Pour Grunebaum-Ballin, les trois principes fondamentaux justificatifs étaient la laïcité absolue de l'État et l'égalité des cultes, et la fin de la reconnaissance de « l'utilité sociale » des religions et pas seulement du statut des « religions reconnues ». La conséquence principale de cet article est la suppression de tous les budgets des cultes.

Briand fait repousser à la Chambre des amendements visant à maintenir les traitements des ecclésiastiques au nom de la prétendue reconnaissance de dette souscrite en 1790 par la nation envers le clergé catholique, que seuls les députés catholiques défendent. Il rejette également le modèle de la Belgique, de l'Italie et des Pays-Bas, qui confèrent aux clergés un statut de fonctionnaires, contraire à la notion de séparation, car, dans ces pays, il n'y a qu'une situation mixte où les Églises sont reconnues comme des piliers de l'État. Briand préfère prendre exemple sur les pays du Nouveau Monde comme le lui a appris l'étude de Grunebaum-Ballin. En revanche, comme l'avait suggéré Méjean, et comme le proposa le député modéré Sibille, le 13 mars, un amendement à l'article 2 est adopté par la Chambre permettant aux budgets de l'État, des départements et des communes des dépenses relatives à des services d'aumônerie dans les établissements publics tels que lycées, collèges, hospices, asiles et prisons, afin de permettre le libre exercice de leur culte à des personnes ne pouvant librement se déplacer.

La question de la dévolution des biens ecclésiastiques

Des principes, on passe à l'étude des mesures transitoires de mise en œuvre de la réforme. L'article 3 prévoit la suppression des « anciens établissements publics du culte » et la dévolution de leurs biens aux associations prévues pour leur succéder, selon le nouveau droit commun des associations défini par la loi de 1901.

Pressensé et les « progressistes » Deschanel et Barthou font reconnaître par la Chambre la nécessité d'un « double inventaire » préalable : 1) des biens mobiliers et immobiliers, c'est-à-dire du patrimoine desdits établissements acquis en toute propriété depuis le Concordat ; et 2) des biens de l'État, des départements et des communes, propriétés publiques depuis 1789, laissés en jouissance aux établissements de culte depuis 1802. C'est nécessaire pour éviter toute spoliation au moment de la dévolution, d'autant que les biens ecclésiastiques ont une affectation spéciale qui ne disparaît pas avec les anciens établissements publics. C'est mettre en application les distinctions très précises de Grunebaum-Ballin.

Il est curieux de constater qu'une mesure préservatrice tant des biens ecclésiastiques que de ceux de l'État sera un an plus tard présentée comme spoliatrice. Il est vrai que la confusion est savamment entretenue, tant par ceux qui réclament encore la restitution des biens de l'Église spoliés par la Révolution que par ceux qui, comme Allard, réclament encore le « retour à la nation de la propriété ecclésiastique » et la « vente des biens du clergé ». Briand doit une fois encore s'élever contre ceux qui croient rejouer l'histoire. L'État « s'emparerait-il des calices, des chasubles, de tous les effets cultuels… ? La seule exigence que puisse justement émettre l'État, c'est que les biens qui composent le patrimoine ecclésiastique ne soient pas appliqués à un autre usage[8] ».

Mais la dévolution des biens des établissements de culte prévue aux articles 4, 5 et 6 devient vite un sujet de division entre séparatistes mettant en jeu le sort de la loi. Les débats ont été particulièrement agités du 17 au 22 avril. La question avait été très maladroitement présentée par Méjean dans son commentaire du projet de loi en prévision des réactions hostiles de l'Église[9]. Trois cas de figure étaient envisagés :

> 1°) La dévolution des biens par les représentants légaux des anciens établissements aux nouvelles associations se fera sans aucune contestation dans un délai d'un an après promulgation de la loi.
> 2°) La dévolution pourra être contestée par des fidèles for-

mant une autre association cultuelle et il faudra saisir un tribunal civil.
3°) En cas de refus de la dévolution et d'obstruction des anciens établissements, les biens seront mis sous séquestre à la fin du délai d'un an et remis aux communes. Les biens ecclésiastiques non transmis seraient saisis.

Certes, Méjean écrivait que « dans de nombreux cas les mêmes personnes qui administrent l'établissement de culte composeront l'association nouvelle », ou encore qu'il était logique de « ne pas laisser à l'État la responsabilité de liquider la fortune de l'Église ». Mais il accréditait les spéculations du député protestant charentais Réveillaud[10] qui, le 4 avril, avait envisagé publiquement que l'Église catholique, perdant le soutien de l'État et libérée de « la chape de plomb de l'unité factice », se divise en divers « schismes ». La France pourrait enfin connaître sa Réforme protestante ajournée au XVIe siècle par l'affirmation de l'absolutisme royal et au XVIIIe siècle par la Révolution. C'était alimenter les inquiétudes des catholiques, tout en faisant le jeu des cardinaux et du Vatican qui avaient déclaré « schismatique » la simple prétention de l'État de supprimer les anciens établissements de culte, et d'imposer des associations cultuelles relevant de la loi de 1901. L'Église ne tolérait pas que l'autorité des évêques sur les associations ne soit pas reconnue.

Pour apaiser les craintes des catholiques et dissiper les doutes sur les intentions du gouvernement, Deschanel et Barthou demandent que soit introduite dans l'article 4 une formule éliminant toute suspicion dans l'attribution des biens ecclésiastiques. Ribot insiste pour que la loi respecte l'organisation interne des divers cultes, et ne conteste pas la hiérarchie traditionnelle du catholicisme. Pour rendre acceptable aux catholiques la Séparation, il fallait leur donner des garanties, et, pour que la loi soit largement adoptée, il fallait qu'elle rallie les députés de l'Union démocratique et des « progressistes ». Tel était le dilemme pour Briand.

L'amendement de l'article 4 sur les « règles d'organisation générale » des cultes

La commission des trente-trois, réunie le 19 avril, propose donc, avec l'accord du ministre des Cultes, de modifier le texte du premier paragraphe de l'article 4 en débat. Les biens des anciens établissements seront attribués aux associations nouvelles conformément « *aux règles d'organisation générale du culte dont elles se proposent d'assurer l'exercice* ». On a beaucoup épilogué sur la paternité de cette formule. Elle se trouvait déjà dans le projet de Francis de Pressensé, qui précise, le 10 avril, devant la commission, qu'elle lui a été inspirée par la législation religieuse écossaise et celle de certains États américains[11]. Grunebaum-Ballin avait écrit qu'il fallait préserver « l'organisation forte et centralisée, la hiérarchie bien ordonnée de chacune des Églises actuellement reconnues ». Le principe en avait été inscrit en préambule du chapitre II du rapport Briand que le pasteur Lacheret avait rédigé sur le « Culte protestant[12] ». Briand aurait peut-être convenu de la formule au cours d'un entretien privé avec Mgr Fuzet[13]. Méjean y voit le fruit de tractations secrètes entre personnalités politiques et ecclésiastiques[14]. D'autres l'attribuent à Jaurès, qui dément à demi[15].

Cet amendement est-il suffisant pour répondre aux inquiétudes de la hiérarchie catholique ? Le 20 avril, Briand présente la modification de l'article 4. Aussitôt Ribot le presse de questions pour qu'il confirme « qu'on ne pourra remettre les églises qu'à des associations qui seront en communion avec l'évêque, soumises à l'autorité épiscopale et créées par elle ».

> « Nous n'avons jamais eu la pensée d'arracher à l'Église catholique son patrimoine, pour l'offrir en prime au schisme, [...] Ces Églises ont des constitutions que nous ne pouvons pas ignorer ; [...] Il serait puéril de croire que la promulgation de la loi entraînerait un bouleversement complet de l'organisation ecclésiastique de la religion catholique, apostolique et romaine. »

Pourtant Briand se refuse à apporter plus de précision dans la formule nouvelle car ce serait contraire au principe de neutralité de l'État. La loi, dit-il, laisse à l'Église toute liberté pour établir les statuts des associations cultuelles. « Que fera l'Église catholique ? Elle leur donnera une formule, un statut qui sera uniforme dans la France entière [...] En cas de procès, ces statuts seront évidemment le principal élément d'appréciation par le tribunal. » Ribot remercie Briand de la loyauté et de la précision de sa réponse.

Le rapporteur se défend d'avoir caché son opinion ou d'avoir changé d'idée. Il se démarque de Réveillaud et de tous ceux qui supputent sur des « fantaisies cultuelles qui pourraient éclore demain ». « Pour ma part, s'écrie-t-il, je n'ai jamais été guidé par une préoccupation de cette sorte », applaudi vivement du centre à l'extrême gauche, de Ribot à Jaurès. Dans sa péroraison, Briand s'adresse aux catholiques : « Voici notre loi, lisez-la, et vous verrez qu'elle est faite de liberté, de franchise et de loyauté. » Puis, il abjure les libres penseurs qui sont inquiets :

> « La liberté ? Ah ! Messieurs, ne la craignez pas ; c'est plutôt pour l'Église qu'elle peut devenir un danger ; elle l'obligera à se modifier profondément, à s'assouplir peu à peu aux exigences et à l'évolution des milieux dont sa vie dépendra désormais. [...] Si vous voulez toute ma pensée, je vous dirai que j'aime mieux voir l'Église catholique évoluer dans son organisation générale que de la voir agitée par des désordres et des schismes. Le schisme ne va pas sans une effervescence religieuse qui serait, à mon avis, plus redoutable que l'état actuel des choses. »

L'hostilité des radicaux à l'amendement de l'article 4

Ces propos ne suffisent pas à désarmer l'hostilité de nombreux libres penseurs, de francs-maçons et de radicaux, qui mènent une vive offensive contre l'amendement proposé à l'article 4, alors que les députés de droite se taisent.

Le vice-président de la commission, député radical de Saint-Gaudens, Jean Bepmale conteste la reconnaissance implicite de la hiérarchie catholique et affirme que l'article 4 modifié livrerait « la démocratie française pieds et poings liés à la hiérarchie romaine ». Charles Dumont, député radical du

Jura[16], adjure le législateur de ne pas cautionner la dernière constitution théocratique de l'Église ultramontaine. Se présentant en défenseur de la liberté du prêtre, et même de la liberté de l'esprit religieux, il veut laisser libre cours à l'évolution du catholicisme. « Ce n'est pas avec l'Église de Rome, dont nous devons ignorer la hiérarchie, que nous traitons, mais avec les communautés de fidèles qui se formeront en France, pour pratiquer leur religion à leur manière. » Dumont et Bepmale déposent un amendement demandant la suppression des mots « *conformément à l'organisation générale du culte qu'elles se proposent d'assurer* ». Ces radicaux, appuyés par les anticléricaux d'extrême gauche, reçoivent le renfort imprévu de députés concordataires et combistes, tel Georges Leygues et Joseph Caillaux, ralliant nombre de républicains progressistes préférant la tutelle illusoire de l'État sur l'Église à l'aventure de la Séparation. Leygues est en fait un ambitieux très jaloux de l'influence de Briand.

> « Je considère comme un danger pour l'ordre public la création des associations cultuelles [...] elles formeront un immense réseau qui englobera la France tout entière. [...] Vous demandez de supprimer le Concordat parce qu'il n'offre pas de garanties suffisantes. Oui je le veux avec vous. Mais vous le remplacez par un régime qui, au point de vue républicain, au point de vue de l'État laïque, au point de vue de l'indépendance du bas clergé et au point de vue de l'autorité de l'Église, serait cent fois plus dangereux que le régime actuel[17]. »

Leygues et Caillaux déposent un curieux amendement demandant la reconnaissance d'utilité publique pour les associations cultuelles, afin que les autorités municipales et étatiques puissent les contrôler, et au besoin les dissoudre. En fait, ils veulent mettre les associations cultuelles sous le contrôle de l'État. Cette étonnante coalition des concordataires nostalgiques et des ultras de l'anticléricalisme va-t-elle faire échouer le vote de l'article 4 et peut-être la Séparation ?

Jaurès : « La France n'est pas schismatique, elle est révolutionnaire »

Le 21 avril, Jaurès monte à la tribune. Il redoute que l'intransigeance des radicaux et l'obstruction de la hiérarchie catholique ne finissent par faire avorter la Séparation. Il intervient pour défendre la formule introduite par Briand dans l'article 4 et relève doublement le débat. Rédacteur de la grande *Histoire socialiste de la Révolution française*, il tire toutes les leçons de l'histoire des échecs de la politique religieuse de la Révolution ; auteur d'un essai inédit sur la pensée religieuse et le socialisme, il sait ce qu'ont de spécifique les spiritualités religieuses qui résistent à toute critique rationnelle. Aussi s'indigne-t-il que certains anticléricaux ignorants aient placé leurs espoirs dans des « schismes », dans « une obscure déliquescence du dogme » et dans une « métaphysique fantaisiste ». Certes l'Église romaine s'est raidie dans l'ultramontanisme, mais elle évoluera par elle-même, et en elle-même, sous la pression conjuguée du bas clergé et des laïques confrontés aux problèmes du monde contemporain, comme tend à l'esquisser la « crise moderniste[18] » à laquelle il est le seul à faire référence.

> « La liberté du petit clergé, la liberté même des laïques catholiques, des croyants qui vont entrer dans les associations cultuelles et se grouper autour d'elles, cette liberté qui peut se développer, que nul n'a le droit de gêner, dont nul n'a le droit de contrôler ni les moyens de prévoir les développements, cette liberté c'est surtout dans les limites de l'organisation catholique qu'elle se produira, non pas par des surprises, par des substitutions plus ou moins frauduleuses de fausses associations cultuelles aux associations authentiques, mais par l'inévitable pression que sous le régime de la séparation la vaste communauté des fidèles exercera sur l'Église plus restreinte du clergé qui ne pourra vivre qu'en communication avec ses fidèles. »

Jaurès redit toute sa confiance dans le processus autonome de laïcisation de l'Église que la Séparation accélèrera. L'Église changera, affirme Jaurès, par les « résultats de la critique moderne à l'exégèse traditionnelle », par l'action de

« quelques prêtres démocrates de cœur ou libres d'esprit », par « quelques prêtres convaincus logiquement ou par illusion qu'ils peuvent concilier le christianisme et la Révolution, l'Évangile et les Droits de l'homme », et sous la pression du « progrès direct de la libre pensée et de la science ». Rejetant les échecs de la Constitution civile du clergé et la chimère de la déchristianisation, il appelle à la raison les anticléricaux qui croient poursuivre l'œuvre des sans-culottes et des hébertistes. Et par un raccourci saisissant, il réfute pour terminer les élucubrations de Réveillaud, qui venait de plaider encore pour le droit des schismatiques à obtenir leur part des biens de l'Église :

> « La France n'est pas schismatique, elle est révolutionnaire. [...] C'est sans équivoque, c'est sans ambiguïté, c'est en respectant dans la limite même de leur fonctionnement les principes mêmes d'organisation des Églises, qui ne deviennent plus que des éléments de la liberté civile générale, et c'est en dressant contre ces Églises la grande association des hommes travaillant au culte nouveau de la justice sociale et de l'humanité renouvelée, c'est par là, et non pas par des schismes incertains, que vous ferez progresser ce pays conformément à son génie. [...] Nous ne faisons pas une œuvre de brutalité ; nous ne faisons pas une œuvre de sournoiserie ; nous faisons une œuvre de sincérité, c'est là le caractère du travail de la commission, et voilà pourquoi je m'y rallie. (*Vifs applaudissements à l'extrême gauche, à gauche et sur divers bancs.*) »

Jaurès : « La Séparation est faite ! »

Un discours d'une telle volée peut-il ressouder le camp républicain ? Dans sa réponse à toutes ces critiques, le 22 avril, Briand commence par rejeter l'amendement de Leygues et Caillaux qui vise à maintenir l'ingérence de l'État dans les affaires de l'Église, ce qui est contraire à l'esprit de la Séparation. Depuis vingt-cinq ans, chaque fois qu'une association religieuse a sollicité la reconnaissance d'utilité publique, le Conseil d'État la lui a nettement refusée par des considérations de neutralité confessionnelle. Ces collèges sont « trop épris d'immixtion administrative. [...] L'article 4 a au moins le mérite de proposer une séparation nette et de ne pas faire intervenir l'État dans les affaires ecclésiastiques ».

Il répond ensuite à Bepmale et Hubbard : « [l]e pays ne vous demande pas de faire contre l'Église une loi de persécution et de ruse. [...] Ce que les libres penseurs peuvent seulement attendre c'est que l'État les mette face à face avec l'Église pour lutter à armes égales, pour pouvoir enfin opposer en combat loyal la force de la raison aux brutalités du dogme. [...] Si vous voulez que la raison libre ait un abri, construisez-le-lui, mais n'essayez pas de la faire coucher dans le lit de l'Église. Il n'a pas été fait pour elle. (*Vifs applaudissements sur un grand nombre de bancs.*) » À Charles Dumont, il répète qu'il est impossible d'ignorer l'existence des curés, des évêques, du pape.

> « Ce sont des mots qui peuvent écorcher les lèvres de certains d'entre vous, mais ils correspondent à des réalités. [...] Vous voulez faire une loi qui soit braquée sur l'Église comme un revolver ? Ah ! Vous serez bien avancés quand vous aurez fait cela ! Et si l'Église ne l'accepte pas, votre loi ? Si elle entre en révolte contre elle ? Si dans toutes les paroisses, elle peut, avec une apparence de raison, justifier cette révolte, si elle parvient ainsi à déchaîner des colères contre la République, que direz-vous ? que ferez-vous ? Ne sentez-vous pas quelle sera votre responsabilité si, après vous être lancés à la poursuite d'une chimère, vous aboutissiez à une réforme inacceptable pour l'Église et pour le pays lui-même ? *(Applaudissements.)* »

L'amendement Dumont-Bepmale est donc rejeté par 368 voix contre 198. Le président de la commission, Buisson, étrangement silencieux, l'a soutenu contre Briand, le rapporteur de la loi [19]. Tous les anciens ministres de Waldeck-Rousseau et de Combes et la plupart des radicaux et des socialistes d'extrême gauche l'ont voté. Par contre Ribot et de nombreux députés modérés et catholiques l'ont rejeté, tout comme Barthou, Deschanel et les députés de l'Union démocratique, ainsi que Millerand, Pressensé, Jaurès, 16 socialistes et 24 radicaux seulement. L'article 4 est donc amendé par la formule « *aux règles d'organisation générale du culte dont elles se proposent d'assurer l'exercice* ». La droite et le centre voleraient-ils au secours de la loi libérale ? La majorité républicaine a-t-elle éclaté ? On passe au vote de l'article 4 modifié.

Réalisant alors l'impasse où le maximalisme conduit les radicaux, Dumont explique que « si grave soit pour nous la disposition votée, elle ne fait pas obstacle au vote ». Lui et ses amis radicaux et socialistes anticléricaux se rallient au vote de l'article 4, dont ils ont refusé la modification, pour éviter de joindre leurs voix à celles de la droite hostile à la loi. L'article 4 modifié obtient 482 voix contre 52. Seuls 18 socialistes et 25 radicaux-socialistes, antireligieux plus encore qu'anticléricaux, l'ont rejeté, ainsi que 9 députés monarchistes. Jaurès peut s'exclamer : « La Séparation est faite ! » Le même jour s'ouvre le congrès d'unification des partis socialistes et la Chambre se sépare pour les vacances de Pâques.

3. La contre-offensive des anticléricaux intransigeants

La Séparation a failli échouer par l'étrange coalition des radicaux concordataires héritiers de Combes, des radicaux séparatistes intransigeants et des socialistes les plus antireligieux, unis seulement par un anticléricalisme intolérant. Les mêmes vont persévérer dans la même voie pendant plus d'un mois, aboutissant à une véritable impasse législative et faisant perdre tout le crédit gagné par le projet Briand chez les « progressistes » et les « modérés ».

De nombreux radicaux, francs-maçons et libres penseurs, n'acceptent pas en effet la reconnaissance implicite de la hiérarchie catholique par l'article 4 modifié. Clemenceau, Pelletan, Lafferre, Ranc, ainsi que Leygues et Caillaux se lancent dans une vaste campagne de presse. Comme Albert de Mun a qualifié l'article 4 modifié, pour s'en féliciter, de « grand coup de pic dans la loi[20] », Clemenceau dénonce dans *L'Aurore* l'entente des « socialo-papalins[21] » : il accable de son ironie mordante Jaurès et Briand. « La hiérarchie catholique reconnue officiellement, le dogme protégé et consacré, voilà le beau travail accompli par nos socialistes », étrangement alliés à Ribot et à la droite cléricale ! « Hélas ! c'est le sort commun de tous ceux dont l'atavisme religieux fait des promesses de paradis dans le ciel ou sur la terre[22]... » L'individualiste radical assimile le socialisme à une nouvelle religion aussi dogmatique que la catholique.

Dans *Le Temps* et *La Dépêche*, Jaurès riposte en démontrant la « pensée puérile, la pensée rétrograde » de tous ceux qui sont prêts à répéter les mêmes erreurs politiques que celles de 1791 et de 1793, ou qui croient pouvoir créer par pression externe des schismes dans une Église d'où le gallicanisme a disparu. Il est nécessaire que la plus grande réforme depuis la Révolution s'accomplisse absolument « sans secousse, sans émoi, sans aucun péril pour la République ». Jaurès souligne que c'est par simple loyauté à l'égard des catholiques et par « sagesse politique » que fut acceptée la modification de l'article 4 qui, parce qu'adoptée par la droite, enlève aux adversaires de la Séparation tout droit de crier à la persécution.

Corriger l'article 4 par l'article 6 ?

Mais dans *Le Radical*, Buisson s'efforce d'établir, avec subtilité sinon en sophiste, un argumentaire plus sérieux que les sarcasmes de Clemenceau. Il tente de justifier pourquoi près de 200 radicaux et socialistes ont refusé de voter cet amendement ambivalent. Dans l'hypothèse, dit-il, où la formule ajoutée n'a qu'une portée générale, cette phrase reste inoffensive ; mais dans l'hypothèse où elle aurait « pour but de trancher par avance les questions litigieuses qui se poseront aux articles 6, 7, 14, etc., elle n'est pas à sa place, et par là même elle est vicieuse[23] ». Buisson oublie tout simplement que c'est lui qui, en commission, a exigé que cette formule soit ajoutée à l'article 4, et non à l'article 6 comme prévu logiquement par Pressensé. Buisson, en tant que radical et libre penseur, a certainement le droit de critiquer cet amendement, mais pourquoi ne l'a-t-il jamais fait en tant que président de la commission ? Par son manque de courage politique pour défendre un acquis collectif, par sa complaisance envers des « schismes » virtuels, il a pris le risque immense de ruiner la confiance que de nombreux députés mettaient dans la proposition de loi que Briand et Jaurès défendaient.

Buisson souhaite que les catholiques républicains puissent s'affirmer au sein des associations cultuelles, comme si le législateur avait un moyen administratif de les aider[24]. L'adjonction interdit, dit-il, la constitution d'associations « schismatiques » alors qu'elle n'empêche pas que se forme « un petit comité de sacristie » par lequel « le curé tout seul » obtiendrait « la pleine propriété de la paroisse ». Il s'agit de savoir, dit-il encore, si l'on attribue les biens d'Église à des associations de citoyens libres ou « à un dogme, représenté par une hiérarchie ecclésiastique, que la loi elle-même s'engagerait à faire respecter[25] ». Buisson travaille donc à neutraliser l'emprise croissante de Briand et de Jaurès sur la commission. Pelletan, Caillaux, Leygues et lui se concertent pour « corriger » l'article 4 et proposent une modification de l'article 6. Le député radical de Haute-Garonne Cruppi est chargé de défendre un amendement qui doit neutraliser les dispositions de l'article 4, trop respectueux de la hiérarchie catholique.

Dans sa forme initiale, l'article 6 prévoyait en son dernier alinéa que « *dans le cas où les biens d'un établissement seront, soit dès l'origine, soit dans la suite, réclamés par plusieurs associations légalement formées pour l'exercice du même culte, l'attribution que l'établissement en aura faite pourra être contestée devant le tribunal civil* ». De peur que ces tribunaux ne consultent que l'évêque local, les radicaux proposent que ce soit le Conseil d'État, statuant au contentieux, qui tranche les litiges « *en tenant compte de toutes les circonstances de fait*[26] ». Seraient consulté l'évêque, mais également, le maire, le préfet, les autorités publiques, etc. « C'est l'invariable tradition française que nous maintiendrons à l'article 6 », commente Buisson, car le Conseil d'État devra juger « comme il appartient à une juridiction nationale indépendante de l'étranger en tenant compte de toutes les circonstances de fait[27] ». Dans la tradition étatiste, les radicaux préconisent le règlement des conflits par enquête administrative plutôt que par l'arbitrage judiciaire.

La commission adopte l'amendement Cruppi. Briand s'y résigne en affirmant que cette nouvelle rédaction ne modifie pas vraiment l'esprit de la loi, même si elle substitue une juridiction à une autre. Mais les auteurs de l'amendement Cruppi soulignent trop que le recours au Conseil d'État et aux « *circonstances de fait* » limite l'application automatique des

« *règles générales du culte* » pour ne pas provoquer de nouvelles protestations chez les catholiques.

Briand : « L'heure n'est-elle pas venue d'en finir avec ce byzantinisme ? »

Ribot réagit aussitôt. S'en remettre au Conseil d'État, après que celui-ci eut validé l'interprétation anticongréganiste de la loi de 1901, n'était pas de bon présage. C'est la porte ouverte à l'arbitraire, car comment ne pas accuser ceux qui reprennent d'une main ce qu'ils ont accordé de l'autre « de perfidie, de déloyauté et d'arrière-pensée inavouable » ? Il interroge les radicaux comme il avait interrogé Briand : « Si les curés étaient d'accord aujourd'hui avec les conseils de fabrique pour ignorer la loi, inviteriez-vous vos préfets à constituer d'office des associations cultuelles nouvelles ? [...] Allez-vous appeler le serrurier et forcer la porte des églises ? » Il dit sa crainte d'une nouvelle Constitution civile et son pressentiment de troubles futurs.

La confusion devient extrême. Plus de 200 amendements sont déposés révélant des incompréhensions de fond. Briand, appuyé par Jaurès, Pressensé et l'abbé Lemire lui-même, doit clarifier les débats. Il interroge, le 25 mai :

> « L'heure n'est-elle pas venue d'en finir avec ce byzantinisme ? [...] Messieurs, devrait-on avoir besoin de dire ces choses-là dans un Parlement ? que l'article 4 subsistait avec toute sa portée et dans sa force, que l'article 6 ne pouvait ni le modifier ni l'affaiblir. [...] Je supplie mes collègues et amis de la gauche d'apporter un peu plus de méthode et de discipline. [...] Vous n'ignorez pas qu'il y a deux moyens de faire échec à une réforme. Il y a celui qui consiste à voter nettement contre elle ; et puis, il y a l'autre, celle qui consiste, par la voie des surenchères, à la rendre si difficile, si incohérente qu'elle devienne inapplicable. »

Rassurant les anticléricaux, il les appelle à une séparation sereine. « Vous reprenez votre liberté : il n'est que justice que vous laissiez à l'Église la sienne et que vous lui permettiez d'en jouir dans les limites où l'ordre public n'en sera pas menacé. C'est cela la séparation. Ceux qui vous diront qu'elle doit être une gifle sur la face de l'Église vous donnent un mauvais conseil et singulièrement dangereux. » Briand livre enfin, de façon plus politicienne que Jaurès, les raisons qu'il y a d'espérer un ralliement de la majorité des catholiques à la Séparation :

> « Messieurs, il y a parmi les catholiques deux éléments : il y a des catholiques surexcités, toujours prêts à la bataille, voulant toujours pousser les choses au pire, mais la grande masse n'est pas animée du même esprit. *("Très bien, très bien" au centre.)* Beaucoup de catholiques désirent seulement n'être pas troublés dans leurs traditions, dans leurs habitudes, veulent garder leur liberté, à l'abri de toute persécution possible, d'exprimer leurs sentiments religieux. Vous n'avez pas le droit de les brimer, d'inquiéter leur conscience ; ces catholiques ne sont pas forcément des ennemis de la République ; il en est qui votent pour des républicains et font ainsi l'appoint du succès dans beaucoup de circonscriptions républicaines. L'article 4 adopté dans les conditions que vous savez avait produit dans le pays une véritable détente. Il avait eu pour effet de rassurer ces consciences catholiques, mais non cléricales. [...] C'était un acte d'une réelle portée politique et qui pouvait faciliter singulièrement l'application de la réforme. »

L'amendement Cruppi n'est adopté que par 11 voix de majorité. C'est un cuisant échec pour Buisson de plus en plus silencieux. Briand en appelle alors au vote de l'article 6 modifié, concluant qu'entre l'article 4 et l'article 6, « il n'y a aucune contradiction ». L'article 6 amendé, le futur article 8[28], est finalement adopté le 27 mai par 320 voix de gauche contre 254. Quatre-vingts républicains modérés qui avaient voté l'article 4 le 22 avril ont voté cette fois-ci avec la droite. Briand a sauvé la loi que Buisson et les radicaux avaient failli faire échouer. Mais la violence des controverses entre républicains a ravivé les espérances des députés catholiques de mettre en échec la Séparation.

4. Derniers compromis et dernières concessions

Tous les députés partagent désormais le désir de terminer au plus tôt la discussion de la loi. La majorité parlementaire est prête à des concessions dans un esprit d'apaisement, et cela d'autant plus que la pétition lancée par les Ligues catholiques contre la Séparation réunit en deux mois près de quatre millions de signatures. Les députés de l'Union démocratique et progressistes prennent l'initiative de propositions libérales que la gauche, trop divisée, ne combat plus. La Chambre oriente certaines dispositions de la commission dans un sens encore plus libéral et Briand impose facilement ses arbitrages entre des propositions antagoniques privant ainsi les adversaires de la Séparation de leurs arguments.

Allocations transitoires et retraites des prêtres

À propos des pensions viagères et des allocations transitoires à verser aux ministres du culte qui n'allaient plus être salariés par l'État, l'Assemblée fait preuve de générosité. Les députés catholiques prétendent que les traitements des prêtres sont une obligation permanente de l'État, mais les progressistes estiment qu'il s'agit d'une rémunération pour un service public qui n'a plus de raison d'être dès lors que ce service est aboli. Allard exige leur suppression immédiate car les prêtres resteraient des privilégiés alors que les retraites ouvrières ne sont toujours pas instituées. Briand n'a pas de peine à faire admettre qu'au moment où l'État supprime les services publics des cultes, il a pour devoir d'indemniser ceux qui ont été assimilés à des fonctionnaires sous le régime concordataire. L'équité la plus élémentaire implique que l'État garantisse les retraites accordées par les régimes précédents aux prêtres âgés.

En tant que socialiste, Briand regrette que la loi sur les retraites ouvrières n'ait pas été encore adoptée. « Je ne serai que plus à l'aise demain, dit-il, quand la Chambre aura voté l'article 9 pour demander que ce système soit généralisé. » Les propositions initiales de la commission sont adoptées par la Chambre, avec plus de générosité encore. Les prêtres salariés recevront pendant quatre ans, après la suppression du budget des cultes, des allocations correspondant, la première année, à leur plein traitement, aux deux tiers la deuxième année, à la moitié la troisième et au tiers la quatrième. Ces mesures transitoires permettront aux paroisses de préparer la prise en charge de leurs prêtres ; la transition sera étalée sur huit ans pour les petits villages de moins de 1 000 habitants. Mais ces pensions sont attribuées à des personnes, et non à des paroisses, comme le réclamait le maire de Lyon, Augagneur, car il n'est pas question de maintenir un budget des cultes de manière détournée. Par ce règlement équitable, la Chambre refuse de réduire les prêtres à la misère, tout comme elle rejette des formes détournées de financement public des cultes.

Location onéreuse ou jouissance gratuite des édifices du culte ?

Dans le projet de loi, les édifices du culte et les bâtiments servant au logement des ministres du culte devaient être laissés à la disposition des associations cultuelles, gratuitement pendant une période de transition de deux ans, puis loués à bail pour une durée de cinq ans pour les presbytères, et pour une durée de dix ans pour les cathédrales et les églises. Le loyer ne devait pas dépasser le dixième des revenus moyens de l'association calculés sur les cinq dernières années. Les catholiques refusaient l'idée de louer des bâtiments dont ils jouissaient gratuitement depuis 1802. Le cardinal Richard et le pape étaient partisans du refus, voulant mettre l'État au défi de fermer les églises, afin d'accréditer l'idée de persécution aux yeux des fidèles.

Selon son habitude, Allard demande que les immeubles liés à l'exercice des cultes soient désaffectés et loués aux associations cultuelles, comme à tout individu exerçant un culte. Augagneur, bien qu'anticlérical et franc-maçon, propose à l'inverse un amendement par lequel l'État et les communes feraient « donation [...] des établissements servant exclusivement à l'exercice des cultes » aux associations cultuelles, sous prétexte de décharger l'État et les collectivités des gros travaux de réparation des cathédrales et autres églises. Drumont, dans *La Libre Parole*, le félicite. Briand s'insurge contre ces manœuvres irresponsables de certains anticléricaux, qui ne peuvent qu'inciter les députés de droite à demander la « jouissance illimitée et gratuite des édifices religieux ». Aussitôt, les députés catholiques comme Charles Benoist exigent la remise en pleine propriété des édifices religieux spoliés en 1789.

Le 8 juin, Étienne Flandin, député de l'Union démocratique, s'inspirant du projet Réveillaud, propose à la Chambre de concéder aux associations la jouissance des édifices cultuels par baux emphytéotiques concédés pour une durée de quatre-vingt-dix-neuf ans, moyennant un loyer de un franc symbolique par an. Il met en garde contre toute mesure spoliatrice, qui risquerait de dresser les fidèles contre la République. « Les croyances religieuses vous paraissent attiédies et comme assoupies dans ce pays, n'oubliez pas qu'elles pourraient être sujettes à des réveils surprenants[29] », dit-il. Briand tente de s'opposer à cette proposition :

> « Pouvons-nous prévoir dès maintenant quelle sera l'attitude de l'Église au lendemain de la séparation ? Laisser les édifices aux cultes pendant une si longue durée, je n'y verrais personnellement aucun inconvénient, [...] mais il peut arriver que demain l'Église refuse de s'en accommoder et parte en guerre contre les institutions de ce pays. En face d'une telle éventualité, avons-nous le droit d'engager définitivement l'avenir et de priver la République d'un moyen de défense efficace ? Personnellement, je ne le crois pas. »

Briand présente ces loyers comme des gages car il commence à redouter les réactions négatives de l'Église. Certes, il se porte garant de la sagesse des conseils municipaux républicains, qui ne transformeront pas les églises en « grenier à fourrage ou en auberge, contre le vœu des populations elles-mêmes ». Mais il estime que la « possession limitée » des églises peut dissuader le clergé de se soulever contre l'État. Ainsi, les curés seraient à l'abri de « certaines exaltations dangereuses » et seraient plus circonspects et attachés au simple exercice de leur sacerdoce. Mais, contrairement au vœu de Briand, les radicaux votent l'amendement Flandin.

C'est alors que Leygues, ne reculant devant aucune contradiction pour discréditer Briand, propose la remise des églises en jouissance gratuite au clergé. L'article 13, stipulant que

« *les édifices servant à l'exercice public du culte, ainsi que les objets mobiliers les garnissant, seront laissés gratuitement à la disposition des établissements publics du culte, puis des associations appelées à les remplacer [...]* », est adopté par 523 voix contre 37. Ainsi, la loi reconnaît la jouissance gratuite et illimitée des édifices religieux aux associations cultuelles, même si la propriété en reste à l'État et aux collectivités locales, qui en assumeront les gros travaux de réparations. Certains historiens passent sous silence cet épisode qui atteste que la loi de 1905 est d'autant plus l'œuvre des députés du centre droit que la gauche anticléricale était trop divisée pour défendre en commun une position majoritaire. Ainsi, l'Église catholique, en recevant une sorte de contribution indirecte de l'État, jouit-elle d'une position privilégiée par rapport aux autres cultes.

L'épineuse question des associations cultuelles

Il ne restait plus qu'à aborder, au titre IV, l'épineuse question des associations cultuelles et des unions et fédérations d'associations. En effet, comment peut-on couler dans le moule de la loi de 1901 des associations cultuelles que l'Église catholique considère comme relevant du seul droit canon et de sa seule autorité ? Certes, il y a le précédent juridique des établissements publics du culte reconnus par le Concordat, mais celui-ci avait été négocié avec la papauté et reconnaissait la constitution de l'Église catholique, apostolique et romaine.

La commission avait proposé les définitions suivantes :

« Article 16 : *Les associations formées pour subvenir aux frais et à l'entretien d'un culte devront être constituées conformément aux articles 5 et suivants de la loi du 1er juillet 1901 ; elles seront soumises aux autres prescriptions de cette loi sous réserves des dispositions ci-après.*

Article 17 : *Elles devront être composées au moins de sept personnes majeures et domiciliées ou résidant dans la circonscription religieuse et avoir exclusivement pour objet l'exercice d'un culte.*

[...]

Article 18 : *Ces associations peuvent, dans les formes déterminées par l'article 7 du décret du 16 août 1901, constituer des unions ayant une administration ou une direction centrale ; ces unions seront réglées par les articles 16 et 17 de la présente loi. »*

Le 15 juin, le débat porte sur le nombre de membres des associations cultuelles et la gauche tente et réussit à ouvrir au maximum celles-ci aux laïcs. Le chiffre minimum de 7 membres résidents n'est exigé que pour les communes de moins de 1 000 habitants. Il est porté à 15 pour les communes de 1 000 à 20 000 habitants, et à 25 au moins pour les villes plus peuplées.

Le point le plus délicat reste celui des unions et fédérations d'associations cultuelles qui avait abouti au rejet du contre-projet Combes. En réponse à Allard et Vaillant, qui voulaient interdire ou en tout cas limiter les pouvoirs de ces fédérations, Briand met l'extrême gauche au défi : « Il est puéril de refuser à des adversaires ce qu'ils sont en mesure de prendre. [...] Comptez sur la force de la raison servie par votre activité de propagande pour rendre l'Église inoffensive, et ne demandez pas à la loi de réaliser ce qui doit être votre œuvre. [...] Vous avez eu raison de vous plaindre de la loi, quand elle mettait le bras séculier au service de l'Église contre vous. N'exigez pas d'elle aujourd'hui qu'elle commette à votre profit contre l'Église la même iniquité. »

L'extrême gauche socialiste isolée, Briand reçoit le concours de l'Union démocratique. Augagneur abonde dans son sens : « J'entrevois sans aucune terreur, au lendemain de la séparation, que l'Église puisse constituer une grande association nationale, parce que nous, libres penseurs, nous aurons une libre propagande égale à la sienne et que, dans cette lutte, nous sommes sûrs d'être vainqueurs[30]. » La Commission va même jusqu'à accepter, sur proposition de Charles Dumont, la création d'« associations diocésaines » qui consacreraient la hiérarchie catholique. Cette proposition provoque dans l'Assemblée une telle colère des anticléricaux que l'amendement concernant les « diocésaines » est rejeté par un vote à mains levées. On ne peut que regretter la légèreté de certaines décisions quand on sait qu'il faudra attendre 1924 pour que le Vatican et la France mettent fin à leur affrontement, grâce à l'acceptation réciproque d'« associations diocésaines ».

Une police libérale des cultes

Le titre V du projet de loi est rapidement discuté du 26 au 29 juin, tant ses articles avaient déjà été amendés dans un esprit de liberté et d'équité. L'interdiction du port de la soutane en dehors des offices religieux est rejetée car Briand ne veut pas qu'une mesure d'intolérance se double de ridicule. Les prêtres trouveraient bien vite un autre moyen pour se faire identifier par le public.

L'article 25 présenté par la commission interdisait initialement les cérémonies et processions sur la voie publique au nom du droit commun. Devant les protestations de députés catholiques, Briand se défend en rappelant que le premier texte présenté les autorisait en les soumettant seulement à une « autorisation municipale ». Mais la commission avait changé d'avis pour éviter les divisions au sein des conseils municipaux sur des questions « susceptibles de diviser les habitants de nos communes ». Après une intervention de Ribot suggérant le recours à la loi municipale, Briand donne son feu vert et le futur article 27 est libéralisé, les manifestations extérieures d'un culte seront autorisées et réglées en conformité avec le code municipal de 1884.

De même, pour les « signes religieux extérieurs », ils ne sont interdits que dans la rue et sur les places publiques, puisque ces domaines sont à tous, catholiques comme libres penseurs. Briand interpelle les catholiques hostiles à toute restriction : « Votre conscience ne peut-elle donc être libre qu'à la condition de pouvoir opprimer celle des autres ? » Le cas des cimetières illustre parfaitement la distinction opérée par Briand entre domaine public et domaine privé. Il ne peut y avoir désormais de cimetière « catholique », avec des emblèmes religieux publics et un carré des « réprouvés », car un cimetière est un endroit collectif sur lequel tous les habitants d'une commune ont des droits. Le cimetière doit rester neutre en tant que lieu public, mais, sur les sépultures privées, toute liberté est laissée aux familles pour exprimer leurs croyances ou leur philosophie, avec des croix ou des livres, des formules bibliques ou laïques.

L'Assemblée accomplit, également, une œuvre libérale salutaire en supprimant la surprenante notion de responsabilité collective des directeurs et administrateurs des associations cultuelles en cas de faute commise par des membres de l'association.

Explications des votes

Le lundi 3 juillet 1905, la Chambre des députés termine ses débats. Briand précise encore l'esprit de la loi. Il se défend d'avoir enfreint des principes essentiels mais reconnaît avoir fait « les concessions nécessaires ».

> « J'en ai fait aussi, chaque fois que l'équité le commandait, à la minorité elle-même, et je m'en félicite, car nos collègues du centre et de la droite, en nous permettant d'améliorer la loi, en accolant leurs signatures aux nôtres sur des articles importants, nous auront aidé puissamment à la rendre plus facilement acceptable en réduisant au minimum les résistances qu'elle aurait pu susciter dans le pays. » S'adressant aux députés de la droite, il les met en garde : « Vous n'aurez plus le droit, demain, d'aller dire aux paysans, aux catholiques de France que la majorité de cette Chambre s'est montrée à votre égard tyrannique et persécutrice, car elle vous aura généreusement accordé tout ce que raisonnablement pouvaient attendre vos consciences : la justice et la liberté. »

Les explications des votes, que nous regroupons par familles d'opinions, montrent cependant que la loi est loin de désarmer ses adversaires et même de contenter certains de ses partisans. Les catholiques monarchistes ou ralliés rejettent en bloc la Séparation. Le marquis de Rosanbo, député royaliste des Côtes-du-Nord, déclare que la loi n'est pas acceptable pour les catholiques français, même si « on accepte parfois des choses inacceptables ». Mais il dit toute sa confiance dans l'attitude de l'Église. « Elle sera une, non pas parce que dans l'Église tout le monde pensera de même, mais parce que l'Église est soumise à une constitution monarchique, ce qui facilite l'unité de direction. » Le député catholique Paul Lerolle condamne les auteurs de la Séparation « animés jusqu'au bout d'un esprit de haine qui la fera apparaître à tous comme une loi d'apostasie nationale ». Léonce de Castelnau, au nom des anciens ralliés déçus de l'Action libérale, reprend les mêmes thèmes que les monarchistes et condamne la rupture violente avec des traditions séculaires. La « défense catholique » est bien encore le ciment de l'unité de toutes les droites.

Les « progressistes », opposés au Bloc des gauches, ne peuvent cacher leurs divisions. Les uns restent attachés au Concordat par sécurité, ils voteront contre la loi par peur de l'aventure, mais ils reconnaissent que la loi aurait été pire si Ribot n'avait pas su obtenir des engagements fermes sur les intentions libérales des champions de la Séparation. Par contre, d'autres progressistes, autour de Ribot et de François Carnot, voteront une loi sensiblement améliorée. Ils rejoignent ainsi les modérés de l'Union démocratique qui, derrière Deschanel et Barthou, estiment qu'elle est un gage de sécularisation de la société, et que cette loi n'est en rien une loi de persécution.

Paradoxalement, les partisans de toujours de la Séparation sont ceux qui émettent le plus de réserves sur son contenu et font part de leur déception tout en votant la loi par discipline républicaine. Sur les 198 votants de la motion Bepmale-Dumont hostiles à l'article 4 modifié, une quarantaine de radicaux-socialistes et une quinzaine de socialistes continuent à penser que la loi est insuffisante. Jean Bepmale traduit leur amertume : « La loi n'est pas celle qu'attendait la démocratie républicaine. Ses principales dispositions, celles sur lesquelles repose son économie presque toute entière, ont vu se dresser contre elles la quasi-unanimité de ceux qui, depuis de longues années, fidèles à la tradition révolutionnaire, ont réclamé et voté la séparation. [...] Telle quelle, pourtant, nous la voterons. [...] Nous la voterons, parce que nous la considérons comme une loi provisoire, destinée à marquer une étape nécessaire dans la marche vers la laïcisation intégrale. »

À l'extrême gauche, une quinzaine de socialistes seulement constatent l'inutilité de leurs efforts pour réduire, sinon détruire, la puissance de l'Église catholique. La Chambre lui a laissé, disent-ils, tous ses édifices, tous ses biens, tous ses privilèges. Bien que cette loi ne corresponde pas aux aspirations de tous ceux qui veulent une « séparation intégrale », Allard et ses amis voteront la loi, « malgré qu'elle ne soit pas ce que nous aurions voulu qu'elle fût ». Cette mesure sera néanmoins « une arme de combat contre les religions ». Mais, demain, peut-être, « nous devrons faire la séparation par l'action directe et, s'il le faut, nous prendrons d'assaut vos églises et vos chapelles, pour les faire disparaître comme les révolutionnaires de 92 et 93 ont jadis pris d'assaut les châteaux et les forteresses de la noblesse ». L'extrême gauche, enfermée dans son volontarisme, n'a rien appris des longs débats sur la Séparation.

La Chambre adopte le projet de loi, le 3 juillet, par 341 voix contre 233. La majorité était plus importante que celle qui vota l'article 6, d'environ une vingtaine de députés, mais inférieure de plus de 75 voix à celle qui avait voté l'article 4 modifié ; 20 des 22 radicaux de droite et 62 des 66 députés de l'Union démocratique ont voté pour la Séparation, mais seulement une vingtaine de « progressistes » ont été convaincus de la nature libérale de la loi. Même si les socialistes et radicaux-socialistes intransigeants ont rallié la majorité de gauche, les divisions entre séparatistes ont empêché la loi de recevoir un soutien plus large encore.

La ratification de la loi du 9 décembre 1905

Après les vacances parlementaires, le Sénat examine le texte avec diligence. Les radicaux entendent voter définitivement la loi avant la fin 1905 puisque, l'année suivante, trois élections risquent de tout compromettre : celle du tiers du Sénat, celle du président de la République et, surtout, les élections législatives. Combes et Rouvier plaident en ce sens. La discussion commence le 9 novembre au palais du Luxembourg. Combes a imposé le silence aux sénateurs de la Gauche républicaine et le vote à l'identique du texte de la Chambre. Les orateurs de la droite parlent seuls sans provoquer de réactions. Seul, à gauche, Clemenceau pourfend cette loi qui n'est qu'une caricature de Séparation. La discussion s'achève par un affrontement entre Jules Méline qui, tout en s'avouant favorable à la Séparation en théorie, se prononce contre elle en pratique, et Émile Combes qui plaide pour son adoption, malgré des imperfections que les parlementaires pourront corriger par la suite. Le 6 décembre 1905, par 181 voix contre 102, la Chambre haute adopte la loi. Elle est promulguée par le président Loubet le 9 décembre et publiée au *Journal officiel* le 11.

L'aboutissement institutionnel du long processus de laïcisation de l'État et de la société

La séparation des Églises et de l'État est le point d'orgue de six années de « défense républicaine », organisée par Waldeck-Rousseau contre le « péril national et clérical », et transformée par Émile Combes, après les élections de 1902, en lutte anticléricale de l'État contre les congrégations religieuses. En quelques années, la République reprend à l'Église les positions qu'elle avait reconquises depuis le Concordat de 1801 dans la société civile. Combes, le dernier concordataire néo-gallican, par la rupture diplomatique avec le Vatican, a paradoxalement rendu inéluctable la Séparation qu'il jugeait impossible avant longtemps.

Mais la Séparation n'est pas que l'œuvre législative d'une puissante majorité parlementaire. Elle est aussi la conquête d'un mouvement politico-social qui a porté et poussé les gouvernements à parachever l'œuvre républicaine par l'affirmation de la totale laïcité de l'État démocratique. La loi de 1905 n'est pas tant une conséquence indirecte de l'affaire Dreyfus que le résultat de la mobilisation républicaine. Le dispositif des forces séparatistes ne recoupe pas celui du camp dreyfusard, mais la dynamique des comités, des ligues, des loges, des revues et des journaux explique, plus encore que la discipline des électeurs et des partis de gauche, la montée en puissance de l'objectif de la Séparation au milieu des passions et des affrontements. La Séparation est bien l'aboutissement institutionnel du long processus conflictuel de laïcisation de l'État et de la société, dont les années 1789-1799 avaient été le premier temps fort. La loi de 1905 est la solution pacifique des conflits entre l'Église et l'État qui n'avaient cessé d'agiter la vie publique sous le régime concordataire.

Pourtant, 1905 ne voit pas exactement se répéter le conflit des « deux France ». L'enquête sur les partis, les organisations civiles et l'opinion publique montre que les positions sur la place de la religion dans la société ne recoupent pas exactement l'opposition gauche-droite dans le champ politique. À gauche, les hommes engagés sont foncièrement divisés entre anticléricaux antireligieux et anticléricaux laïques, mais aussi entre séparatistes de principe, séparatistes d'opportunité, et concordataires. L'anticléricalisme unificateur et *déterminant* présente des facettes très variées et un spectre plus large encore que celui des trois courants repérés parmi les collaborateurs de Briand : le néogallicanisme étatiste de Combes perdure largement, le positivisme théorique, laïque et tolérant par principe de Buisson est encore *dominant*, le démocratisme laïque et respectueux du pluralisme de Jaurès est minoritaire, mais joue un rôle *décisif*. À droite, la division est également forte entre monarchistes et républicains ralliés, entre les cléricaux ultramontains et les libéraux, eux-mêmes divisés entre champions des « libertés de l'Église » et simples partisans de la liberté des cultes. Seule, au regard de l'opinion, l'Église catholique semble unie comme un bloc monolithique, soumise à la seule autorité absolue du souverain pontife, car les évêques manquent d'initiatives autonomes et les laïcs sont étrangement muets.

Les alliances et les oppositions politiques ne peuvent se comprendre sans recours à l'étude des idéologies et des courants de pensée. Le vote de la loi ne s'explique pas seulement par l'habileté manœuvrière de Briand, qui aurait provoqué la droite catholique, dont il sait l'hostilité absolue, pour se dédouaner aux yeux de l'extrême gauche farouchement anticléricale[31]. En fait, Briand a utilisé l'extrémisme antireligieux comme faire-valoir du libéralisme de son projet pour faire adopter la loi par l'Union démocratique et les « progressistes ». Son objectif avéré est en effet de rallier à la Séparation tous les républicains, dont les « progressistes » et les libéraux, pour que la loi soit ratifiée par une très large majorité parlementaire. Ce n'est ni l'extrême gauche qui vota la loi, ni la résistance acharnée des catholiques, comme cela a été écrit, qui ont entraîné par leurs oppositions les concessions libérales.

En revanche, ce qui a failli faire échouer le projet de loi, c'est la division des séparatistes eux-mêmes ; la reconnaissance des « *règles d'organisation générale des cultes* » dans l'article 4 modifié ne menaçait pas les principes de la laïcité de la loi, puisque tous les républicains s'y rallièrent ; mais la campagne contre l'article 4 modifié a mis en péril la ratification de la loi avec l'alliance incongrue de l'extrême gauche antireligieuse, des concordataires nostalgiques et des radicaux partisans d'une laïcité abstraite. La rencontre entre les derniers néogallicans et les anticléricaux les plus intransigeants, avec la caution de Buisson et de Clemenceau, paraît contre nature, mais s'explique en fait par le partage de la même idéologie positiviste et de la croyance dans l'autorité suprême de l'État souverain pour régler des problèmes inhérents à la société civile. Clemenceau, au nom de sa conception individualiste de la liberté personnelle, refuse l'organisation que s'est donnée l'Église, comme il refusera la liberté d'action des syndicats ouvriers qu'il cherchera bientôt à briser. Chez Buisson, l'attachement proclamé et certain au principe absolu de la liberté de conscience ne va pas jusqu'à reconnaître la pleine liberté d'organisation pour l'Église dans le cadre du droit commun. Voulant la démocratiser malgré elle, il reste le champion d'un État souverain plus que laïque. L'étatisme des radicaux a été l'écueil sur lequel la loi a failli se briser.

Certains pensent que l'attitude à la fois ferme et libérale de Buisson appuyée sur l'intransigeance de Clemenceau et des radicaux a permis de « faire entrer le catholicisme dans le droit commun[32] ». Nous pensons, au contraire, que la remise en cause de l'article 4 modifié et que la confusion entretenue autour de l'article 6 n'ont fait qu'aliéner à la Séparation une partie de l'opinion. Ce long épisode a révélé une « laïcité de combat », un « laïcisme » comme disaient les catholiques, qui reculera ensuite sans principes comme il avait cédé sur l'abrogation de la loi Falloux. C'est après les propositions démagogiques de certains anticléricaux que l'Union démocratique et la droite obtiennent le plus de concessions en dépit des tentatives de Briand et de Jaurès pour les limiter. Après une résistance acharnée sur un point formel et virtuel, les radicaux ont cédé sur des points majeurs et tangibles, comme la dévolution des biens des Églises et la gratuité de leur jouissance. Pensaient-ils acheter la paix avec l'Église par le maintien du *statu quo* matériel ?

Mais les forces démocratiques et laïques dans le pays attendaient trop cette mesure décisive pour que la majorité de gauche à la Chambre se divise et échoue à l'entrée du port. La menace des sanctions électorales a pesé lourdement sur le vote final des députés. Malgré la division des groupes parlementaires, en dépit des fantasmes « schismatiques » de certains, et bien que les problèmes posés par l'adaptation des structures de l'Église catholique au cadre de la loi commune n'aient pas été étudiés, les républicains de gauche firent bloc. La loi de 1905 fut adoptée, mais très peu de députés de droite la votèrent. Les catholiques les plus hostiles n'étaient pas désarmés. Le pays était calme et attendait avec impatience cette réforme, qui était presque devenue un mythe avant d'être appliquée. Briand avait abrogé l'esprit et le vocabulaire du conflit irréductible. Il n'avait cessé de prêcher l'apaisement des esprits. Il était persuadé que la loi votée était « loyale, franche et honnête[33] ».

TROISIÈME PARTIE

L'esprit de la loi de séparation

Le 11 décembre 1905, la loi était promulguée ; il restait à l'appliquer sans passion ni précipitation. L'article 4 précisait les modalités de sa mise en œuvre :

> « *Dans un délai d'un an, à partir de la promulgation de la présente loi, les biens mobiliers et immobiliers des [...] établissements publics du culte seront, [...] transférés par les représentants légaux de ces établissements aux associations qui, en se conformant aux règles d'organisation générale du culte dont elles se proposent d'assurer l'exercice, se seront également formées, suivant les prescriptions de l'article 19.* »

Les articles 18 et 19 stipulaient que ces associations, « *formées pour subvenir aux frais, à l'entretien et à l'exercice public d'un culte* », devaient être constituées selon les articles 5 et suivants de la loi du 1er juillet 1901 et se consacrer uniquement aux « *actes de gestion financière et d'administration légale des biens* » qui leur seraient dévolus. Légales au regard de l'État, elles ne devaient pas empiéter sur le domaine canonique des Églises. L'article 8 invitait instamment à la constitution de ces associations dans l'année : « *Faute par un établissement ecclésiastique d'avoir, dans le délai fixé par l'article 4, procédé aux attributions ci-dessus prescrites, il y sera pourvu par décret. À l'expiration dudit délai, les biens à attribuer seront, jusqu'à leur affectation, placés sous séquestre.* »

La législateur invite donc les fidèles à former leurs associations selon « *les règles d'organisation générale* » de leur confession afin de continuer à disposer des édifices du culte qui « *seront laissés gratuitement à la disposition des établis-*

sements publics du culte, puis des associations appelées à les remplacer » (art. 13). Cependant, la loi prévoit que si des « cultuelles » ne sont pas constituées dans un délai d'un an, les biens d'Église seront attribués aux « *établissements communaux d'assistance* » (art. 9). Si les églises et cathédrales ne sont pas réclamées dans un délai de deux ans, elles peuvent être désaffectées. Les autres bâtiments ecclésiastiques seront laissés gratuitement à la disposition des établissements de culte, pendant deux ans pour les évêchés, pendant cinq ans pour les presbytères et séminaires, puis loués aux communes. Dans l'esprit de Briand et de la commission il s'agissait là d'un « gage » pour que l'Église réfléchisse aux conséquences d'un refus de principe.

Alors que les protestants et les israélites se conforment aussitôt à la loi, créent leurs associations cultuelles, et conservent la jouissance ou la propriété de leurs temples et synagogues, un débat dramatique divise le catholicisme français. L'Église va-t-elle accepter ou refuser le régime instauré par la loi ? Mais qu'entendre par l'Église ? L'ensemble des catholiques au sens étymologique de *Ecclesia ?* Certainement pas pour le pape Pie X qui rappelle haut et fort, dans l'encyclique *Vehementer nos* du 11 février 1906, ce qu'est la « constitution divine » de l'Église :

> « L'Écriture nous enseigne, et la tradition des Pères nous le confirme, que l'Église est le corps mystique du Christ, corps régi par des Pasteurs et des Docteurs, société d'hommes au sein de laquelle des chefs se trouvent, qui ont de pleins et parfaits pouvoirs pour gouverner, pour enseigner et pour juger. Il en résulte que, par essence, cette Église est une société inégale, c'est-à-dire une société comprenant deux catégories de personnes, les Pasteurs et le troupeau, ceux qui occupent un rang dans les différents degrés et la multitude des fidèles[1]. »

Mais l'Église de France, maintenant libérée de l'État, peut-elle laisser ses « pasteurs », les évêques, décider de son destin ? Faut-il que les prêtres acceptent ou refusent les pensions et allocations qui leur sont accordées par l'État ? Faut-il se préparer à la fin du budget des cultes ? Faut-il surtout concevoir des associations cultuelles paroissiales selon les règles canoniques qui pourraient s'adapter au cadre légal de la loi de l'État, qui ne connaît désormais plus que des associations de citoyens quelle que soit leur religion ou leur statut dans leur Église ? Ou faut-il refuser toute loi qui ne reconnaîtrait pas explicitement l'autorité des évêques et du pape sur le clergé de France et sur tous les catholiques ? L'Église romaine est placée devant un double dilemme : doit-elle reconnaître une loi qui ne lui reconnaît pas un droit souverain légitime sur la société ? Peut-elle admettre que son pouvoir temporel dépende, d'une part, d'une loi définissant sa place dans la société civile, et, d'autre part, de sa constitution hiérarchique ? Comment concilier le droit commun et le droit canon en régime de séparation ?

C'est au pape de répondre à toutes ces questions. Or, selon la tradition diplomatique romaine, chaque fois qu'un pouvoir civil veut modifier les rapports entre l'État et l'Église, comme au temps de Pie VI, Pie VII et Pie IX, le Saint-Siège se tait et attend, au lieu d'anticiper et de prévenir les crises. Fort de sa conviction de détenir toute vérité et de tenir son autorité de Dieu seul, le souverain pontife se réserve le moment d'intervenir, de juger et de condamner. Le conflit qui s'ouvre en 1906 est celui de la théocratie pontificale et de la démocratie laïque. Le secrétaire d'État Merry del Val en est conscient : « Je suis très soucieux, parce que je vois clairement que nous sommes à un "tournant de l'histoire" pour l'Église universelle[2]. » Tel est le défi pour l'Église.

Mais c'est réciproquement dans la mise en œuvre de la Séparation que la République forgera l'esprit de la « laïcité à la française ». Tel est le défi à relever pour elle.

CHAPITRE 10

« Une loi de tolérance et d'équité »
(Briand, 7 mars 1906)

Fallait-il sortir de l'impasse créée par la rupture des relations diplomatiques ? Certains l'ont pensé à Paris. Dumay, le directeur des cultes, suggéra au début de 1905 à Mgr Merry del Val de renouer des contacts avec l'État à propos des nominations d'évêques aux postes vacants, mais le secrétaire d'État ne voulut pas perdre la face en faisant des avances. Ribot et Cochin s'entremirent en secret pour pousser Rouvier à faire amende honorable, mais le président du Conseil s'y refusa catégoriquement car le débat sur la Séparation était trop engagé. La diplomatie secrète si chère au Vatican était mise en échec.

D'autres hommes politiques n'hésitèrent pas à poser ouvertement la question de contacts entre la République et le Saint-Siège. Briand s'était réservé cette opportunité, le 27 mars lors du débat général à la Chambre, en se déclarant favorable à « l'ajournement » de la dénonciation du Concordat plutôt qu'à sa proclamation sans délai[1]. Six mois plus tard, le rapporteur de la loi au Sénat, le radical Maxime Lecomte, précisait en ouvrant la discussion, le 30 octobre 1905, que « se séparer de l'Église, ce n'est pas la méconnaître ou l'ignorer ». Le dialogue public ne reprit pas pendant la discussion de la loi, pas plus qu'après.

La plupart des séparatistes pensaient que le dialogue, et à plus forte raison la négociation, était contraire à l'esprit de la Séparation. La loi civile et le droit canon pouvaient s'accorder l'un et l'autre sans reconnaissance mutuelle des pouvoirs, mais la séparation du temporel et du spirituel interdisait toute relation. Pour Pie X, humilié par la rupture unilatérale du Concordat et terrifié par l'affront de la Séparation, l'issue ne pouvait venir que d'un changement de gouvernement et de la négociation d'un nouveau Concordat. D'où le silence assourdissant du Vatican au cours de l'année 1905.

1. Des catholiques français dans la tourmente

Cependant les adversaires de la Séparation ne cessent d'étendre leur influence en France et surtout au Vatican. D'anciens ralliés, tels Alfred de Mun ou Grousseau, plaident pour le refus d'une loi qui organise à leurs yeux l'« apostasie » de la nation, l'abandon de la foi par l'État. D'anciens séparatistes, comme Mgr de Cabrières, appellent désormais à la résistance. Pourtant, la majorité des évêques redoute les conséquences catastrophiques de la suppression du budget des cultes certes, mais plus encore celles qu'entraînerait le rejet des associations cultuelles.

Les intégristes du Vatican

Les partisans d'une séparation à l'américaine sont de plus en plus isolés. Dans *Le Figaro*, l'orléaniste d'Haussonvile reproche à l'Église de regretter le temps où l'État se considérait, selon le mot de Saint Louis, comme « le sergent du Christ ». L'Église a tort « de ne pas accepter franchement la situation nouvelle qui lui a été faite depuis que la religion catholique a cessé d'être la religion de l'État. [...] Partout où la liberté lui a été accordée, elle s'est rapidement développée ; les merveilleux progrès du catholicisme aux États-Unis sont là pour l'attester[2] ». Dans la *Revue des Deux Mondes*, le converti Ferdinand Brunetière démontre que l'Église de France a beaucoup à gagner à la Séparation, en particulier par la réunion d'assemblées du clergé et de conciles nationaux. Quant aux « concessions à l'élément laïque », celles consenties à François Ier, Louis XIV et Napoléon n'ont-elles pas été plus étendues que celles à faire à la République ? Les héritiers de Montalembert, les disciples de Le Play et du Sillon de Marc Sangnier plaident pour « un essai loyal » de la Séparation : « Partout l'État, en se séparant de l'Église, a laissé l'Église libre[3]. »

Le clergé est plus directement concerné que les laïcs par l'application de la loi. Les abbés parisiens Soulange-Bodin et Hemmer sont certes très isolés quand ils affirment : « l'Église doit se détacher de l'esprit réactionnaire, *travailler* au progrès social et la séparation d'avec l'État lui en offre une occasion et des moyens tout à fait providentiels[4] ». Certains envisagent déjà de travailler comme « prêtres ouvriers » et de partir en mission car « le peuple n'a pas manqué à l'Église ; c'est la paroisse qui a manqué au peuple[5] ». Nombre de curés de campagne ne s'opposent pas à la loi, et fin mai plus des trois quart des 42 000 prêtres ont déjà fait valoir leurs droits à pension auprès des pouvoirs publics. Beaucoup de prêtres sont favorables aux associations qui les déchargeront des multiples tâches administratives et financières qui nuisent à leur pastorale. De plus en plus d'évêques se convainquent de la nécessité d'accepter la loi pour éviter la perte des édifices religieux qu'entraînerait son rejet. Le 28 décembre 1905, les cinq cardinaux français[6] déclarent que la loi peut être acceptée, sauf si les décrets d'application en remettent en cause les principes. Ils réclament même une assemblée plénière de l'épiscopat français. « Dès le début de 1906, la majorité du clergé influent était décidé à faire l'expérience des associations. En revanche, le Vatican, déjà partisan du point de vue inverse, allait, huit mois plus tard, les condamner radicalement[7]. »

Comme au temps du ralliement, les laïcs et les réguliers les plus bruyants et les plus activistes sont les partisans de la défense du catholicisme « intégral », traditionaliste et antirépublicain[8]. Mais alors qu'ils étaient devenus suspects à Léon XIII, ils sont revenus en grâce auprès de Pie X et ont l'appui plein et entier de Mgr Merry del Val. La presse légitimiste, nationaliste et antisémite – *Le Soleil*, *Le Gaulois, L'Autorité* de Cassagnac, *L'Action française* de Maurras et *La France juive* de Drumont – appelle au rejet de la loi et au boycott des associations cultuelles. Les royalistes, sans espoir politique, se consacrent exclusivement à ce qu'ils croient être la défense des droits de l'Église, et font assaut de loyalisme envers celui qui est leur souverain : le pape-roi. Des laïcs n'hésitent pas à dicter au pape et aux évêques la conduite à tenir. Grousseau adresse au Vatican plusieurs rapports juridiques très pessimistes. Le 17 décembre 1905, au congrès de l'Action libérale, de Mun clame son rejet total et appelle le peuple chrétien et le pape à la résistance : « La loi qui s'affuble du nom de séparation est plus odieuse encore que cette constitution civile qui, pourtant, a laissé dans l'histoire une trace de sang. Celle-ci était le schisme, celle-là est l'apostasie. [...] J'entends dire qu'il faut conseiller aux catholiques l'essai loyal de cette mortelle expérience. Je n'y consentirai pas, pour ma part. On ne fait pas l'essai loyal de l'apostasie : on ne fait pas l'essai loyal de la haine contre Dieu[9]. »

Si les partisans des deux attitudes multiplient les voyages à Rome, les intransigeants sont singulièrement bien écoutés. Le pape répond à l'envoyé de Mgr Mignot, archevêque d'Albi, qui lui demande d'accepter les associations, qu'il faut attendre les décrets d'application de la loi pour prendre position. Très différente est l'attitude à l'égard du père Le Doré, supérieur des eudistes, champion de la résistance ; dès le 5 janvier 1906, ce dernier multiplie les entretiens avec les cardinaux de la curie, rencontre Merry del Val et obtient une longue audience privée avec Pie X le 15. Il en livre le contenu dans *La Libre Parole* le 28 janvier. Le secrétaire d'État lui aurait dit que la loi de 1905 était bien pire que la Constitution civile du clergé et que les lois de Mai du *Kulturkampf* prises par Bismarck en 1873 contre les catholiques bavarois ; quant au pape, il déplorerait les divisions du clergé français. Le démenti confidentiel du Vatican n'a en rien empêché une campagne de presse appelant le clergé français à la résistance unanime au nom du pape.

Les assomptionnistes, entourés de l'auréole de martyrs persécutés, bénéficient d'une bienveillance croissante au Vatican. Emmanuel Bailly a ses entrées régulières auprès du Saint-Père et en use pour faire pression sur les éditoriaux de *La Croix* et pour plaider contre les évêques et le clergé séculier, trop attachés à la défense d'intérêts matériels et trop prêts aux compromis car recrutés parmi des « libéraux » investis par Léon XIII et des « non-combatifs » chers au cardinal Rampolla. Le vocabulaire guerrier envahit plus que jamais le discours de ces soldats réguliers du Christ. Ils deviennent les agents de liaison du Vatican avec l'aile intransigeante de l'Église de France, utilisant des messages codés pour adresser leurs directives. Circonvenu par ces intransigeants, Mgr Merry del Val y trouve la confirmation de sa stratégie.

Échec aux « transigeants »

D'après les archives de la Sainte Congrégation des affaires ecclésiastiques extraordinaires, dépouillées par Maurice Larkin, nous pouvons affirmer que le Vatican opte très tôt pour le rejet radical de la loi de Séparation, plutôt que de reprendre contact avec le gouvernement français pour éventuellement s'entendre sur quelques aménagements de la loi. Mgr Merry del Val a été très tôt partisan du refus des associations cultuelles. Mais, pour arriver à ses fins, il dut renverser la tendance dominante dans l'épiscopat français, et même parmi la majorité des huit cardinaux qui le conseillaient lors des réunions de la Sainte Congrégation. Même si la quasi-totalité des évêques français était hostile à la Séparation par principe, un nombre croissant d'entre eux étaient prêts à accepter la mise en œuvre des associations cultuelles.

Au début de l'automne 1905, Mgr Chapon, évêque de Nice, propose une réunion plénière des évêques. Mgr Fulbert-Petit, archevêque de Besançon, y exposerait son projet d'associations canoniques. L'épiscopat étudierait ainsi comment une condamnation formelle de la Séparation pourrait se combiner avec une expérience pratique des associations cultuelles. Mgr Chapon fait le bilan de ses entretiens avec Méline et Piou, d'où il ressort que le parti de l'Action libérale populaire se fixe de plus en plus l'objectif de rassembler tous les catholiques, monarchistes et nationalistes compris, dans la lutte contre la Séparation, plutôt que de s'allier aux modérés de Méline et aux progressistes de Ribot, sans lesquels il ne peut y avoir d'espoir de renverser la majorité anticléricale de gauche. Mgr Chapon ne croit pas à l'efficacité de la politique du pire et ne pense pas que « le bien puisse sortir de l'excès de mal ».

Ces propositions sont approuvées à la Sainte Congrégation, le 8 octobre 1905, par le cardinal Rampolla et la majorité des cardinaux. L'assemblée plénière des évêques doit être convoquée. Mgr Merry del Val est d'un avis contraire : on ne peut accepter l'essai des associations cultuelles tant qu'on n'a pas testé les réactions de l'opinion publique en France. Une résistance déterminée pourrait aboutir à un soulèvement des catholiques entraînant la chute du gouvernement et le rejet de la loi. Il faut s'appuyer sur la volonté des catholiques de sauver la foi, l'Église et la France. On ne peut compter pour cela sur des évêques pusillanimes, trop attachés à leurs intérêts matériels, et encore moins sur des laïques intellectuels et démocrates qui veulent usurper la direction de l'Église. Les évêques « libéraux » sont taxés de « modernisme » et le Vatican n'a pas à recevoir de conseil stratégique de la part d'intellectuels comme Brunetière[10].

Dès la promulgation de la loi, le Vatican fait préparer, à toutes fins utiles, une encyclique condamnant la Séparation, à publier après la parution des décrets d'application. Mais, un mois après l'appel public des cardinaux, Mgr Merry del Val doit faire convoquer par le cardinal Richard l'assemblée des évêques[11]. Cependant, son objectif est de rallier peu à peu les évêques français à la résistance afin que la condamnation pontificale puisse apparaître comme une réponse à la demande des catholiques français, et non comme une injonction venue de Rome. Pour éviter la publicité des divisions de l'épiscopat, le secret doit être imposé aux évêques. Pour s'assurer une majorité favorable à l'assemblée des évêques, le pape utilise la liberté donnée par la Séparation pour nommer 14 nouveaux évêques français, en se dispensant de toute concertation avec l'État. Le 25 février 1906, lors de leur sacre, le pape les incite à la résistance.

La stratégie de Mgr Merry del Val apparaît clairement dans un message « très confidentiel » adressé, le 27 février, à Mgr Montagnini, le chargé d'affaires du Vatican resté à Paris. Il y écrit que l'Église universelle est face à un « tournant historique ».

> « Il s'agit de toutes les forces du mal de la Maçonnerie internationale contre l'Église, et dans cette lutte, dans ce moment, la France servira d'exemple à tous ; [...].
> « Il est évident que si la majorité des évêques est d'avis de subir la loi en pratique, il sera difficile que le pape puisse leur commander d'agir contrairement à leurs convictions, bien qu'il soit assuré de leur obéissance.
> « Mais il est faux, très faux, que le pape ne soit pas prêt à proclamer la résistance, s'il est appuyé par un bon nombre d'évêques.
> « Le fait d'avoir demandé une étude sur les associations éventuelles possibles ne signifie pas du tout que le pape ait déjà plus ou moins décidé qu'il sera nécessaire de les accepter.
> « Par les évêques nouveaux, le cardinal pourra connaître les

sentiments et la pensée du pape, lequel attend pourtant le jugement des évêques pour prononcer le premier mot.
« Personne en dehors d'eux, pas même mes collaborateurs, ne sait ce que pense le pape jusqu'ici.
« Chacun aura son propre avis.
« Détruisez cette lettre après en avoir parlé au cardinal[12] ! »

Si l'on en croit Emmanuel Bailly, Mgr Merry del Val redoute plus encore que les francs-maçons et les libéraux « ce jeune clergé et ces catholiques gagnés par les émancipations de l'école critique, de l'école démocrate avancée et de tous ceux qui rêvent des réformes et des nouveautés où le côté humain et laïque prétend mettre en échec le divin et le surnaturel et renverser tout l'ancien édifice de l'Église pour y substituer la nouvelle Église qu'ils rêvent adaptée aux idées de la société laïque et moderne[13] ». Ainsi se manifeste l'intégrisme du secrétaire d'État, fondé sur la certitude que seul le clergé le plus traditionaliste a le monopole de la science du divin et du spirituel. Cet exposé sur la stratégie et la tactique vaticane permet de comprendre pourquoi le Vatican verra dans la révolte des inventaires, en février et mars 1906, « une divine surprise » et donc la confirmation des espérances de Mgr Merry del Val.

La révolte des inventaires

Le 29 décembre 1905, un décret administratif ordonne l'inventaire des biens d'Église, prévu par l'article 3 de la loi. Le 2 janvier 1906, une instruction de la direction générale de l'Enregistrement prescrit à ses agents de « demander aux prêtres présents à l'opération l'ouverture des tabernacles ». Reproduite dans *La Croix* du 11 janvier, la circulaire enflamme les esprits[14]. Les réponses du gouvernement apaisent les députés catholiques et le clergé. Mgr Richard ne conseille qu'une protestation formelle avant exécution, « aussi longtemps que le Saint-Père n'aura pas fait connaître sa décision ». Les premiers inventaires se passent sans difficulté. Le 31 janvier encore, *La Croix* appelle les Parisiens à des prières et à des chants pendant les inventaires. Mais toute une campagne de presse exhorte les fidèles à la résistance : l'inspection des tabernacles est un sacrilège, l'inventaire un « prélude à la spoliation, premier acte de la mainmise sur les biens de l'Église ».

Le 1er février, l'inventaire de Sainte-Clotilde, dans le 7e arrondissement de Paris, tourne à l'affrontement violent entre les policiers du préfet Lépine et 500 « pieux apaches » retranchés derrière les grilles de l'église, puis barricadés à l'intérieur du sanctuaire, en dépit de l'abbé Gardey, le curé de la paroisse, qui condamne l'obstruction par la force. Le lendemain, des incidents comparables se produisent à Saint-Pierre du Gros-Caillou, dans le même arrondissement. De nombreux blessés et 60 arrestations, des églises ravagées, tel sont les résultats de ces résistances actives animées par les comités royalistes de Paris, les Camelots du roi et quelques militants du Sillon, avec le soutien de quelques dames titrées comme la baronne Reille ou la comtesse de Béarn[15].

Les nationalistes, débordant un clergé jugé « capitulard », ont vu dans les inventaires une occasion providentielle pour se lancer dans une épreuve de force contre le gouvernement au nom de la défense de l'Église et de la France. Le 2 février, *La Croix* relate l'agression des forces de l'ordre contre des fidèles chantant pacifiquement le cantique « Nous voulons Dieu. Sauvez la France ». Le 6, elle glorifie « le mouvement spontané et généreux de l'indignation catholique. ». Les journaux nationalistes appellent à l'extension de la lutte alors que, le 4 février, *Le Figaro* publie la lettre du cardinal Richard appelant le clergé parisien à ne pas s'opposer aux inventaires. L'abbé Gardey donne sa démission, son autorité pastorale ayant été bafouée, non par ses paroissiens, mais par ces « catholiques nouveau style » qu'il dénonce. De tels appels au calme sont rejetés par une minorité agissante de laïcs, royalistes et militants de l'Action française, confondant politique et religion. Exaltés par la presse nationaliste et *La Croix*, ils voient dans les incidents parisiens le signal de la révolte de tous les catholiques. Cette minorité activiste réussit à entraîner des soulèvements parfois impressionnants, en profitant de l'émotion populaire dans des régions à vieille tradition catholique. Dans l'Allier, des paysans armés de fourches empêchent les forces de l'ordre de pénétrer dans leurs églises et en Haute-Loire, de véritables bandes attaquent les gendarmes. Dans les Pyrénées, des ours protègent les portes des églises. En Vendée et en Bretagne[16], c'est toute la population des femmes en prières et des hommes armés qui empêche les inventaires, en dépit de la réquisition de l'armée pour leur exécution.

Il ne faut pas croire cependant que le pays est plongé dans une nouvelle guerre de Religion. Certes on retrouve souvent le même scénario hérité de la contre-révolution. Des paysans armés, conduits par des nobles locaux, se confessent, communient, dictent leur testament avant de se barricader dans l'église, alors que les femmes prient à genoux au dehors. Le mouvement n'est pas que le fait des hobereaux et des notables, de leurs métayers et domestiques. C'est souvent tout un petit peuple catholique qui se rassemble à l'appel du tocsin, dans les régions de montagne et de bocage, d'habitat dispersé et mal relié aux villes. La haine du gendarme, du « bleu », du fonctionnaire, se confond avec la « défense des saints ». La protestation religieuse ne fait qu'un avec la révolte politique. Mais le plus souvent, la résistance est passive et se limite à des prières publiques et à des rassemblements pacifiques. Il ne faut donc pas exagérer l'ampleur des troubles liés aux inventaires. Le dépouillement des rapports des procureurs généraux par Jean-Marie Mayeur[17] a montré que les incidents furent nombreux et violents surtout dans les pays ruraux de chrétienté de tradition contre-révolutionnaire (Bretagne, Vendée, Velay, Vivarais, Aveyron, Lozère, Pays basque et Flandres) ; ils furent limités en Savoie, Provence, Béarn, Normandie, Lorraine et dans le Quercy, où les catholiques pratiquants étaient nombreux, mais votaient républicain depuis longtemps ; ils furent très rares dans le Limousin, le Berry, en Île-de-France, Picardie, Champagne et Bourgogne, terres de précoce déchristianisation ayant connu de forts troubles antireligieux sous la Révolution. L'agitation a été très faible en dehors des terres de chrétienté et toutes les régions de forte pratique religieuse n'ont pas été agitées. Le cycle des soulèvements au nom de Dieu et du roi, ouvert en 1791, s'achève en 1906. Au total, les inventaires se sont effectués sans problème dans 63 200 établissements et n'ont été ajournés que dans 4 800 cas.

Incapables de faire ces analyses sereines, de nombreux informateurs du Vatican ont cru que la révolte des inventaires entraînerait la « révolte de tout un peuple ». Que la prophétie des assomptionnistes et de Mgr Merry del Val se réaliserait enfin. Face à la division du clergé et à la persécution des fidèles, le pape se devait d'appeler à l'union dans la résistance.

2. Les interdits du Vatican

Pour ces fidèles déchirés, Pie X est le recours suprême. C'est dans ce contexte de tension que le Saint-Siège avance la publication de l'encyclique *Vehementor nos* (diffusée par *La Croix* le 18 février). Pie X aurait confié au père E. Bailly, le 20 février : « Ces catholiques qui ont défendu leurs églises nous ont donné consolation et nous les aimons. C'est un bel exemple de foi et de courage qu'ils ont montré. Il y a un temps pour agir, et quand ce temps est venu, il faut le faire[18]. »

Vehementor nos *: condamnation du principe de la Séparation*

L'analyse structurale de l'encyclique montre qu'après une condamnation de principe très énergique de la Séparation, le pape ne donne pas d'indications précises sur la conduite à tenir vis-à-vis de la loi. Pie X se borne à annoncer pour « un temps opportun » de nouvelles directives pontificales, sans doute après la publication des décrets d'application de la loi. « Après avoir dit ce qu'il faut penser de la loi, il lui reste à dire ce qu'il faut faire à l'égard de la loi », commente Julien de Narfon[19]. Il n'empêche que l'analyse de la loi repose sur quelques erreurs d'interprétation où l'on retrouve l'influence de Grousseau.

Le pape s'élève d'abord avec véhémence contre le principe même de la Séparation, ainsi que l'avait fait Grégoire XVI dans *Mirari vos*, condamnant Lamennais. Pie X affirme que « cette thèse est la négation très claire de l'ordre surnaturel », car elle n'assigne comme rôle à l'État que la recherche immédiate de la prospérité matérielle des sociétés politiques, et ne « s'occupe en aucune façon, comme lui étant étrangère, de leur raison dernière qui est la béatitude éternelle ». Le pape reproche ensuite au gouvernement français « la grandeur de l'injure infligée au siège apostolique par la rupture unilatérale du Concordat », au mépris du « respect sacré des traités » et des « égards ordinaires et de la courtoisie dont on ne se dispense même pas vis-à-vis des États les plus petits », alors qu'il aurait dû avoir à l'égard du Saint-Siège « un respect supérieur à toutes les autres puissances politiques ».

En elle-même, la loi est foncièrement mauvaise parce qu'elle contient « plusieurs mesures d'exception qui, odieusement restrictives, mettent l'Église sous la domination de l'État ». Il en résulte pour l'Église de France une situation « dure, accablante et oppressive de ses droits les plus sacrés », car la nouvelle loi est contraire à la « constitution divine » de l'Église sur trois points[20].

1) La loi « attribue l'administration et la tutelle du culte public, non à un corps hiérarchique divinement instauré par le Sauveur, mais à une association constituée de personnes laïques ». (L'adjectif « laïques » est une addition frauduleuse à l'article 18, qui ne fait référence qu'à des « personnes ».)

2) Le Conseil d'État étant seul compétent pour trancher les différents entre associations cultuelles, celles-ci « seront donc vis-à-vis de l'autorité civile dans une dépendance telle que l'autorité ecclésiastique n'aura plus sur elles aucun pouvoir ». (C'est une interprétation inexacte de la loi, à moins que le Vatican n'estime que seule l'autorité canonique a une autorité civile sur ces associations étrangères à l'État. Tous les avis futurs du Conseil d'État contrediront cette supputation.)

3°) La loi viole enfin « les droits de propriété que l'Église a acquis à des titres multiples et, en outre, en vertu du Concordat », en déclarant propriété de l'État et des communes tous les édifices ecclésiastiques antérieurs au Concordat. (Le Saint-Siège n'admet toujours pas la nationalisation des biens du clergé de 1789.)

En conséquence de ce procès instruit à charge, le pape, « conscient de l'impérieux devoir de maintenir dans leur intégralité absolue les droits inaliénables et sacrés de l'Église, et en vertu de l'autorité suprême que Dieu [lui] a conférée », condamne « la loi votée en France sur la séparation de l'Église et de l'État comme profondément injurieuse vis-à-vis de Dieu. [...] Nous la réprouvons et la condamnons comme violant le droit naturel, le droit des gens et la fidélité publique due aux traités, comme contraire à la constitution divine de l'Église, à ses droits essentiels et à sa liberté. [...] Nous la réprouvons et condamnons comme gravement attentatoire pour la dignité de ce siège apostolique, pour notre personne, pour le clergé et tous les catholiques français ». Pie X n'éprouve cependant aucune crainte pour l'Église de France, car « les lois de persécutions dirigées contre elle, comme l'histoire nous enseigne, et dans des temps rapprochés [...] finissent toujours par être abrogées avec sagesse ». L'allusion à la Révolution et au Concordat est évidente. Aussi conseille-t-il aux « enfants de l'Église » d'agir pour la vérité et la justice, avec douceur et « sans offenser personne ». Il demande aux laïcs de s'unir « avec vos prêtres, avec vos évêques, et surtout avec ce siège apostolique. [...] Vous savez le but que se sont assignés les sectes impies qui courbent vos fronts sous le joug : "décatholiciser" la France ».

La véhémence de la condamnation pontificale fait basculer dans la résistance certains catholiques jusque-là hésitants. L'agitation contre les inventaires est relancée, comme le notent les rapports des procureurs généraux. Des responsables voient dans l'encyclique un encouragement au combat. Ainsi, *L'Éveil démocratique* publie le 18 février un appel à la relance des « admirables guerres de Religion » : « Est-ce que la France chrétienne n'applaudirait pas si, en une seule nuit, on exterminait tous les sectaires et les francs-maçons ? La Saint-Barthélemy fut une nuit splendide pour la France et la Patrie. » Marc Sangnier dut aussitôt condamner cette apologie du massacre. Mais le 2 mars, *Le Matin* rapportait les propos du vicaire général de l'archevêque de Rennes qui furent également condamnés : « Nous résisterons, et dans la France entière retentira le crépitement de la fusillade. Vous verrez des milliers de fusils menacer nos adversaires, et ces fusils-là parleront[21]. »

Les pressions du pape sur les évêques

De leur côté, les évêques préparent leur assemblée plénière. La commission préparatoire adopte le projet d'« associations cultuelles canoniques et légales » préparé par Mgr Fulbert-Petit, à présenter lors de la future assemblée. L'archevêque de Besançon a établi un statut type présentant toutes les garanties des sociétés « fabriciennes » (devant succéder aux fabriques) : aucune association ne sera formée sans l'accord de l'évêque ; le fondateur de l'association doit être un prêtre agréé par lui ; chaque association doit être rattachée à l'union diocésaine que chaque évêque doit constituer ; chacun de leurs membres doit faire acte d'allégeance à l'évêque ; ces associations ne s'occuperont que de questions financières et administratives comme prévu par l'article 18 de la loi.

Mgr Montagnini alerte Mgr Merry del Val en estimant que Mgr Fulbert-Petit « mène campagne pour faire entrer le Saint-Siège dans les accommodements[22] ». Le 5 mars, une dépêche demande au nom du souverain pontife l'ajournement de l'assemblée jusqu'à la publication des décrets d'application. Le 10 mars, second ajournement à cause de la démission du cabinet Rouvier. Le cardinal Richard livre les nouvelles instructions pontificales du 4 mars. Mgr Mignot, secrétaire de la commission, les résume ainsi :

> « 1°) Se conformer en toute circonstance à l'esprit de Jésus-Christ [...]
> « 2°) Se souvenir que nous sommes nés pour la guerre [...]
> « 3°) Tenir compte de l'opinion et du jugement des *vrais*[23] catholiques de France.
> « 4°) Songer à sauvegarder les principes de la justice, non moins que les droits de l'Église qui sont ceux mêmes de Dieu.
> « 5°) Avoir non seulement à l'esprit le jugement de Dieu, mais aussi celui du monde qui nous regarde et nous jugera sévèrement si nous oublions la dignité de notre mission. »

En fait, le souverain pontife demande que l'assemblée, qui doit se prononcer sur « l'expérience conditionnelle des associations », envisage « même le refus de les accepter ». Leur approbation « même conditionnelle faite en vue des avantages temporels [...] ne serait-elle pas de nature à déconsidérer » ceux qui les accepteraient en renonçant « pour elles aux droits sacrés de la religion » ? Le pape envisage même que la « condescendance trop facile aux concessions hypocrites du gouvernement ne l'engagera pas à aller plus loin et à tout enlever, même les églises, quand l'émotion sera retombée et qu'il n'y aura plus de crainte de soulèvement populaire ». Il n'hésite pas à demander aux évêques de « tout sacrifier ».

On comprend l'émotion qui s'empara des sept archevêques et évêques à la lecture de ce message pontifical invitant le clergé français au refus total, non seulement de la loi par principe, mais de la solution pratique des associations. L'épiscopat se divise nettement. Le cardinal Richard, espérant comme le pape dans de « meilleures élections », recommande de ne céder en rien maintenant. Mgr Fulbert-Petit plaide pour une condamnation de principe de la Séparation, mais pour l'acceptation d'un *modus vivendi* à titre d'essai, pour que l'épiscopat ne porte pas la responsabilité de la perte des églises et des fidèles. L'assemblée plénière est une troisième fois ajournée au lendemain des élections.

La première assemblée plénière des évêques de France

La première assemblée plénière de l'épiscopat se réunit à Paris du 30 mai au 1er juin 1906, dix jours après que la gauche a gagné une soixantaine de sièges supplémentaires. Est-ce que cette déconvenue politique va faire réfléchir le Saint-Siège et les intransigeants ? Rejeter les associations n'est-il pas encore plus risqué qu'auparavant ? Emmanuel Bailly rapporte cette opinion de Mgr Merry del Val : « Plus les élections sont mauvaises, plus l'attitude ferme à l'égard de la loi et des cultuelles s'impose. [...] Plus le gouvernement est mauvais, moins nous avons à nous fier à sa loyauté[24]. » Le Vatican choisit la politique du pire.

Le schéma de la réunion a été établi par le secrétaire d'État. Le cardinal Richard commence par lire la lettre intransigeante de Pie X du 4 mars, puis avertit l'assemblée que le pape impose le « secret du Saint-Office », sous peine d'excommunication de ceux qui trahiraient le secret des débats. Les votes se feront à bulletins secrets. Le nouvel évêque auxiliaire de Paris, Mgr Annette, qui revient de Rome, fait remarquer que la lettre date de deux mois et que le pape lui a dit que les évêques sont libres et qu'il ne veut pas faire pression sur leurs consciences.

Chaque évêque a reçu un « Mémoire confidentiel » anonyme, établi en fait par Mgr Fuzet, *Les Associations cultuelles en Allemagne*, d'où il ressort que la loi allemande, imposée aux évêques par Bismarck et acceptée par Pie IX pour mettre fin au *Kulturkampf*, était beaucoup plus dure que la loi française proposée par la République. « La loi de 1905 ne parle pas de l'évêque, mais c'est pour *lui accorder la liberté*, elle le rend omnipotent. La loi prussienne en parle officiellement, mais c'est *pour l'asservir*. » Rome ne peut-elle pas accorder à la

France catholique ce qu'elle avait accordé à un chancelier prussien luthérien ? Le *memorandum* plaide pour l'acceptation des cultuelles sans lesquelles les diocèses ne pourront avoir d'administration régulière. Sans elles, « c'est la "multitude" livrée à elle-même, c'est le "troupeau" commandant au pasteur, c'est le clergé à la solde et à la remorque d'un parti politique ». La critique des conséquences de l'intégrisme politico-clérical est particulièrement sévère dans ce document. Mais l'auteur cherche à rassurer les inquiets sur les intentions du gouvernement en livrant le contenu de l'article 30 du règlement administratif adopté par le Conseil d'État : il y est écrit que « l'Église catholique pourra, par des clauses insérées dans ses statuts, maintenir la hiérarchie des pasteurs et leur autorité sur les fidèles[25] ».

« La décision suprême étant réservée au Saint-Siège », une première question est posée aux évêques : « Peut-on accepter pratiquement les associations cultuelles telles qu'elles sont établies par la loi de séparation ? » Question de pure forme car, pour un évêque, répondre OUI c'est s'opposer à *Vehementer nos* et considérer la Séparation comme plus positive que le Concordat. L'assemblée répond à la quasi-unanimité NON, moins deux voix.

La deuxième question posée est d'intérêt pratique : « Est-il possible d'instituer des associations cultuelles à la fois canoniques et légales ? » Mgr Fulbert-Petit défend avec passion son projet de statut des associations canonico-légales, en soulignant que la loi laisse à cet égard toute liberté aux évêques[26]. Il précise que chaque association doit avoir un président laïque pour la représenter auprès des pouvoirs publics et un directeur en la personne du curé en communion avec l'évêque, président de l'union des associations diocésaines. Mgr Touchet, l'évêque d'Orléans très ultramontain, plaide pour un NON radical. L'assemblée répond à la question par 48 voix pour et 26 contre. Puis, après quelques modifications, le projet d'associations « fabriciennes » de Mgr Fulbert-Petit est adopté par 59 voix contre 17. Le résultat est salué par de nombreux applaudissements. Cette solution parait largement acceptable à tous les cardinaux et archevêques.

Ce dernier vote enlève tout espoir à Mgr Merry del Val de faire appuyer par un « grand nombre » d'évêques l'interdit du pape sur la mise en pratique des cultuelles. La plus forte minorité d'opposants compte les 13 « anges du Vatican » fraîchement investis et tous intransigeants ; il n'y a donc que 13 inconditionnels du Vatican parmi les anciens évêques, aux premiers rangs desquels Mgrs Touchet, Dubillard, Turinaz et de Cabrières[27].

La question française est débattue à la Sainte Congrégation les 12 et 19 juillet 1906. Mgr Merry del Val y plaide la thèse du refus total : Accepter les associations cultuelles « serait une erreur fatale [...] Telle est l'opinion des meilleurs évêques français, du clergé le plus vertueux et de la grande masse du clergé rural qui est en contact avec le peuple [...] ceux sur qui nous devons compter dans l'avenir ». Il estime que « la rébellion aurait pu être bien plus spectaculaire si les évêques n'avaient conseillé au clergé paroissial de pactiser secrètement avec les autorités ». Il dit combien le Saint-Siège ne peut avoir que « peu de foi dans bon nombre d'archevêques et d'évêques français ». Il n'hésite pas à se réclamer de l'exemple de Pie VI, intraitable face à la Révolution française. Sur les huit cardinaux qui l'entourent, quatre au moins s'opposent à ces analyses, en particulier son prédécesseur Mgr Rampolla, qui lui fait remarquer son ignorance de la situation française et l'absurdité de ses espoirs d'un « soulèvement général » des catholiques qui obligerait le gouvernement français à traiter avec le Vatican pour ramener l'ordre dans le pays. Si l'on refuse à l'Église de France ce que la loi lui accorde, elle sortira plus affaiblie encore de l'épreuve. Le Saint-Siège aboutirait exactement au contraire de ce qu'il prétend rechercher. Mais rien n'ébranle la conviction de Mgr Merry del Val, enfermé dans son autisme. Le 12 août, il écrit encore à Montagnini : « J'ai reçu votre rapport n° 237 relatif aux manifestations publiques qui se produisent en France contre la loi de Séparation. [...] Je vous engage à faire en sorte que des manifestations semblables se multiplient pendant la période actuelle qui est, pour ainsi dire, une période de transition. »

Gravissimo officii *ou comment mettre au pas l'épiscopat*

Le 13 août 1906, *L'Osservatore Romano*, le quotidien du Vatican, annonce que l'assemblée plénière des évêques de France s'est associée à la quasi-unanimité à la condamnation de la loi de Séparation par l'encyclique *Vehementer nos*. Rien n'est dit sur les autres réponses des évêques. Le 14, Pie X publie une nouvelle encyclique datée du 10 août, *Gravissimo officii*, par laquelle il sort du silence pour jeter un second interdit, non seulement sur les associations cultuelles, mais aussi sur tout autre genre d'associations qui pourraient être constituées sur des bases « à la fois légales et canoniques ». Au nom de son autorité suprême et « après avoir imploré avec les plus ferventes prières le Père des lumières », Pie X décrète, comme les évêques, dit-il, que les associations prévues par la loi violent les droits sacrés de l'Église. Il évoque ensuite l'opportunité et l'espérance de pouvoir « essayer à leur place quelque autre genre d'association » pour préserver les catholiques de France « des graves complications qui les menacent ». Il conclut :

> « Mais comme cet espoir Nous fait défaut, la loi restant telle quelle, Nous déclarons qu'il n'est point permis d'essayer cet autre genre d'associations tant qu'il ne constera[28] pas d'une façon certaine et légale que la divine constitution de l'Église, les droits immuables du Pontife romain et des évêques, comme leur autorité sur les biens nécessaires à l'Église, particulièrement sur les édifices sacrés, seront irrévocablement dans lesdites associations en sécurité. »

À la différence de l'encyclique précédente, on ne retrouve aucune analyse précise ou critique motivée du projet adopté par l'épiscopat. Le souverain pontife tranche seulement en sa seule âme et conscience, et dit qu'il ne peut faire confiance aux « ennemis de l'Église ». L'absolutisme pontifical repose ici sur le subjectivisme le plus irrationnel. La suite de l'encyclique n'est qu'une série de réponses anticipées aux objections et « aux récriminations des ennemis de l'Église » qu'il dénonce « d'ores et déjà comme fausses ». Cet anathème préventif des critiques révèle qui sont pour lui ces « ennemis » principaux.

> « Ils s'efforceront de persuader au peuple que Nous n'avons pas en vue le salut uniquement de l'Église de France ; que Nous avons un autre dessein, étranger à la religion ; que la forme de la République en France Nous est odieuse et que Nous secondons pour la renverser les efforts des partis adverses ; que Nous refusons aux Français ce que le Saint-Siège a sans difficulté accordé à d'autres[29]. »

L'encyclique insiste longuement sur ce dernier argument pour réfuter, sans les nommer, les thèses du cardinal Rampolla et de Mgr Fuzet. Pie X se défend de l'accusation d'intégrisme politique. Pourtant, il accuse les « fabricateurs de cette loi injuste [de vouloir] en faire une loi, non de séparation, mais d'oppression. Ainsi, ils affirment leur désir de paix, ils promettent l'entente, et ils font à la religion du pays une guerre atroce [...] et poussent les citoyens les uns contre les autres ».

Contrairement à ce qu'il avait annoncé en février, le pape ne donne aucun conseil pratique. Il demande seulement aux évêques de continuer à organiser le culte divin. En repoussant le *modus vivendi* accepté par les évêques, le pape veut contraindre le gouvernement à saisir les biens cultuels, à fermer les églises, à réduire à la misère les prêtres et à rendre illégal l'exercice du culte catholique, à moins que le gouvernement ne renonce à appliquer la loi. Telle est la stratégie du bras de fer de Mgr Merry del Val. Aux « hommes catholiques », aux laïques, le pape demande soumission et dévouement, persévérance et énergie, mais les prie de ne pas « agir toutefois d'une façon séditieuse et violente ». L'échec du « soulèvement populaire » espéré est constaté, mais le pape appelle les catholiques à la résistance passive « en s'enfermant dans leur bon droit comme dans une citadelle, à briser l'obstination de leurs ennemis ».

« La course à l'abîme », titre Julien de Narfon dans *Le Figaro* le 18 août. Il regrette que la France n'ait plus un Bossuet pour porter aujourd'hui ce jugement sur Innocent XI : « C'est un grand mal que si peu de lumière dans une si grande place. » Mais la Compagnie de Jésus défend la stratégie pontificale. Même si l'encyclique va provoquer une nouvelle relance de la politique anticléricale, « par le déchaînement d'impiété qu'elle provoquera, la séparation précipitera presque fatalement le pays dans une série de mesures révolutionnaires, [...] dans une nouvelle guerre de religion ». Mais « tôt ou tard, sous une forme ou une autre, un pouvoir réparateur surgira » et l'un de ses premiers actes « sera d'imiter le Premier consul[30] » et de conclure un concordat sans lequel il n'y a pas de paix religieuse et de paix tout court. Ainsi rêvent les nouveaux « guerriers de Dieu ».

Comment réagit l'épiscopat ? Une deuxième assemblée plénière se déroule du 4 au 7 septembre 1906. Les évêques modérés plaident la réconciliation par-delà les divergences. Une adresse est aussitôt envoyée au souverain pontife exprimant « la profonde reconnaissance des évêques pour les directions si *lumineuses* de l'encyclique *Gravissimo* ». Ses libres avis ayant été balayés d'un revers de main, l'assemblée s'incline sans combattre, ni même protester. Le cardinal Richard lut le blâme adressé à Mgr Le Camus, qui avait pris position pour la Séparation et s'en était expliqué dans la brochure publiée en mars, *Tirer le bien du mal*[31]. Il y disait que le centralisme romain n'était pas la constitution divine de l'Église. Réduite à l'impuissance, l'assemblée choisit la résistance passive. Puisque former des associations est impossible et que les fabriques allaient être abolies le 11 décembre, il est décidé que l'administration tout entière du temporel des paroisses incomberait aux prêtres. Rien ne devait être fait pour éviter la mise sous séquestre le 12 décembre. La seule décision importante est l'organisation du « denier du culte ».

3. Le gouvernement face à l'intransigeance pontificale

Comment le gouvernement réagit-il face aux réactions des catholiques révoltés contre les inventaires et face au double interdit pontifical ? Allait-il tomber dans le cycle de la répression en recourant systématiquement aux forces de l'ordre ? Allait-il répliquer à l'obstruction ecclésiastique par des sanctions ? Ou allait-il déjouer le piège du Vatican en s'en tenant à l'esprit de la loi de séparation ? Les divergences entre séparatistes ne risquaient-elles pas de renaître et de compromettre l'unité de la majorité et la continuité de l'action gouvernementale ? Plusieurs temps forts de la vie parlementaire permettent de comprendre la ligne de conduite des « pères de la loi ».

Briand : « La loi restera ce qu'elle est »

Le 6 mars 1907, se produit à Boeschepe, dans le département du Nord, le drame tant redouté. Malgré les appels au calme du prêtre, des manifestants envahissent l'église, où se terminait l'inventaire sous la protection de trois gendarmes ; le fils du percepteur menacé, craignant pour la vie de son père, tue d'un coup de revolver un ouvrier agricole. Pour la première fois, il y a mort d'homme lors d'un inventaire. Une émotion considérable s'empare de la Flandre intérieure. L'accident, provoqué par des gens simples et pieux, est largement exploité. L'abbé Lemire, député de la circonscription, interpelle le gouvernement. Le débat du 7 mars à la Chambre est particulièrement houleux. Un député du Nord incrimine « une loi de meurtre ». Grousseau, le baron Reille et les députés de droite se déchaînent contre Briand, qui n'en déclare pas moins : « Quant à nous, Messieurs, malgré vous, malgré tous ces excès, nous saurons conserver notre sang-froid : nous nous garderons de tout acte qui pourrait avoir pour conséquence ce que beaucoup, hélas, désirent, appellent même de leurs vœux les plus ardents au service de misérables desseins politiques, à savoir de mettre du sang sur la loi de la République. Non, cela ne sera pas. La loi restera ce qu'elle est. [...] Elle sera exécutée avec modération et prudence, mais sans faiblesse, avec circonspection, mais sans défaillance. »

L'abbé Lemire, injurié par l'extrême droite, applaudi par la gauche, reconnaît que la loi ne devrait pas provoquer de tels troubles car elle est acceptable par les catholiques. Mais il adjure le gouvernement de ne pas « déchaîner la guerre religieuse à travers le pays ». Ribot, le chef progressiste, reproche au gouvernement de ne pas avoir consulté l'épiscopat mais il appelle les évêques à accepter la loi : « On commettrait une faute impardonnable et dont les conséquences seraient irrémédiables si l'on refusait ce qu'il y a d'acceptable dans cette loi. » Face à l'épreuve du sang versé, la majorité qui a voté la loi reste unie et les intransigeants d'extrême droite sont plus isolés que jamais. La manœuvre politique est démasquée.

Le président du Conseil, Rouvier, se montre bien timoré dans son appel à la « prudence » et à la « sagesse » aux yeux de nombre d'anticléricaux. L'ordre du jour est rejeté par une coalition des extrêmes par 267 voix contre 234. Le gouvernement démissionne le 9 mars. La majorité a-t-elle éclaté ? Le nouveau cabinet, formé le 14 mars, est dirigé par le radical Sarrien, dirigeant de la Délégation des gauches. Il réunit pour leur première expérience ministérielle Clemenceau à l'Intérieur et Briand à l'Instruction publique et aux Cultes ; le défenseur de l'article 4 et l'inspirateur de l'article 8 sont unis pour faire appliquer la loi. Ils sont appuyés par les fortes personnalités des radicaux modérés Bourgeois, Leygues, Doumergue, et par les waldeckistes Barthou et Poincaré. Clemenceau apparaît aussitôt comme l'homme fort du ministère, mais Briand, qui participe au gouvernement contre l'avis de Jaurès, rompt avec les socialistes. Les premières mesures sont d'apaisement. Clemenceau, partisan d'une inflexible fermeté alors qu'il était simple député, suspend les inventaires s'ils exigent l'usage de la force. Le 20 mars, il affirme aux sénateurs que « la question de savoir si l'on comptera ou ne comptera pas les chandeliers dans une église ne vaut pas une vie humaine. (*Très bien et applaudissements sur un grand nombre de bancs.*)[32] »

Aux législatives des 7 et 20 mai 1906, les électeurs reconduisent en triomphe la majorité de 1902 et confirment ainsi les lois sur les congrégations et la Séparation. La droite avait pourtant joué la carte de l'union et espérait l'emporter[33], alors que la désunion s'affichait à gauche puisque l'Alliance démocratique avait rejeté toute idée de coalition avec les socialistes maintenant réunis dans la SFIO. On compte encore moins d'abstentions qu'en 1902 (20,1 %) et 427 députés sont élus au premier tour pour 589 circonscriptions. La majorité de 1902 gagne encore une soixantaine d'élus. La droite perd en voix et en députés. C'est dire le profond enracinement républicain, y compris dans un électorat catholique mais pas clérical. La vieille droite des châteaux et des gens d'Église se meurt sauf dans ses bastions. Les nouvelles droites sont encore bien fragiles. Cependant, la gauche est en train de changer ; le Parti radical et radical-socialiste est à son zénith historique avec au moins 250 députés. Il a la majorité absolue avec le concours des 110 députés centristes de l'Alliance démocratique et peut désormais se passer du concours des 59 députés socialistes.

Buisson : « Une solution d'équité, de tolérance et de considération »

Comment régler la question des associations cultuelles que la hiérarchie catholique, sous la pression de Rome, ne peut constituer, comme l'on a vu ? Que va faire le gouvernement si l'Église pratique la résistance passive et se met en dehors de la légalité à l'échéance du 11 décembre ?

Beaucoup dépend du parti radical. Buisson analyse la position de l'Église avec plus de dialectique qu'auparavant, par exemple dans des articles sur « La question romaine », parus dans *Le Petit Méridional*[34]. Le 29 septembre 1906[35], il avertit ses lecteurs que le nouvel épiscopat n'a plus rien à voir avec l'ancien. Comme Jaurès, Buisson en vient à dissocier le clergé ultramontain et le peuple catholique, qui est composé de citoyens de plein droit souvent républicains. Il rappelle, le 6 octobre[36], que le gallicanisme et le libéralisme catholique sont condamnés depuis le concile de 1870. Dans son article du 13 octobre[37], Buisson souligne que l'État ne doit intervenir à aucun degré dans la constitution intérieure de l'Église romaine, qu'il ne lui doit que la liberté, libres aux catholiques d'aliéner la leur à leur religion. Quant à l'autorité du clergé sur ses fidèles :

> « L'État n'a ni à la nier ni à l'affirmer. Il l'ignore, il n'a pas à en connaître. Il ne connaît que des groupes de citoyens français. […] La loi n'ignore pas le Pape, elle ignore le Pape-roi. Elle ne connaît le Pape qu'à travers les citoyens français qui déclareront le connaître dans les termes où bon leur semblera. Ces citoyens peuvent se déclarer absolument soumis au Pape, mais c'est eux-mêmes qui se seront soumis, ce n'est pas la loi française qui les aura d'office bon gré mal gré soumis au Pape. »

Le 18 octobre[38], à Lille, Buisson développe l'argumentation qu'il proposera aux congressistes radicaux. Il se refuse à toute autocritique par rapport à l'article 8, et se déclare « clemenciste », mais il présente, avec une considération inédite pour les catholiques « bons Français », la loi comme l'offre d'une solution d'équité et de tolérance : « Faut-il répéter une fois de plus, avec Clemenceau, que cette loi n'est pas un chef-d'œuvre ? Que si nous en étions à la rédiger, il faudrait la rédiger non telle que Jaurès et Briand nous l'ont faite, mais comme l'avaient conçue les radicaux-socialistes ? » Mais, poursuit-il, « l'énorme libéralité » concédée par la République aux catholiques n'est en rien « un désaveu de la Révolution française […] c'est une mesure gracieuse, une solution d'équité, de tolérance et de considération. Nous ne mendions pas, nous offrons. »

Le parti radical : « La loi, toute la loi, rien que la loi »

Le parti radical est à la croisée des chemins : d'un côté la libre pensée fait pression pour relancer la bataille antireligieuse au lendemain de l'encyclique. Henry Bérenger, le directeur de *L'Action*, écrit le 17 septembre : « Entre le gouvernement insurrectionnel du pontife romain et le gouvernement régulier de la République française, la lutte est solennellement ouverte. » Le même jour, *Le Radical* publie une curieuse interview donnée par Mgr de Cabrières, très lié à Emmanuel Bailly et à Merry del Val. Ancien séparatiste, il peut affirmer : « La séparation, nous l'acceptons très loyalement et nous aurions été, pour avoir la liberté, plus loin qu'on ne le suppose, si seulement on nous avait consultés. Mais il y a eu une erreur initiale [...], c'est d'avoir voulu, dans le domaine de l'Église, trancher et légiférer sans se mettre d'accord, au préalable, avec le chef de l'Église. [...] Mais qu'on le veuille ou non il faudra arriver à causer avec le pape, sinon la situation est sans issue. Il ne s'agit pas de refaire la loi ; nous l'accepterions en gros. Il s'agit seulement de préciser l'interprétation des articles 4 et 8. Avant de fonder les cultuelles, nous avons besoin de savoir si, au regard des tribunaux civils, les droits de la hiérarchie, base de notre organisation, auront une garantie certaine. » Entre la lutte finale contre l'Église et la négociation avec le Vatican, comment choisir ? Les séparatistes, comme ils l'ont fait au printemps, vont-ils se diviser, au moment décisif de l'application de la loi ?

Buisson, vice-président du parti radical, ouvre le congrès de Lille, le 18 octobre, par un grand discours. Il constate que, malgré « un libéralisme poussé jusqu'à l'excès », malgré « d'extraordinaires concessions » du Parlement, l'Église s'obstine dans son refus. Dans ce conflit, la religion n'est pas en cause, car le Saint-Siège a uniquement la prétention de faire reconnaître par la loi son autorité sur les évêques, les prêtres et les fidèles. La monarchie française a toujours repoussé ces prétentions, la République ne peut pas céder. Le parti radical se réclame donc de l'héritage gallican. Buisson refuse qu'on procède encore à des accommodements. « Si par un effet de cet aveuglement du fanatisme ou plutôt de la soif de domination à outrance de l'autocrate romain, le Pape tient bon et ne revient pas sur les ordres qu'il a donnés, le 11 décembre, c'est fini[39]. » Camille Pelletan prend la parole pour l'approuver sans nuances. Tous s'accordent pour déplorer les libéralités de la loi de 1905, mais tous refusent de l'amender et exigent sa stricte application. Les conclusions du rapport Buisson sont enfin adoptées à l'unanimité[40].

> « Le Congrès émet le vœu que le gouvernement [...] se montre prêt à appliquer, dès le 11 décembre prochain, la loi, toute la loi, rien que la loi ; qu'il déjoue la double tactique des ennemis de la République en ne leur accordant ni capitulation ni persécution ; qu'en particulier le pays soit mis à même de constater que ni les églises ne sont fermées, ni l'exercice du culte interdit ; que seuls les biens d'Église sont placés sous séquestre pour être transférés, à défaut d'associations cultuelles, aux établissements de bienfaisance. »

Les radicaux, comme Briand, ont compris la nouvelle double tactique des ultramontains depuis l'échec de la révolte des inventaires : d'un côté, résistance passive et obstruction pour que l'Église passe pour victime sinon pour martyre ; de l'autre, proposition de paix pour obtenir de nouvelles concessions. La marge de manœuvre du gouvernement est plus qu'étroite d'autant plus qu'il n'est pas question d'user de la répression par respect de la liberté des cultes, ni de négocier avec le Vatican au nom de la Séparation.

CHAPITRE 11

« Ni capitulation ni persécution »
(Ferdinand Buisson, 21 octobre 1906)

Le 25 octobre 1906, Georges Clemenceau devient président du Conseil[1]. Briand reste ministre de l'Instruction publique et des Cultes. Caillaux, président du groupe radical-socialiste, est aux Finances, Viviani, socialiste dissident, inaugure le ministère du Travail[2]. La continuité gouvernementale est assurée. Mais l'avenir de la loi du 9 décembre 1905 semble compromis par l'absence d'associations cultuelles catholiques pour recevoir la jouissance des églises et la propriété des biens ecclésiastiques. Comment appliquer la loi contre la volonté de l'Église ? Tel est le défi que relève Briand.

Au cours du débat de politique générale à la Chambre, le 13 novembre, il expose les décisions du gouvernement, qui veut appliquer « intégralement » la loi, même en l'absence de cultuelles catholiques : mise sous séquestre le 12 décembre 1906 des biens des fabriques et recours à la loi de 1881 sur les réunions publiques pour donner un statut légal aux offices religieux. Puisque au lendemain de l'encyclique *Gravissimo officii*, l'Église a réclamé l'application du droit commun, la loi de 1881, définissant les droits des individus en réunion, permet de garantir la liberté publique des cultes selon le droit commun. L'Église ne sera donc pas réduite au culte privé. La politique de Briand est approuvée par 405 voix contre 114. Jamais une majorité aussi forte et cohérente n'a soutenu la Séparation. Jaurès déclare à la tribune : « Je m'étais permis, après l'article 4, de dire : “La séparation est faite.” [...] j'ose dire maintenant : la séparation est irrévocable. » De multiples motions de soutien sont adressées au gouvernement.

Pour répondre à l'intransigeance de l'Église, Briand explique le lendemain, dans *Le Matin*, qu'il faut s'inspirer pleinement de l'esprit de la loi de séparation : « Non, l'Église n'est pas en état de rébellion contre l'État ! Jamais la loi n'a fait un devoir à l'Église de former des associations cultuelles ! Jamais l'État ne lui en a fait une obligation ! C'est un droit, c'est une faveur qu'on lui a concédés. Ce droit, cette faveur, elle n'en veut point. Tant pis pour l'Église. [...] Nous avons créé les associations cultuelles parce que l'association est la caractéristique de la vie moderne. [...] Où avez-vous vu qu'on ait jamais imposé à qui que ce soit de s'associer ? »

Le recours au droit commun par la loi de 1881 sera-t-il la solution au conflit et l'Église saisira-t-elle cette opportunité ? Le gouvernement saura-t-il éviter les deux écueils de la capitulation et de la persécution, de la concession et de la répression ? L'État pourra-t-il enfin appliquer la loi de 1905 en dépit de son refus par l'Église ?

1. L'échéance du 11 décembre 1906

À l'expiration du délai d'un an, près de 2 000 cultuelles protestantes et israélites fonctionnent, mais aucune association catholique n'est fondée.

Associations paroissiales et associations schismatiques

Les initiatives des évêques favorables à l'acceptation des cultuelles n'avaient pourtant pas manqué. Dès juillet 1905, le cardinal Lecot avait décidé de créer des « associations paroissiales » et, le 17 février 1906, il fondait une « association diocésaine » en Gironde conforme à la loi de 1901. Les évêques de Châlons, de Marseille et de La Rochelle créent des « comités paroissiaux ». Mgr Fuzet consulte le Saint-Siège dans l'espoir de fonder la « diocésaine de Saint-Romain » à Rouen. Mgr Mignot l'imite à Albi. L'encyclique condamne toutes ces initiatives. Néanmoins, après l'échec de la deuxième assemblée épiscopale de septembre 1906, les partisans des associations multiplient les contacts directs ou indirects avec

Briand et son cabinet pour trouver une solution qui permette à l'Église de France de s'organiser légalement. Le 15 octobre, Mgr Lacroix, évêque libéral de Tarentaise, crée une association diocésaine avec une majorité de prêtres et quelques laïcs, mais elle ne peut survivre aux pressions des intransigeants, pas plus que les « associations bordelaises » du cardinal Lecot, contre lesquelles Mgr Mery del Val renouvelle, encore en novembre, l'interdit.

Fin septembre, Mgr Fulbert-Petit et Mgr Touchet lui-même, tout comme l'abbé Gayraud, demandent à Briand de faire préciser par le Conseil d'État les rapports entre l'article 4 et l'article 8. Si le Conseil d'État statue au plus vite sur les « associations schismatiques », formées par des prêtres en conflit avec leurs évêques, comme à Culey (Meuse) ou Puymasson (Lot-et-Garonne), l'Église serait rassurée. Mais Briand élude ce type de démarche car l'État ne peut pas intervenir dans des conflits canoniques ; il s'étonne que des évêques, qui ont condamné la loi tout entière, demandent à l'État d'y recourir pour condamner des associations formées contre « l'autorité légitime » de la hiérarchie catholique. Seules des associations cultuelles dûment constituées par l'Église pourraient saisir le Conseil d'État.

Cependant, Clemenceau et Briand croient pouvoir, un court moment, faire pression sur le Vatican en appuyant la création d'associations catholiques par des laïques. Clemenceau finance le lancement de *La France catholique* de l'abbé Toiton : ce journal est adressé gratuitement à tous les prêtres ; il plaide pour l'application de la loi et survit jusqu'à la fin de 1908. D'autre part, le député-maire d'Auch est à l'origine d'une centaine de cultuelles, fondées par des conseils municipaux afin de ne pas compromettre les curés, dans plusieurs départements du Sud-Ouest. Mais le cardinal Lecot, qui soupçonne une manœuvre des francs-maçons, ne cautionne pas l'entreprise et ses initiateurs seront excommuniés. Dès le 9 novembre, Briand désavoue cette initiative car ces cultuelles « laïques » correspondent exactement à la forme que condamnait le pape. Autre tentative, celle du journaliste catholique, mythomane et excentrique, Henri de Houx [3] qui fonde le 18 septembre la Ligue des catholiques de France, avec le soutien du *Matin*, du protestant Réveillaud et des fonds secrets du ministère de l'Intérieur ; dans son appel « La France aux

Français », de Houx dénonce un Saint-Siège investi par des jésuites allemands et espagnols et espère raviver le gallicanisme dormant. La Ligue crée une centaine d'associations cultuelles dans une trentaine de départements, mais elle ne reçoit le parrainage d'aucun évêque. Elle devient ouvertement schismatique. Briand a l'intelligence de renoncer à la soutenir dès janvier 1907. Cette politique hasardeuse, qui fait croire que le gouvernement pousse au schisme, sera encore plus désavouée quand, en mars 1907, Méjean devient le nouveau directeur des cultes et Paul Grunebaum-Ballin son chef de cabinet.

Les séquestres et les évacuations du 11 décembre

Reste donc entière la question de la représentation des catholiques et de la remise des églises. Mû par la volonté d'éviter toute persécution et de garantir la liberté de culte public, même à ceux qui refusent l'occasion de s'associer, Briand fait publier, le 1er décembre, une longue circulaire : les églises resteront à la disposition des prêtres, qui seront considérés comme des « occupants sans titre et sans droit administratif » mais qui pourront librement y célébrer le culte, à condition que soit faite une simple déclaration en application de la loi de 1881 sur les réunions publiques ; une seule demande annuelle suffit. Le 8 décembre, le cardinal Lecot diffuse un modèle de déclaration de réunion, qu'il présente comme une simple « formalité légale ». Le 9, *La Croix* publie cette déclaration : « Le pape interdit de faire pour les réunions du culte même une seule déclaration, ces réunions ne pouvant être assimilées aux réunions publiques. » Le 16, le souverain pontife réitère cette condamnation car le lieu consacré à Dieu est placé « dans une situation pire que celle d'une salle de bal ». Briand a tenté en vain une ouverture.

De son côté, soucieux de ne pas capituler devant l'intransigeance de l'Église, Clemenceau fait perquisitionner les locaux de la nonciature et saisir les papiers de Mgr Montagnini, qui est expulsé le 11 décembre 1906. La preuve est vite établie des multiples interventions du Vatican dans la vie politique française, dans le financement du parti de l'Action libérale et des journaux catholiques, dans la manipulation du clergé français et la délation des partisans de l'apaisement. Cet agent de renseignements entreprenant mais bien maladroit, se révèle avoir été totalement aux ordres du secrétaire d'État Merry del Val. Des fuites bien organisées permettent, à partir du mois de mars 1907, d'alimenter une campagne de presse antiromaine, et même de déconsidérer quelques hommes politiques de droite et de faire poursuivre quelques abbés. La « défense républicaine » continue.

Le 11 décembre, les archevêques et les évêques quittent dignement et calmement leurs palais, qui étaient d'ailleurs presque tous des bâtiments nationaux[4]. Aucune résistance, aucune violence, des manifestations de soutien, des atmosphères de deuil. Du 11 au 24 décembre, 83 séminaires et 842 écoles libres sont fermés. Environ 40 000 contraventions sont dressées pour célébration d'offices religieux sans déclaration préalable. Le « délit de messe » est donc sanctionné mais, craignant le ridicule, le gouvernement renonce aux poursuites judiciaires. De nombreux curés trouvent des accommodements de fait avec les maires pour se loger ou louer les presbytères.

La Séparation entre en vigueur le 12 décembre. L'Église catholique, faute d'avoir constitué des associations cultuelles, voit tous les biens patrimoniaux mis sous séquestre. Les 42 000 prêtres en exercice, ne relevant pas d'une cultuelle, n'ont plus droit aux allocations transitoires et dépendent désormais uniquement du denier du culte et de la charité des fidèles. Le haut clergé français, contraint à un gigantesque déménagement, est démoralisé ; le bas clergé partage souvent les opinions de *La Croix* et voue une fervente adulation à Pie X, tout en s'inquiétant de son avenir matériel ; les fidèles restent compatissants, généreux, mais abattus. L'Église de France a été sacrifiée par le Saint-Siège, qui estime que faire reconnaître par l'État la « constitution divine » de l'Église est une cause bien plus catholique que défendre des « intérêts matériels » qui permettaient au clergé d'assurer sa mission pastorale. L'abbé Frémont écrit le 21 novembre à l'abbé Lemire que « les trois quarts des Français sont d'ores et déjà convaincus que le pape a tort et que le Gouvernement a raison[5] ».

La loi du 2 janvier 1907

Le 15 décembre, Briand dépose un projet de loi qu'il a rédigé lui-même pour légaliser l'exercice du culte catholique, en dépit de l'obstruction de l'Église, selon trois modalités : réunions sur initiatives individuelles selon la loi de 1881 ; réunions organisées par des associations de type 1901 ; ou même – car il laisse la porte ouverte – selon les conditions de la loi de 1905.

Aussitôt, pour contrer ce « libéralisme excessif », deux propositions de loi sont déposées. Ferdinand Buisson et les radicaux-socialistes demandent la levée du séquestre et la libre disposition « définitive et immédiate » des bâtiments ecclésiastiques par l'État. Une seconde proposition est déposée par Allard, Dejeante et 22 députés socialistes qui exigent « l'attribution des biens ecclésiastiques aux établissements communaux d'assistance et de bienfaisance », d'après les termes mêmes de l'article 9 de la loi de 1905, mais avec « effet immédiat », ainsi que la désaffectation de plein droit des églises et autres bâtiments attachés au culte.

La défaillance de l'Église est exploitée à fond par tous les anticléricaux pour mettre en œuvre sans délai les sanctions prévues par la loi en cas de boycott des associations cultuelles. La commission parlementaire donne la priorité aux propositions de la motion Allard, à l'exclusion de la désaffectation des églises ; le gouvernement de Clemenceau approuve l'idée de donner un caractère définitif aux sanctions. L'article 1er du projet Briand est rétrogradé et devient l'article 4. La possibilité de cultuelles régies par le droit commun, cette concession réclamée par l'Église, est maintenue, mais amalgamée avec l'application immédiate des sanctions prévues. La contradiction entre les deux types de clauses est évidente et ruine la crédibilité de la loi aux yeux des catholiques.

La loi est débattue et votée le 21 décembre par 388 voix contre 146. Le 28 décembre, elle est adoptée par le Sénat par 180 voix contre 90, et promulguée le 2 janvier 1907. Dans son brillant discours au palais du Luxembourg, Briand a réaffirmé sa confiance en une issue légale car « quoi que fasse l'Église catholique, quelles que soient ses arrière-pensées et ses désirs secrets, il lui sera impossible de sortir de la loi ; elle sera dans la légalité *malgré elle* ». La loi attribue aux communes et aux départements *« à titre définitif la libre disposition des archevêchés, presbytères et séminaires qui sont leur propriété et dont la jouissance n'a pas été réclamée par une association conforme à la loi de 1905* » (art. 1er). « *Les biens des établissements ecclésiastiques non réclamés par des associations [...] conformément aux dispositions de ladite loi, seront attribués à titre définitif à des établissements communaux d'assistance ou de bienfaisance* » (art. 2). Les églises sont laissées cependant à la disposition des fidèles et des ministres du culte y officiant comme simples occupants sans titre, en jouissance gratuite, « *au moyen d'un acte administratif dressé par le préfet [...] ou par le maire...* » (art. 5). Cette proposition de simple « acte administratif[6] » entre les représentants de l'État et des communes, propriétaires des biens, et les usagers de ces biens, ministres du culte ou responsables d'associations de type 1901, est la seule ouverture de la loi.

L'encyclique Une fois encore *(6 janvier 1907)*

Quatre jours à peine après la promulgation de la loi, à la fête de l'Épiphanie, le pape répond par une nouvelle encyclique rédigée en français. L'ancien pasteur de la paroisse vénitienne de Bolsena s'adresse aux simples prêtres, dont il a consacré la dignité, un an auparavant, en béatifiant leur modèle en la personne du saint curé d'Ars. Il se dit d'emblée profondément ému par l'incompréhension de ses actes, mais il se déclare résolu plus que jamais à soutenir l'Église de France « dans ses épreuves » et loue l'« inébranlable attachement » du clergé et des fidèles à l'Église et leur « fidélité indéfectible à ce siège apostolique », ainsi que « l'union forte et profonde qui règne parmi eux ». L'insistance toute particulière sur ces points révèle en fait l'inquiétude du Vatican face à la faiblesse des réactions. Cette union est « d'autant plus nécessaire, dit le pape, que la lutte s'accentue et va sans cesse s'accentuant ». Poussant jusqu'à l'extrême la dialectique de l'aggravation sans fin des contradictions jusqu'à l'Apocalypse finale, l'encyclique donne à l'enjeu une dimension prodigieusement dramatique :

> « Ce n'est pas seulement la foi chrétienne que l'on veut à tout prix déraciner du milieu des cœurs, c'est encore toute croyance qui, élevant l'homme au-dessus des horizons de ce monde, reporte surnaturellement son regard lassé vers le ciel. L'illusion en effet n'est plus possible. On a déclaré la guerre à tout ce qui est surnaturel, parce que, derrière le surnaturel, Dieu se trouve, et que ce que l'on veut rayer du cœur et de l'esprit de l'homme, c'est Dieu. Cette lutte sera acharnée et sans répit de la part de ceux qui la mènent. Qu'au fur et à mesure des épreuves plus dures que celles que vous avez connues jusqu'ici vous attendent, c'est possible, et même probable […] »

Cet appel pathétique à l'union sacrée de tous les spiritualismes contre le matérialisme athée est nouveau dans la rhétorique pontificale ; il contraste avec les anathèmes du *Syllabus* contre toutes les religions non catholiques ; le Vatican commence à se rendre compte de son isolement et de sa faiblesse ; le ton imprécatoire et la dramatisation de l'enjeu dissimulent mal l'inquiétude. Conscient que Briand et Clemenceau ont compris la politique du Vatican, le pape se défend de « chercher à susciter la guerre religieuse en France et d'y appeler la persécution de tous ses vœux ». L'Église est « messagère de paix sur cette terre » et la guerre religieuse ne serait que la répudiation de sa « mission sublime », car « si la paix des consciences est rompue en France, ce n'est pas du fait de l'Église, mais du fait de ses ennemis ». En effet, « cette persécution à laquelle on lui reproche de vouloir pousser et qu'on se déclare bien décidé à lui refuser, on la lui inflige en réalité ». L'interprétation des faits dénie toute responsabilité au Saint-Siège.

> « Au point de vue des biens ecclésiastiques, cette loi est une loi de confiscation, et elle a consommé le dépouillement de l'Église. […] Au point de vue de l'exercice du culte, cette loi a organisé l'anarchie ; ce qu'elle instaure surtout c'est, en effet, l'incertitude et le bon plaisir. […] cette loi aggrave la loi de séparation [et] met dans une nouvelle lumière le but poursuivi par Nos ennemis : ils veulent détruire l'Église et déchristianiser la France, ainsi que Nous l'avons déjà dit, et sans que le peuple y prenne trop garde […] »

Le pape justifie encore sa condamnation des associations imposées par un législateur qui leur aurait « conféré des attributions qui sont de l'exclusive compétence de l'autorité ecclésiastique » et qui les aurait « rendues justiciables de l'autorité civile ». Plus que jamais, l'interprétation pontificale des clauses des lois de 1905, 1901 et 1881 est contraire à la lettre même des textes législatifs. Après avoir rejeté les « associations canonico-légales » adoptées par l'assemblée des évêques, après avoir dénié que ce projet n'était pas jugé attentatoire à la « constitution divine » de l'Église par la majorité des évêques de France, après avoir rappelé son veto aux demandes d'autorisation, Pie X persévère dans cette logique du refus absolu, quelles qu'en soient les conséquences dramatiques pour l'Église de France.

Cette obstination s'explique par la volonté du Saint-Siège de faire expressément proclamer dans un texte de loi que « les droits immuables du pontife romain et des évêques, comme leur autorité sur les biens nécessaires à l'Église, seront irrévocablement en sécurité ». Le pape demande en fait l'impossible, attendu qu'aucune loi humaine ne peut être irrévocable par principe. Mais Pie X exige plus encore d'une loi de séparation adoptée par une République démocratique que le Concordat napoléonien n'accordait à Pie VII. Le Concordat de 1801 ne reconnaissait pas les droits du pontife romain sur les biens ecclésiastiques et les édifices du culte en France ; il mettait seulement « à la disposition des évêques » les églises non aliénées ; de plus, et surtout, ce Concordat, auquel tenait tant la papauté, permettait l'intervention des pouvoirs publics dans la nomination des évêques et des membres du clergé soumis à son contrôle puisqu'en retour l'État s'engageait à garantir le droit canon. Le Saint-Siège, prisonnier de la logique théocratique de la théorie du pouvoir indirect du spirituel sur le temporel[7], demande à une République ce qu'aucune monarchie d'Ancien Régime ne lui a reconnu en France. La papauté s'est enfermée dans une impasse sans issue et une logique dévastatrice pour l'Église et déstabilisante pour le culte. Au lieu d'entendre la petite musique de la conciliation et d'apprécier la fragile ouverture contenue dans la loi du 2 janvier 1907, le Saint-Siège s'est précipité pour aggraver les termes de la condamnation d'une « guerre à Dieu ».

2. Ultimes tentatives de conciliation

L'Église est allée consciemment au-devant des représailles et des déboires qu'elle entendait prévenir, à moins qu'elle ne se soit exposée de façon délibérée en victime de la persécution. « Être chrétien, c'est apprendre à souffrir », répétait sans cesse à ses interlocuteurs Mgr Merry del Val qui s'imposait lui-même suaire et discipline.

Les « contrats de jouissance »

Une troisième assemblée plénière des évêques se tient du 15 au 19 janvier 1907, non à l'archevêché de Paris, que le cardinal Richard a dû quitter pour s'installer dans l'hôtel particulier cédé par Denys Cochin, mais au château de la Muette, mis à sa disposition par le comte de Franqueville. Que faire pour limiter les dégâts ? Telle est la question existentielle que quelques évêques osent encore poser. La majorité est pour la recherche d'un compromis. Le pape ayant condamné successivement les lois de 1905, 1881 et 1907, il ne peut être question de s'y référer ; mais celle de 1901 n'est frappée d'aucun interdit, sauf en son titre III sur les congrégations. La circulaire de Briand du 1er décembre permet de statuer sur la base de cette loi. L'article 5 de la loi de 1907 offre également aux évêques et curés la jouissance des cathédrales et églises sur la base d'« actes administratifs » à passer avec les préfets et les maires. L'assemblée des évêques a l'intelligence de saisir cette opportunité pour rechercher un *modus vivendi* en toute légalité. Mais elle ne décide rien sinon de continuer le culte public et de ne pas opter pour le culte privé, sauf si le pape l'exige. Elle n'élabore rien par elle-même, préférant consulter à l'avance le Saint-Siège pour éviter tout brutal désaveu. Les évêques « conciliateurs » de Dijon et d'Orléans, Mgr Dadolle et Mgr Touchet, sont chargés d'aller à Rome porter l'adresse de l'assemblée au pape.

Du 22 au 25 janvier, ils sont chargés d'élaborer une déclaration des évêques de France, qui est discutée pendant dix-huit heures avec les cardinaux Merry del Val et Gasparri, et que Pie X lit, relit et corrige au cours de trois audiences avant de donner son *imprimatur*. Ainsi le texte attribué à l'assemblée de la Muette a été rédigé à Rome et les signatures des évêques de France ont été rajoutées au bas du document sans qu'ils aient été consultés[8].

Les évêques de France s'engagent collectivement :

1) à maintenir inébranlablement contre les lois de 1905 et 1907 « les protestations faites en union avec le Saint-Père » ;

2) à réclamer indéfiniment les biens sacrés « indignement spoliés » ;

3) à « maintenir jusqu'à la dernière heure l'exercice du culte public dans nos églises ». Mais aussi, et c'est là toute l'importance du document :

4) à « faire l'essai » d'un « contrat administratif passé entre préfets ou maires d'une part, évêques ou curés de l'autre », à condition de pouvoir « y introduire toutes clauses non contraires à l'ordre public et destinées à nous donner deux sortes de garanties rigoureusement nécessaires, les unes concernant la permanence et la sécurité morale du service religieux dans les églises concédées en jouissance, les autres ayant trait à la sauvegarde des principes de la hiérarchie » ;

5) à établir « dans la solidarité la plus complète [...] que le contrat de jouissance sera accepté partout ou que nous ne le voudrons nulle part. Ces contrats ne seront valables [que si] les clauses exprimées ci-dessus auront été agréées de l'unanimité des autorités civiles ». Un modèle de contrat est joint.

Le document est publié le 29 janvier dans *Le Figaro*. En dépit de la condamnation de principe de la loi du 2 janvier 1907, le Saint-Siège est prêt à « faire l'essai d'une organisation du culte public si les obscurités de certains textes de la loi de 1907 se dissipent pour ne pas rendre vains nos efforts dans ce sens » (point 3)[9]. Le pape, tout en demandant « la juste réparation des attentats commis », semble opérer un repli élastique. Il demande certes la « sauvegarde » de la hiérarchie et l'uniformité des contrats, mais il exprime un désir inédit de conciliation. Il ne demande pas de négociations, mais des éclaircissements de certains passages de la loi. La déclaration des évêques de France rectifie donc le jugement de l'encyclique *Une fois encore*, qui avait conclu que la loi de 1907 aggravait celle de 1905. La République peut-elle comprendre le recul du Saint-Siège, bien caché aux yeux du grand public derrière la permanence des condamnations ?

« Est-ce la paix ? » (Julien de Narfon, 3 février 1907)

Un premier incident faillit ruiner aussitôt cette opportunité. Dès l'annonce de la déclaration des évêques, le 29 janvier, Briand est durement interpellé par Allard et les radicaux-socialistes, qui dénoncent l'« ultimatum » des évêques. Jaurès lui-même reproche à Briand de ne pas « avouer, à mesure que se produisent ces difficultés que vous n'aviez pas prévues, que vous ne les aviez pas prévues ». Manquant alors totalement à la dignité de sa fonction de président du Conseil, trop heureux d'humilier son jeune rival, Clemenceau ne résiste pas à la tentation de décocher une flèche assassine :

« Clemenceau – Il fallait appliquer la loi qui avait tout prévu hormis ce qui est arrivé. (*Applaudissements et rires à gauche.*)

Briand – J'ai le droit de dire que lors de l'article 4 il était difficile de prévoir l'article 8.

Clemenceau – M. Allard a dit hier que nous débattions dans l'incohérence. À mon avis, il n'y a rien de plus vrai. (*Applaudissements et rires à gauche et à l'extrême gauche*). Nous sommes dans l'incohérence parce qu'on nous y a mis. J'y suis. J'y reste. (*Nouveaux rires.*) Cet ultimatum insolent, inadmissible, qui nous a été apporté, nous le repoussons du pied. (*Applaudissements à gauche et à l'extrême gauche.*) »

Briand quitte la Chambre, humilié, et donne sa démission. L'heure de la revanche est-elle venue pour tous les anticléricaux intolérants qui ont imposé l'article 8 et la loi contradictoire du 2 janvier ? La coalition curieuse des antireligieux impénitents et des concordataires repentis est-elle en train de se reformer ? Les radicaux-socialistes se sentent-ils assez puissants pour imposer en force leur conception de la loi au moment où le pape commence à céder ? Leur critique des « insuffisances » de la loi de 1905 et leur haine des « socialo-papalins » vont-elles tout compromettre et relancer un conflit religieux loin d'être éteint ?

C'est alors que Jaurès prend la parole et empêche que cet incident de séance ne dégénère en crise politique majeure. Sans les incriminer, il invite chacun à la responsabilité : « Je crois que la politique générale de ce pays et la politique générale du parti républicain ne doivent pas, ne peuvent pas être livrées à la merci, au hasard d'incidents de séance ou de nervosité. » Ne voulant pas croire à la démission de Briand, il se livre alors à un éloge appuyé de celui-ci. Il affirme « qu'il est impossible que le parti républicain, devant la grandeur de l'œuvre de séparation aux trois quarts accomplie, ne reconnaisse pas que si c'est à la sagesse et à la vaillance de tout le peuple républicain qu'elle doit ce grand résultat, le ministre de l'Instruction publique et des Cultes y a sa part. (*Vifs applaudissements à l'extrême gauche et à gauche.*) L'intelligence de Jaurès lui permet, dans l'instant et dans le feu de la joute oratoire, de comprendre le danger mortel d'une division du parti républicain pour l'avenir de la Séparation. Il a le mérite d'opposer la sagesse du « pays républicain », qui porte par ses espérances de laïcité et de réformes sociales la majorité de gauche, à l'irresponsabilité de fortes personnalités qui ne sont mues que par l'ambition et l'autorité. Il fait peser implicitement sur les radicaux la terrible menace d'une sanction électorale par la rupture de la solidarité républicaine. S'ils font échouer par leur maximalisme la Séparation que le pays républicain attend avec impatience, ils en seront durement sanctionnés d'autant plus que leur politique sociale est pour le moins minimaliste. Sans le soutien renouvelé des électeurs socialistes, combien de radicaux perdraient demain leur siège ? La rhétorique de Jaurès est capable de suggérer tout cela sans le dire explicitement pour ne pas froisser la dignité des députés. Le message est reçu.

Prenant la parole après le tribun socialiste qui vient de lui donner une leçon politique, Clemenceau ne peut faire moins que de présenter des excuses publiques et de rendre à son tour hommage à Briand : « C'est grâce à lui, je tiens à le dire bien haut, ici même que cette grande réforme de la Séparation de l'Église et de l'État a pu s'accomplir. Que cette justice lui soit par moi rendue ! Que cette loi ait des imperfections, nous le savons tous : quelle loi n'en a pas. [...] Je vais de ce pas lui dire que sa place est plus que jamais au milieu de nous dans la bataille et que je compte sur lui comme il a le droit de compter sur moi. » Clemenceau quitte l'hémicycle et revient avec Briand, qui a repris sa démission. Le politicien manœuvrier a dû s'incliner, en dépit d'un large soutien à la Chambre, devant l'argumentation imparable d'un stratège sachant faire appel aux forces vives du pays. Jaurès a sauvé la loi une nouvelle fois.

Briand comprit que, quoique présentée « dans une forme comminatoire et inacceptable », la proposition des évêques était « comme une promesse heureuse d'apaisement possible » car « pour la première fois, le principe d'une législation cultuelle est admis » par l'Église qui « pour la première fois, consent à entrer dans le cercle tracé par la loi ». Dès le 3 février, il signe une circulaire aux préfets dans laquelle il déclare que les demandes de garanties des évêques, « loin d'avoir un caractère illégal, concordent avec le vœu de la loi, et que rien ne s'oppose à ce qu'il soit mentionné que [le curé] agit avec l'autorisation de ses supérieurs hiérarchiques et qu'il a été habilité par l'évêque diocésain ».

Il donne l'ordre au préfet de la Seine de négocier un premier contrat administratif avec l'archevêque coadjuteur de Paris, le conciliateur Mgr Annette. Les négociations sont engagées au sujet d'un contrat de jouissance de dix-huit ans pour la cathédrale Notre-Dame de Paris. Mais les représentants du clergé introduisent comme condition impérative d'accord une clause ne figurant pas dans le projet établi au Vatican, mais attribuant « de plein droit » la jouissance de la cathédrale, remise à l'abbé signataire du premier contrat, « à son successeur nommé par l'archevêque de Paris ». Cette attribution automatique perpétuant de manière indéfinie la détention des églises entre les mains des curés successifs est particulièrement critiquée au sein du gouvernement. Ce serait faire des évêques des « personnes juridiquement morales », et du pape, maître absolu et unique du clergé, le détenteur sans limites, aussi bien pour le temporel que pour le spirituel, de tous les moyens d'action de l'Église de France. Le Saint-Siège étant une puissance politique agissant dans le monde entier, l'État ne pouvait que se prémunir contre le risque d'immixtion pontificale en cas de crise internationale par exemple. Le gouvernement interdit donc la jouissance des églises à des prêtres étrangers et anciens congréganistes. Le 25 février, Mgr Merry del Val dénonce cet « extravagant despotisme ». Les négociations sont rompues. Le 28, *La Croix* écrit que le gouvernement a rompu parce qu'il ne voulait pas aboutir, mais ajoute – et c'est un aveu de taille – que l'archevêché les a laissé rompre car « il sentit qu'il n'avait plus derrière lui ni l'épiscopat ni le Saint-Siège ». Les négociations ne furent pas reprises.

Un point final était mis à la politique d'accommodement tentée par Briand. Selon Buisson, Clemenceau, de sa « manière incisive et décisive », a coupé court à la tentative des évêques d'arracher « en détail à nos municipalités désireuses d'en finir », ce qu'ils n'avaient pu obtenir de la loi. Buisson loue Clemenceau d'avoir, par ses virils propos, reconstitué « sur le terrain de la laïcité et de la liberté l'unanimité du "Bloc" ». Il renvoie dos à dos deux attitudes possibles de l'État vis-à-vis de l'Église, celle d'agression et celle de capitulation, pour, à son habitude, en choisir une troisième qui les transcende : celle de l'ignorance. Ainsi « l'État ignore l'Église en tant que hiérarchie. Il ne sait rien de sa vie intime. Il ne connaît, pour les servir ou pour les desservir, aucun des dignitaires qu'il lui plaît de se donner[10] ». Situation de non-droit, intenable en fin de compte ! L'État adoptera les dernières mesures d'application de la loi sans que l'Église ne la reconnaisse.

Les lois d'application du 28 mars 1907 et du 13 avril 1908

Le 22 janvier 1907, Étienne Flandin, à qui les catholiques doivent la jouissance gratuite des églises, dépose une proposition de loi demandant la suppression de l'autorisation préalable pour les offices religieux, et donc l'abrogation du « délit de messe ». Le gouvernement prend l'initiative à son compte. Le 29, la Chambre en débattait quand se produisit l'incident rapporté plus haut. Un amendement hostile d'Allard est rejeté par 466 voix contre 47, les anticléricaux irréligieux sont moins nombreux et plus isolés que jamais. Le projet de loi sur les réunions publiques est adopté par la Chambre par 532 voix contre une. Même l'article 4 n'avait pas eu un tel soutien !

La loi, définitivement promulguée le 28 mars 1907, stipule que les offices religieux pourront être tenus sans déclaration préalable. Les départements et les communes gardent la pleine propriété légale des établissements de culte. Mais leur affectation est laissée à l'Église catholique, même si le prêtre desservant n'est qu'un « simple occupant sans titre ». Cette décision désamorce des conflits locaux et prend à contre-pied les irréductibles. Contrairement aux craintes du Saint-Siège, les prêtres schismatiques et leurs très rares associations cultuelles légales seront déboutés par les tribunaux ; le Conseil d'État et la Cour de cassation confirmeront le droit des prêtres en communion avec l'évêque du diocèse à occuper les églises vouées au culte catholique. L'interprétation libérale escomptée par Briand l'emporte, et Réveillaud se répand en protestations contre un État français devenu le défenseur de l'Église romaine. L'article 4 est pleinement confirmé par la jurisprudence. L'article 8, né des espoirs schismatiques chimériques de certains et des préventions anticléricales d'autres, n'aura aucune utilité juridique. Il est navrant qu'un laïque aussi rigoureux que Buisson ait cautionné de toute son autorité morale une manœuvre qui relevait de la suspicion antireligieuse et de l'intolérance anticléricale : un gâchis politique pour une illusion juridique !

Reste encore à régler la dévolution des biens de l'Église, sous séquestre depuis le 2 janvier 1907, aux établissement communaux d'assistance et de bienfaisance en modifiant plusieurs articles de la loi de 1905. Dès le début de la discussion à la Chambre, en octobre, Briand fait part de son souci d'« en finir », mais promet de se laisser guider en tout par l'« utilité publique ». L'application de la loi n'est pas aussi libérale et uniforme qu'il le souhaite. Dans les régions de forte pratique religieuse, l'Église réussit à louer aux autorités publiques, à prix modique, les locaux qu'elle occupait auparavant à titre gratuit et de nombreux prêtres restent dans les presbytères à titre gracieux. Ailleurs, les bâtiments ecclésiastiques deviennent plus souvent des mairies, des bureaux, des musées, des bibliothèques que des maisons de retraite et des services sociaux.

Le problème des fondations affectées d'obligations religieuses, comme la célébration de messes pour l'âme des donateurs ou des dons à des œuvres, est difficile à résoudre. Louis Méjean propose que ces fondations de messes soient transférées à des mutualités ecclésiastiques. L'abbé Lemire, avec le soutien indirect de Briand, intervient pour que les caisses et les maisons de retraite du clergé soient transformées en « sociétés de secours mutuels catholiques », que l'Église avait admises. La loi est votée à la Chambre le 21 décembre 1907 par 351 voix contre 169. La majorité a fondu à cause d'oppositions à des mesures anticléricales manquant d'équité aux yeux mêmes de membres de la majorité. Mais, encore une fois, le pape s'oppose à la loi, par une lettre aux cardinaux datée du 17 mai 1908 : il met son veto à la création de « mutualités catholiques » de peur qu'elles ne soient considérées comme des « associations cultuelles déguisées ». Le gouvernement refuse alors de prendre en charge les fondations religieuses. Par contre, les caisses de retraites des vieux prêtres sont attribuées aux départements et les pensions versées.

Comment expliquer cette raideur finale de l'application de la loi ? En fait, deux soucis animent Briand en 1907-1908. Certes, il veut montrer aux catholiques ce que leur coûte l'obstination de l'Église, mais il est aussi très inquiet devant la montée du mécontentement social. La loi sur les retraites ouvrières, préparée par son collègue Viviani, a été adoptée le 24 février 1906, mais de mars à mai 1906, les grèves se sont multipliées, dans le Nord, le Pas-de-Calais et à Paris, contre la vie chère et pour la journée de huit heures de travail, les 3 × 8[11]. La CGT s'est unifiée au congrès d'Amiens en octobre 1906[12] et appelle à l'action syndicale, dès le début de l'année 1907, non seulement les ouvriers de l'industrie privée des chemins de fer et de l'électricité, mais aussi les fonctionnaires. Les méthodes policières de Clemenceau lui valent l'hostilité croissante des socialistes ; la « question religieuse » ne mobilise plus le peuple républicain quand monte la « révolte sociale ».

3. Bilan de la Séparation pour l'Église

Rétrospectivement, il est possible d'affirmer que la Séparation a coûté très cher à l'Église, mais il ne tenait qu'à elle d'en réduire le coût à la seule suppression du budget des cultes. En acceptant de constituer des associations canoniques et légales, comme le souhaitait la grande majorité de l'épiscopat, l'Église de France aurait gardé ses biens propres et obtenu une situation légale et uniforme dans la société civile. Même dans le cas du refus complet qui fut le sien, elle aurait pu compenser ses pertes matérielles par les gains spirituels qu'elle pouvait obtenir grâce à la liberté nouvelle qui lui était accordée. Mais qu'a fait l'Église de cette liberté rendue par l'État[13] ?

Les pertes matérielles

L'Église n'est pas plus spoliée des palais épiscopaux et des séminaires que des églises car ils étaient, pour l'essentiel, des biens nationaux depuis 1790, mis à sa disposition par le Concordat. En revanche, elle perd le budget du culte catholique, dont le montant s'élevait à 36 millions de francs en 1906, et tous ses biens patrimoniaux accumulés depuis 1802, dont le montant a été estimé à un peu plus de 350 000 millions de francs. Encore faudrait-il distinguer ce que l'État lui a directement enlevé et ce que le Saint-Siège l'a contrainte à abandonner[14].

La suppression du budget du culte catholique aurait pu être moins brutale si les allocations dégressives transitoires de quatre ou de huit ans, prévues par la loi de 1905 mais liées à la constitution des cultuelles, n'avaient pas été sacrifiées par le Vatican, et cela alors que la quasi-totalité des prêtres avait demandé à en bénéficier. Il est certain qu'un gouvernement un peu moins anticlérical et un peu plus généreux aurait pu maintenir ces allocations, comme l'avaient tenté en leur temps l'abbé Grégoire et Robespierre. Ce fut certainement une faute politique que de rompre du jour au lendemain le contrat de ces quasi-fonctionnaires du régime concordataire. Au lieu que le Saint-Siège soit tenu responsable de la fin brutale de leurs traitements, c'est l'État qui leur en est apparu la cause. La masse des curés, qui initialement n'était pas hostile aux associations, basculera dans l'hostilité à la Séparation et fournira au souverain pontife une base intransigeante hostile à des évêques plus conciliants.

L'entretien des 42 000 prêtres est une question urgente. Il ne peut être assuré que par le casuel (les ressources du clergé tirées des offices et des sacrements), très inégal selon la richesse des paroissiens, et le « denier du culte », à mettre en place dès la fin de 1906. La nouvelle collecte rapporte de façon très variable selon les paroisses et les diocèses. Elle est centralisée au niveau diocésain pour être répartie ensuite entre paroisses riches et paroisses pauvres. Il est décidé de verser 10 % des recettes totales à une caisse interdiocésaine pour que les diocèses riches aident par des subventions les plus pauvres. Mais les prélats des terres de forte catholicité ne sont pas toujours prêts à contribuer à la pastorale des paroisses des villes et banlieues industrielles sous-équipées et sous-encadrées. Les diocèses les plus riches, grâce aux revenus des pèlerinages comme Lourdes par exemple, refusent de verser ces recettes extraordinaires à la caisse commune. Les salaires concordataires ne seront bientôt plus compensés par les indemnités versées par les évêques.

Si le denier du culte reçoit un accueil chaleureux, son rapport décline vite et plus encore peut-être dans les paroisses riches que dans les plus pauvres. La recette totale baisse à Paris de 18 % entre 1907 et 1910. Le nombre des souscripteurs surtout est très faible : 955 à Sainte-Clotilde sur 15 000 habitants, même pas 1 000 pour 40 000 habitants à Neuilly. Dans le diocèse de Bayonne, la moitié des paroisses ne fournit pas le montant demandé ; c'est pire dans le Périgord. Au Puy, l'évêque n'obtient qu'un tiers de ce qu'il demandait pour maintenir les activités antérieures. Les grands diocèses de Paris, Lyon, Lille, Rouen ou Rennes seuls arrivent à dépasser les revenus du régime précédent. L'Église découvre que le régime concordataire avait habitué les fidèles à l'idée que l'Église était assez riche pour entretenir ses prêtres. Elle découvre l'indifférence assez large à l'égard du sort du clergé, qui souvent se met à dépendre de la tutelle de riches notables, du château ou de l'usine. L'Église renonce à uniformiser ses tarifs ou à supprimer la location des chaises ; au contraire, elle accentue les écarts de tarifs entre les diverses classes de cérémonies et de funérailles. Appauvrie, elle ne devient pas l'Église des pauvres.

Le Saint-Siège aurait pu sauver, en acceptant des cultuelles uniquement formées d'ecclésiastiques, ce que la loi autorisait, les biens des évêchés, des chapitres de cathédrales, des séminaires, soit une valeur de 93 millions de francs. Mgr Merry del Val refusa d'accepter cet argument défendu par des évêques en arguant de l'avis contraire du professeur Grousseau. Le sénateur protestant Berger proposa que le capital des fondations pieuses et de messes des anciennes fabriques, environ 55 millions de francs, soit attribué à ces « mutualités », solution que l'abbé Lemire préconisait pour les maisons de retraites des religieux. Ces deux amendements ayant été adoptés dans la loi de 1908, Pie X en interdit l'utilisation en condamnant la formation de ces mutuelles le 17 mai 1908. Si le gouvernement Clemenceau refusa ensuite de restituer ces biens ayant pourtant des fonctions reconnues, il ne porte pas seul la responsabilité de la spoliation, car l'interdit pontifical une fois encore désavoua l'approbation des évêques.

Plus largement, si l'Église avait constitué des associations canonico-légales ou « fabriciennes », elle serait devenue légalement propriétaire de tout son patrimoine qui n'aurait pas été mis sous séquestre et dévolu à l'État et aux communes. Elle n'aurait pas dû louer ses bâtiments administratifs et ses presbytères. Elle aurait été dispensée d'une charge énorme qui est venue l'écraser et qui a pesé d'abord sur le bas clergé, dont la situation s'est vite dégradée. Mais Pie X et plus encore le secrétaire d'État pensaient peut-être que la trop orgueilleuse Église de France sortirait purifiée et régénérée des épreuves et de la persécution.

Renouveau spirituel ou crise du clergé ?

Est-ce que le sort subi par l'Église va multiplier ses défenseurs, comme pendant la Révolution ? Pas du tout ! Les vocations déclinent brutalement avant même la mise en place du nouveau régime. Les séminaires ne font plus le plein. Entre 1905 et 1910, le nombre de séminaristes se maintient en Bretagne et Vendée, baisse assez peu à Paris (de 326 à 308) ou Lyon (de 333 à 300), mais s'effondre à Albi (de 120 à 56) et dans des proportions semblables à Auch, Angoulême, Avignon, Cambrai, Digne, Fréjus, Nice, et plus encore dans les régions déchristianisées : Limoges, Sens, Pamiers. La chute est en moyenne de 50 % en cinq ans[15]. Le vivier des vocations se contracte. Le nombre d'ordinations chute de 1 733 en 1901 à 704 en 1914. La preuve est faite de la fragilité des vœux antérieurs à 1905 et prélude de la crise future des vocations. « Les friches commencent à s'étendre dans le champ de Dieu et les ouvriers n'apparaissent pas pour s'opposer à cet envahissement de l'indifférence religieuse qui s'étend sur de nombreuses régions », déplore dès 1908 l'abbé Burtey, supérieur du séminaire de Dijon. *La Semaine religieuse* de Périgueux tire déjà la sonnette d'alarme : « Laissez passer quelques années et, dans les petites paroisses, il n'y aura plus de curé. » Cette sombre perspective n'entraîne pas une remise en cause de la structure paroissiale, que l'urbanisation industrielle aurait déjà dû entraîner. La Séparation devient l'explication récurrente de toutes les difficultés de l'Église pour la nouvelle génération des évêques.

La génération des « évêques de Dumay » (et de Léon XIII !) eut mauvaise réputation au Vatican dès l'élection de Pie X. Ils n'étaient pas républicains certes, mais on leur reprochait un manque de vigueur pastorale et une tendance à l'accommodement avec le pouvoir civil. En février 1906, il y avait 14 sièges épiscopaux vacants et Pie X y pourvut, sans consultation préalable de l'épiscopat, en nommant seul les « anges du Vatican ». Puis il entendit consulter les évêques en leur demandant d'établir chacun une « liste de dignité » de trois candidats. Mais dès 1907, en nommant à Montauban comme coadjuteur, contre l'avis du vieil évêque, le sulfureux Mgr Marty, notoire adepte de l'Action française, le pape oppose ses propres candidats aux vœux des évêques. Il renonce à leur demander de présenter des candidats pour désigner lui-même les élus, en consultant à Rome un petit nombre de cardinaux, de jésuites et d'assomptionnistes. Le trait commun de la nouvelle génération de prélats nommés par Rome est leur intransigeance à l'égard du gouvernement, sinon du régime. De plus en plus, ils seront recrutés parmi les anciens prêtres formés à Rome, isolés des influences intellectuelles et modernistes de France. Nombre de ces évêques auront des sympathies avérées pour l'Action française qui prit son essor avec la Séparation en réactivant la rhétorique de la contre-révolution et du néo-catholicisme qui se répandit dans la majeure partie du clergé et du laïcat français [16]. Ils s'opposeront à Benoît XV et à Pie XI, en particulier après la condamnation pontificale du mouvement politique de Maurras en 1926.

Mais ce qui affaiblit le plus l'épiscopat français dans l'immédiat c'est le rejet par la papauté du droit de réunion, que lui avait rendu la loi de 1905. Les évêques avaient exigé de se réunir, mais ils découvrirent vite que le souverain pontife dirigeait leurs travaux, ne tenait aucun compte de leurs propositions sous prétexte de leur imposer l'unité de vue. Il n'y eut plus de droit de vote secret dès la deuxième assemblée, et plus de droit de vote dès la troisième, et il n'y eut pas de quatrième assemblée plénière avant… 1951. Pourquoi ce mépris, non seulement de la démocratie, étrangère à la constitution monarchique de l'Église, du moins de la simple information sur la situation réelle de la France ? Certes Pie X a été très choqué des initiatives des évêques, de la nature de leurs votes, des fuites vers la presse en dépit du « secret du Saint-Office ». Au plus accepte-t-il désormais des assemblées provinciales restreintes. Seule une assemblée des cardinaux et archevêques pourra fonctionner à partir de 1921. Mais rien de comparable aux conciles allemands de Cologne et américains de Baltimore. Le pape ne permit pas non plus que des représentants du bas clergé soient invités aux assemblées, alors qu'ils l'étaient statutairement sous l'Ancien Régime. Pie X et Merry del Val appartiennent à un courant théologique illustré par le jésuite Liberatore qui condamnait la démocratie en affirmant que la seule « introduction d'un arôme représentatif serait une révolution religieuse, la voie la plus expéditive et la plus sûre pour corrompre l'Église et la transformer en synagogue de Satan[17] ». Sous Pie X, la chape de plomb d'un « intransigeantisme nouveau » s'abat sur le clergé de France. La Séparation a eu pour première conséquence le triomphe de l'intégrisme dans l'Église de France, comme si le Saint-Siège était hanté par un renouveau du gallicanisme et par la contagion de la démocratie.

Une nouvelle liberté pour l'Église ?

Mais, juridiquement, l'Église de France découvre la liberté, la liberté à laquelle Lamennais aspirait dès 1830, la liberté que salue Péguy dans *Notre Patrie* dès octobre 1905. L'Église n'est plus « établie ». Les évêques ne sont plus des « préfets violets », les curés ne sont plus assimilés à de petits notables locaux à la vie confortable, cibles faciles pour l'anticléricalisme populaire. L'Église a retrouvé sa liberté d'initiative par rapport à la société civile. Le clergé obtient le droit de libre parole, de presse, de négociation administrative avec les autorités locales, de réorganisation des paroisses, de construction d'églises et de bâtiments en toute propriété. Il faut noter un réel effort de rattrapage de l'encadrement paroissial dans certaines villes : à Paris, entre 1906 et 1914, on construit plus d'églises que pendant toute la période concordataire. Le temps des bonnes œuvres est passé, celui de l'Action catholique fondée en 1886 par Albert de Mun peut s'épanouir pleinement.

La Séparation est l'occasion pour les laïcs d'affirmer leur place dans l'Église et certains évêques français reconnaissent leur nouveau rôle.

La Séparation place donc les catholiques français devant un grave dilemme : ou enfermement dans la nostalgie d'un passé révolu, ou retour aux sources de la mission apostolique. Un décalage sans cesse croissant se manifeste entre des activistes, combatifs et déterminés, et un peuple catholique par tradition, mais souvent passif et indifférent. Une partie du clergé ne comprend pas l'entêtement du Saint-Siège et glisse vers le libéralisme et la démocratie chrétienne. Les catholiques français sont plus profondément divisés politiquement que jamais : les uns, toujours plus hostiles à la République comme les membres de l'Action française, entendent utiliser l'Église dans leur combat politique ; d'autres, écœurés par les excès du cléricalisme, se détachent de plus en plus des pratiques religieuses. Au plan religieux, le nombre de messalisants réguliers recule et l'écart avec les pascalisants ne cesse de se creuser, le nombre de baptêmes décline alors que grimpe celui des enterrements civils. La crise de la Séparation a accentué fortement le processus de déchristianisation[18]. La contrainte morale et le conformisme social ne jouent plus autant en faveur de l'Église. La laïcisation de la société a en fait accompli un bond spectaculaire entre 1880 et 1914. En 1905-1906, l'Église n'a pas réussi à convaincre la masse des fidèles que l'État les menaçait dans leur vie et dans leur foi. La sécularisation des esprits a gagné les catholiques eux-mêmes.

Le plus grand gain de l'Église à la Séparation est en fait et paradoxalement le recul de l'anticléricalisme, qui n'est plus le ciment de la majorité du « peuple républicain ». Les laïques ont-ils pour autant réalisé leurs objectifs ? La politique laïque a, en 1906, réalisé les principaux points du programme républicain, avec l'école primaire obligatoire et la Séparation. Certes la « question scolaire » subsiste, mais moins virulente que la « question religieuse ». Le conflit entre l'Église et l'État rebondit dès 1909 à propos de la laïcité, car l'épiscopat dénonce vivement les « mauvais livres » et les « mauvais maîtres ». Curieusement, ce furent ceux qui avaient le plus ardemment voulu la Séparation, les anticléricaux irréligieux, qui furent le plus déçus par la loi. La Séparation faite, ils perdaient un formidable sujet de propagande. « Les radicaux se trouvèrent fort dépourvus quand la séparation fut venue », écrit méchamment Thibaudet. Le courant anticlérical intolérant retombe bien vite à partir de 1906, tout comme la franc-maçonnerie[19]. Il est vrai surtout que la poussée des grèves et de l'agitation sociale annonçait la rupture entre socialistes et radicaux alors que la montée des périls extérieurs ouvrait la voie à la rencontre de tous les nationalistes. Le cléricalisme n'était plus l'ennemi le plus dangereux.

La crise de la Séparation n'a pas abouti à la persécution de l'Église de France, et si elle a subi la perte de ses biens patrimoniaux, elle aurait pu parfaitement l'éviter. A-t-elle été contrainte au sacrifice, à défaut du martyre, par la papauté ? Sans doute. L'État français a appliqué la loi, toute la loi, guère plus que la loi, mais n'a pas capitulé comme le souhaitait le Saint-Siège. L'esprit de liberté a prévalu en France en dépit de relents d'intolérance. La Séparation n'a pas entraîné un nouveau schisme ni une nouvelle Vendée. Tous ceux qui ont raisonné avec les schémas de la Révolution ou de la contre-révolution n'ont pas maîtrisé les événements. Il est vrai que la Séparation suppose, tant pour l'Église, qui n'avait pas voulu envisager l'éventualité, que pour l'État, qui s'y était bien préparé, des comportements inédits découlant de principes de laïcité. L'Église a gagné une liberté dont elle ne fit pas le meilleur usage. N'a-t-elle pas été libérée de la tutelle de la République pour tomber plus que jamais sous le joug du Saint-Siège ? Certains estiment que l'Église a perdu avec la Séparation une occasion unique de se remettre en cause et de se réconcilier avec le monde moderne.

Peut-on alors mieux comprendre les raisons qui ont poussé le souverain pontife à cette épreuve de force sans concessions, à ce terrible bras de fer avec l'État français, à cette intransigeance absolue ? La peur d'un néogallicanisme est illusoire ; l'hostilité au conciliarisme de l'épiscopat français est plus évidente ; l'antagonisme idéologique entre théocratie pontificale et république démocratique est flagrant. Mais la théologie et l'histoire de l'Église nous ont appris toute la science subtile des compromis entre les principes intangibles et les accommodements pratiques. Alors comment expliquer le refus de tout compromis avec la République française à propos de la Séparation ?

CHAPITRE 12

L'« exemple de la France comme un modèle de progrès »

(cardinal Merry del Val, 12 juillet 1906)

L'intransigeance absolue du Saint-Siège face à la Séparation en France semble s'expliquer en dernière instance par la grande peur que le secrétaire d'État a de la coalition de « toutes les forces du mal de la Maçonnerie internationale contre l'Église ». Le cardinal Merry del Val explicite les propos de sa lettre du 27 février 1906 au cardinal Richard[1], et expose le risque de ce « tournant de l'histoire pour l'Église universelle », lors de la réunion du 12 juillet de la Sainte Congrégation :

> « Il suffit de regarder la tendance de la législation dans d'autres pays gouvernés par la secte internationale pour en être convaincu [...] Les projets de loi qui se préparent en Hongrie, en Espagne et au Portugal, sans parler des républiques américaines, évoquent déjà l'exemple de la France comme un modèle de progrès. Le Nonce de Madrid et quelques autres avec lui me parlaient du programme que préparent les partis libéraux en Espagne, un mélange de toutes les forces républicaines et libérales dans le pays. Ce programme, invoquant la nécessité d'atteindre le niveau de la France, cherche l'abolition de l'Article 2 de la constitution, il veut le mariage civil, la sécularisation des écoles, le système graduel mais systématique de l'expulsion des ordres religieux. Il en va de même dans d'autres pays[2]. »

Le Vatican n'a pas été le seul à percevoir la dimension internationale de la Séparation en France. Briand avait demandé à Paul Grunebaum-Ballin une étude sur « les rapports de droit et de fait entre les diverses Églises et les divers États de l'Europe et du Nouveau-Monde ». Le chapitre de synthèse de très grande qualité, fort de 30 pages insérées dans le rapport Briand, témoigne du souci de replacer l'expérience française dans « la continuité de cette évolution qui, par degrés successifs, conduit les nations de l'antique régime théocratique à celui de la complète laïcité[3] ». Si plusieurs pays d'Europe en sont encore à la première phase quasi théocratique, tels l'Espagne et le Portugal, si bien d'autres en sont au stade intermédiaire de la « semi-laïcité », « dans quelques pays d'Europe, et surtout dans plusieurs grandes Républiques américaines, apparaît le troisième terme de l'évolution », soit l'État neutre et laïque. Loin de faire de la France un modèle d'avant-garde ou un exemple exceptionnel, le rapport Briand se livre à un état comparatif de la situation des institutions politico-religieuses à l'échelle internationale. Cela suffit pour comprendre l'angoisse du Vatican devant les progrès universels de la laïcité.

1. La coalition des « forces du mal » contre l'Église

La dénonciation de la « secte internationale » de la franc-maçonnerie est une constante dans les milieux catholiques contre-révolutionnaires depuis que l'abbé Barruel, en 1796, a dénoncé la « Révolution satanique » et que ce thème a été colporté en Europe par Joseph de Maistre. Mais le Vatican a élargi la thématique de ces condamnations en dénonçant de plus en plus le « complot judéo-maçonnique » qui se serait révélé dans toute sa virulence lors des poussés émancipatrices des peuples au XIXe siècle et au moment de l'affaire Dreyfus.

« La franc-maçonnerie, synagogue de Satan »

L'Église a condamné le mouvement des loges maçonniques dès la bulle *In eminenti* du pape Clément XII en 1738. Pie VII et Grégoire XVI renforcèrent les condamnations. L'Église imputa ses déboires à l'infiltration des maçons dans les hautes sphères du pouvoir sous Napoléon Ier, maçon lui-même, puis sous la monarchie de Juillet. Si elle bénit les arbres de la Liberté en 1848, elle découvre vite les maléfices d'un gouvernement français dominé par les francs-maçons. Le Saint-Siège rend les loges responsables des insurrections nationales contre le système de la Sainte-Alliance, en Italie en particulier. Dès 1851, Pie IX formule les anathèmes qu'il reprend dans le *Syllabus*. Ainsi est forgé le mythe du complot international de la franc-maçonnerie.

Le Saint-Siège en attribue les méfaits à l'œuvre de Satan dès l'épître de Pie IX *Scite profecto* de 1873 que l'évolution du Grand Orient semble confirmer au regard de l'Église : en rayant de ses statuts l'obligation de croire en Dieu, la principale obédience paraît faire profession d'athéisme plus encore que de positivisme. L'antimaçonnisme de combat prend son essor dans l'Église sous l'Ordre moral. La franc-maçonnerie est souvent perçue par les catholiques comme « l'Église de la République » prêchant l'indifférentisme, voire l'irréligion ; l'antimaçonnisme s'affiche comme un antirépublicanisme et, en retour, nombre de républicains sont convaincus de l'incompatibilité du catholicisme avec la République. Quand Léon XIII condamne à son tour la maçonnerie, dans l'encyclique *Humanum genus* du 20 avril 1884, *La Croix* affirme que le but ultime des loges est d'« arracher la foi de l'âme du peuple » et de « faire la guerre à Dieu ». La même année, la Bonne Presse lance *La Franc-maçonnerie démasquée*, une revue mensuelle dirigée par l'évêque de Grenoble, Mgr Fava, pour combattre « les doctrines et les faits maçonniques ».

Dès la faillite de la banque catholique de l'Union générale en 1882, attribuée à l'hostilité de la banque Rothschild, l'assimilation est vite faite entre les maçons et les juifs. Dès 1884, la revue de Mgr Fava écrit : « Les juifs francs-maçons attaquent le Christ avec une rage qui ne sait point se contenir et ils demeurent constants dans leur haine. La franc-maçonnerie n'a qu'un seul but : faire la guerre au Christ et détruire son œuvre, le catholicisme et l'Église. » Dès la publication de *La France juive* en 1886, puis dans son quotidien lancé en 1892, l'antisémite Drumont dénonce le « caractère sémitique » de la maçonnerie : même goût du secret et de l'intérêt, mêmes pratiques de l'infiltration dans les Chambres, l'appareil d'État et les affaires. Il ne restait plus qu'un pas à franchir pour amalgamer la « juiverie », la maçonnerie et Lucifer. Le père jésuite Léon Meurin, le franchit en publiant en 1893 un ouvrage illuminé et apocalyptique, *La Franc-maçonnerie, synagogue de Satan*. « L'Enfer a déchaîné une fois de plus les erreurs funestes du paganisme autrefois vaincu : il a appelé sous son drapeau la haine antique de la Synagogue déchue et l'audace désespérée du peuple déicide, toujours prêt à recommencer sa guerre acharnée contre le Seigneur et son Christ ; il a enrôlé dans son armée toutes les passions violentes de l'humanité viciée, l'avarice, l'orgueil, l'ambition, et surtout la luxure. [...] Toutes ces forces, l'Enfer les a organisées et les dirige contre l'Église du Christ[4]. » Merry del Val, mystique, intégriste, manichéen, croit fermement à la réalité du complot judéo-maçonnique car l'internationalisme de la franc-maçonnerie et la diaspora des juifs lui paraissent suffire à expliquer ce combat contre le catholicisme auquel il assimile le mouvement général de laïcisation. Et cela d'autant plus que son frère est le secrétaire personnel du roi d'Espagne Alphonse XIII et que les libéraux espagnols passent pour être très liés aux francs-maçons.

Les dangers de la contagion française

Pie X ne cache pas en 1906 que la France et l'Espagne sont ses préoccupations essentielles. Julien de Narfon établit très tôt le lien entre le projet du nouveau gouvernement libéral dirigé par le général Lopes-Domingues, qui envisage de dénoncer le concordat espagnol, et le refus du Vatican d'admettre les associations cultuelles en France[5] : « Une intransigeance absolue dans les affaires religieuses de France pouvait être une leçon de choses dont nos voisins sauraient dégager la morale pratique et dont le Saint-Siège aurait le profit. » L'Espagne et le Portugal étaient alors les deux seuls pays d'Europe où le catholicisme demeurait la « religion d'État » (art. 2 de la Constitution), richement dotée en biens fonds en dépit de la sécularisation partielle des biens d'Église après 1830 et largement financée par l'État. L'Espagne était sous le double régime du Concordat de 1851 et d'un concordat des congrégations. Mais, en dépit de l'échec de la Ire République en 1873, les principes des sociétés modernes avaient été partiellement reconnus par la monarchie des Bourbons : l'article 11 de la Constitution précisait que « nul ne peut être inquiété pour ses opinions religieuses ni pour l'exercice de son culte, sauf le respect dû à la morale chrétienne » ; seule l'Église catholique pouvait pratiquer publiquement son culte, alors qu'étaient interdites toutes les manifestations et cérémonies publiques des autres religions.

On comprend donc que les libéraux espagnols aient voulu abroger le statut de « religion dominante », autoriser le mariage civil et limiter l'expansion des congrégations gonflées par l'afflux des exilés de France. En fait, Romanones, le ministre libéral des Cultes, qui avait tenté en vain en 1902 d'établir le contrôle de l'État sur les écoles religieuses largement dominantes, n'entendait que renforcer le contrôle de l'État sur les congrégations et Merry del Val ne craignait pas la rupture du concordat espagnol, car le chef du parti conservateur castillan Maura avait ouvertement mis au défi le gouvernement : « Pour nous, la rupture signifie la guerre et vous êtes le prologue à la guerre civile[6]. » Les amis du secrétaire d'État en Espagne n'hésitaient donc pas à confondre la lutte contre les républicains et les libéraux avec la défense de la religion catholique, au besoin par les armes. Pour le rapport Briand, l'Espagne et le Portugal sont donc bien au nombre de ces « rares pays » d'Europe où l'État est encore « soumis à l'Église » et « n'admet que des institutions sociales subordonnées aux principes de cette religion[7] ».

Merry del Val s'accroche à la défense des derniers refuges de la théocratie et des concordats. « Le régime concordataire tend, en effet, à disparaître de plus en plus », note Grunebaum-Ballin. En Autriche, État catholique rival de la France auprès du Saint-Siège, le concordat ratifié en 1855 a été dénoncé dès 1870, au lendemain de la proclamation du dogme de l'infaillibilité pontificale. La loi du 20 mai 1874, adoptée unilatéralement par l'État, a abrogé le statut de religion d'État du catholicisme, a reconnu légalement les autres religions, et a supprimé le budget des cultes. Néanmoins les immenses propriétés de l'Église, en dépit de la sécularisation de Joseph II, financent avec leurs revenus le « fonds de religion » pour assurer l'entretien du clergé. Mais l'Église catholique a obtenu en 1885 que l'État paye les traitements et pensions du clergé catholique, les autres étant livrés à eux-mêmes. Merry del Val s'inquiète néanmoins des considérables progrès dans la voie de la laïcisation opérés en Hongrie, et à un moindre degré en Autriche. Depuis 1894, l'état civil, le mariage, les enterrements y sont sécularisés. Depuis 1895, la liberté et l'égalité des cultes y sont proclamées : chaque confession (catholique, protestantes, réformée, grecque orthodoxe, uniate et israélite) forme un « corps religieux public » placé sous le contrôle de l'État mais s'administrant librement, élisant ses dignitaires, levant ses taxes, finançant ses écoles, administrant ses œuvres et gérant ses cimetières. « Cette législation établit une parfaite égalité entre les divers cultes », estime Grunebaum-Ballin. En Europe centrale, ce n'est pas l'exemple de la France qui stimule la sécularisation et l'indépendance des Églises et de l'État, c'est l'héritage de la Réforme.

Mais le Saint-Siège s'inquiète du mauvais exemple de la France sur l'Italie et du rapprochement entre les deux États[8]. La solution de la question romaine pourrait être encore plus défavorable pour le Vatican. Depuis la loi des garanties du 13 mai 1871, refusée par le Saint-Siège, le royaume d'Italie a aboli tous les concordats qui liaient les anciens États de la péninsule à l'Église, mais l'Italie ne vit pas pour autant sous un régime de véritable séparation. L'article 1er du *Statuto* du royaume sarde a été maintenu et « la religion catholique, apostolique et romaine est la seule religion de l'État ». Mais la liberté de conscience et de religion a été reconnue de fait et l'état civil, les écoles, l'assistance et la santé ont été sécularisés comme services publics, même si les religieux et religieuses continuent à y être largement dominants. L'État admet que l'enseignement religieux se fasse dans les écoles publiques. Par contre, l'Église catholique a une très grande indépendance en tant que puissance spirituelle par rapport à l'État. Les évêques ne sont pas nommés par le roi et ne lui prêtent pas serment. L'Église a toute liberté d'organisation, de manifestation et de diffusion de sa presse en Italie. C'est seulement en ce qui concerne le temporel que des liens subsistent, car, même s'il n'y a pas de budget du culte dans l'État italien, les traitements et pensions du clergé sont assurés par le fonds spécial créé en 1866, sur le modèle autrichien, au début de la vague de sécularisation des biens ecclésiastiques par l'État. Néanmoins l'Église italienne a encore un caractère d'institution publique car l'État a accordé aux fabriques des paroisses le statut d'établissement public avec personnalité juridique.

On comprend alors l'hostilité absolue du Saint-Siège au régime français de la Séparation devenu en 1905 le plus avancé et le plus net d'Europe par la suppression des établissements publics des cultes et la réduction de la religion à une « affaire privée » au plan juridique, c'est-à-dire non reconnue par la puissance publique, même si l'exercice du culte est collectif et public. La France risquerait donc de devenir ce « modèle de progrès » redouté par Merry del Val, non seulement pour les États à régime semi-théocratique comme le Portugal et l'Espagne, mais aussi pour des États à régime mixte de semi-laïcité du second stade, reconnaissant, protégeant et subventionnant, directement ou non, les religions encore assimilées à des institutions d'utilité publique, et en particulier l'Église catholique. L'Italie, la Belgique, l'Empire austro-hongrois et l'Empire allemand pourraient remettre en cause les liens privilégiés avec l'Église catholique.

L'exemple des « Républiques américaines »

Le secrétaire d'État du Saint-Siège ne fait qu'une allusion aux dangers menaçant l'Église dans les « Républiques américaines », en particulier en Bolivie et en Équateur. On peut douter que la Séparation française ait un impact direct sur ces pays qui ont d'autres modèles plus proches avec les exemples du Mexique, du Brésil et des États-Unis. Les Républiques du Paraguay, de Bolivie et d'Équateur étaient encore à la fin du XIXe siècle de véritables théocraties, et il en était de même, bien qu'à un moindre degré, dans la plupart des États de l'Amérique latine liés au Vatican par des concordats. Non seulement le catholicisme y était la seule religion officielle, mais le clergé y possédait d'immenses propriétés et, par sa richesse et son influence, contrôlait le gouvernement et les administrations. Le Saint-Siège y avait envoyé, après l'effondrement de l'Empire espagnol, un grand nombre de missionnaires allemands et italiens pour renforcer son emprise sur ces États embryonnaires.

Or, tout change au Mexique, quand le parti fédéraliste parvient au pouvoir en 1856. Par une réforme agraire, il supprime les biens fonciers en mainmorte de l'Église, soit le tiers des terres agricoles, et les remet aux paysans en toute propriété. Les congrégations d'hommes sont interdites, les églises nationalisées, les liens avec le Vatican rompus. Pour tenter de conserver ses biens, l'Église mexicaine appuie le parti conservateur, qui n'hésite pas à recourir à la guerre civile, puis à faire appel en 1862 à l'intervention étrangère de Napoléon III avec le soutien du Vatican. Mais le parti libéral fédéraliste, sous l'impulsion de Juárez, sort vainqueur en 1867 d'une guerre à la fois religieuse et nationale, révolutionnaire et libératrice. Le monde n'avait pas connu un tel affrontement depuis la Révolution française.

Ainsi est instaurée, par la loi du 14 septembre 1874, la séparation complète de l'État et de l'Église au Mexique. Les premiers articles de la loi méritent d'être cités[9]. Article 1er : « L'État et l'Église sont indépendants l'un de l'autre. Il ne pourra être fait de loi établissant ou prohibant aucune religion ; mais l'État exerce son autorité sur chaque religion en ce qui concerne l'ordre public et les institutions. » Article 2 : « L'État garantit l'exercice des cultes dans la République. » L'article 3 précise que les autorités civiles ne participeront plus aux cérémonies religieuses et les autorités religieuses ne patronneront plus les manifestations publiques. Par l'article 4, l'enseignement est interdit aux congrégations ainsi que l'instruction religieuse dans les écoles publiques. L'article 5 ne tolère les offices religieux qu'à l'intérieur des édifices du culte. Le port des vêtements ecclésiastiques est interdit sur la voie publique. Les délits politiques commis par des prêtres, tels les appels à désobéir aux lois, sont plus sévèrement punis que ceux commis par des laïques. Les offices religieux étant des réunions publiques, ils sont surveillés par la police. Cependant, les organisations religieuses s'organisent hiérarchiquement comme elles l'entendent et leur supérieur les représente devant l'autorité publique (art.13). Elles peuvent recevoir des aumônes et des donations, mais non des legs, et ne peuvent acquérir ou vendre des propriétés. Les églises restent propriété de l'État et sont laissées à l'usage exclusif et gratuit du culte, les organisations religieuses devant les entretenir et les conserver. Les ordres monastiques sont interdits (art.19).

Le Mexique indépendant s'est donc doté de la législation laïque la plus radicale du monde dès les années 1875 et en 1905, le gouvernement du président Porfirio Diaz continue d'appliquer fermement, mais sans hostilité gratuite, cette législation séparatiste ; il a toujours refusé les demandes répétées du Vatican pour la conclusion d'un nouveau concordat. D'après des enquêtes citées dans le rapport Briand, l'Église n'aurait pas eu à se plaindre de ce régime légal mais non oppressant. Les paroisses rurales auraient en particulier bénéficié de la générosité des anciens *peones* devenus propriétaires. La conclusion de Paul Grunebaum-Ballin est limpide : « Le Mexique est délivré depuis trente ans de la question religieuse [...] ; il connaît réellement la paix religieuse[10]. » Ce qui ne veut pas dire qu'il connaisse la prospérité économique et la paix sociale.

On comprend que les radicaux français, en particulier Clemenceau et Pelletan, et les francs-maçons aient vu dans le « modèle mexicain » un exemple pour la République française. Francis de Pressensé, qui fut en poste à Washington, s'y réfère explicitement dans l'avant-propos de sa proposition de loi car le Mexique est bien l'exemple d'un pays très majoritairement catholique où la séparation de l'Église et de l'État a été possible grâce à un très puissant mouvement d'émancipation du peuple. Ainsi faut-il faire la différence entre l'expérience du Mexique et celle du Brésil. La révolution de 1881 a renversé la monarchie brésilienne et proclamé la laïcité de l'État. Mais si l'Église a perdu son statut de religion d'État et le budget du culte, elle n'a pas perdu ses propriétés et garde tout son prestige d'institution publique aux côtés de l'État. La société a été sécularisée en droit, mais « la séparation faite en théorie est loin d'être achevée dans la pratique[11] ». Il s'agit en effet d'une révolution par en haut, perpétrée par des positivistes disciples d'Auguste Comte, ennemis de toute religion officielle, mais croyant que la séparation juridique entre le pouvoir temporel et les religions suffit[12]. Rien de comparable avec un mouvement populaire anticlérical dirigé par des libres penseurs comme au Mexique.

On comprend encore les inquiétudes de Merry del Val devant les progrès rapides de la laïcisation des États en Amérique latine, mais il refuse d'en considérer les causes réelles. La peur de la contagion française n'est que le fantasme d'esprits ignorant les processus sociaux et ne voulant voir en tout que l'intervention des « forces du mal ». La France sert de bouc émissaire au Vatican.

Peut-on parler de séparation des Églises et de l'État aux États-Unis ?

Encore faudra-t-il expliquer pourquoi le Saint-Siège se félicite de la situation de l'Église catholique aux États-Unis alors qu'il abhorre la loi française[13]. Nombreux sont ceux en France qui, à droite, souhaitent une séparation à l'américaine : Ribot, Poincaré, d'Haussonvile et même Mgr de Cabrières avaient envisagé ce type de palliatif. Réveillaud s'inspire de ce modèle américain. Devant la Chambre, lors de la discussion de l'article 8, Pressensé a utilisé des exemples américains pour montrer comment une association cultuelle légale en droit public pouvait fonctionner en liaison intime avec les règles canoniques. Cet exercice comparatif doit permettre de mieux comprendre ce qu'a vraiment de particulier la Séparation à la française.

Paul Grunebaum-Ballin commence par expliquer que la neutralité constitutionnelle de l'État fédéral s'explique par la multiplicité des confessions dans les divers États fédérés. Ainsi l'article 6 interdit au Congrès de faire une loi visant à « établir » une religion ou à en interdire le culte public. « L'égalité des divers cultes est aussi complète que leur liberté. Mais la neutralité de l'État ne comporte, en Amérique, ni hostilité, ni même indifférence à l'égard des religions. La neutralité de l'État est essentiellement une neutralité bienveillante à l'égard des religions dont l'utilité est très généralement reconnue[14]. » D'après l'étude comparative du juriste italien Minghetti[15], il y a aux États-Unis séparation juridique, mais aussi véritable union morale entre les Églises et l'État. M. Bryce, un politologue américain, est également cité : « Le christianisme est de fait considéré comme étant, sinon la religion légalement établie, du moins la religion nationale. […] cette religion est le fondement le plus solide d'une saine morale[16]. » Le rapporteur en conclut que l'État américain est neutre en matière de religion, mais qu'il a une « conception spéciale de la laïcité ».

De multiples dérogations au principe de laïcité sont en fait officialisées : serment sur la Bible du Président, chapelains officiels de chaque confession auprès du Congrès, prières publiques au début de chaque séance, proclamations publiques d'actions de grâce, etc. D'après la typologie du rapport, les États-Unis d'Amérique ne seraient qu'un État semi-laïque reconnaissant et protégeant les religions en leur accordant le bénéfice de la personnalité civile selon le droit commun de type britannique. Grâce à ce statut juridique, les structures religieuses sont totalement indépendantes des pouvoirs publics pour leur organisation intérieure. Ayant le statut d'associations libres et volontaires bénéficiant de la personnalité civile, les Églises peuvent se faire reconnaître soit comme de simples personnes morales avec des représentants pour gérer et conserver leurs biens, soit comme des *corporations* bénéficiant de la personnalité juridique en vertu d'une déclaration devant les tribunaux ou d'une loi.

Par la suite, les Églises ont été traitées avec beaucoup de bienveillance par les États fédérés, qui les ont souvent dispensées d'impôts. Mais elles ont obtenu plus encore. Certains États ont édicté des lois spéciales, un droit particulier pour tel ou tel culte, comme pour les mormons en Utah. L'Église catholique a particulièrement bénéficié de cette possibilité de faire reconnaître et consacrer son organisation hiérarchique et l'autorité de l'évêque par un droit spécial. Ainsi dans l'État de New York, depuis 1863, est reconnue la personnalité civile et juridique de l'évêque pouvant pleinement disposer des paroisses. De même dans les États à forte population irlandaise et italienne. L'Église a donc obtenu la possibilité de recevoir et d'acquérir à titre gratuit des biens et de les transmettre automatiquement comme biens de mainmorte aux titulaires successifs des sièges épiscopaux. C'est ce qui explique la croissance prodigieuse de la puissance matérielle des Églises américaines.

Le Saint-Siège a réussi à se voir accorder par la République américaine ce qu'il n'avait pas obtenu de Napoléon, ni de tous les autres régimes ultérieurs en France, en dépit de ses efforts répétés. C'est ce qu'il a cherché encore au moment de la Séparation en demandant le bénéfice du droit commun. Mais quand Briand accepta de lui en donner la possibilité avec les « actes d'association », l'Église a réclamé en plus la reconnaissance de son organisation hiérarchique permanente. « Aux États-Unis, le désir de ne refuser aucune concession au sentiment religieux l'a emporté sur le respect des principes démocratiques », conclut Paul Grunebaum-Ballin.

2. Le rayonnement de la Séparation à la française

L'histoire se chargera de démentir les craintes immédiates de Merry del Val. Mais la radicalité de la Séparation française aura des répercussions dans le monde bien au-delà de l'aire catholique, en Russie soviétique et en Turquie kémaliste par exemple, et la comparaison avec ces avatars permet de mieux comprendre les caractères propres de l'initiative française.

La séparation en Russie soviétique

Ce n'est pas un pur hasard si Lénine, qui a suivi de près la vie politique française lors de son exil londonien, publie son premier grand article consacré aux problèmes religieux de la révolution le 3 décembre 1905[17], au moment où reflue le premier mouvement révolutionnaire en Russie tsariste en raison de l'absence de rencontre entre les mouvements paysans en révolte contre les propriétaires fonciers et les soviets ouvriers[18]. Certes Lénine reprend les thèses de Marx sur la nature de la religion : « La religion est un des aspects de l'oppression spirituelle qui accable toujours et partout les masses populaires, écrasées par le travail perpétuel au profit d'autrui, par la misère et l'isolement. [...] La religion est l'opium du peuple. » Derrière la religion, il faut lire la lutte des classes qu'elle a pour fonction d'occulter. Mais il ne s'en tient pas là et tire de l'expérience française trois conclusions qui seront déterminantes pour la future législation soviétique. D'abord que la religion est une « affaire privée » par rapport à l'État ; ensuite que pour le mouvement socialiste, la religion n'est pas une affaire privée et que le parti ne peut pas se montrer indifférent face à l'ignorance et à l'obscurantisme.

> « La religion doit être déclarée affaire privée. Mais il importe de désigner exactement la signification de ces mots, afin d'éviter tout malentendu. Nous exigeons que la religion soit une affaire privée par rapport à l'État, mais nous ne pouvons en aucune façon considérer la religion comme une affaire privée en ce qui concerne notre propre Parti. L'État ne doit pas se mêler de religion, les sociétés religieuses ne doivent

> pas être liées au pouvoir d'État. Chacun doit être parfaitement libre de professer n'importe quelle religion ou de n'en reconnaître aucune, c'est-à-dire d'être athée, comme le sont généralement les socialistes. [...] La séparation complète de l'Église et de l'État, telle est la revendication du prolétariat socialiste [...][19] »

Cette revendication est « partie intégrante et indispensable de la liberté politique ». Lénine en tire deux orientations très audacieuses : les socialistes doivent d'une part appuyer les revendications des « représentants honnêtes et sincères du clergé en les prenant au mot quand ils parlent de liberté » ; d'autre part, la social-démocratie ne doit pas interdire aux « chrétiens et aux croyants l'entrée dans notre parti » pour rejoindre la lutte des masses ouvrières qui seule pourra les libérer de l'oppression sociale et religieuse.

> « Nous réclamons la séparation complète de l'Église et de l'État afin de combattre le brouillard de la religion avec des armes purement et exclusivement idéologiques : notre presse, notre propagande. Pour nous, la liberté des idées n'est pas une affaire privée ; elle intéresse tout le parti, tout le prolétariat.
> Mais puisqu'il en est ainsi, pourquoi ne nous déclarons-nous pas athées dans notre programme ? La réponse à cette question fera ressortir la différence très grande des points de vue de la démocratie bourgeoise et de la social-démocratie sur la question. »

Lénine tire de ces réflexions deux autres conclusions théoriques capitales. Il se refuse à poser la question de la séparation à la manière des « démocrates radicaux issus de la bourgeoisie » auxquels il reproche de traiter la question religieuse soit selon des abstractions idéalistes et en termes de « raison pure », soit par une simple propagande antireligieuse et athée. Il n'est pas question surtout que la question religieuse soit la priorité de l'action de la classe ouvrière et que le parti bolchevik fasse de son athéisme une question de programme : « Proclamer la guerre à la religion, tâche politique du parti ouvrier, n'est qu'une phrase anarchiste. » Lénine est très critique à l'égard des socialistes antireligieux d'origine blanquiste comme Allard, de même qu'il est très méfiant à l'égard des thèses de Clemenceau, car il estime que ce serait faire le jeu de « la bourgeoisie réactionnaire [qui] a partout eu soin d'attiser les haines religieuses ». Il n'est pas question pour Lénine, même une fois les bolcheviks au pouvoir après la révolution d'Octobre 1917, de pratiquer une politique antireligieuse répressive car « l'origine la plus profonde des préjugés religieux se trouve dans la misère et dans l'ignorance ; c'est ce mal que nous devons combattre. Il faut lutter contre les préjugés religieux avec une prudence extrême ; ceux qui, dans ce combat, blessent le sentiment religieux causent un grand préjudice. On doit lutter par la propagande, par l'instruction[20] ». L'expérience française a fait méditer Lénine, mais la politique soviétique ne suivra pas forcément ses orientations.

La politique du nouveau pouvoir bolchevik commença par la nationalisation des biens d'Église, à la suite de la grande révolte agraire, et par la laïcisation de l'État, de l'état civil, du calendrier. La loi de séparation de l'Église avec l'État et avec l'école, promulguée le 23 janvier 1918, fait perdre à l'Église la « personnalité juridique », la prive donc du droit de posséder des terres, des biens, de recevoir des subsides, de percevoir des taxes, de dispenser son enseignement dans des écoles, mais elle reçoit la « jouissance gratuite » des églises, propriété d'État, et le droit de « libre exercice des cérémonies religieuses dans la mesure où elles ne troublent pas l'ordre public ». Tout citoyen est « libre de professer le culte de son choix ou de n'en professer aucun ». Cette loi soviétique semble calquée sur la loi française de 1905. Mais elle en diffère sur la question scolaire puisque l'État s'attribue le monopole de l'enseignement, en interdisant tout enseignement confessionnel et privé. L'État soviétique doit assumer dans le même mouvement la laïcisation de l'État et celle de la société dans un pays particulièrement arriéré où la société civile libérale et bourgeoise commence à peine à s'affirmer. Lounatcharski, le commissaire au peuple chargé de l'Instruction publique, devait accomplir en même temps les tâches de Ferry et de Briand, et plus encore alphabétiser les enfants et les adultes dans une société archaïque. Les paysans, peu soumis au clergé mais pas anticléricaux, pratiquaient de fait une « double religion », mêlant à la fois une pure orthodoxie formelle et une magie fataliste et païenne[21].

La guerre civile ruine cette espérance. Le patriarche et le Saint-Synode de l'Église orthodoxe lancent l'anathème contre le nouveau régime. Les popes appuient très souvent les « Blancs » et sont en bloc considérés comme des « ennemis de classe » et victimes de représailles. Les monastères sont dissous et les objets précieux des églises réquisitionnés. Mais à la fin de la guerre civile, le « schisme de l'Église vivante » oppose le bas clergé de la moitié des paroisses, favorable à une religion plus proche du peuple, au patriarcat traditionaliste. Le patriarche, imprégné de tradition de soumission au pouvoir tsariste, recommande dès 1925 la « soumission au régime soviétique ». Ainsi subsiste une Église orthodoxe divisée et affaiblie.

Mais la soumission politique n'empêche pas la poursuite de la campagne antireligieuse qui se développe après la loi de séparation, et non avant comme en France. Contrairement au vœu de Lénine, l'athéisme devient l'idéologie officielle : pour Iaroslavski, le dirigeant de la Ligue des sans-Dieu créée en 1925, « la religion et le communisme sont incompatibles, aussi bien au plan théorique que pratique ». Avec plus de cinq millions de membres, un journal tirant à plus de 500 000 exemplaires, une maison d'édition, Atheist, diffusant jusqu'à 30 millions de brochures en 1930, la propagande athée tente de déraciner les croyances religieuses par la satire et l'organisation de festivités laïques pour détourner la jeunesse des rites religieux. La vie religieuse est réglementée de façon durable en 1929 : les « sociétés religieuses » sont placées sous le contrôle des autorités locales. L'article 13 de la Constitution de 1921 est modifié, substituant à la liberté de religion et de non-religion la « liberté de confession religieuse et de propagande antireligieuse », et légalisant de fait les persécutions qui s'accentuent avec la collectivisation des campagnes et les purges staliniennes, frappant certes le clergé orthodoxe, mais aussi les Vieux-Croyants et les témoins de Jéhovah.

L'URSS stalinienne a donc conçu la séparation de la religion et du pouvoir politique comme une véritable guerre à la religion au nom de l'« athéisme militant », partie intégrante du matérialisme dialectique fossilisé par Staline. Mais au cours des années 1930 et pendant la Seconde Guerre mondiale, le « culte de la personnalité » entraîne un transfert de religiosité en faveur du chef suprême, le « petit père des peuples ». C'est le résultat d'une triple dérive à la suite du reniement du programme du parti social-démocrate de Russie, par l'imposition d'une idéologie d'État par tous les canaux, de l'école jusqu'à la propagande, par la violence faite à une société civile uniformisée et atomisée par la négation de la liberté de conscience. L'URSS a connu une expérience accélérée de déchristianisation sans préparation de la société civile à la laïcité, ce qui rendit possible la reproduction inversée de la confusion théocratique du religieux et du politique. L'État soviétique n'avait rien des caractères d'un État laïque en dépit de la séparation officielle de l'État et de la religion.

« La Turquie est une République nationaliste, populiste, réformiste, étatiste et laïque » (article 2 de la Constitution de 1937)[22]

Il est fréquent de lire que la « Turquie est le seul État laïque du monde musulman ». Mais cette opinion peut être relativisée à la simple lecture l'article 2 de la Constitution de 1937, qui définit la Turquie selon les caractères que lui attribue le « père des Turcs » lui-même, Mustapha Kemal, dit Atatürk. Ce général nationaliste chassa les Européens d'Anatolie et de Constantinople et en 1923 instaura la « République moderne » sur les restes de l'ancien Empire turc après l'émancipation des nouveaux États arabes. Il s'appuya dès 1920, dans sa lutte de libération contre les Occidentaux, sur toutes les composantes de la société turque, depuis les religieux islamistes jusqu'aux libéraux modernisateurs, et sur l'aide militaire des Soviétiques. Ce populiste a toujours vu dans l'État le principal agent du progrès, même s'il s'est appuyé sur un parti de cadres et de masse, le Parti républicain du peuple. Ce réformateur étatiste a commencé à appliquer son programme par l'abolition du califat que l'ancien sultan autocrate Abdul-Hamid II avait restauré en 1876. Le califat était un véritable régime théocratique puisque les pouvoirs religieux, politique et militaire étaient attribués au sultan, qui se prétendait descendant de la lignée de Mahomet qui avait instauré cette confusion des pouvoirs. Certains voient dans cette suppression définitive du califat l'acte de naissance de l'État laïque turc. Désormais, les pouvoirs civil et militaire seraient totalement séparés des autorités religieuses[23].

Effectivement, le jour de l'abolition du califat est aussi celui de la proclamation de l'unification de l'enseignement sous l'autorité du ministère de l'Instruction publique. Les écoles coraniques, où les enfants apprenaient à lire le Coran, et les *madrasa*, où étaient formés les *imams*, les prédicateurs, et les *uléma*, les docteurs de la foi, sont fermées ou intégrées dans l'enseignement public. La formation des religieux est réservée à la faculté de théologie d'Istanbul. Des facultés de droit sont créées et le droit islamique n'est plus le droit de l'État. Les tribunaux islamiques deviennent des tribunaux soumis au nouveau droit civil et criminel établi par les codes publics. Le modèle de ce droit turc est partiellement le Code civil napoléonien et les codes de la Suisse. Le mariage civil devient obligatoire, l'égalité de l'homme et de la femme est proclamée, la polygamie interdite. Le droit privé à son tour est laïcisé. En 1928, un pas de plus est franchi vers la laïcité quand est supprimée dans la Constitution de 1924 la définition de l'islam comme « religion d'État ». La Turquie admettait depuis très longtemps le principe du pluralisme religieux et les communautés non musulmanes étaient protégées par le système du *millet*, un privilège particulier de tolérance en contrepartie d'un impôt spécial de religion. Désormais, c'est donc l'égalité de droit des cultes que l'État turc reconnaît.

Comment expliquer une mutation si rapide et si spectaculaire dans la nouvelle Turquie ? Sans remonter à l'influence des Lumières, de la Révolution française, de l'expédition d'Égypte de Napoléon, ni même aux tentatives de modernisation du *Tanzimat*[24] au milieu du XIXe siècle, l'influence française est évidente sur le mouvement des Jeunes-Turcs, né vers 1889 à Istanbul et rassemblant des étudiants, des intellectuels, des militaires et des fonctionnaires voulant moderniser « l'homme malade de l'Europe ». Le premier congrès des Jeunes-Turcs se tint à Paris en février 1902 et leur mouvement bénéficia de l'influence des radicaux. La révolution de 1908 ne fut qu'un court intermède avant l'effondrement de l'Empire ottoman pendant la Première guerre mondiale. Mustapha Kemal, natif de Salonique, fut un Jeune-Turc initié au positivisme, à la pensée d'Ernest Renan et à la littérature des Lumières. Mais le développement du nationalisme arabe eut sa contrepartie en Turquie[25]. La France soutint la jeune République turque parce qu'elle avait de gros intérêts dans les équipements publics, comptait récupérer une forte dette de l'empire et espérait en écarter l'Angleterre. Toutes ces influences ont certainement joué un rôle déterminant dans la volonté de Mustapha Kemal de donner le change à l'Occident.

L'agent de cette modernité laïque est en fait le Parti républicain du peuple, qui est organisé à la manière du parti radical, mais aussi comme un système de grande confrérie typiquement ottomane. Ce parti veut moderniser les mœurs et les comportements. Dès 1925, les anciens titres sont abolis, les hommes sont invités à s'habiller à l'occidentale et les femmes à abandonner le voile. Le calendrier occidental est adopté ainsi que l'alphabet latin. La langue turque délaisse nombre de termes arabes et « turquise » la plupart des termes scientifiques et techniques occidentaux. Même les concepts du droit et de la politique ne sont pas ceux de la *Salafiyyah*, le courant réformiste musulman de la fin du XIXe siècle, mais ceux de la pensée des Lumières. Dans son programme de 1931, le Parti républicain du peuple déclare : « Les idées religieuses appartenant au domaine de la conscience personnelle, le Parti considère que l'exclusion des concepts religieux des affaires de l'État et de la vie politique est le facteur principal qui peut assurer à notre nation le succès dans sa route vers le progrès[26]. » Le terme *laiklik* est forgé pour traduire le mot « laïcité » en turc, par opposition à un autre terme négatif, *la-dini*, désignant l'athéisme.

Mustapha Kemal a-t-il donc imité la politique du parti radical français ? Certains islamistes le pensent en lui reprochant une politique anticléricale comparable à celle du « petit père Combes ». En 1925, il est vrai dans le contexte de la répression d'un soulèvement kurde, il n'hésite pas à interdire des confréries, à fermer des centres religieux, et même à interdire le culte dans les mausolées et celui des marabouts. L'armée devient dès lors le grand vecteur de l'intégration nationale et de la défense de la laïcité. Atatürk accorde beaucoup de soin à l'enseignement public moderne en combattant l'influence négative de l'islam sur le savoir. Il entend libérer la société politique des interventions religieuses et limiter l'influence de la religion à la sphère privée. Il est particulièrement hostile aux confréries secrètes qui utilisent l'islam à des fins politiques et représentent une menace pour l'État. Cet anticléricalisme s'expliquerait par la défense de la souveraineté nationale et de l'unité de l'État.

Une différence avec la séparation laïque à la française est cependant notable dans l'initiative kémaliste : c'est toujours l'État qui impose d'en haut des réformes alors que la société n'est pas vraiment mobilisée pour ces objectifs. Une société presque intégralement musulmane a reçu passivement la laïcité, même si elle s'est habituée à la modernité. La société civile turque n'a pas de véritable autonomie. D'autre part, l'État n'est pas indifférent ou neutre en matière de religion, car il structure et domine une religion musulmane, sans véritable clergé il est vrai. Dès 1924, le ministère des Affaires religieuses contrôle les mosquées et les fondations, nomme et salarie les *imams* et les *uléma*, qui sont devenus de véritables fonctionnaires de l'État. De fait, l'islam est la religion de l'État même si la Constitution ne le dit plus. Plus que l'imitateur de la séparation à la française, le kémalisme est l'héritier des traditions libérales ottomanes et du régime napoléonien en dépit d'un impossible concordat puisqu'il n'y a pas d'Église musulmane. Il est représentatif d'une expérience laïque imposée par en haut, sans véritable mouvement politico-social, et ne permettant donc pas l'enrichissement mutuel de la laïcité et de la démocratie.

3. La paix enfin en… 1924

Au sortir de la Première guerre mondiale, avec le recul historique, la séparation de l'Église et de l'État en France apparaît à l'Église catholique romaine sous un tout autre jour. Elle n'a pas entraîné des persécutions comme en Russie ; appliquée unilatéralement par l'État, la loi de 1907 était rentrée dans les mœurs sans troubles et la France n'avait pas plus l'intention de négocier un nouveau concordat que le Mexique ou le Brésil ; confirmée par les nouveaux succès des partis de gauche aux élections de 1910 et 1914, la Séparation était admise par la majorité des catholiques et était devenue une conquête démocratique à la différence de la laïcité en Turquie ; l'exemple de l'Église catholique des États-Unis montrait que le Saint-Siège pouvait arriver à la reconnaissance juridique de son autorité sans exiger un concordat. Merry del

Val lui-même en vint à envisager que le temps des concordats était dépassé.

Le nouveau contexte d'après-guerre

La mort de Pie X au début de la Première Guerre mondiale modifie sensiblement la position du Saint-Siège. Son successeur, Benoît XV, réoriente la politique vaticane en s'empressant d'écarter Merry del Val et en nommant le cardinal Gasparri à la tête du secrétariat d'État. L'ancien secrétaire de la Sainte Congrégation, soutenu par le cardinal Rampolla, est bien placé pour évaluer l'ampleur du désastre provoqué par l'intransigeance maximaliste de la *camarilla* des intégristes. Il entend renouer au plus tôt avec la France pour rétablir si possible la situation de l'Église. Il comprend vite que, même en pleine guerre, l'État français ne fera pas d'entorse à sa neutralité laïque. Ainsi, Briand comme Clemenceau refusent les prières publiques que propose le clergé de France pour invoquer la victoire de la patrie. Même si le statut de l'Église est bien fragile puisqu'il repose sur la jouissance des églises par des prêtres sans titre, même si la jurisprudence du Conseil d'État commence à développer un cadre juridique libéral cohérent, le gouvernement n'est pas demandeur de négociations et s'accommode de la Séparation en l'état. L'Église doit accepter la loi de 1905.

Cependant, l'union sacrée a également bouleversé le dispositif politique français. La guerre étouffe aussi bien les questions sociales que la question religieuse. L'anticléricalisme comme le cléricalisme convergent dans le patriotisme, voire le nationalisme. Les catholiques se sentent à l'aise dans ce culte de la défense de la patrie, de la France éternelle qui transcende les opinions et les régimes politiques, car ils s'étaient toujours sentis très proches des partis et des ligues nationalistes. La guerre rapproche les hommes, les curés et les instituteurs se retrouvent dans les tranchées et ils communient tous dans l'ardeur patriotique. Les partis politiques surtout ont mis fin à leurs oppositions idéologiques. Un homme incarne cette réconciliation nationale, c'est Briand, qui forme son cinquième ministère le 29 octobre 1915 et dirige le pays jusqu'au 18 mars 1917. Il s'est entouré de ministres d'État rassemblant toutes les forces politiques, le socialiste Jules Guesde aussi bien que le monarchiste Denys Cochin, le radical Émile Combes comme le libéral Charles-Louis de Freycinet aux côtés du progressiste Alexandre Ribot et des socialistes Marcel Sembat et Albert Thomas. La guerre permet à la droite de retrouver une place d'honneur dans la vie politique.

Les élections législatives du 16 novembre 1919 confirment et amplifient le basculement à droite de l'électorat emporté par la vague nationale et les illusions de la victoire. La direction du parti radical a accepté un programme d'Union nationale proposé par l'Alliance démocratique, qui l'a fait accepter également à la Fédération républicaine et à l'Alliance libérale. L'Union nationale réunit aussi bien Millerand et Briand que Clemenceau et Barrès. La dynamique de l'union porte 331 candidats du Bloc national pour 626 sièges à la « Chambre bleu horizon », l'assemblée la plus orientée à droite depuis 1871. Les radicaux se sont divisés, la majorité des candidats a rejoint le Bloc. Sur 138 députés radicaux, 86 seulement forment un groupe parlementaire d'opposition conduit par Édouard Herriot, le maire de Lyon. Si les socialistes se sont divisés, un nouveau spectre hante l'Europe : le bolchevisme. L'anticléricalisme cède la place à l'anticommunisme comme ciment unificateur de la nouvelle majorité.

Le rétablissement des relations diplomatiques entre la France et le Saint-Siège

Avec la réintégration des trois départements d'Alsace-Moselle, la République redécouvre la question religieuse. Quelle doit être l'attitude de l'État face à la législation religieuse des anciens territoires arrachés à la Prusse ? Faut-il, au nom de l'uniformité de la loi sur le territoire français, y imposer la Séparation ? Ou faut-il, par opportunité politique, favoriser la réintégration des « provinces retrouvées » et maintenir, en tout cas à titre provisoire, le régime concordataire napoléonien que Bismarck lui-même a préservé en Alsace-Moselle ? En effet, les lois de Mai du *Kulturkampf* n'ont pas été appliquées dans le *Reichsland*. La République ne peut pas se comporter plus durement que l'Empire allemand ne l'avait fait à l'égard des catholiques alsaciens. Le gouvernement

Clemenceau décide donc de maintenir le régime concordataire et même les privilèges ecclésiastiques et scolaires accordés généreusement par le Reich. Si « le Tigre » a refusé que le président de la République et des ministres participent au *Te Deum* chanté dans la cathédrale Notre-Dame au lendemain de la victoire à l'invitation de Mgr Annette, si les autorités religieuses ne sont pas conviées aux cérémonies officielles, il tient à maintenir l'autorité formelle de l'État sur les diocèses si vastes de Metz et Strasbourg.

Ne serait-ce que pour procéder à la nomination des futurs évêques, la reprise des relations diplomatiques s'impose. Briand y avait déjà songé en 1916 dans le but d'attirer le Vatican très neutraliste dans le camp des puissances alliées, où l'Italie avait rejoint la France, la Russie et l'Angleterre. Succédant à Millerand à la présidence du Conseil dès janvier 1921, Briand améliore encore les rapports entre la République et le Saint-Siège. La loi du 10 juillet 1920 avait déclaré fête nationale de la Patrie la fête de Jeanne d'Arc fixée au deuxième dimanche de mai, en contrepoint à la fête du Travail le 1er du mois. La libératrice d'Orléans, égérie des catholiques nationalistes, n'a-t-elle pas été béatifiée par Pie X en 1909 et canonisée le 16 avril 1920 ? Les messages symboliques sont souvent plus clairs que les ouvertures diplomatiques. Au cours du mois de mai 1921, le cardinal Gasparri décide que le Saint-Siège devra consulter le gouvernement français pour « savoir s'il a quelque chose à dire au point de vue politique sur les candidats choisis » pour les sièges épiscopaux. Et cela sans en revenir aux formalités du Concordat de 1801 : le Vatican nommerait et consacrerait les évêques et l'État français disposerait plus ou moins d'un droit de veto. C'est le mode de nomination du Concordat à l'envers. Pour le Vatican, le bénéfice est double : il a la liberté de nommer et la garantie que l'État français ne sera pas hostile aux évêques choisis. Pour l'État français, le droit de veto peut être une garantie que les évêques choisis par le pape ne seront plus des adversaires du régime républicain comme l'étaient pratiquement tous les évêques nommés par Pie X.

Le modus vivendi *des « associations diocésaines »*

En fait, le Vatican cherche un moyen de mieux contrôler un clergé et un laïcat intégristes, remuants, compromettants. L'évêque de Nice, Mgr Chapon, peut reprendre son bâton de pèlerin et plaider à nouveau le projet des associations canonico-légales soutenu par la majorité des évêques à la première assemblée de l'épiscopat en 1906. Il reprend contact avec Méjean et Briand pour s'assurer des bonnes dispositions du gouvernement français. Le Saint-Siège opte cependant pour une solution moins démocratique et moins décentralisée que celle de Mgr Fulbert-Petit. Il retient la solution des « associations diocésaines » du cardinal Lecot, mais sans admettre que celles-ci chapeautent des « associations paroissiales » affiliées à la diocésaine. Le gouvernement accepterait-il une seule diocésaine par département ayant l'autorité civile et canonique sur toutes les paroisses ? Cette entité unique pourrait-elle remplacer les « associations cultuelles catholiques » devant la loi ? En novembre 1921, Briand admet cette proposition de l'Église romaine après que le Conseil d'État eut reconnu sa conformité avec la loi de Séparation.

C'est alors que la nocivité de la politique menée par Pie X et Merry del Val apparut pleinement aux yeux du Vatican. De nombreux évêques français, particulièrement intransigeants, refusèrent bruyamment cette transaction, encouragés en sous-main par Merry del Val et ses réseaux intégristes. La mort de Benoît XV en 1922 et l'élection de Pie XI semblent combler leurs espérances. Mais Pie XI les déçoit rapidement car il maintient Gasparri au secrétariat d'État. Le 18 janvier 1924, le pape publie l'encyclique *Maximam gravissimamque* qui, en dépit d'un ton très ferme contre le principe de séparation, lève l'interdit de Pie X sur la loi de 1905. Les lois de janvier et mars 1907 sont acceptées puisque les « assemblées diocésaines » sont reconnues par Briand, en conformité avec la législation française. Pie XI se justifie en soulignant les différences entre les cultuelles et les diocésaines, mais le Saint-Siège, sans le reconnaître, admet les concessions et les interprétations de l'État français. La Séparation, élaborée législativement, unilatéralement et de façon souveraine par l'État français, est enfin reconnue comme la forme légale de régulation pratique des rapports entre l'Église catholique et l'État français. Dix-huit ans d'incertitudes inutiles prennent fin.

Si l'on veut mesurer l'importance relative de la concession pontificale faite à la République française, la comparaison avec les accords du Latran signés en février 1929 avec le régime fasciste italien est fort éclairante. Le Vatican n'est pas prêt à admettre l'extension du régime de la Séparation. Dès 1925, Mussolini veut imposer une solution élaborée par son seul gouvernement. Il suffit que Pie XI refuse une solution non élaborée directement avec le Saint-Siège pour que s'ouvrent des négociations bilatérales en vue de régler la question romaine et d'établir un nouveau concordat pour l'Italie. Mussolini, le roi Victor-Emmanuel III et Pie XI signent d'abord un traité diplomatique reconnaissant la pleine souveraineté du Saint-Siège sur le Vatican et ses annexes en contrepartie de la cessation des revendications territoriales de l'État pontifical. Le Saint-Siège reconnaît la perte de son pouvoir temporel moyennant une forte indemnisation financière et une rente à 5 % sur un capital d'un milliard de lires. L'État italien, en retour, reconnaît que la religion catholique est seule religion d'État, les autres n'étant que tolérées. Il reconnaît aux cardinaux et archevêques les honneurs de princes de sang et assure protection et garantie à tous les ecclésiastiques. Il reconnaît la personnalité juridique à toutes les associations religieuses italiennes et même étrangères sur le sol italien. Mussolini fait encore deux concessions majeures auxquelles l'Église tenait beaucoup : le mariage religieux dispensera du mariage civil et l'enseignement religieux est déclaré couronnement de l'instruction publique ; les livres et les enseignants devront être autorisés par l'Église. Si Mussolini peut se flatter d'avoir réglé la question romaine, le Saint-Siège peut considérer les accords du Latran comme un triomphe. C'est dire que sans la force d'un puissant mouvement anticlérical, structuré politiquement et enraciné socialement, sans une stratégie d'affirmation de la laïcité de l'État démocratique, l'Église catholique n'aurait pas reconnu la loi de 1905 et n'aurait pas accepté la Séparation, en France pas plus qu'ailleurs.

Si la question de la reconnaissance de la loi de Séparation avait dépendu uniquement des rapports entre la République et l'Église de France, on peut sans risque penser qu'un accord serait intervenu bien plus tôt. Mais la question dépendait de la relation triangulaire entre le gouvernement français, un épiscopat national privé d'autonomie et un Saint-Siège qui se souciait plus de régler la question romaine et d'arrêter les progrès du « laïcisme » dans le monde que des « intérêts misérables » des catholiques français. Il fallut donc attendre que le Vatican change d'attitude par rapport à la France et d'orientation dogmatique par rapport à l'intégrisme canonique et à l'intransigeantisme politique pour que l'Église catholique reconnaisse, à son corps défendant, cette loi de tolérance et de paix.

Conclusion

La « fille aînée de l'Église » s'est émancipée de la tutelle du Saint-Siège. L'État et l'Église se sont séparés, non à l'amiable et par consentement mutuel, mais par rupture et séparation de corps, de fait puis de droit, et la loi du 9 décembre 1905, en dépit d'un accouchement difficile, a survécu et est devenue centenaire. Beaucoup se sont livrés au petit jeu de la recherche de paternité, mais à filer la métaphore, encore faut-il le faire avec précision. Certaines affirmations sont dérisoires : Combes attribue la Séparation à Pie X et Pie X à Combes, comme si la haine des Capulet et des Montaigu était responsable de l'amour de Roméo et Juliette. C'est en fait la France républicaine qui a porté en gestation la Séparation ; Francis de Pressensé en a été le procréateur, Aristide Briand le père adoptif, Jean Jaurès le parrain et le défenseur ; Georges Clemenceau a failli la faire avorter deux fois et Ferdinand Buisson en a établi l'état civil ; mais son véritable père fut ce « peuple républicain », si souvent évoqué à la Chambre, et dont l'impatience contenue et l'ardente attente ont convaincu nombre de députés hésitants. La loi de 1905 est bien la concrétisation institutionnelle de cette lointaine espérance des républicains, dont Victor Hugo avait été le prophète, et l'aboutissement des combats animés par tous les militants laïques depuis la Révolution. Les catholiques intransigeants l'ont reniée, les évêques français n'ont pu s'associer à son baptême, mais les catholiques tolérants l'ont adoptée. Aussi Pie XI a-t-il fini par lever les interdits de Pie X et l'Église a-t-elle pu accepter cette solution de bon sens et de concorde, de paix et de liberté que lui proposait la République.

« Ce sont, estimait en 1935 le chanoine Louis Capéran, deux conceptions antagonistes du monde et de l'humanité qui se trouvaient affrontées dans le grand débat sur la Séparation. » S'il en est bien ainsi, c'est la théocratie pontificale qui a été finalement vaincue, il faut en convenir, et c'est la démocratie laïque qui s'est imposée à l'issue de ce conflit passionnel. C'est l'Église romaine qui a dû faire son *aggiornamento* au concile Vatican II en 1962 alors que la séparation des Églises et de l'État avait été confirmée solennellement en 1946 et 1958. Le principe de la Séparation à la française s'est même imposé dans un nombre croissant de pays. Mais il ne tenait qu'au Saint-Siège que la séparation de l'Église et de l'État se fasse dans des conditions honorables et acceptables pour les deux parties. Les archives vaticanes explorées par l'historien Maurice Larkin n'ont fait que confirmer l'intuition du journaliste catholique Julien de Narfon à propos de l'intransigeance absolue du Vatican face à l'exemple délétère de la France laïque. Le souverain pontife a imposé à l'Église de France un rôle de martyr pour l'exemple alors que l'acceptation de la loi, qui ne touchait en rien au dogme catholique, aurait permis d'éviter la spoliation du clergé. Très amer, l'abbé Frémont déclara à Mgr Fulbert-Petit : « Nous sommes des vaincus. Rome a vraiment fait la séparation de l'Église et de l'État et n'a rien voulu sauver du naufrage. » Et l'archevêque de Besançon répondit : « Oui, mais nous sommes soumis au Saint-Père [1]. » Voilà pourquoi affirmer aujourd'hui encore que c'est la résistance acharnée de l'Église qui explique le caractère libéral de la loi est contraire à toute probité historique [2].

Pour mesurer l'importance de la victoire de la laïcité, il suffit de comparer ces deux définitions des rapports entre les hommes, la religion et l'État. Le cardinal Antonelli rappelait en 1870 les principes fondamentaux de la souveraineté indirecte de l'Église sur l'État et ses sujets en citant le théologien jésuite du XVIIe siècle Suarez : « Les individus sont liés au Souverain Pontife plus qu'à leurs chefs civils. En cas de conflit entre la loi religieuse et la loi politique, c'est la loi ecclésiastique qui doit prévaloir et l'emporter. En cas de dissentiment entre le pape et le prince, l'obéissance à l'Église s'impose à tous les catholiques [3]. » Le pape Pie X ne disait pas autre chose le 11 février 1906 dans l'encyclique *Vehementer nos*.

À l'inverse, en février 1907, dans un article intitulé « La vraie séparation », Ferdinand Buisson affirmait avec netteté la laïcité de l'État et l'égalité des droits de tous les citoyens devant la loi :

> « L'État ne connaît que des citoyens. Catholiques ou protestants, croyants ou athées, ils sont tous égaux en droit devant lui. Il n'a pas plus de faveur pour les uns que de rigueur pour les autres. Que leur organisation religieuse soit fondée sur le régime monarchique ou sur le régime démocratique, il n'en a cure. Pourvu qu'ils ne troublent pas l'ordre public, tous ont la plénitude de la liberté d'action, d'association, de manifestation, de propagande, d'organisation. Sans doute, c'est là une conception particulièrement déplaisante pour l'Église : n'être plus dans l'État qu'une association comme une autre, ni privilégiée ni persécutée ! C'est pourtant là qu'il faudra qu'elle en vienne, et sous peu[4]. »

La loi de 1905 garantit en effet à l'Église toutes les libertés que les articles 9 et 10 de la Déclaration des droits de l'homme et du citoyen reconnaissaient aux croyants et donc aux catholiques depuis le 26 août 1789, mais que Pie VI avait condamnée. La Séparation, en abrogeant le régime concordataire napoléonien qui faisait de la France un État seulement semi-laïque, instaure enfin un État pleinement laïque, selon les critères établis par Grunebaum-Ballin, dont le rôle de législateur de la laïcité est à réévaluer parmi les collaborateurs de Briand. Les pères de la loi de 1905 ne prétendaient pas faire de la France un État laïque exceptionnel, mais ils voulaient lui assigner une mission universelle : « On disait récemment que la politique historique de la France tendait à la distinction complète du domaine civil et du domaine religieux. En réalité, c'est là que tend la politique de toutes les nations civilisées[5]. »

La Séparation laïque entraîne à terme la défaite de tous les extrémismes. Dès 1906, certains catholiques s'étaient élevés contre l'activisme politique qui se masquait derrière la défense des « libertés de l'Église ». Dès le 18 février 1906, dans *L'Éveil démocratique*, Marc Sangnier s'écriait : « Voilà trop longtemps que dure dans les milieux catholiques ce régime de la Terreur. » Dans le journal *La Justice sociale*, daté du 16 mars 1906, l'abbé Naudet dénonçait avec vigueur ces « chacals » qu'étaient les laïcs intransigeants pour lesquels « la cause religieuse est un terrain d'exploitation [...] : hier ils mettaient à la raison les curés, aujourd'hui ils y mettent les évêques, demain ils y mettront le pape ». Après avoir condamné en 1909 Marc Sangnier et le Sillon, le Saint-Siège finit par découvrir bien tard les ravages de l'intégrisme politico-religieux qu'il avait favorisé, et Pie XI dut condamner en 1926 le mouvement de l'Action française avec les difficultés que l'on sait.

Les libres penseurs connurent pour leur part un déclin brutal dès la Première Guerre mondiale et ne purent rétablir leurs positions, ni en 1924 avec la victoire du Cartel des gauches, ni en 1936 avec celle du Front populaire. La Séparation a privé les ennemis de l'Église de leur cause première et l'anticléricalisme n'est plus le ciment du « parti républicain », car, dès 1919, la « question sociale » supplante la « question religieuse » et divise les forces de gauche. Nombre de libres penseurs ont sombré dans le nationalisme ou rendu l'Église responsable de la guerre. « Dans les années 1920 et 1930, estime l'historienne Jacqueline Lalouette, ces choix mirent la libre pensée en porte-à-faux par rapport aux autres organisations de gauche et d'extrême gauche[6]. » Les socialistes et les communistes, à la différence des radicaux, définiront leur identité laïque sur d'autres bases que le combat contre l'Église et la religion.

La Séparation apparaît en effet comme la dernière grande réforme instaurée par les radicaux, avant l'impôt sur le revenu. Encore faut-il remarquer que la loi de 1905 condamne à disparaître le courant néogallican favorable à un contrôle de l'État souverain sur une Église soumise, dont Combes fut le dernier héritier. Elle condamne également le courant violemment antireligieux, qui fut très affaibli. Est-ce pour autant que la laïcité moderne est un héritage radical et positiviste, défini seulement par la neutralité absolue de l'État à l'égard des religions ? Pour Clemenceau, la neutralité de l'État souverain doit aller jusqu'à l'ignorance de l'Église en tant que hiérarchie et qu'institution et à son exclusion de l'espace public. Son objectif initial était d'affaiblir le catholicisme car, disait-il, l'Église « ne craint rien tant que la liberté et nous ne vaincrons qu'en la condamnant à la liberté[7] ». Ferdinand Buisson, qui redoutait que cette liberté ne profite à l'ultramontanisme et qui voulait démocratiser l'Église malgré elle, s'est révélé la caution intellectuelle de Clemenceau au cours de ces années décisives. Il conçoit la laïcité comme « la plus stricte et la plus égale neutralité de l'État » et la reconnaissance de la souveraineté nationale par l'Église. Il définit la laïcité comme un principe *a priori* : la République assure la liberté de conscience, de croire ou de ne pas croire, garantit la liberté des cultes, ne reconnaît aucun clergé et s'interdit toute immixtion dans la vie des religions pourvu qu'elles ne mettent pas en cause l'ordre public et la souveraineté nationale. Cette conception, reposant sur la stricte séparation du temporel et du spirituel, est restée longtemps dominante au XXe siècle, mais elle s'est révélée abstraite, défensive et même contre-productive.

En faisant échouer l'établissement d'un enseignement public unifié sous prétexte de défendre la liberté de l'enseignement contre le monopole étatique, Clemenceau et Buisson ont cautionné la durable division scolaire. Pensaient-ils que l'école publique ne pouvait pas réellement respecter les consciences de tous les enfants de parents catholiques ou non, et que l'État ne pouvait pas être vraiment neutre et laïque ? Pourquoi ont-ils préféré interdire d'enseignement toutes les congrégations plutôt que d'abroger la loi Falloux ? Si le gouvernement Combes avait instauré un enseignement public unifié vraiment laïque, plutôt que de s'acharner sur les congréganistes, tout en maintenant la référence aux « devoirs envers Dieu » dans les programmes du primaire jusqu'en 1924, il aurait fait une œuvre plus républicaine et démocratique. Mais les radicaux se sont contentés de séculariser formellement les personnels plutôt que de définir concrètement un contenu d'enseignement vraiment laïque basé sur l'éveil à l'esprit critique et scientifique et sur l'affirmation de la liberté de chacun et de l'émancipation de tous. La conséquence de cette polarisation sur l'anticléricalisme au détriment d'une laïcisation complète de l'école a été la stabilisation pendant tout le XXe siècle du rapport entre l'enseignement public et l'enseignement confessionnel et la répétition régulière des conflits scolaires[8]. L'opposition de l'école publique, la « laïque », à l'école confessionnelle, non laïque par définition, a nui à la compréhension de la laïcité, qui a souvent été réduite à une idéologie particulière et à une posture antireligieuse. Cette concession inconsciente faite à l'Église par Clemenceau et Buisson était autrement lourde de conséquences que celle que Briand et Jaurès firent consciemment à l'article 4 de la loi de 1905 en admettant les « règles d'organisation générale » de l'Église, ce qui était le simple respect de l'identité non négociable des catholiques.

La Séparation de 1905 porte en effet en elle une autre conception de la laïcité, une conception positive, démocratique et dynamique. À travers les œuvres inachevées de Pressensé et de Jaurès, se dégagent quelques conceptions d'avenir pour la défense des Droits de l'homme et l'émancipation sociale et intellectuelle de tous les citoyens. Basée sur l'affirmation des principes de liberté absolue de conscience, cette nouvelle conception de la laïcité exige l'égalité concrète du droit à l'expression pour toutes les opinions, religieuses, déistes, athées, matérialistes ou spiritualistes. Par suite, elle affirme un idéal de vie en commun dans la pluralité des confessions, des opinions, des spiritualités et des systèmes de pensée. Elle implique la reconnaissance et le respect de l'identité propre de ceux qui ne croient pas ou ne pensent pas comme les autres. Elle n'oppose pas un pouvoir spirituel et un pouvoir temporel, mais des types d'États légitimés par des idéologies nécessaires à l'adhésion des citoyens à l'intérêt commun. Elle repose sur des analyses historiques et dialectiques des sociétés et des systèmes de valeurs. Dans ces conditions, la laïcité n'est pas, à la différence de l'anticléricalisme ou du cléricalisme, une politique, ni une éthique, ni même une spiritualité particulière ; elle est la condition institutionnelle de la coexistence pacifique et de la concurrence loyale entre toutes les idéologies et tous les systèmes de pensée. L'État laïque se doit donc, loin de rester passif au nom de sa neutralité, d'être actif pour assurer les conditions concrètes du débat laïque, pluraliste, démocratique.

L'histoire de la laïcité ne relève pas seulement de l'histoire politique ou religieuse mais aussi de l'histoire sociale et culturelle. De même que nous avons tenté d'expliquer les rapports entre l'Église et l'État avant 1905 par le recours à la théologie thomiste et à la philosophie des Lumières, par l'influence dominante du positivisme d'Auguste Comte et par la critique décisive de ce formalisme, de même l'analyse de la laïcité au XXe siècle suppose la clarification des rapports entre les philosophies du siècle et les pratiques politiques de la IVe et de la Ve Républiques. Plutôt que d'affirmer de façon caricaturale la nécessité d'une « laïcité ouverte » comme s'il pouvait y avoir une « laïcité fermée », il serait plus sérieux de poser explicitement la question des références philosophiques de la laïcité et des Droits de l'homme.

À notre avis, on peut déjà dire, avec le philosophe Henri Pena-Ruiz, que « la laïcité ne se réduit pas à une simple sécularisation de fonctions civiles auparavant tenues par des autorités religieuses. Elle n'est pas une simple séparation ou une simple neutralité confessionnelle. De telles caractéristiques, purement négatives, ne sont que des conséquences des exigences positives qui lui donnent sens. Ces exigences tiennent à ce que l'on pourrait appeler l'institution de la liberté en tous et en chacun, en tous parce que la république le requiert pour l'exercice de la citoyenneté, en chacun parce qu'il en va de l'égalité authentique sur les plans éthique et politique. [...] L'État laïque joint à la neutralité confessionnelle le souci de promouvoir effectivement l'autonomie de jugement de chaque citoyen[9] ». L'émancipation laïque requiert un « double affranchissement » des deux domaines du politique et du religieux, « et non une négation de l'un au profit de l'autre ». Il n'empêche que la réflexion politique sur les conditions concrètes de l'émancipation laïque des citoyens, par-delà les questions religieuse et scolaire, en matière d'instruction publique, de formation scientifique et d'intégration sociale, a connu un déficit certain au XXe siècle après 1905.

En effet, deux des pères de la loi de 1905 et des penseurs les plus originaux de la laïcité, Pressensé et Jaurès, sont morts en 1914, l'un de mort prématurée, l'autre assassiné, et leur perte fut immense pour le combat laïque et le socialisme. Seul Briand s'attribua de fait la paternité de la loi de 1905, qui lui avait permis de s'émanciper de la tutelle de Jaurès et de rompre avec le parti socialiste. Intuitif plus qu'intellectuel, homme d'impulsion plutôt que de construction, plus opportuniste que stratège, il incarnera l'esprit de la loi tout en l'élargissant, mais aussi en l'édulcorant. Entre 1906 et 1932, il sera onze fois président du Conseil, vingt-cinq fois ministre – de l'Instruction publique, de la Justice et des Affaires étrangères – de façon continue entre 1921 et 1928. Prolongeant l'esprit de 1905, il se fit l'apôtre de la paix et du désarmement général ; il fut un des fondateurs de la Société des Nations en 1919, le signataire du pacte de Locarno en 1925, l'initiateur du rapprochement franco-allemand en 1926 et de la mise hors la loi de la guerre comme solution des conflits internationaux par le pacte Briand-Kellog en 1928, que 60 nations signèrent. En 1930, il esquisse même un projet d'union fédérale européenne. Sa carrière d'homme d'État eut la longueur sinon l'efficacité de celle d'un Richelieu. Pour son biographe Bernard Oudin, il incarne la IIIe République : « Son expression à la fois intelligente et sympathique respire toute la bonhomie du pouvoir civil. » Mais il en incarne aussi une certaine « mollesse de caractère, un manque de rigueur des convictions ». Paul Claudel, le poète converti, qui avait été si hostile à la loi de 1905, finira par y voir une œuvre respectueuse de la foi et par dire de Briand que dans « ce scepticisme il y avait une sincérité incontestable et émouvante, une horreur de la violence et du gâchis. Il aimait la paix et la faisait aimer. »

Chronologie des rapports de l'Église et de l'État en France (1789-1924)

1789	*4 août*	abolition des privilèges seigneuriaux et des dîmes ecclésiastiques
	26 août	Déclaration des droits de l'homme et du citoyen
	2 novembre	les biens du clergé sont mis à la disposition de la nation
1790	*13 février*	interdiction des vœux monastiques perpétuels
	29 mars	le pape Pie VI condamne publiquement les Droits de l'homme
	12 juillet	vote de la Constitution civile du clergé
1791	*3 janvier*	obligation du serment à la Constitution civile du clergé
	février	formation du clergé constitutionnel
	10 mars	Pie VI condamne la Constitution civile par le bref *Quod aliquantum*
	1er octobre	ouverture de l'Assemblée législative
	29 novembre	décret de l'Assemblée contre les prêtres réfractaires et veto royal
1792	*février-mars*	début des troubles en Lozère, dans le Dauphiné et l'Ouest
	27 mai	décret sur la déportation des prêtres réfractaires et veto royal
	10 août	prise des Tuileries et arrestation de Louis XVI
	13 août	suppression et interdiction des congrégations en France

	2 septembre	massacres des prêtres réfractaires dans les prisons à Paris
	20 septembre	laïcisation de l'état civil et instauration du divorce
	21 septembre	abolition de la royauté et proclamation de la République
1793	*21 janvier*	exécution de Louis XVI
	11 mars	début du soulèvement vendéen
	13 juillet	assassinat de Marat et début du culte du « sacré-cœur de Marat »
	5 octobre	adoption du calendrier républicain de Fabre d'Églantine
	10 novembre	fête de la Liberté et de la Raison à Notre-dame de Paris
	21 novembre	Robespierre s'élève contre la déchristianisation et l'athéisme
1794	*24 mars*	exécution de Hébert, des hébertistes et des « déchristianisateurs »
	16 avril	exécution de Danton et des dantonistes
	8 juin	fête de l'Être suprême à Paris et en province
	27 juillet	exécution de Robespierre et de 105 robespierristes
	18 septembre	décret Cambon : la République ne salarie plus aucun culte
	21 décembre	l'abbé Grégoire réclame la liberté des cultes
1795	*17 février*	Hoche signe l'accord de la Jaunaye avec les Vendéens
	21 février	Boissy d'Anglas fait décréter la liberté des cultes et la neutralité de l'État
	1er mai	condamnation à l'exil des prêtres réfractaires
	23 septembre	proclamation de la Constitution du Directoire. L'Église est séparée de l'État
	29 septembre	loi réglementant les cultes
1796	*12 juin*	les troupes françaises envahissent les États pontificaux
1797	*15 janvier*	premier culte théophilanthropique à Notre-Dame de Paris
1798	*15 février*	création de la République romaine ; fin des États pontificaux

1799	*10 avril*	Pie VI, prisonnier, est transféré en France
	10 novembre	coup d'État de Brumaire ; Bonaparte Premier consul
	29 novembre	abrogation du décret contre les prêtres réfractaires
	28 décembre	réouverture des églises le dimanche
1800	*5 novembre*	début des négociations pour un concordat
1801	*14-15 juillet*	signature du Concordat
1802	*14 avril*	Chateaubriand publie *Le Génie du christianisme*
	26 avril	promulgation du Concordat et des Articles organiques
1804	*2 décembre*	sacre de Napoléon Ier empereur
1806	*4 avril*	publication du *Catéchisme impérial* de Bernier et d'Astror
	10 mai	fondation de l'Université de France
	10 décembre	création du Grand Sanhédrin pour établir le statut civil des juifs
1808	*17 septembre*	monopole de l'Université sur l'enseignement
1810	*17 février*	annexion de Rome à l'Empire français
1811	*17 juin*	ouverture du Concile national, dissous le 20 octobre
1812	*21 mai*	Napoléon fait arrêter Pie VII, transféré à Fontainebleau
1814	*6 avril*	abdication de Napoléon Ier
	4 juin	proclamation par Louis XVIII de la Charte : le catholicisme est proclamé religion de l'État, les autres cultes sont tolérés
1825	*18 avril*	loi sur le sacrilège
	24 mai	sacre de Charles X. Loi autorisant les congrégations féminines
1828	*16 juin*	ordonnances contre les jésuites
1830	*9 août*	Louis Philippe, roi des Français, proclame la Charte révisée : la liberté des « cultes reconnus » est établie
	octobre	Lamennais réclame « l'Église libre dans l'État libre »
1832	*15 août*	l'encyclique *Mirari vos* du pape Grégoire XVI condamne Lamennais

1833	*28 juin*	loi Guizot sur l'instruction publique : l'instruction religieuse et morale est obligatoire dans les écoles
1845	*18 juillet*	dispersion des jésuites hors de France avec l'accord du pape
1848	*24 février*	proclamation de la République. Le clergé bénit les arbres de la liberté
	25 juin	mort de Mgr Affre s'interposant entre les insurgés et la troupe
1849	*30 juin*	l'armée française rétablit le pape Pie IX à Rome
1850	*11 janvier*	loi autorisant les congréganistes à enseigner librement dans le primaire
	15 mars	vote de la loi Falloux sur l'enseignement secondaire libre
1851	*2 décembre*	coup d'État de Louis Napoléon Bonaparte
1860	*1er janvier*	allocution de Pie IX sur la politique italienne de la France
1862	*23 janvier*	leçon inaugurale de Renan au Collège de France sur *La Vie de Jésus*
1864	*15 septembre*	convention franco-italienne à propos de l'unité italienne et de Rome
	8 décembre	publication de l'encyclique *Quanta cura* et du *Syllabus errorum*
1867	*février*	les troupes françaises évacuent le Mexique insurgé
	3 novembre	les troupes françaises repoussent les garibaldiens à Mentana
1869	*8 décembre*	ouverture du concile du Vatican sur l'infaillibilité pontificale
1870	*13 juillet*	adoption de l'infaillibilité pontificale en matière de dogme
	4 septembre	déchéance de l'empereur Napoléon III et proclamation de la République
1871	*2 avril*	décret de la Commune de Paris sur la séparation de l'Église et de l'État
	23 décembre	Albert de Mun fonde l'Œuvre des cercles catholiques ouvriers
1872	*6 octobre*	pèlerinage national à Lourdes
1873	*24 juillet*	loi déclarant d'utilité publique la basilique du Sacré-Cœur de Montmartre

	sept.-octobre	tentative de restauration monarchique
1875	*30 janvier*	amendement Wallon établissant la République
	12 juillet	Loi autorisant l'enseignement supérieur catholique
1877	*4 mai*	discours de Gambetta contre le cléricalisme mais pour le Concordat
	25 juin	crise de mai-juin 1877 : dissolution de la Chambre
1879	*30 janvier*	démission du président Mac-Mahon : les républicains contrôlent tous les pouvoirs
	9 août	loi Paul Bert sur les écoles normales
1880	*27 février*	loi Ferry sur la réforme du Conseil de l'enseignement supérieur
	18 mars	loi Ferry sur la suppression des jurys mixtes
	29 mars	décrets Ferry contre les congrégations non autorisées
	12 juillet	loi supprimant l'obligation du repos dominical
	21 décembre	loi Camille Sée sur l'enseignement secondaire des jeunes filles
1881	*16 juin*	loi Ferry sur la gratuité de l'enseignement primaire
1882	*28 mars*	loi Ferry sur l'école primaire obligatoire et laïque
1884	*27 juillet*	loi Naquet autorisant le divorce
1886	*29 mars*	naissance de l'Association catholique de la jeunesse française
	30 octobre	loi Goblet de laïcisation du personnel des écoles publiques
1888	*20 juin*	encyclique *Libertas* du pape Léon XIII
1890	*12 novembre*	« toast » d'Alger du cardinal Lavigerie
1891	*15 mai*	encyclique *Rerum novarum* de Léon XIII
1892	*20 février*	encyclique *Au milieu des sollicitudes* publiée en français par Léon XIII
1896	*24 août*	congrès ecclésiastique de Reims
1898	*14 janvier*	Zola publie « J'accuse ». L'affaire Dreyfus éclate au grand jour
	8-22 mai	élections législatives : victoire du Bloc des gauches

	4 juin	fondation de la Ligue des droits de l'homme
1899	*23 février*	tentative de coup d'État de Déroulède et des nationalistes
	22 juin	formation du ministère Waldeck-Rousseau
	novembre	premier manifeste du Sillon lancé par Marc Sangnier
1900	*janvier*	condamnation par la justice de *La Croix* et du *Pèlerin*
1901	*1er juillet*	loi sur les associations et contre les congrégations
	10 juillet	condamnation pontificale de la loi de 1901
1902	*27 avr.-21 mai*	législatives : nouveau succès du Bloc des gauches
	6 juin	formation du ministère Combes
	27 juin	proposition de loi Dejeante pour la dénonciation du Concordat
	10 juillet	décret de fermeture des établissements scolaires non autorisés
	15 octobre	pétition des évêques pour le respect des « libertés de l'Église »
	20 octobre	proposition de loi Ernest Roche pour la dénonciation du Concordat
1903	*mars-juin*	interdiction de la quasi-totalité des congrégations non autorisées
	7 avril	proposition de loi sur la Séparation de Francis de Pressensé
	29 avril	expulsion des bénédictins de la Grande Chartreuse
	26 mai	proposition de loi sur la Séparation du radical Hubbard
	7 juin	proposition de loi sur la Séparation de Flourens
	11 juin	proposition de loi sur la Séparation de Clemenceau
	11juin	élection de la commission des 33 pour étudier les projets de séparation
	25 juin	proposition de loi sur la Séparation de Réveillaud

	29 juin	proposition de loi sur la Séparation de Grosjean
	4 août	élection du pape Pie X
	8 octobre	avant-projet de loi soumis par Briand à la commission des 33
1904	*24 avril*	voyage du président de la République à Rome
	17 mai	*L'Humanité* publie la note de Merry del Val aux chefs d'État catholiques
	6 juillet	adoption du projet de loi Briand par la commission des 33
	7 juillet	loi interdisant d'enseignement tous les congréganistes
	30 juillet	rupture des relations diplomatiques entre la France et le Vatican
	4 septembre	discours d'Auxerre : Combes se rallie à la Séparation
	8 octobre	le congrès du parti radical adopte à l'unanimité le projet Briand
	29 octobre	publication du contre-projet Combes
	1er novembre	lancement de la campagne du *Siècle* contre le projet Combes
	15 novembre	démission du général André à cause du scandale des fiches
1905	*18 janvier*	démission du gouvernement Combes
	24 janvier	formation du gouvernement Rouvier
	4 mars	Briand dépose son rapport sur le nouveau projet de loi sur la Séparation
	21 mars	début du débat à la Chambre des députés
	22 avril	vote de l'article 4 modifié par 482 voix contre 52
	27 mai	vote de l'article 6 (futur article 8) par 320 voix contre 254
	3 juillet	adoption de la loi par 341 députés contre 233
	6 décembre	adoption de la loi par 181 sénateurs contre 102
	9 décembre	promulgation de la loi sur la séparation de l'Église et de l'État
1906	*1er février*	affrontements lors de l'inventaire à Sainte-Clotilde à Paris

	février-mars	troubles des inventaires en province
	11 février	encyclique *Vehementer nos* du pape Pie X
	14 mars	ministère Sarrien : Clemenceau à l'Intérieur, Briand à l'Instruction publique et aux Cultes
	30 mai	première assemblée des évêques de France
	10 août	encyclique *Gravissimo officii* du pape Pie X
	25 octobre	ministère Clemenceau
	12 décembre	séquestres des biens ecclésiastiques
1907	*2 janvier*	loi Briand sur l'exercice public des cultes
	6 janvier	encyclique de Pie X *Une fois encore*, contre la loi
	29 janvier	déclaration des évêques de France
	25 février	rupture des négociations sur les « contrats de jouissance »
	28 mars	loi d'application sur la dévolution des biens ecclésiastiques
1908	*13 avril*	loi modifiant les articles 6, 7, 9, 10 et 14 de la loi de 1905
1920	*16 mai*	canonisation de Jeanne d'Arc par le pape Benoît XV
	10 juillet	la fête de Jeanne d'Arc devient fête nationale
	30 novembre	rétablissement de l'ambassade de France auprès du Vatican. Benoît XV lève l'interdit sur la loi de 1905
1921	*16 janvier*	formation du ministère Briand : négociations Cerretti-Méjean
	9 novembre	Briand déclare le projet d'associations diocésaines conforme à la loi de 1905
1922	*janvier*	mort de Benoît XV, élection de Pie XI Mgr Gasponi confirmé au secrétariat d'État
1923	*13 décembre*	le Conseil d'État approuve le projet remanié par Pie XI
1924	*18 janvier*	l'encyclique *Maximam gravissimanque* de Pie XI demande aux évêques de créer des associations diocésaines

Notes

Introduction

1. *Rapport fait au nom de la commission relative à la séparation des Églises et de l'État et à la dénonciation du Concordat chargée d'examiner le projet de loi et les diverses propositions de loi concernant la séparation des Églises et de l'État par Aristide Briand, député.* Annexe au procès-verbal de la séance du 4 mars 1905, n° 2 302, Chambre des députés. Chapitre VI, « Discussion des articles », p. 185. Ce chapitre a été rédigé par Louis Méjean, collaborateur d'A. Briand pour le commentaire juridique des articles de l'avant-projet de loi élaboré par la commission.

2. Stéphane RIALS, *La Déclaration des droits de l'homme et du citoyen*, Hachette, « Pluriel », 1988.

3. Jean JAURÈS, *La Dépêche de Toulouse*, 30 avril 1905.

4. Le texte intégral de la loi promulguée le 9 décembre 1905 est publié dans l'ouvrage *1905, la séparation des Églises et de l'État. Les textes fondamentaux*, présentation de Dominique de VILLEPIN, introduction de Jean-Michel GAILLARD, postface d'André DAMIEN, Perrin, « Tempus », 2004, p. 435-459.

5. La loi du 2 janvier 1907 et les articles 6, 7, 9, 10 et 14 de la loi de 1905 modifiés par la loi du 13 avril 1908 sont publiés dans le même ouvrage, *ibid.*, p. 449-459.

6. Olivier DUHAMEL et Jean-Luc PARODI, *La Constitution de la Ve République*, Presses de la Fondation nationale des sciences politiques, 1989.

7. Jean-Marie MAYEUR, *La Séparation des Églises et de l'État*, Les Éditions ouvrières, 1991.

8. Jacques LE GOFF et René RÉMOND (sous la direction de), *Histoire de la France religieuse*, tome III, *Du roi très chrétien à la laïcité républicaine, XVIIIe-XIXe siècle*, volume dirigé par Philippe JOUTARD, Le Seuil, « L'univers historique », 1991, et « Points Histoire », 2001.

9. Victor HUGO, « Discours sur la liberté de l'enseignement du 15 janvier 1850 », *Œuvres complètes*, t. IV, *Politique*, Robert Laffont, « Bouquins », 1985, p. 219-220.

10. René RÉMOND, *Religion et société en Europe. La sécularisation aux XIXe et XXe siècles, 1780-2000*, Le Seuil, « Points Histoire », 2001.

PREMIÈRE PARTIE

La séparation : une idée qui vient de loin

1. Le terme « Séparation », avec une majuscule, sera employé seulement pour désigner la loi de séparation des Églises et de l'État du 9 décembre 1905.

2. LE ROBERT, *Dictionnaire historique de la langue française*, sous la direction d'Alain REY, 1992 et 1998.

3. Ernest RENAN, *Réponse au discours de réception de Louis Pasteur à l'Académie française*, 27 mai 1882.

CHAPITRE I

Le rapport Briand et l'histoire

1. Violette MÉJEAN, *La Séparation des Églises et de l'État. L'œuvre de Louis Méjean*, PUF, 1959, ch. III, p. 78.

2. Bernard OUDIN, *Aristide Briand*, Perrin, 1987 et 2004, p. 102.

3. Léon DAUDET, *Magistrats et policiers*, Bernard Grasset, 1935, p. 8.

4. Jules VERNE, *Deux ans de vacances*, Hachette, 1974. Briand a servi de modèle au personnage du Français Briant.

5. Bernard OUDIN, *Aristide Briand, op. cit.*, p. 105.

6. Denys Cochin : « Vous avez d'abord été certainement victime de votre imprimeur ; quel terrible imprimeur, et que de fautes répétées ! Pépin le Bref, capétien ; les Tuileries sous Henri II ; Innocent III en querelle avec Philippe le Bel. Tout cela, ce sont des fautes d'impression malheureuses [...]. » Violette Méjean dresse une liste des erreurs de fait contenues dans l'avant-propos, en notes, *La Séparation des Églises..., op. cit.*, p. 80 et 81.

7. À sa première occurrence dans le texte, le concile de Trente est cité correctement, mais ensuite il devient le « concile des Trente ». Simple faute de frappe, mais preuve d'une relecture superficielle.

8. Il s'agit peut-être du député socialiste Gabriel Deville, membre de la commission. Cet historien avait aidé Jaurès à réunir des notes pour son *Histoire socialiste de la Révolution française*, préface d'Ernest LABROUSSE, introduction de Madeleine RÉBÉRIOUX, notes d'Albert SOBOUL, rééd. Éditions sociales, 1968 (Rouff, 1900-1903). On retrouve des citations identiques dans cet ouvrage paru entre 1900 et 1903 et le rapport. C'est Deville, par ailleurs, qui proposa la candidature de Briand au poste de rapporteur.

9. Sigismond Krizanovski, *alias* Lacroix, est né à Varsovie en 1854 et fut conseiller municipal de Paris de 1874 à 1885, puis député d'extrême gauche.

10. Aristide BRIAND, *Rapport*, Présentation, p. 3.

11. Violette MÉJEAN, *La Séparation des Églises…, op. cit.*, p. 78 *et sq.*
12. Aristide BRIAND, *Rapport,* chapitre II, p. 103.
13. Violette MÉJEAN, *La Séparation des Églises…, op. cit.*, p. 80 *et sq.*
14. Jean JAURÈS, *Journal officiel* du 21 avril 1905.
15. Paul GRUNEBAUM-BALLIN, *La Séparation des Églises et de l'État. Étude juridique sur le projet Briand et le projet du gouvernement,* préface d'Anatole France, Société nouvelle de librairie et d'édition, janvier 1905.
16. Jean JAURÈS, *Histoire socialiste de la Révolution française, op. cit.*
17. Briand rencontra Mgr Fuzet, archevêque de Rouen, en avril 1905 seulement.
18. Le rédacteur qualifie systématiquement la dynastie « carolingienne » de dynastie « capétienne » !
19. Ernest RENAN, *La Vie de Jésus*, 1863, ch. XXI.
20. Aristide BRIAND, *Rapport,* p. 12.
21. Père Yves CONGAR, « L'Église et l'État sous le règne de Saint Louis », *Septième centenaire de la mort de Saint Louis. Actes du colloque de Royaumont et Paris (21-27 mai 1970)*, 1976. G. de LAGARDE avait déjà développé cette thèse séduisante dans *La Naissance de l'esprit laïque au déclin du Moyen Âge*, Saint-Paul-les-Trois-Châteaux, Éditions Béatrice, 1934.
22. Jacques LE GOFF, *Saint Louis*, Gallimard, 1996, p. 784.
23. Françoise AUTRAND, *Pouvoir et société en France (XIVe-XVe siècles)*, PUF, 1974. L'assemblée réunie à Notre-Dame, en avril 1302, composée de prélats, de nobles et de députés des villes, peut être considérée comme la première réunion des états généraux.
24. Aristide BRIAND, *Rapport*, p. 13.
25. *Ibid.*, p. 14.
26. *Ibid.*, p. 38-39.
27. Confondu avec le tiers état dans le rapport.
28. Texte intégral dans Aristide BRIAND, *Rapport*, p. 27-29.
29. Jean JAURÈS, *Histoire socialiste de la Révolution française, op. cit.*, p. 797.

CHAPITRE 2

La Révolution française et la fin de l'État confessionnel

1. Aristide BRIAND, *Rapport*, p. 37-39. L'intervention de Mirabeau, le 2 novembre 1789 à la tribune de l'Assemblée, est longuement citée sur trois pages du rapport, pour expliquer qu'« à la suite de ce discours, la sécularisation des biens du clergé fut votée par 568 voix, contre 346 et 40 nulles ».

2. *Ibid.*, p. 42.

3. Michel VOVELLE, « La politique religieuse de la Révolution française », in J. LE GOFF, R. RÉMOND, *Histoire de la France religieuse...*, tome III, *op. cit.*

4. Jean-François ROBINET, *Le Mouvement religieux à Paris pendant la Révolution, 1789-1801*, Éditions du Cerf, 1896 et 1898, 2 tomes. L'auteur traite en fait de toute la politique religieuse de la Révolution.

5. Jean JAURÈS, *Histoire socialiste de la Révolution française, op. cit.*, p. 800-804.

6. Aristide BRIAND, *Rapport*, p. 41.

7. Aristide BRIAND, *Rapport*, p. 33.

8. Stéphane RIALS, *La Déclaration des droits de l'homme et du citoyen..., op. cit.*

9. Contrairement à ce qu'écrit Philippe Boutry, qui estime que « la première affirmation explicite, dans un texte constitutionnel français, de la liberté de conscience et de culte » se trouve dans la charte de 1814, octroyée par Louis XVIII, in *Histoire de la France religieuse..., op. cit.*, p. 265.

10. Abbé GRÉGOIRE, *Essai sur la régénération physique, morale et politique des juifs*, préface de Robert Badinter, Stock, 1988.

11. Aristide BRIAND, *Rapport*, p. 42.

12. François FURET, « La Constitution civile du clergé », in *Dictionnaire critique de la Révolution française*, sous la direction de François FURET et Mona OZOUF, Flammarion, 1988, p. 554.

13. Aristide BRIAND, *Rapport*, p. 44.

14. Timothy TACKETT, *La Révolution, l'Église, la France. Le serment de 1791*, Éditions du Cerf, 1986.

15. Timothy TACKETT, *ibid.*

16. Timothy TACKETT, *ibid.*

17. André LATREILLE, *L'Église catholique et la Révolution française*, 2 tomes, Éditions du Cerf, 1970.

18. Antonin DEBIDOUR, *Histoire des rapports de l'Église et de l'État en France de 1789 à 1870*, 1898, et *L'Église catholique et l'État sous la Troisième République (1970-1906)*, tomes I et II, librairie Félix Alcan, 1906, p. 86.

19. Jean JAURÈS, *Histoire socialiste de la Révolution française, op. cit.*, tome I, p. 786.

20. Michel VOVELLE, *op. cit.*, p. 76 *et sq.*

21. Aristide BRIAND, *Rapport*, p. 47.

22. Timothy TACKETT, *Par la volonté du peuple. Comment les députés de 1789 sont devenus révolutionnaires ?*, Albin Michel, 1997.

23. Mona OZOUF, « Déchristianisation », in *Dictionnaire critique..., op. cit.*, 1988, p. 50.

24. Serge BIANCHI, *La Révolution culturelle de l'an II. Élites et peuple, 1789-1799*, Aubier, 1982.

25. On peut penser, à juste titre, qu'il forgea ces néologismes par

analogie avec les « Barbares » déferlant sur l'Empire romain, les Vandales entre autres.

26. Ce que semblent confirmer les dernières recherches sur Hébert.

27. Alphone AULARD, *Le Culte de la Raison et le culte de l'Être suprême (1793-1794). Essai historique*, librairie Félix Alcan, 1892.

28. Albert MATHIEZ, *Les Origines des cultes révolutionnaires (1789-1792)*, G. Bellais, 1904.

29. Albert MATHIEZ, *La Théophilanthropie et le culte décadaire (1796-1801). Essai sur l'histoire religieuse de la Révolution*, Félix Alcan, 1903.

30. Jean JAURÈS, *Histoire socialiste de la Révolution française, op. cit.*, tome I, p. 786.

31. Timothy TACKETT, *La Révolution, l'Église, la France..., op. cit.*

32. Aristide BRIAND, *Rapport*, p. 48.

33. *Ibid.*, p. 47.

34. Rita HERMONT-BELLOT, *L'Abbé Grégoire, la politique et la vérité*, Le Seuil, « L'univers historique », 2000.

35. Colloque « La Constitution de l'an III : Boissy d'Anglas et la naissance du libéralisme constitutionnel », compte rendu par Jean-Pierre GROSS, *Annales historiques de la Révolution française*, n° 323.

36. *Rapport sur la liberté des cultes fait au nom des Comités de Salut public, de Sûreté générale et de Législation, réunis par Boissy d'Anglas, membre du Comité de Salut public ; dans la séance du 3 ventôse, an III de la République française, une et indivisible*, à Nismes, chez J. A. Texier, imprimeur républicain du Département du Gard, sans date.

37. Briand reprendra une formule semblable dans la conclusion de son rapport. Voir plus haut.

38. Ferdinand BUISSON, article « Laïcité », *Dictionnaire de pédagogie et d'instruction primaire*, Hachette, 1880-1887.

39. Alexis de TOCQUEVILLE, *L'Ancien Régime et la Révolution*, livre premier, chapitre V, Michel-Lévy Frères, 1856.

CHAPITRE 3

Concordat ou discordat ? Les contradictions du régime concordataire

1. Aristide BRIAND, *Rapport*, p. 32.

2. Léon XIII y tenait particulièrement.

3. Voir chapitres VI et VII.

4. Proposition de loi déposée le 7 juin 1903.

5. René RÉMOND, « Bonaparte et la paix du Concordat », *L'Histoire*, n° 289, juillet 2004.

6. Préambule du Concordat, premier alinéa.

7. René RÉMOND écrit que « le rétablissement des relations n'est pas restauration », mais il ne traite pas de la place politique retrouvée de l'Église dans l'État. *Op. cit.*

8. Antonin Debidour, *op. cit.*, p. 234.

9. Jean Baubérot et Séverine Mathieu, *Religion, modernité et culture au Royaume-Uni et en France, 1800-1914*, Le Seuil, « Points Histoire », 2002, p. 124.

10. Aristide Briand, *Rapport*, p. 55.

11. Jean Baubérot et Séverine Mathieu, *Religion, modernité et culture au Royaume-Uni et en France, 1800-1914*, *op. cit.* p. 127.

12. Patrick Cabanel, *Juifs et protestants en France, les affinités électives, XVIe-XXIe siècle*, Fayard, 2004.

13. Antonin Debidour, *op. cit.*, p. 287.

14. Gérard Cholvy et Yves-Marie Hilaire (sous la direction de), *Histoire religieuse de la France (1800-1880)*, Privat, Toulouse, 2000.

15. Jean Baubérot, *op. cit.*, p. 142-143.

16. Jean-Michel Leniaud, *L'Administration des cultes pendant la période concordataire*, Nouvelles Éditions latines, 1988.

17. Georges Weill, *Histoire de l'idée laïque en France au XIXe siècle*, librairie Félix Alcan, 1925 ; Hachette, 2004.

18. Paul-Louis Courier, *Pamphlets*, J.-J. Pauvert éditeur, « Libertés », 1965.

19. Grâce aux publications de Guillaume Bertier de Sauvigny (en particulier *La Restauration*, Flammarion, 1990), révélant l'action de son ancêtre, le comte Ferdinand Bertier de Sauvigny, fondateur de la congrégation secrète des Chevaliers de la foi.

20. Comte de Montlosier, *Mémoire à consulter sur un système religieux et politique tendant à renverser la religion, la société et le trône*, Paris, 1928, où il dénonce les jésuites.

21. Aristide Briand, *Rapport*, p. 67-69.

22. *Ibid.*, p. 69.

23. *Ibid.*, p. 72.

24. A. Gough, *Paris et Rome. Les catholiques français et le pape au XIXe siècle*, Éditions de l'Atelier, 1996.

25. Maurice Agulhon a relativisé cette idée reçue et montré que c'est plutôt une certaine bourgeoisie libérale qui a glissé vers la démocratie sociale, in *La République au village*, Plon, 1970.

26. Antoine Prost, *Histoire de l'enseignement en France, 1800-1967*, Armand Colin, « U », 1986.

27. Henri Pena-Ruiz et Jean-Paul Scot, *Un poète en politique. Les combats de Victor Hugo*, Flammarion, 2002.

28. Victor Hugo, « Discours sur la liberté de l'enseignement du 15 janvier 1850 », *Œuvres complètes, op. cit.*

29. Aristide Briand, *Rapport*, p. 79.

30. Léon Gambetta, *Lettres de Gambetta*, réunies par Daniel Halévy et Émile Pillias, B. Grasset, 1938.

31. Jules Vallès, *L'Insurgé* et *Le Bachelier*, LGF, 1972 et 1985.

32. Henri Allain-Targé, *La République sous l'Empire. Lettres 1866-1870*, B. Grasset, 1939.

33. Le *Syllabus* expose les « erreurs » qui sont « anathèmes » sous forme négative. Pour la clarté de l'exposé, nous les exposons selon une tournure affirmative.

34. Seul ARNAUD, l'évêque de Foix, critique la théocratie pontificale dans *La Révolution et l'Église*, en 1868.

35. Le journaliste Edme TRIDON publie en 1866 un ouvrage sur *Hébert et l'hébertisme*, très hostile à Robespierre et au culte de l'Être suprême.

36. Le comte Daru (Affaires étrangères), Buffet (Finances) et Duruy (Instruction publique) étaient pour une réaction publique forte à laquelle se refusa Napoléon III en raison des élections législatives.

37. Montalembert condamne l'idolâtrie pontificale sur son lit de mourant.

38. Par 451 *placet* contre 88 *non placet* et 62 *placet juxta modum*.

39. Seuls 50 évêques sur 650 environ ont maintenu leur opposition, d'autres, comme Mgr Darboy et Mgr Dupanloup, ont quitté Rome avant la fin du concile.

40. Jules Ferry et ses amis y songent dans les réunions des « conférences Molé », d'après Pierre CHEVALLIER, *La Séparation de l'Église et de l'École : Jules Ferry et Léon XIII*, Fayard, 1981.

CHAPITRE 4

République et laïcité

1. Aristide BRIAND, *Rapport*, conclusion, p. 243.

2. *Ibid.*, p. 86.

3. *Ibid.*, p. 86.

4. Jacques ROUGERIE, *Paris libre, 1871,* Le Seuil, « Points Histoire », rééd., 2004.

5. Jolyon HOWORTH, *Édouard Vaillant. La création de l'unité socialiste en France*, EDI/Syros, 1982.

6. Karl MARX, *La Guerre civile en France*, 1871, Éditions sociales, 1968.

7. Jean-Pierre AZÉMA et Michel WINOCK, *La Troisième République*, Calmann-Lévy, « Pluriel », 1970.

8. François FURET, *Histoire de France*, tome II, *La Révolution, 1814-1880*, Hachette, 1988.

9. Duc DE BROGLIE, *Histoire de l'Église et de l'Empire romain au IVe siècle*, 6 volumes, Didier et Cie Libraires, 1856-1863.

10. Jacqueline LALOUETTE, *La Libre Pensée en France, 1848-1940*, Albin Michel, « Bibliothèque de l'évolution de l'humanité », 2001.

11. Elle a été écrite par Yves Guyot et Sigismond Lacroix, voir chapitre premier.

12. Lors du vote des lois constitutionnelles.

13. Patrick CABANEL, *Les Protestants et la République*, Éditions Complexe, 2000.

14. Pierre CHEVALLIER, *La Séparation de l'Église et de l'École. Jules Ferry et Léon XIII*, Fayard, 1981.

15. Le 3 novembre 1867, les troupes françaises protégeant le Vatican avaient repoussé l'assaut des troupes de Garibaldi contre l'État pontifical. Napoléon III trahissait son soutien à l'unité italienne par attachement prioritaire à la politique ultramontaine.

16. Jean-Pierre AZÉMA et Michel WINOCK, *La Troisième République*, *op. cit.*, p. 110.

17. Pierre BARRAL, *Les Fondateurs de la Troisième République. Textes choisis et proposés*, A. Colin, 1960, p. 182 *et sq.*

18. Hector DEPASSE, *Le Cléricalisme, sa définition, ses principes, ses forces, ses dangers, ses remèdes*, M. Dreyfous, 1877.

19. Pierre PIERRARD, *Anthologie de l'humanisme laïque de Jules Michelet à Léon Blum*, Albin Michel, 2000.

20. Jean-Michel GAILLARD, *Jules Ferry*, Fayard, 1989.

21. Voir en particulier Pierre CHEVALLIER, *La Séparation de l'Église et de l'École…*, *op. cit.*, ch. IV .

22. Max GALLO, *Le Grand Jaurès*, Robert Laffont, 1984, p. 141.

23. Jules FERRY, *La République des citoyens*, présentation par Odile Rudelle, Imprimerie nationale, 1996, 2 tomes.

24. Défendant un protestant forcé de fleurir et décorer la façade de sa maison pour le passage de la procession de la Fête-Dieu, le célèbre avocat catholique avait affirmé devant la Cour de cassation : « J'entends déjà certains hommes s'écrier : la loi est donc athée ? Oui, elle l'est, et doit l'être, si vous entendez par là que la loi, qui n'existe que pour contraindre, doit être extérieure à la croyance religieuse. »

25. *La République et l'École. Une anthologie*, textes choisis et commentés par Philippe COUTEL, Presses Pocket, 1991.

26. Jacqueline LALOUETTE, *La République anticléricale. XIXe-XXe siècle*, Le Seuil, « L'univers historique », 2002.

27. Antoine PROST, *Histoire de l'enseignement en France, 1800-1967*, Armand Colin, « U », 1970 et 1981.

28. Edgar QUINET, *L'Enseignement du peuple*, Hachette Littératures, « Pluriel », 2001.

29. Jules FERRY, « Lettre aux instituteurs », 17 novembre 1883 in *Jules Ferry et l'école*, textes choisis et présentés par Pierre Charlot, SCIP, 1984.

30. Pierre CHEVALLIER, *La Séparation de l'Église et de l'École…*, *op. cit.*

31. Aristide BRIAND, *Rapport*, p. 92. Le 7 janvier 1886, Freycinet présente son ministère devant la Chambre.

32. Gérard CHOLVY et Yves-Marie HILAIRE (sous la direction de), *Histoire religieuse de la France*, *op. cit.* La France compte 40,5 religieux et religieuses pour 10 000 habitants. Le ratio est de 29,4 en Espagne, 14,8 en Italie. La France est une pépinière de vocations, en particulier dans les régions surpeuplées à agriculture pauvre, mais pas toutes, dans les pays de catholicité en général.

33. Gabriel MOLLAT, *La Question romaine*, Paris, 1932.

34. Maurice LARKIN, *L'Église et l'État en France. 1905 : la crise de la séparation,* Privat, Toulouse, 2004, p. 41.

35. *Ibid.*, p. 32 *et sq.*

36. Michelle PERROT, *Jeunesse de la grève (France, 1817-1890)*, Le Seuil, « L'univers historique », 1984.

37. En octobre 1889, A. de Mun, l'industriel Harmel, l'archevêque de Reims et 10 000 pèlerins ouvriers et employés réunis à Rome avaient sollicité des directives de Léon XIII.

38. Abbé NAUDET, *Pourquoi les catholiques ont perdu la bataille ?*, cité par Antonin DEBIDOUR, *op. cit.*

39. Pierre CHEVALLIER, *La Séparation de l'Église et de l'École…*, *op. cit.*

40. Le 13 novembre 1890.

41. Le ministère Freycinet (du 17 mars 1890 au 19 avril 1892) comprenait des radicaux comme Léon Bourgeois, Yves Guyot et Jules Roche associés à des républicains modérés comme Alexandre Ribot, Armand Fallières et le banquier Rouvier aux Finances.

42. Charles Dumay établissait des fiches sur les sentiments politiques des évêques qu'il avait nommés, et sur les candidats éventuels.

43. Antonin DEBIDOUR, *L'Église catholique et l'État sous la Troisième République (1870-1906)*, librairie Félix Alcan, 1906. L'historien a eu accès à des enquêtes du ministère de l'Intérieur et de la direction des Cultes, ainsi qu'à des entretiens avec des hommes politiques et des hauts fonctionnaires.

44. *La Croix,* 7 août 1888, article du père Bailly, cité par Pierre SORLIN, *« La Croix » et les Juifs (1880-1899)*, Grasset, 1967.

45. *Histoire générale de la presse française*, sous la direction de Jacques GODECHOT, PUF, 1975, tome IV.

46. Jean-Yves MOLLIER, *La Plus Longue des Républiques, 1870-1940*, Fayard, 1994.

47. Jacques OZOUF, *Nous les maîtres d'école. Autographies d'instituteurs de la Belle Époque*, Gallimard, 1973.

48. Pierre BIRNBAUM (sous la direction de), *La France de l'affaire Dreyfus*, Gallimard, 1994.

DEUXIÈME PARTIE

L'élaboration de la loi de 1905

CHAPITRE 5

Autour de 1900
Cléricalisme et anticléricalisme

1. Jean-Marie Mayeur, *La Séparation des Églises et de l'État*, *op. cit.*

2. Maurice Larkin, *L'Église et l'État en France…*, *op. cit.*

3. Jean-Pierre Rioux, « Laïcisations, massifications, sécessions » (1885-1918), in *Histoire culturelle de la France*, tome IV, sous la direction de Jean-Pierre Rioux et Jean-François Sirinelli, Le Seuil, 1998 et « Points Histoire », 2005.

4. Pierre Birnbaum, *La France de l'affaire Dreyfus*, *op. cit.*

5. *Ibid.*, introduction.

6. Aristide Briand, *Rapport*, p. 90.

7. L'abbé Lemire a été élu à Hazebrouck en 1893, puis l'abbé Gayraud dans le Finistère en 1896.

8. Jean Garrigues, *La République des hommes d'affaires, 1870-1900*, Aubier, 1997.

9. Maurice Larkin, *L'Église et l'État en France…*, *op. cit.*, p. 68.

10. Aristide Briand, *Rapport*, p. 92.

11. Maurice Larkin, *L'Église et l'État en France…*, *op. cit.*, p. 96.

12. Dès 1888, leur revue *Études* réapparaît en France ; le père du Lac est de retour à Paris en 1890.

13. *La Croix*, 6 novembre 1894, cité par Pierre Sorlin, *« La Croix » et les Juifs (1880-1899)*, *op. cit.*

14. *La Croix*, 16 juillet 1891, cité par Pierre Sorlin, *ibid.*

15. Michel Winock, *La France et les Juifs de 1789 à nos jours*, Le Seuil, « L'univers historique », 2004.

16. Jean-Marie Mayeur, « Les catholiques dreyfusards », *Revue historique*, n° 530, avril-juin 1979.

17. Eugen Weber, *Satan, franc-maçon*, Julliard, « Archives », 1964.

18. *Le Pèlerin*, 27 août 1889, cité par Pierre Sorlin, *« La Croix » et les Juifs (1880-1899)*, *op. cit.*

19. Maurice Larkin évoque longuement cette condamnation des assomptionnistes par Léon XIII et le nonce Lorenzelli, au chapitre IV de son ouvrage, *L'Église et l'État en France*, *op. cit.*

20. Christian Sorrel, *La République contre les congrégations. Histoire d'une passion française, 1899-1904*, Éditions du Cerf, 2003.

21. Ferdinand Buisson, « La crise de l'"anticléricalisme" », *Revue politique et parlementaire*, octobre 1903, p. 5-32.

22. Voir notre mise au point, chapitre III .

23 Elle est présidée par Alexandre Ribot et Ferdinand Buisson en est le rapporteur.

24. Madeleine RÉBÉRIOUX, *La République radicale ? 1898-1914*, tome XI, Le Seuil, « Points Histoire », série « Nouvelle histoire de la France contemporaine », 1975.

25. Maurice AGULHON, *Marianne au pouvoir, 1880-1914*, Flammarion, 1989.

26. Claude WILLARD, *Le Mouvement socialiste en France. Les guesdistes,* Éditions sociales, 1965.

27. Maurice AGULHON, *Histoire de France,* tome I, « La République 1880-1932 », Hachette, « Pluriel », 1990.

28. Raymond HUARD, « Aboutissements préparés et cristallisations imprévues : la formation des partis politiques », in *La France de l'Affaire Dreyfus*, sous la direction de Pierre BIRNBAUM, *op. cit.*

29. Maurice DOMMANGET, *Blanqui*, EDI, Paris, 1970.

30. Dans un essai sur les rapports entre religion et socialisme, cité par Jean RABAUT, *Jean Jaurès*, Perrin, 1981.

31. Jean RABAUT, *ibid.*

32. Serge BERSTEIN, *Histoire du parti radical*, tome I, *La Recherche de l'âge d'or*, Presses de la Fondation nationale des sciences politiques, 1980, p. 32.

33. Serge BERSTEIN, *ibid.*, p. 41.

34. Article 1er du règlement intérieur adopté au Congrès de Marseille d'octobre 1903.

35. Cité par Armand CHARPENTIER, *Le Parti radical et radical-socialiste à travers ses congrès (1901-1911),* lettre-préface de Ferdinand Buisson, Paris, Giard & Brière, 1913, p. 77-78.

36. Les articles de *L'Action* des 16, 21 et 22 août 1903 sont cités par Jacqueline LALOUETTE, *La Libre Pensée en France…, op. cit.*

37. Cité par Raymond HUARD, « Aboutissements préparés et cristallisations imprévues : la formation des partis politiques », in *La France de l'affaire Dreyfus*, sous la direction de Pierre BIRNBAUM, *op. cit.*, p. 112.

38. Maurice LARKIN, *L'Église et l'État en France…, op. cit.*, p. 96 *et sq.*

39. *L'Action libérale*, hebdomadaire, n° 1, 20 novembre 1901.

40. Antoine COMBES, *Histoire de la franc-maçonnerie au* XIXe *siècle*, 2 tomes, Éditions du Rocher, 1998, 430 p.

41. J.-R. RAGACHE, *La Franc-Maçonnerie et la politique, 1896-1902*, cité par Serge BERSTEIN, in *L'Histoire,* n° 256, juillet 2001.

42. Rémi FABRE, *Francis de Pressensé (1853-1914) et la défense des Droits de l'homme. Un intellectuel au combat*, Presses universitaires de Rennes, 2004.

43. Ces lois de « sûreté générale » ont été adoptées en décembre 1893 et juillet 1894 pour réprimer les activités anarchistes et socialistes.

44. Jean-Paul MARTIN, « La Ligue de l'enseignement et la République, des origines à 1914 », thèse, Institut d'études politiques de Paris, 1992.

45. Jacqueline LALOUETTE, *La Libre Pensée en France…*, *op. cit.*

46. Jean-Pierre RIOUX, « Laïcisations, massifications, sécessions » (1885-1918), in *Histoire culturelle de la France*, tome IV, sous la direction de Jean-Pierre RIOUX et Jean-François SIRINELLI, *op. cit.*, p. 35-41.

CHAPITRE 6

De Waldeck-Rousseau à Combes : des pas décisifs vers la Séparation

1. Pierre SORLIN, *Waldeck-Rousseau*, Fayard, 1966.

2. Aristide BRIAND, *Rapport*, p. 93.

3. Maurice LARKIN, *L'Église et l'État en France…*, *op. cit.*, p. 92 *et sq.*

4. Christian SORREL, *La République contre les congrégations…*, *op. cit.*

5. Christian SORREL, *ibid.*

6. Maurice AGULHON, *Histoire de France,* tome I, *La République, 1880-1932*, *op. cit.*

7. On peut compter 79 ou 55 députés de l'Alliance et 34 ou 58 nationalistes selon qu'on leur impute ou non les 24 députés mixtes.

8. Comme l'écrit Louis CAPÉRAN, dans *L'Invasion laïque, de l'avènement de Combes au vote de la séparation*, Desclée de Brouwer et Cie, 1935, p. 23-26.

9. Gabriel MERLE, *Émile Combes*, Fayard, 1995.

10. Il est ainsi caricaturé dès janvier 1903 aussi bien par *Le Charivari* que par *Le Bulletin des congrégations.*

11. Louis CAPÉRAN, *L'Invasion laïque*, *op. cit.*, p. 260.

12. Émile COMBES, *Mon ministère. Mémoires 1902-1905*, Paris, 1956.

13. À preuve sa correspondance spiritualiste, au temps du Bloc des gauches, avec mère Bénie de Jésus, fondatrice et prieure du carmel d'Alger, à l'origine princesse Jeanne Bibesco, entrée en religion à 15 ans sous la contrainte de ses parents, et sécularisée grâce à la politique anticongréganiste.

14. *Journal officiel* du 12 juin 1902.

15. Abel COMBARIEUX, *Sept Ans à l'Élysée avec le président Émile Loubet. De l'affaire Dreyfus à la conférence d'Algésiras, 1899-1906*, Hachette, 1932.

16. Jean JAURÈS, *La Petite République* du 3 août 1902.

17. Bernard LAZARE et Charles PÉGUY, *Cahiers de la quinzaine*, III, 21, novembre 1902.

18. Anatole LEROY-BEAULIEU, *Les Doctrines de haine*, cité par Christian SORREL, *La République contre les congrégations…*, *op. cit.*, p. 118.

19. Ferdinand BUISSON, *La Foi laïque*, 1912.

20. Le Concordat avait repris cette sanction ecclésiastique héritée des parlements d'Ancien Régime.

21. *Journal officiel* du 18 mars 1903.

22. *Journal officiel* du 27 juin 1903.

23. *Revue politique et parlementaire*, 10 octobre 1903.

24. *Ibid.*, 10 juin 1903.

25. *L'Action*, 16 et 21 août 1903.

26. *Id.*, 22 et 30 août 1903.

27. *Revue politique et parlementaire*, 10 octobre 1903.

28. Débats parlementaires, Sénat, 18 novembre 1903.

29. Rapport de la commission de l'enseignement sur la suppression de l'enseignement congréganiste, déposée sur le bureau de la Chambre des députés par Ferdinand Buisson, le 11 février 1904, *Journal officiel*, annexe n° 1509.

30. Henry BÉRENGER, *L'Action*, 19 février 1904.

31. Discours de Jean Jaurès à la Chambre, le 3 mars 1904.

32. Particulièrement ceux de l'abbé Gayraud, du député Lerolle et du sénateur de Lamarzelle.

33. La philosophie de Bergson connaît alors une grande vogue.

34. La plupart des histoires de la Séparation dissocient les deux questions sans souligner leurs interférence évidente.

35. Christian SORREL, *La République contre les congrégations…*, *op. cit.*, p. 135 *et sq.*

36. D'après une enquête du ministère de l'Instruction publique demandée par Briand.

37. Christian SORREL, *La République contre les congrégations…*, *op. cit.*, p. 135 *et sq.*

38. Maurice LARKIN, *L'Église et l'État en France…*, *op. cit.*, chapitre VI .

39. *Actes de Pie X*, Maison de la Bonne Presse, 1910, et *Livre blanc du Saint-Siège. La Séparation de l'Église et de l'État en France*, Éditions des Questions actuelles, 1906.

40. Edmond RENARD, *Le Cardinal Mathieu, 1828-1909*, J. de Gigord, 1925.

41. *Journal officiel* du 27 mai 1904.

42 Le préfet informa Combes qu'il ne s'agissait que d'une correspondance évoquant le Cantique des cantiques.

43. Gérard BAAL, « Le Parti radical de 1901 à 1914 », thèse, Paris I, 1993, tome I, p. 187.

CHAPITRE 7

Le laboratoire de la Séparation ou la commission des trente-trois

1. Abel COMBARIEUX, *Sept Ans à l'Élysée...*, *op. cit.*

2. Gérard BAAL, « Le Parti radical de 1901 à 1914 », *op. cit.*

3. Charles PÉGUY, *Notre jeunesse*, 1911.

4. Le député de la gauche républicaine Charles Boysset avait déposé plusieurs propositions de loi pour la suppression du budget des cultes en 1876, et l'abrogation du Concordat en 1879 et 1881. Les députés libres penseurs Planteau et Michelin avaient fait de même en 1885. Le 11 février 1882, le député Jules Roche avait déposé une proposition de loi visant à la sécularisation des biens des congrégations, des fabriques, des séminaires et des consistoires et à la séparation de l'Église et de l'État. Le 9 décembre 1891, la Chambre des députés avait discuté sur les rapports de l'Église et de l'État à la suite de l'interpellation du député libre penseur Dide. Ces initiatives entraînaient des prises en considération des propositions mais étaient abandonnées faute de majorité.

5. Rémi FABRE, *Francis de Pressensé (1853-1914) et la défense des Droits de l'homme...*, *op. cit.*

6. Proposition de loi de Francis de Pressensé, documents parlementaires de 1903 (annexe n° 697), session ordinaire, séance du 7 avril 1903.

7. Ils se réfèrent même au *Songe du vergier*, un dialogue entre un clerc et un chevalier, écrit sous Charles V et affirmant le principe de la séparation des pouvoirs spirituel et temporel, tous deux tendant cependant à la même recherche du salut des âmes et du bien commun.

8. Les procès-verbaux de la commission de la Chambre des députés sur la Séparation des Églises et de l'État sont aux Archives nationales : cote AN. CD. 1074-1080.

9. D'après Paul GRUNEBAUM-BALLIN, « La tentative de paix religieuse d'Aristide Briand », *Cahiers laïques*, janvier-février 1956.

10. Sur ce point, nous contestons l'analyse de Violette Méjean, qui surévalue les emprunts au projet Réveillaud, dont son père avait été le rapporteur, et nous partageons les conclusions de Maurice Larkin et Rémi Fabre sur la fidélité de Briand au projet de Francis de Pressensé.

11. En fait, la tournure négative de l'article 10 de la Déclaration des droits de l'homme et du citoyen de 1789 est due à la forte opposition du clergé et de la majorité des membres de l'Assemblée refusant d'admettre la pleine liberté de religion et de cultes. Tout au plus admettent-ils la tolérance d'autres croyances. Mirabeau dut faire condamner toute forme d'intolérance, y compris religieuse, pour que l'article 10 puisse être adopté.

12. Paul GRUNEBAUM-BALLIN, *La Séparation des Églises et de l'État..., op. cit.*, p. 30-31.
13. Cet historien avait aidé Jaurès dans la rédaction d'*Histoire socialiste de la Révolution*, parue aux Éditions Rouff entre 1901 et 1904.
14. Voir chapitre II.
15. Abbé AFFRE, *Traité de la propriété des biens ecclésiastiques*, 1825 ; A. Le Clère, 1837.
16. Avis du 3 nivôse et du 2 pluviôse an XII.
17. Allard, Dejeante et Vaillant.
18. Informations fournies par la Direction des cultes à la commission.
19. Selon la loi du 30 mars 1887 et le décret du 3 janvier 1889, voir Louis TRÉTEAU, *Monuments historiques et œuvres d'art*, 1896, cité par Paul GRUNEBAUM-BALLIN, *op. cit.*
20. Il était évalué à environ 50 000 hectares de terres et à 200 à 400 millions de francs de biens immobiliers.
21. Ernest RENAN, *La Crise religieuse en Europe*, Paris, 1874.
22. Paul GRUNEBAUM-BALLIN, *La Séparation des Églises et de l'État..., op. cit.*

CHAPITRE 8

La Séparation sous la pression de l'opinion publique

1. Julien de NARFON, *La Séparation de l'Église et de l'État (origines, étapes, bilan)*, Alcan, 1912. Toutes les citations sont extraites de l'enquête publiée sous le titre « Le sentiment de l'épiscopat », p. 40-62.
2. Mgr de Cabrières, évêque monarchiste de Montpellier, se déclarera lui aussi prêt à accepter la séparation à la condition que les « membres du clergé puissent jouir en paix de toutes les libertés reconnues aux citoyens français et énumérées dans la Déclaration des droits de l'homme », *L'Éclair*, 23 mai 1903.
3. Henri CHARRIAUT, *Après la Séparation, enquête sur l'avenir des Églises*, librairie Félix Alcan, 1905.
4. Anatole FRANCE, *L'Église et la République*, Éditions d'art Édouard Pelletan, 1904.
5. Antoine COMBES, *Histoire de la franc-maçonnerie au XIXe siècle*, *op. cit.*, p. 305.
6. Jean-Paul MARTIN, *La Ligue de l'enseignement et la République..., op. cit.*
7. D'après Louis CAPÉRAN, *L'Invasion laïque, op. cit.*, p. 251-272.
8. Réponse de Ferdinand Buisson à l'enquête du *Figaro*, en juillet 1904.
9. Congrès du parti radical républicain, radical et radical-socialiste, congrès de Toulouse, 6-9 octobre 1904, compte-rendu, p. 93.
10. Congrès radical..., *op. cit.*, p. 97.

11. Congrès radical…, *op. cit.*, p. 99.

12. André MATER, *La Politique religieuse de la République française*, Comité pour la défense à l'étranger de la politique religieuse de la France, 1909, p. 59. C'est seulement en janvier 1905 qu'il prend contact avec Denys Cochin, qui a ses entrées au Vatican, pour tenter une reprise des relations diplomatiques entre le Saint-Siège et la France. L'accusation repose sur les papiers du nonce Montagnini saisis lors de son expulsion de France, le 11 décembre 1906.

13. Henri de LANESSAN (Résultats et conclusion de l'enquête par), in *Une campagne du* Siècle *: la Séparation des Églises et de l'État*, de Raoul ALLIER, 1905. La publication regroupe 17 réponses protestantes, 13 réponses d'évêques et d'archevêques et quelques réponses d'israélites. Le dossier est enrichi de documents extraits des bulletins des *Semaines diocésaines*.

14. Charles PÉGUY, *Cahiers de la quinzaine*, 5e série, n° 14, sous le titre « Une campagne du *Siècle* ».

15. Il a frappé le général André dans l'Assemblée. Lors de son procès, on apprendra qu'il a détourné un demi million à son profit. Il se suicidera.

16. Violette MÉJEAN, *La Séparation des Églises…*, *op. cit.*, p. 78 *et sq.*

CHAPITRE 9

L'adoption de la loi de séparation au Parlement

1. Le député Georges Berry voulait faire reporter le débat en 1906, après les élections législatives. Une négociation préalable avec l'Église avant une séparation à l'amiable avait également été demandée par l'abbé Lemire.

2. *Journal officiel* du 27 mars 1905. Allusions à Vaillant, Buisson et Allard.

3. *Journal officiel* du 28 mars 1905.

4. *Journal officiel* du 3 avril 1905.

5. *Journal officiel* du 28 mars 1905.

6. Vaillant n'est plus blanquiste en 1905. S'il le fut après sa rupture avec Marx en 1872 , il rompt avec les « vrais blanquistes » de Granger lors de l'affaire Boulanger, se rapproche du marxiste Jules Guesde avec lequel il fonde en 1902 le Parti socialiste de France. Dès lors, il fait le lien entre Guesde et Jaurès et est l'un des pères de l'unité socialiste de 1905. Voir Jolyon HOWORTH, *Édouard Vaillant…*, *op. cit.*

7. Il le reconnaît lui-même dans le commentaire juridique du chapitre VI du rapport Briand.

8. *Journal officiel* du 17 mars 1905.

9. Rapport au nom de la commission relative à la séparation des Églises et de l'État, p. 193

10. *Journal officiel* du 4 avril 1905.

11. Rémi FABRE, *Francis de Pressensé (1853-1914) et la défense des Droits de l'homme…, op. cit.*

12. « Une loi de séparation des Églises et de l'État ne peut être vraiment équitable qu'à condition de respecter la constitution intime de toutes les Églises et [...] les forcer à adopter un régime contraire à leurs traditions et à leurs besoins serait une mesure d'oppression. Il est donc au plus haut point important de connaître les principes et la forme ecclésiastique de chaque confession religieuse », p. 103.

13. D'après Louis CAPÉRAN, *L'Invasion laïque*, *op. cit.*, p. 402.

14. Violette MÉJEAN, *La Séparation des Églises…, op. cit.*, p. 77.

15. D'après Jean-Marie MAYEUR, *La Séparation des Églises et de l'État, op. cit.*, p. 51, l'abbé Klein l'aurait attribué à Jaurès sans démenti explicite de celui-ci, le 18 mai 1905, lors d'un débat aux « Libres entretiens » de l'Union pour l'action sociale.

16. Dans une deuxième intervention le 22 avril.

17. Georges Leygues, *Journal officiel* du 21 avril 1905.

18. Cette crise est liée aux progrès de la critique historique dans l'exégèse biblique. En 1900, le savant Hanack publie *L'Essence du christianisme* de Feuerbach, où il oppose l'Évangile et l'Église. L'abbé Loisy en 1902 reprend en partie ses critiques dans *L'Évangile et l'Église*. Ces ouvrages sont mis à l'*Index librorum* par le Vatican.

19. Ferdinand BUISSON, « L'article 4 », *Le Radical* du 26 avril 1905.

20. *La Croix* du 26 avril 1905.

21. Il écrit dans *L'Aurore* du 29 avril 1905 : « Si Grégoire VII pouvait sortir de la tombe, je ne serais pas surpris que l'idée lui vînt de canoniser Jaurès. »

22. Cité par Ferdinand BUISSON, *La Politique radicale…, op. cit.*

23. Ferdinand BUISSON, *Le Radical* du 26 avril 1905.

24. Ferdinand BUISSON, *Le Radical* du 22 février 1905.

25. Ferdinand BUISSON, *Le Radical* du 26 avril 1905.

26. Amendement Cruppi.

27. Ferdinand BUISSON, *Le Républicain du Tarn-et-Garonne*, cité par Samuel TOMEI, « Ferdinand Buisson, protestantisme libéral, foi laïque et radical-socialisme », thèse de doctorat d'histoire de l'Institut d'études politiques, 2004.

28. L'article 4 initial a été subdivisé en trois articles 4, 5 et 6. Le 6 initial est devenu le 8 définitif.

29. Étienne FLANDIN, *Journal officiel* du 8 juin 1905.

30. *Journal officiel* du 20 juin 1905.

31. Selon l'interprétation de Jean-Marie Mayeur.

32. Samuel TOMEI, *op. cit.*

33. Aristide Briand, discours devant la Chambre des députés du 3 juillet 1905.

TROISIÈME PARTIE

L'esprit de la loi de séparation

1. Encyclique *Vehementer nos*, 11 février 1906, publiée en français par *La Croix* le 18 février.

2. Lettre « très confidentielle » du 27 février 1906, de Mgr Merry del Val à Mgr Montagnini.

CHAPITRE 10

« Une loi de tolérance et d'équité » (Briand, 7 mars 1906)

1. Son conseiller Louis Méjean lui avait fourni cette note non datée : « Le fait que la République ne "reconnaît" aucun culte ne l'oblige pas à les ignorer tous. Le législateur n'a envisagé que cette "reconnaissance" qui confère un caractère public à une organisation libre ou d'ordre privé. [...] La papauté tient une assez grande place dans le monde pour qu'un État ne puisse, sans quelque puérilité ou quelque danger, prétendre qu'il ne la connaît pas. » D'après Violette MÉJEAN, *La Séparation des Églises..., op. cit.*

2. *Le Figaro* du 29 novembre, cité par Jean-Marie MAYEUR, *La Séparation des Églises et de l'État, op. cit.*

3. Étienne LAMY, *Le Constituant*, 25 décembre 1905.

4. Abbé Hippolyte HEMMER, *Politique religieuse et séparation*, été 1905, cité par Jean-Marie MAYEUR, *La Séparation des Églises et de l'État, op. cit.*

5. Jean Viollet, vicaire de Saint-Philippe-du-Roulle à Paris 15e, cité par Maurice LARKIN, *L'Église et l'État en France..., op. cit.*

6. Richard : Paris ; Labouré : Rennes ; Couillié : Lyon ; Lecot : Bordeaux ; Perraud : Autun.

7. Maurice LARKIN, *L'Église et l'État en France..., op. cit.*, p. 195.

8. Émile POULAT, *Intégrisme et catholicisme intégral*, Casterman, 1969.

9. Albert de MUN, *Contre la séparation*, Paris, 1906.

10. Mgr Merry del Val reproche à Mgr Mignot d'appartenir à « un groupe proche de Loisy » et dénonce l'influence du courant inspiré par Brunetière, ce « nouveau père de l'Église » (!).

11. Une lettre du 26 janvier 1906 en donna l'ordre au cardinal Richard.

12. Texte intégral *in* Jean-Marie MAYEUR, *La Séparation des Églises et de l'État, op. cit.*, p. 101-102.

13. Propos rapportés dans une lettre d'Emmanuel Bailly à Mgr de Cabrières, du 17 mars 1906, citée par Maurice LARKIN, *L'Église et l'État en France..., op. cit.*, p. 215.

14. Pour Grunebaum-Ballin, il s'agit d'une « maladresse volontaire » d'un directeur, d'une provocation, car le texte n'a pas été communiqué au ministère, ni à Briand.

15. Louis DIMIER, *Vingt ans d'Action française et autres souvenirs*, 1926, cité par Jean-Marie MAYEUR, *La Séparation des Églises et de l'État, op. cit.* Les Reille comptaient deux députés nationalistes. Le baron avait été membre de la commission des 33.

16. Jean-Michel DUHART, *La France dans la tourmente des inventaires*, Éditions Alan Sutton, 2001.

17. Jean-Marie MAYEUR, *La Séparation des Églises et de l'État, op. cit.* Une synthèse en fut faite au 31 mars 1906.

18. Note d'Emmanuel Bailly, entrevue du 20 février, citée par Maurice LARKIN, *L'Église et l'État en France…, op. cit.*, p. 212.

19. *Le Figaro*, 18 février 1906.

20. Voir *La Croix* du 18 février 1906.

21. Citations dans André MATER, *La Politique religieuse de la République française, op. cit.*

22. Papiers Montagnini, *Les Fiches pontificales*, Nourry, 1908. Les papiers de l'attaché de la nonciature ont été saisis lors de son expulsion le 11 décembre 1906 et déposés à la Chambre des députés.

23. En italique dans le texte original.

24. Cité par Maurice LARKIN, *L'Église et l'État en France…, op. cit.*, p. 217.

25. D'après l'article de Julien de NARFON, « La première Assemblée plénière », *op. cit.*, p. 76 à 80.

26. Son rapport confidentiel fut publié dans *Le Siècle* les 23 et 28 août par l'abbé Houtin, intermédiaire de Mgr Lacroix, évêque de Tarentaise, qui avait voté NON à la première question.

27. Mgr Touret a adressé un rapport secret au pape sur la tenue de l'assemblée où il juge sévèrement les principaux partisans des « accommodements » et couvre d'éloges les 13 partisans de la résistance.

28. Terme juridique pour « faire le constat ».

29. Papiers Montagnini, *op. cit.*

30. Père Prélot, *Les Études*, 5 septembre 1906.

31. Très affecté, il se retira aussitôt de l'assemblée, ne reparut plus dans son diocèse et mourut peu après. L'archevêque de Rennes et l'évêque de Soissons se retirèrent également.

32. Jean-Marie MAYEUR, *La Séparation des Églises et de l'État, op. cit.*, p. 116.

33. Les papiers Montagnini décrivent les soutiens de l'Église et de sa presse au parti de l'Action libérale.

34. Nous empruntons ces citations à la thèse de Samuel TOMEI, « Ferdinand Buisson, protestantisme libéral, foi laïque et radical-socialisme », *op. cit.*

35. Sous le titre : « Le point précis du litige ».

36. Sous le titre : « Les concessions de l'article 4 ».

37. Sous le titre : « L'ultimatum romain ».
38. Article publié le 20, sous le titre : « La solution (suite et fin) ».
39. « Congrès du Parti républicain radical et radical-socialiste », Congrès de Lille, 18-21 octobre 1906, p. 36-47.
40. *Op. cit.*, p. 79.

CHAPITRE 11

« Ni capitulation ni persécution »
(Ferdinand Buisson, 21 octobre 1906)

1. Il le restera jusqu'au 20 juillet 1909.
2. Il deviendra ministre de la Justice et des Cultes le 4 janvier 1908.
3. Durand-Morimbau, de son nom véritable, fut élève à l'École normale supérieure, agrégé de lettres, journaliste à Rome, très mal vu de Léon XIII. Il a été un véritable aventurier et deviendra nationaliste.
4. Sauf à Rodez, où le palais épiscopal était propriété départementale.
5. Agnès SIEGFRIED, *L'Abbé Frémont, 1852-1912,* librairie Félix Alcan, 1932.
6. Ce type de contrat a été initié par Briand, et non pas par l'assemblée des évêques ou le Vatican.
7. Théorie formulée par le capucin Bianchi et les jésuites Bellarmin et Suarez au XVIIe siècle, et exposée encore en France en 1897 par l'abbé DUBALLET, *Traité des principes du droit canonique*, tome II, 1897.
8. D'après une note remise à Louis Méjean, le 5 février, publiée par Violette MÉJEAN, *La Séparation des Églises…, op. cit.*, p. 425-427.
9. D'après les termes de la déclaration publiée le 29 janvier 1907 dans *Le Figaro.*
10. Dans un article intitulé « La vraie séparation », paru dans *Le Radical* du 19 février 1907.
11. Michelle PERROT, *Jeunesse de la grève…, op. cit.*
12. Institut CGT d'histoire sociale, *1906. Le Congrès de la charte d'Amiens*, Éditions de la CGT, 1986.
13. Maurice Larkin pose explicitement la question.
14. Julien de NARFON, « Le bilan de la séparation », *op. cit.,* troisième partie, p. 218.
15. Voir l'enquête de 1910 de l'Alliance des grands séminaires, dans Julien de NARFON, *op. cit.*, p. 300-304.
16. Eugen WEBER, *L'Action française*, Fayard, 1985.
17. Cité par André MATER, *La Politique religieuse de la République française*, *op. cit.*, ch. IX.
18. Jacques LE GOFF et René RÉMOND (sous la direction de), *Histoire de la France religieuse*, tome IV, « Société sécularisée et renou-

veaux religieux, XXe siècle », volume dirigé par René RÉMOND, Le Seuil, « L'univers historique », 1991.

19. Jacqueline LALOUETTE, *La Libre Pensée en France…*, *op. cit.*

CHAPITRE 12

« L'exemple de la France comme un modèle de progrès » (cardinal Merry del Val, 12 juillet 1906)

1. Texte intégral dans Jean-Marie MAYEUR, *La Séparation des Églises et de l'État*, *op. cit.*, p. 101-102.
2. Cité par Maurice LARKIN, *L'Église et l'État en France…*, *op. cit.*, p. 220.
3. Aristide BRIAND, *Rapport*, chapitre IV, p. 121.
4. Michel WINOCK, « Autopsie d'un mythe. Le complot judéo-maçonnique », *L'Histoire*, n° 256, juillet 2001, p. 62-69.
5. Article du *Figaro* du 8 août 1906.
6. Maurice LARKIN, *op. cit.*, p. 223.
7. Aristide BRIAND, *Rapport*, ch. IV, p. 121.
8. Voir chapitres IV et VI.
9. *Annuaire de législation étrangère*, publié par la Société de législation comparée, 1875.
10. Aristide BRIAND, *Rapport*, p. 144.
11. Jugement de Louis GUILLAINE, dans la *Revue politique et parlementaire* de janvier 1905, cité dans Aristide BRIAND, *Rapport*, p. 119.
12. La devise officielle de la République brésilienne est celle d'Auguste Comte : « Ordre et Liberté. »
13. Il envisage de demander l'aide financière de la riche Église américaine pour aider l'Église de France.
14. Aristide BRIAND, *Rapport*, p. 139.
15. Marco MINGHETTI, *L'État et l'Église* (titre original : *Stato i Chiesa)*, traduction française de L. Borguet, G. Baillière, 1882.
16. James BRYCE, *La République américaine*, tome IV, édition française, V. Giard et E. Brière, 1902-1904.
17. Vladimir Ilitch LÉNINE, « Socialisme et religion », in *Novaia Jzin*, n° 28, 3 décembre 1905, in *Œuvres complètes*, tome X, Éditions sociales, p. 80-85.
18. Jean-Paul SCOT, *Histoire de la Russie de Pierre le Grand à nos jours*, ch. IX, Armand Colin, 2000.
19. V. I. LÉNINE, *ibid.*, , *op. cit.*, p. 82.
20. V. I. LÉNINE, « Discours au premier congrès des ouvrières de Russie », 19 novembre 1918, in *Œuvres complètes*, tome XXVIII, Éditions sociales, p. 185.
21. Moshe LEWIN, *La Formation du système soviétique*, ch. II, Gallimard, 1985.

22. L'actuelle Constitution définit la Turquie comme un État de droit démocratique, laïque et social.

23. Thierry ZARCONE, *La Turquie moderne et l'islam*, Flammarion, 2004.

24. On appelle ainsi les réformes imposées par l'Occident à la Turquie de 1836 à 1676.

25. Henri LAURENS, *L'Orient arabe. Arabisme et islamisme de 1798 à 1945*, Armand Colin, 2000.

26. Cité par François GEORGEON, « Les combats d'Atatürk », *L'Histoire*, n° 289, juillet-août 2004.

Conclusion

1. Note du 10 novembre 1907 citée par Agnès SIEGFRIED, *L'Abbé Frémont*, *op. cit.*

2. Les clauses initiales de location des édifices du culte et de remise aux communes des biens patrimoniaux de l'Église avaient été présentées par Briand comme des « gages » pris par l'État pour amener l'Église à accepter les associations cultuelles tout en respectant son organisation propre.

3. Réponse aux questions du gouvernement français à propos du schéma *De Ecclesia* présenté au concile de 1870. La « théorie du pouvoir indirect du spirituel sur le temporel » est également exposée dans le *Traité des principes du droit canonique* de l'abbé DUBALLET, tome II, 1897, cité par Jean-Michel LENIAUD, *op. cit.*

4. Ferdinand BUISSON, *Le Radical* du 19 février 1907, cité par Samuel TOMEI, « Ferdinand Buisson… », *op. cit.*

5. Conclusion du chapitre IV du rapport Briand sur les « Législations étrangères », p. 151.

6. Jacqueline LALOUETTE, *op. cit.*, p. 72.

7. Déclaration du 24 décembre 1885, citée par Ferdinand BUISSON dans *La Politique radicale*, Giard et Brière, 1908.

8. La proportion d'élèves dans l'enseignement confessionnel est restée identique de 1909 à 2004, à 18 %.

9. Henri PENA-RUIZ, *La Laïcité. Le sens de l'idéal laïque*, Flammarion, 1998, p. 30-31.

Bibliographie sommaire

Ouvrages généraux

DANSETTE Adrien, *Histoire religieuse de la France contemporaine*, 3 tomes, Flammarion, 1951-1952.

LEBRUN François (sous la direction de), *Histoire des catholiques en France*, Privat, 1980.

CHOLVY Gérard et HILAIRE Yves-Marie, *Histoire religieuse de la France contemporaine*, tomes I et II, Privat, 1986.

GERBOD Paul, *L'Europe culturelle et religieuse de 1815 à nos jours*, PUF, « Nouvelle Clio », 1989.

LE GOFF Jacques et RÉMOND René, (sous la direction de), *Histoire de la France religieuse*, tome III, volume dirigé par Philippe JOUTARD, *Du roi très chrétien à la laïcité républicaine, XVIIIe-XIXe siècle*, Le Seuil, « L'univers historique », 1991 et « Points Histoire », 2001 ; tome IV, *Société sécularisée et renouveaux religieux XXe siècle,* Le Seuil, « L'univers historique », 1991.

MAYEUR Jean-Marie (sous la direction de), *Histoire du christianisme des origines à nos jours*, tomes XI (1830-1900) et XII (1900-1958), Desclée de Brouwer, 1995.

Ouvrages spécialisés

La Séparation des Églises et de l'État. Les textes fondamentaux, présentation de Dominique de Villepin, introduction de Jean-Michel GAILLARD, textes choisis et présentés par Dominique BRULEY, postface d'André DAMIEN, Éditions Perrin, 2004.

AGULHON Maurice, *Marianne au combat. L'imagerie et la symbolique républicaines de 1789 à 1880,* Flammarion, 1979.

AGULHON Maurice, *Marianne au pouvoir. L'imagerie et la symbolique républicaines de 1880 à 1914,* Flammarion, 1989.

ARON Dominique et ROCHER Philippe, *Les Jésuites et la société française, XIXe-XXe siècle*, Privat, 2001.

BAUBÉROT Jean, *Vers un nouveau pacte laïque*, Le Seuil, 1990.
BAUBÉROT Jean et MATHIEU Séverine, *Religion, modernité et culture au Royaume-Uni et en France, 1800-1914*, Le Seuil, 2002.
BERSTEIN Serge, *Histoire du parti radical*, 2 tomes, Presses de la FNSP, 1980.
BIRNBAUM Pierre (sous la direction de), *La France de l'affaire Dreyfus*, Gallimard, 1994.
BOULARD Fernand, *Essor ou déclin du clergé français ?*, Éditions du Cerf, 1950.
CABANEL Patrick, *Les Protestants et la République de 1870 à nos jours*, Éditions Complexe, 2000.
CABANEL Patrick, *Juifs et protestants en France, les affinités électives, XVIe-XXIe siècle*, Fayard, 2004.
CHEVALLIER Pierre, *La Séparation de l'Église et de l'École. Jules Ferry et Léon XIII*, Fayard, 1981.
CHOLVY Gérard, *L'Enseignement catholique en France aux XIXe et XXe siècles*, Éditions du Cerf, 1995.
CHOLVY Gérard, *Christianisme et société en France au XIXe siècle, 1790-1914*, Le Seuil, « Points Histoire », 2001.
COMBES André, *Histoire de la franc-maçonnerie au XIXe siècle*, 2 tomes, Éditions du Rocher, 1999.
COUTEL Charles, *La République et l'École. Une anthologie*, Presses Pocket, 1991.
ESCHOLIER Marc, *Lacordaire, Dieu et la liberté*, Fleurus, 1959.
FABRE Rémi, *Francis de Pressensé (1863-1914) et la défense des Droits de l'homme. Un intellectuel au combat*, Presses universitaires de Rennes, 2004.
GAILLARD Jean-Michel, *Jules Ferry*, Fayard, 1989.
GALLO Max, *Le Grand Jaurès*, Robert Laffont, 1984.
LALOUETTE Jacqueline, *La Libre Pensée en France, 1848-1940*, Albin Michel, 1997.
—, *La République anticléricale, XIXe-XXe siècle*, Le Seuil, « L'univers historique », 2002.
LANFREY André, *Sécularisation, séparation et guerre scolaire. Les catholiques français et l'école (1901-1914)*, Éditions du Cerf, 2003.
LARKIN Maurice, *Religion, Politics and Preferment in France since 1890*, Cambridge University Press, 1995.
—, *Church and State after the Dreyfus Affair. The Separation Issue in France*, Macmillan, 1974. Traduction française : *L'Église et l'État en France. 1905 : la crise de la séparation*, Privat, Toulouse, 2004.
LENIAUD Jean-Michel, *L'Administration des cultes pendant la période concordataire*, Nouvelles Éditions latines, 1988.

MAYEUR Jean-Marie, *La Séparation des Églises et de l'État*, réédition, Éditions ouvrières, 1991.
—, *La Question laïque, XIXe-XXe siècles*, Fayard, 1997.
MÉJEAN Violette, *La Séparation des Églises et de l'État. L'œuvre de Louis Méjean*, PUF, 1959.
MERLE Gabriel, *Émile Combes*, Fayard, 1995.
MOLLAT Gérard, *La Question romaine de Pie VI à Pie XI*, Gabalda, 1932.
MOLLIER Jean-Yves et GEORGE Jocelyne, *La Plus Longue des Républiques, 1870-1940*, Fayard, 1994.
NICOLET Claude, *L'Idée républicaine en France*, Gallimard, 1982.
PIERRARD Pierre, *Anthologie de l'humanisme laïque de Jules Michelet à Léon Blum*, Albin Michel, 2000.
OUDIN Bernard, *Aristide Briand*, Perrin, 1987 et 2004.
POULAT Émile, *Intégrisme et catholicisme intégral*, Casterman, 1969.
—, *Liberté, laïcité, la guerre des deux France et le principe de modernité*, Le Cerf, 1987.
—, *Notre laïcité publique*, Berg International Éditeurs, 2003.
PENA-RUIZ Henri, *Dieu et Marianne*, PUF, 1999 et 2005.
—, *Qu'est-ce que la laïcité ?*, Gallimard, « Folio actuel », 2003.
—, *Histoire de la laïcité. Génèse d'un idéal*, Gallimard, « Découverte Gallimard », 2005.
RABAUD Jean, *Jean Jaurès*, Librairie académique Perrin, 1981.
RÉMOND René, *L'Anticléricalisme en France de 1815 à nos jours*, Fayard, 1976.
—, *Religion et société en Europe. La sécularisation aux XIXe et XXe siècles (1780-2000)*, Le Seuil, « Faire l'Europe », 1998 et « Points Histoire », 2001.
RISSE Jacques, *Le Petit Père Combes*, L'Harmattan, 1994.
RUDELLE Odile, *La République absolue*, Publications de la Sorbonne, 1986.
—, *Jules Ferry, La République des citoyens,* Imprimerie nationale, 2 tomes, 1996.
SORREL Christian, *La République contre les congrégations. Histoire d'une passion française 1899-1904*, Le Cerf, 2003.
SORLIN Pierre, *Waldeck-Rousseau*, Fayard, 1966
SORLIN Pierre, *« La Croix » et les juifs (1880-1899)*, Grasset, 1967.
STERNHELL Zeev, *La Droite révolutionnaire (1880-1914). Les origines françaises du fascisme*, Le Seuil, « L'univers historique », 1978.
WEBER Eugen, *La Fin des terroirs. La modernisation de la France rurale*, Fayard, 1976.

Weil Georges, *Histoire de l'idée laïque en France au* XIX*e siècle*, Librairie Félix Alcan, 1925, réédition, Gallimard, 2004.
Winock Michel, *La France et les juifs de 1789 à nos jours*, Le Seuil, « L'univers historique », 2004.

Index des noms de personnes

Abélard, 153.
Allain-Targé Henri, 79.
Allard Maurice, 132, 142-143, 165, 172, 176, 181, 190, 192, 226-230, 232, 245-246, 249, 252, 294, 300, 303, 325, 371, 372.
Allemane Jean, 142.
Allier Raoul, 199, 211, 372.
Annette (évêque), 213, 278, 302, 334.
Aristote, 30.
Arnaud (évêque), 200, 249.
Augagneur Maurice, 246, 249.
Aulard Alphonse, 36, 44-45, 49-50, 135, 143, 162, 361.
Aymard Édouard, 136.

Bailly Emmanuel (père), 124, 126-127, 149, 169, 268, 271, 274, 278, 287, 365, 375.
Bardel (évêque), 201.
Barnave Antoine, 35.
Barnier (abbé), 61.
Barrès Maurice, 333.
Barrot Odilon, 97.
Barruel (abbé), 222, 314.
Barthou Louis, 136, 177, 225, 232-233, 239, 252, 285.
Béarn (comtesse du), 272.
Bellarmin (cardinal jésuite), 28, 32, 72.
Benoît XV (pape), 309, 332, 335.
Bepmale Jean, 188, 235-236, 239, 252.
Bérenger Henry, 134-135, 142, 163, 188, 287, 369.
Berry Georges, 176.
Bert Paul, 85, 182, 204, 226, 353.
Berthelot Marcellin, 142-144, 204.
Bertier de Sauvigny, 72, 362.
Bienvenu-Martin Jean-Baptiste, 217-219.
Bismarck Otto von (chancelier), 268, 278, 333.
Blanqui Auguste, 71, 132, 176, 229, 366.
Blum Léon, 23, 364.
Boisdeffre de (général), 127.
Boisgelin (archevêque), 41, 43.
Boissy d'Anglas, 52-56.
Bonald Louis de, 57.
Bonaparte (général), 22, 56, 59-67, 117, 124, 351, 356, voir aussi Napoléon.
Boniface VIII (pape), 28, 30.
Bonnefoy Mgr, 200.
Bossuet Jacques Mgr, 32-33, 81, 282.
Boulanger (général), 106-107, 122-124, 180, 372.
Bourgeois Léon, 95, 134-135, 139, 170, 285, 365.
Bourdier-Delpuits (père), 71.
Bourneville Désiré, 98.
Bréal Michel, 157.

Briand Aristide, 7-9, 13, 19-25, 35, 37, 39-47, 49, 60, 85-87, 102, 112, 118, 124, 133, 154, 169, 178, 182, 187-192, 195, 197, 199, 201, 206, 210, 212, 215-222, 224-227, 229-232, 234-244, 247, 249-251, 255-257, 262, 265, 283-286, 288-289, 291-292, 294, 296, 298, 300-305, 313-314, 317, 321, 323, 326, 332-335, 341, 343, 345, 347-348, 355-358.
Briand (rapport), 13, 19, 21, 27-29, 31, 33, 41-43, 45-46, 49, 51, 53, 59, 61, 63, 65, 68, 71-74, 76-77, 79, 82, 86, 89-90, 102-103, 109, 112, 121-122, 125, 149, 207, 234, 314, 317, 321, 358, 363, 372, 377.
Brisson Henri, 24, 135, 139, 211, 220.
Broglie (duc de), 90,101.
Brousse Paul, 142.
Brunetière Ferdinand, 202, 266, 270, 374.
Buffet Louis, 101, 109, 362.
Buisson Ferdinand, 13, 24, 57, 102, 118, 128, 135-136, 140, 142, 144, 154, 158-163, 165, 167, 182, 187-188, 190-191, 204-207, 209, 214, 216-217, 225, 239, 241-242, 244, 255-256, 285-289, 294, 303-304, 341-342, 344-345, 361, 367, 369, 371-373, 375, 376, 378.

Cabrières (évêque) de, 110, 151, 179, 203, 266, 280, 287, 322, 371, 375.
Caillaux Joseph, 177, 215, 236, 238, 240, 242, 289.
Calvin Jean, 62.
Cambon Joseph, 52.
Camus (abbé), 41.
Capet Hugues, 29.
Casimir-Perier, 123.
Carnot Ernest, 77, 136, 252.
Carrier Jean-Baptiste, 48.
Cassagnac de Paul, 178, 267.
Castelnau Léonce de, 251.
Catherine de Médicis, 32.
Cavour, 12.
César Jules, 26.
Chambord (comte de), 89, 91.
Chapon (évêque), 269, 335.
Charbonnel Victor, 142.
Charles X, 68, 351.
Charriaut Henri, 199, 201.
Chaumette Pierre, 48, 51, 54, 142.
Chaumié Joseph, 163, 175.
Chénier André, 51.
Clemenceau Georges, 29, 83, 95, 134-135, 140, 147, 158, 164, 167, 172, 184, 187, 196, 203, 214, 240-241, 253, 256, 283-286, 289, 291-292, 294, 296, 300-301, 303, 305, 321, 326, 332-334, 344-345, 354, 356.
Clément Jean-Baptiste, 142.
Clément V (pape), 30.
Clément XII (pape), 314.
Clovis (roi des Francs), 20.
Cochin Denys, 21, 167, 169, 202, 223-224, 263, 298, 333, 358, 372.
Combes Émile, 9-10, 22, 24, 29, 46, 60, 114, 117, 121, 135, 147, 153-161, 164-165, 167-175, 177-181, 184, 187, 188, 198-199, 203-204, 206-207, 209-212, 214-216, 218-220, 223-224, 227, 239, 240, 249, 253-255, 330, 333, 341, 344-345, 354-355, 367-369, 371.
Comte Auguste, 12, 26, 28, 33, 36, 57, 81, 92, 321, 346, 377.
Consalvi (cardinal), 61, 64.
Constant Benjamin, 66, 144.
Constantin (empereur), 27.
Couillié (cardinal), 213.
Cousin Victor, 71, 77-78.
Cruppi Jean, 242, 244, 373.

Dadolle (évêque), 298.
Danton Georges, 48, 52, 143, 162, 350.
Daudet Léon, 19, 21.
Darboy (archevêque), 81, 87-88, 363.
Debidour Antonin, 21, 45, 59, 64, 67, 72.
Dejeante Paul, 132, 172, 176, 179, 195, 217, 294, 354, 371.
Delamaire (évêque), 200.
Delcassé Théophile, 71, 75.
Déroulède Paul, 124, 147-148, 354.
Deschanel Paul, 232-233, 239, 252.
Deville Gabriel, 20, 188, 193, 358.
Doumergue Gaston, 285.
Dreyfus (capitaine), 10, 20, 114, 117, 121-122, 124-127, 130-131, 139-140, 147-148, 157, 181, 199, 254, 314, 366, 367.
Drumont Édouard, 126, 246, 267, 315.
Du Lac (père), 127.
Dubillard (évêque), 213, 280.
Dumay Charles, 24, 60, 110, 209-210, 217, 265, 309, 365.
Dumont Charles, 235-236, 239-240, 249, 252.
Dupanloup Mgr, 77, 81, 101, 363.
Dupont de Nemours, 40, 50.
Dupuy Charles, 123.

Fallières Armand, 123, 365.
Falloux de (comte), 76-77, 90, 156-158, 163-164, 256, 345, 352.
Faure Sébastien, 142-143.
Fava (évêque), 345.
Ferry Charles, 136.
Ferry Jules, 13, 17, 29, 85, 87, 92, 95-103, 114, 127, 134, 161-162, 167, 182, 184, 326, 353, 363, 364, 380.
Feuerbach Ludwig, 143.
Flandin Étienne, 247, 303.
Flourens Émile, 60, 110, 184-185, 354.
Fouché Joseph, 48.
Fouillée Alfred, 102.
France Anatole, 23, 142, 203, 359.
François 1er (roi), 31, 266.
Frayssinous Mgr, 74.
Frémont (abbé), 293, 342, 376, 378.
Freppel (évêque), 110.
Freycinet Charles-Louis, 103, 109, 123, 338, 364-365.
Fulbert-Petit (évêque), 202, 269, 276-279, 291, 335, 342.
Fuzet (archevêque), 25, 151, 202, 234, 278, 282, 290, 359.

Gambetta Léon, 12, 29, 79, 83-85, 92-95, 114, 134, 182, 353, 362.
Gardey (abbé), 272.
Garnier (abbé), 110.
Gasparri (cardinal), 298, 332, 334-335.
Gayraud (abbé), 106, 202, 224, 291, 369.
Geay (évêque), 151, 172-173, 207.
Gélase Ier (pape), 27.
Gerle (dom), 28.
Gide Charles, 194.
Gobel (évêque), 48.
Goblet René, 85, 95, 100, 109, 157, 161-162, 353.
Goux (évêque), 57.
Grégoire (abbé), 32, 41-42, 44, 46-48, 52, 55-56, 64, 350, 361.
Grégoire VII (pape), 27-28, 373.
Grégoire XVI (pape), 74-75, 306, 314, 351.
Grosjean, 185-186, 193, 195, 355.
Grousseau, 222, 224, 266-267, 274, 284, 307.

Grunebaum-Ballin Paul, 23-24, 191, 198, 220, 230-232, 234, 292, 313, 317-318, 321-323, 343, 374.
Guesde Jules, 88, 132, 142-143, 176, 230, 333, 372.
Guibert Mgr, 88.
Guizot François, 75-76, 97, 352.
Guyot Yves, 22, 203, 363.

Haussonville d' (comte), 112, 179.
Hébert Jacques, 48, 51, 54, 142-143, 350.
Hemmer Hippolyte (abbé), 203, 267.
Henri II (roi de France), 358.
Henri IV (empereur), 27.
Henri VIII (roi d'Angleterre), 40.
Herriot Édouard, 142, 333.
Hoche Louis Lazare, 59, 350.
Houx (Henri de), 291-292.
Hubbard Gustave, 109,139, 163, 183, 214, 239, 254.
Hugo Victor, 10, 12, 78, 341, 362.

Innocent III (pape), 80, 358.
Innocent XI pape), 32, 282.

Jaurès Jean, 8, 20, 24, 33, 36, 45, 51-55, 57, 88, 97, 114, 118, 122, 129, 137-133, 137, 143, 148, 154-155, 157, 163-164, 166-167, 172, 176, 178, 181-182, 188, 207-209, 215, 217, 230, 234-235, 237-244, 255-256, 285-286, 289, 300-301, 341, 345-347, 358, 264, 367, 369, 371, 372, 373.
Jésus-Christ, 26, 32, 50, 55, 155, 277, 352, 359.
Jésus (sacré-cœur de), 72, 91, 168.
Jésus (compagnie de), 32, 71-72, 99, 282.
Joseph II (empereur), 40, 317.

Kemal Ata Turk, 328-330.

La Révellière-Lépeaux, 50.
La Tour du Pin René, 91.
Laboulaye Édouard, 71.
Lacheret (pasteur), 22, 185, 211-212, 220, 234.
Lacordaire (père), 72, 129, 182, 244, 280.
Lacrois (évêque), 25, 151, 213, 231, 375.
Lacroix Sigismond, 22, 358.
Lafargue Paul, 180.
Lafferre Louis, 163, 182, 203.
Lamennais (Félicité de), 12, 22, 72-74, 80, 182, 224, 274, 310, 351.
Lamy Frédéric, 124.
Lanjuinais (abbé), 41.
Lanessan Henri de, 199, 203, 211, 214, 371.
Lavigerie (cardinal), 108, 353.
Lavisse Ernest, 21, 21.
Le Camus (évêque), 200, 202, 213, 283.
Lecomte Maxime, 265.
Lecot (cardinal), 213, 290-292, 335, 374.
Le Doré (père), 168, 268.
Lemire (abbé), 106, 129, 203, 243, 284, 293, 304, 307, 366, 372.
Le Nordez (évêque), 151, 172-173, 207.
Léon X (pape), 31.
Léon XIII (pape), 82, 103-108, 111, 117, 124-125, 127, 138, 149, 151, 159, 169-170, 176, 179, 200, 221, 267-268, 309, 315, 353, 361, 363, 365, 366, 376.

Lénine Ivan Ilitch, 324-327.
Le Play Frédéric, 106, 266.
Leygues Georges, 177, 236, 238, 240, 242, 247, 285, 373.
Liberatore (père jésuite), 310.
Littré Émile, 81, 92, 95-96.
Loubet Émile, 123, 147, 171-172, 175, 213, 253, 368.
Louis IX (Saint Louis), 29.
Louis XIV, 32-33, 266.
Louis XVI, 40, 43, 349.
Louis XVIII, 68, 351.
Louis-Philippe, 68-69, 74.
Luther, 162.

Mac Mahon (maréchal), 89, 91, 93, 95, 124, 353.
Macé Jean, 100.
Maistre Joseph de, 57, 314.
Marat Jean-Paul, 49, 350.
Martineau, 41.
Marty (évêque), 309.
Marx Karl, 87, 132, 229, 324, 372.
Mathiez Albert, 49-50, 57.
Méjean François (pasteur), 22, 185, 199, 211.
Méjean Louis, 19, 22-23, 185-186, 199, 220, 230-234, 292, 304, 335, 357, 374, 375.
Méline Jules, 123, 136, 148, 178, 202, 253, 269.
Merry del Val (cardinal), 169, 171-172, 263, 265, 267-271, 273, 277-280, 282, 287, 293, 298, 302, 307, 310, 313, 316-317, 319, 321, 324, 332, 335, 355, 373-374, 377.
Meurin Louis (jésuite), 316.
Michel Louise, 142.
Millerand Alexandre, 239, 333-334.
Michel de l'Hôpital, 32.
Michelet Jules, 12, 50, 58, 71, 76, 144, 364.
Mignot (évêque), 200, 213, 268, 277, 290, 374.
Mirabeau Gabriel, 20, 35, 40, 193.
Monis Ernest, 22.
Monod Gabriel, 157, 183.
Monsabré (père), 124.
Montalembert (comte de), 72, 75-77, 81, 129, 266, 363.
Montagnini (nonce), 277, 280, 292, 372, 374, 375.
Montlosier (comte de), 70-72.
Motte Eugène, 136.
Mun de Albert (comte), 88, 91, 106, 111, 137, 151, 179, 202, 240, 266, 268, 310, 352, 354.

Napoléon 1er, 12, 21, 23, 33, 59, 63, 66-68, 71, 75, 77-78, 82, 93, 170, 227, 266, 315, 323, 329, 351.
Napoléon III, 124, 320, 352, 364.
Narfon Julien de, 199-200, 274, 282, 300, 316, 342.
Naudet (abbé), 106, 343.
Noblemaire Georges, 13.
Nogaret Guillaume de, 30.

Ollivier Émile, 82.
Ollivier Louis, 223.

Parsons Léon, 21, 23.
Pécaut Félix, 102.
Péguy Charles, 17, 157, 166, 178, 199, 211, 310.
Pelletan Camille, 29, 95, 134-135, 240, 242, 288, 321, 371.
Pépin le Bref, 29.
Philippe Ier (roi), 29.
Philippe Auguste (roi), 29.
Philippe le Bel (roi), 29-30, 117, 378.
Pichon Stephen, 109.
Pie VI, 44, 56, 61, 263, 349, 351.
Pie VII, 61-63, 67, 78, 263, 351.

Pie IX, 28, 78-79, 81, 83, 87, 89, 263, 352.
Pie X, 20, 28, 117, 121, 169-171, 200, 221, 223, 262, 265, 267-268, 274-275, 278, 280-282, 293, 297-298, 307-310, 314, 315-316, 332, 334-335, 341-342, 355, 369.
Pie XI, 335-336, 341, 344, 356.
Pie Mgr, 91.
Piou Jacques, 111, 137, 169, 179, 202, 269.
Poincaré Raymond, 136, 177, 285, 322.
Pressensé de (Edmond), 71,92.
Pressensé de (Francis), 24, 60, 118, 140-141, 154, 178, 181-183, 185, 187, 189, 195, 197, 211, 232, 234, 241, 243, 321-322, 341, 346-347, 354, 367, 370, 373.

Quinet Edgar, 12, 49, 71, 76, 92, 97, 100, 144.

Rampolla (cardinal), 104, 113, 117, 137, 169-170, 179, 268-269, 280, 282, 332.
Ranc Arthur, 95, 109, 240.
Reille (baron), 272, 284.
Reille (baronne), 272.
Renan Ernest, 18, 26, 81, 92, 155, 191, 197, 329, 352.
Réveillaud Eugène, 22, 180, 185-187, 197, 210-211, 233, 235, 238, 247, 291, 304, 322, 354, 370.
Ribot Alexandre, 104, 123, 125, 136, 156, 160, 167, 172, 178, 202, 224-225, 233-235, 239, 241, 243, 250, 252, 265, 269, 284, 322, 333, 365-366.
Richard (cardinal), 108, 110, 149, 213, 246, 270-272, 277-278, 283, 298, 313, 374.
Richer Edmond, 32.
Robespierre Maximilien, 36, 46, 48-52, 143, 306, 350, 363.
Roche Ernest, 180, 217, 354.
Rochefort Henri, 178, 180.
Robinet Marcel, 36, 41, 44, 51.
Ronsin (père jésuite), 71.
Rouvier Maurice, 123, 136, 175, 177, 217, 253, 265, 277, 284, 355, 365.

Saint-Pierre Bernardin de, 50.
Sangnier Marc, 160, 256, 276, 343-344, 354.
Sarraut Alfred, 134, 188.
Sarrien Jean, 284, 356.
Sée Camille, 100, 353.
Sembat Marcel, 172, 333.
Sieyès (abbé), 38, 46.
Simon Jules, 93, 99, 101, 135, 144, 182.
Soulange-Bodin (abbé), 202, 267.
Spina (cardinal), 61, 63.
Steeg Jules, 102.
Suarez (père jésuite), 342.
Syveton Gabriel, 215.

Talleyrand Charles de, 35, 39, 46, 61, 64.
Taxil Léo, 126.
Théodose (empereur), 27.
Thiers Adolphe, 76-78, 86, 89, 92, 181, 212.
Thomas d'Aquin, 28, 30, 153.
Tocqueville Alexis de, 58.
Toiton (abbé), 291.
Touchet Mgr, 279-280, 291, 298.
Tridon Edmé, 363.
Turinaz (évêque), 280.

Uzès (duchesse d'), 203.

Vaillant Édouard, 87, 131-132, 143, 176, 189, 228-229, 249, 363, 371.
Vallès Jules, 79.

Veuillot Louis, 91, 93, 110.
Vincent Samuel, 66.
Vinet Alexandre, 12, 66, 71, 182, 211.
Viviani René, 163, 165, 289, 305.

Waldeck-Rousseau René, 22, 85, 95, 117, 121, 125, 134, 136, 139, 147-150, 152-155, 157, 161, 170, 176-177, 202, 239, 254, 354, 368.
Wallon Henri, 92.

Zadoc Khan (rabbin), 23, 212.
Zévaès Alexandre, 179, 226.
Zola Émile, 147, 353.

Table

Introduction 7

Les principes de la République laïque 8

Quelques interprétations historiques contradictoires 10

Les caractères d'une « séparation libérale »
à la française 12

PREMIÈRE PARTIE

La séparation : une idée qui vient de loin

1. Le rapport Briand et l'histoire 19

1. Un préambule historique très important 20

Sources et valeur historique du rapport Briand 21
Les protestants et les israélites face à la Séparation 22
L'« atelier » de Briand 24

2. Pouvoir spirituel et pouvoir temporel 25

*« Rendez à César ce qui est à César et à Dieu
ce qui est à Dieu » (Matthieu, 22.15-21)* 25
La « théocratie pontificale universelle » 27
L'État souverain contre la théocratie pontificale 29
L'affirmation des « libertés gallicanes » 31

2. La Révolution française et la fin de l'État confessionnel 35

1. La fin du pouvoir temporel de l'Église 37

La fin de la religion d'État et la reconnaissance de la liberté de culte ... 38
La nationalisation des biens du clergé ... 39

2. L'« erreur gallicane » de la Constitution civile du clergé ... 40

Réformer l'Église de France au « temporel » ... 41
« Réduire l'autorité du pape à de justes bornes » ... 42
Le divorce de la Révolution et de l'Église ... 43

3. Du schisme à la « guerre civile » ... 46

Le schisme et la contre-révolution ... 46
La « déchristianisation » de l'an II ... 47

4. Vers une première séparation de l'Église et de l'État ? ... 51

Pleine liberté de cultes et suppression du budget des cultes ... 51
Pour l'indépendance complète de la religion et de l'État ... 53
La religion : opinion privée ou culte public ? ... 55

3. Concordat ou discordat ? Les contradictions du régime concordataire ... 59

1. Interprétations du Concordat ... 60

Reprise des relations diplomatiques traditionnelles ... 61
Rétablissement de l'Église catholique romaine ... 63
Héritage gallican ou révolutionnaire ? ... 65

2. Renaissance catholique ou réaction ultramontaine ? ... 68

Résistance des courants laïques et lutte contre le « parti prêtre » ... 70
Lamennais et l'« Église libre dans l'État libre » ... 72
La question de la liberté de l'enseignement ... 74
Le « parti de l'ordre » et la loi Falloux ... 76

3. Le divorce de l'Église catholique et du monde moderne ... 78

Le Syllabus et la condamnation de la « civilisation moderne » ... 79
L'infaillibilité pontificale et le retour de la théocratie ... 81

4. République et laïcité 85

1. « La République sera conservatrice ou ne sera pas » (Thiers, 13 novembre 1872) 86

La Commune de Paris ou la séparation oubliée 86
L'Ordre moral : ordre clérical 89
Les républicains et la question du Concordat 92

2. La longue marche vers la laïcisation de l'État et de la société 95

« L'État doit être laïque » (Jules Ferry) 96
Ferry contre les congrégations enseignantes non autorisées 98
Ferry et l'école primaire gratuite, obligatoire et laïque .. 100
Laïcité, religion, morale et émancipation 101

3. Les catholiques à l'épreuve du ralliement 103

Léon XIII, la question romaine et la France 103
Des encycliques pour la France 105
L'échec du ralliement : des catholiques profondément divisés 109
Trois sensibilités anticléricales 112

DEUXIÈME PARTIE

L'élaboration de la loi de 1905

5. Autour de 1900. Cléricalisme et anticléricalisme 121

1. Permanence et renouvellement du « cléricalisme » 122

Le procès du cléricalisme par les anticléricaux... 122
... renouvelé par l'affaire Dreyfus 125
... et aggravé par la renaissance de l'Église 127
La « défense républicaine » et l'anticléricalisme 129

2. Reclassements politiques après l'affaire Dreyfus 131

Des socialistes divisés sur la question religieuse 132
Des radicaux unis par l'anticléricalisme 134
Modérés et conservateurs face à la question religieuse .. 136

3. La mobilisation des organisations
de la société civile 138

Les francs-maçons et le radicalisme anticlérical 138
Le rôle des « intellectuels organiques » 140
La libre pensée ou la fédération des anticléricaux 142
Plusieurs anticléricalismes 143

**6. De Waldeck-Rousseau à Combes :
des pas décisifs vers la Séparation** 147

1. Waldeck-Rousseau et la défense de la République 148

Contre le « péril nationaliste, antisémite et clérical » 148
La loi de 1901 sur les associations et les congrégations .. 149
*« Défense catholique » contre « défense républicaine » :
les élections de 1902* 151

2. Émile Combes : croisade anticléricale
ou politique laïque ? 153

Le combisme : un mouvement politico-social 154
Les campagnes contre les congrégations 155
*Premier acte : la fermeture des écoles
des congrégations non autorisées* 156
*Deuxième acte : la dissolution des congrégations
non autorisées* 159

3. « Crise de l'anticléricalisme »
ou « combat suprême » ? 161

*Est-ce un « anachronisme que la politique
anticléricale » ?* 161
L'échec de l'abrogation de la loi Falloux 163
*Troisième acte : l'interdiction
de tout enseignement congréganiste* 165
Défense et illustration de la liberté des congrégations ... 166
*Bilan de la sécularisation et de la politique anticléricale
de Combes* 167

4. La rupture entre la République et le Saint-Siège 169

Le conflit de la nomination des évêques 170
La visite du président Loubet à Rome 171
Les affaires des évêques Geay et Le Nordez 172

7. Le laboratoire de la Séparation ou la commission des trente-trois 175

1. Comment s'impose l'idée de la Séparation ? 175

La pression de la délégation des gauches 176
Des droites divisées face à la Séparation 178

2. Huit projets de loi et une commission parlementaire ... 179

La proposition de loi du socialiste Francis de Pressensé . 181
Les propositions des radicaux 183
Trois propositions favorables à la « liberté des Églises » 184

3. La commission des trente-trois au travail : la Séparation à l'étude 187

Aristide Briand, rédacteur de l'avant-projet de la commission 187
Les principes de la Séparation 189
La suppression du budget des cultes 192
La question des biens ecclésiastiques 193
Quel statut pour les futures associations cultuelles ? 196

8. La Séparation sous la pression de l'opinion publique 199

1. Adversaires et propagandistes de la Séparation en 1904 200

L'hostilité des catholiques à la Séparation 200
Du côté des « séparatistes » en automne 1904 202
Ferdinand Buisson : Séparation et laïcité 204
Jean Jaurès : démocratie et laïcité 207

2. Le projet Combes rejeté par l'opinion publique 209

Le projet néogallican de Combes 209
La campagne du Siècle *et des protestants pour une « séparation libérale »* 211

3. L'élaboration du projet de loi définitif 214

Sauver la loi de séparation 215
Séparation étatiste ou séparation libérale ? 217
Retour à l'avant-projet de la commission Briand 218

9. L'adoption de la loi de séparation au Parlement 221

1. La discussion générale 222

L'intransigeance des députés de droite et de l'Église 222
Le soutien possible des républicains modérés à une séparation libérale 224
Surenchère et isolement de l'extrême gauche antireligieuse 226
« Suppression des Églises par l'État » ? 228

2. Les divisions autour de l'article 4 230

Proclamation de la liberté de conscience et de la liberté de culte 230
La question de la dévolution des biens ecclésiastiques 231
L'amendement de l'article 4 sur les « règles d'organisation générale » des cultes 234
L'hostilité des radicaux à l'amendement de l'article 4 235
Jaurès : « La France n'est pas schismatique, elle est révolutionnaire » 237
Jaurès : « La Séparation est faite ! » 238

3. La contre-offensive des anticléricaux intransigeants 240

Corriger l'article 4 par l'article 6 ? 241
Briand : « L'heure n'est-elle pas venue d'en finir avec ce byzantinisme ? » 243

4. Derniers compromis et dernières concessions 245

Allocations transitoires et retraites des prêtres 245
Location onéreuse ou jouissance gratuite des édifices du culte ? 246
L'épineuse question des associations cultuelles 248
Une police libérale des cultes 250
Explications des votes 251
La ratification de la loi du 9 décembre 1905 253
L'aboutissement du long processus de laïcisation de l'État et de la société 254

TROISIÈME PARTIE

L'esprit de la loi de séparation

10. « Une loi de tolérance et d'équité » (Briand, 7 mars 1906) 265

1. Des catholiques français dans la tourmente 266

Les intégristes du Vatican 266
Échec aux « transigeants » 269
La révolte des inventaires 271

2. Les interdits du Vatican 274

Vehementor nos : condamnation du principe de la Séparation 274
Les pressions du pape sur les évêques 276
La première assemblée plénière des évêques de France .. 278
Gravissimo officii ou comment mettre au pas l'épiscopat 280

3. Le gouvernement face à l'intransigeance pontificale .. 283

Briand : « La loi restera ce qu'elle est » 283
Buisson : « Une solution d'équité, de tolérance et de considération » 285
Le parti radical : « La loi, toute la loi, rien que la loi » .. 287

11. « Ni capitulation ni persécution » (Ferdinand Buisson, 21 octobre 1906) 289

1. L'échéance du 11 décembre 1906 290

Associations paroissiales et associations schismatiques .. 290
Les séquestres et les évacuations du 11 décembre 292
La loi du 2 janvier 1907 294
L'encyclique Une fois encore (6 janvier 1907) 295

2. Ultimes tentatives de conciliation 298

Les « contrats de jouissance » 298
« Est-ce la paix ? » (Julien de Narfon, 3 février 1907) ... 300
Les lois d'application du 28 mars 1907 et du 13 avril 1908 303

3. Bilan de la Séparation pour l'Église 305

Les pertes matérielles 306

Renouveau spirituel ou crise du clergé ? 308
Une nouvelle liberté pour l'Église ? 310

12. L'« exemple de la France comme un modèle de progrès » (cardinal Merry del Val, 12 juillet 1906) 313

1. La coalition des « forces du mal » contre l'Église 314

« La franc-maçonnerie, synagogue de Satan » 314
Les dangers de la contagion française 316
L'exemple des « Républiques américaines » 319
Peut-on parler de séparation des Églises et de l'État aux États-Unis ? 322

2. Le rayonnement de la Séparation à la française 324

La séparation en Russie soviétique 324
« La Turquie est une République nationaliste, populiste, réformiste, étatiste et laïque » (article 2 de la Constitution de 1937) 328

3. La paix enfin en… 1924 331

Le nouveau contexte d'après-guerre 332
Le rétablissement des relations diplomatiques entre la France et le Saint-Siège 333
Le modus vivendi des « associations diocésaines » 335

Conclusion 339

Chronologie des rapports de l'Église et de l'État en France (1789-1924) 349

Notes 357

Bibliographie sommaire 379

Index des noms de personnes 383

RÉALISATION : CURSIVES À PARIS
IMPRESSION : NORMANDIE ROTO S.A.S À LONRAI
DÉPÔT LÉGAL : MAI 2005. N° 68917 (05-1088)
IMPRIMÉ EN FRANCE